高等职业教育医学卫生类专业系列教材

新形态教材

（供临床医学、口腔医学、护理、助产、影像医学、康复等专业用）

卫 生 法 规

主 编 闵 静

重庆大学出版社

国家一级出版社
全国百佳图书出版单位

内容提要

本书为新形态融合教材，内容包括卫生法规基础理论、医疗机构管理法律制度、卫生技术人员法律制度、基本医疗卫生与健康促进法律制度、医疗损害法律制度、传染病防治法律制度、母婴保健法律制度、中医药法律制度、药品与医疗器械监督管理法律制度、血液与血液制品管理法律制度、突发公共卫生事件应急法律制度、公共卫生法律制度、食品安全法律制度、医疗临床应用法律制度及其他法律法规制度。

本书配有丰富的教学资源，如 PPT、微课、视频，在书中均以二维码的形式呈现，目标检测参考答案等可在重庆大学出版社官网下载。以案例导学、项目引导、任务驱动，注重知识的实用性，标注考点提示、知识链接，直通考证包含选择题、思考题、案例分析题。章节小结简洁且重点突出。注重立德树人，所选案例反映了当下研究关注的难点、焦点问题，重在激发学生的学习兴趣，引导学生了解、掌握我国现行的卫生法律法规；学会依法分析、解决问题的方法，提高法律思维能力。

本书主要面向高等职业教育临床医学、口腔医学、护理、助产、康复、影像医学、医学检验等专业师生，也可作为医疗机构工作人员、卫生行政人员等的参考用书。

图书在版编目（CIP）数据

卫生法规 / 闵静主编. -- 重庆：重庆大学出版社，2025.7. -- （高等职业教育医学卫生类专业系列教材）.
ISBN 978-7-5689-5333-7

Ⅰ. D922.16

中国国家版本馆 CIP 数据核字第2025PK9421号

卫生法规
WEISHENG FAGUI

主　编　闵　静
策划编辑：袁文华

责任编辑：姜　凤　　　版式设计：袁文华
责任校对：关德强　　　责任印制：赵　晟

*

重庆大学出版社出版发行
社址：重庆市沙坪坝区大学城西路 21 号
邮编：401331
电话：（023）88617190　88617185（中小学）
传真：（023）88617186　88617166
网址：http://www.cqup.com.cn
邮箱：fxk@cqup.com.cn（营销中心）
全国新华书店经销
重庆金博印务有限公司印刷

*

开本：889mm×1194mm　1/16　印张：16.75　字数：533 千
2025 年 7 月第 1 版　　2025 年 7 月第 1 次印刷
印数：1—3 000
ISBN 978-7-5689-5333-7　定价：59.00 元

编委会

————————

主　编　闵　静

副主编　刘昌晟

编　委　（排名不分先后）

闵　静（湖北职业技术学院）

刘昌晟（湖北航天医院）

王　兰（湖北职业技术学院）

杨旭端（湖北职业技术学院）

随着社会的发展和科学技术的进步，人们的生活质量有了很大程度的改善，对健康的认识也随之不断成熟。人们期待政府及其有关部门建立和完善相关法律、法规，以维护公民的生命健康。

卫生法律法规是由国家制定或认可，旨在保护人体健康的各类法律规范的总称；融合了医学、药学、生物学、卫生学等学科知识与法学知识，也是近年来发展迅速、内容繁多、体系复杂的一门新兴学科。医学生学习卫生法规，对于拓宽知识结构、增强法律意识、培养法律思维能力、提高综合素质，在今后的工作岗位上切实履行岗位职责，更好地维护公民的生命健康权和自身从业活动中的合法权益，都有着极为重要的意义；同时，卫生法律法规也是职业资格考试内容。

本书形成以岗位为中心、能力为根本、实用为目标的教学课程内容体系。全书按照以人为本、依法治国、构建和谐社会的要求，以维护和保护人体生命健康权益为主线进行构思并编写，尽力做到前瞻性研究与理论探讨和社会实践相结合；力求做到既吸收最新颁布的法律法规、司法解释，又注意到医学科学发展引起的法律问题与相关法律法规的结合，突出保障人体生命健康合法权益内容及各类人群健康权益特征。例如，2021 年 1 月 1 日，《中华人民共和国民法典》正式实施，之前的 9 部法律同时废止。又如，《中华人民共和国医师法》2021 年 8 月 20 日公布，2022 年 3 月 1 日起施行，同日《中华人民共和国执业医师法》废止。再如，2024 年 5 月 1 日起实施《人体器官捐献和移植条例》，同日《人体器官移植条例》废止。

本书主要面向高等职业教育医学专业师生，包括临床医学专业、口腔医学专业、影像医学专业、护理专业、助产专业、医学检验专业等。同时，本书也可作为医疗机构工作人员、卫生行政人员及社会大众了解、掌握我国基本卫生法律法规的参考书籍。

本书为新形态融合教材，内容包括卫生法规基础理论、医疗机构管理法律制度、卫生技术人员法律制度、基本医疗卫生与健康促进法律制度、医疗损害法律制度、传染病防治法律制度、母婴保健法律制度、中医药法律制度、药品与医疗器械监督管理法律制度、血液与血液制品管理法律制度、突发公共卫生事件应急法律制度、公共卫生法律制度、食品安全法律制度、医疗临床应用法律制度及其他法律法规制度，更好地体现了以人为本，创建和谐社会的编纂思想。

本书注重教材的整体优化，结构完整、层次清晰、语言精练、逻辑性强；注重理论联系实际，涉及理论争议部分，我们采用学界共识。本书配有丰富的教学资源，如 PPT、微课、视频，在书中均以二维码的形式呈现，目标检测参考答案等可在重庆大学出版社官网下载。每章以案例导入，标注考点提示、知识链接，题目包含选择题、思考题、案例分析题。章节小结简洁且重点突出。注重立德树人，所选案例反映了当下研究关注的难点、焦点问题，重在激发学生的学习兴趣，引导学生了解、掌握我国现行有效的卫生法律法规，学会依法分析、解决问题的方法。

本书项目 1 至项目 5、项目 7 和项目 8 由闵静编写，项目 6、项目 9、项目 10 由刘昌晟编写，项目 11 至项目 13 由王兰编写，项目 14 和项目 15 由杨旭端编写，编写工作的顺利完成与各位编者的高度责任感、团结协作精神和精益求精的工作态度密不可分，出版社及同仁也给予了大力支持，一并表示诚挚的感谢。

为了保证本书内容的客观真实和理论准确，我们对于学界尚存争议的部分内容，进行了反复的沟通、修改和完善，是编委们集体智慧的结晶。因编者经验和水平有限，书中难免有不足之处，敬请使用本书的广大师生及其他读者多提宝贵意见和建议。

编　者

2025 年 7 月

目录

项目 1
卫生法规基础理论

▶ ▶ ▶

项目1课件

学习目标

1. 知识目标：掌握卫生法规、卫生法效力等级、卫生法律关系概念；卫生法规特征、基本原则；卫生法规主要内容；卫生法律关系特征、构成要素；熟悉卫生法的调整对象、渊源和效力等级；掌握卫生法律责任、卫生行政复议、卫生行政诉讼、卫生行政赔偿概念及特征；卫生行政复议一般过程，卫生行政诉讼基本原则、受案范围、主要程序；熟悉卫生行政赔偿程序；了解卫生民事诉讼、卫生刑事诉讼的概念和证据；了解卫生法的发展历程。

2. 能力目标：能运用基本理论分析、解决实践中存在的法律法规问题；能运用卫生法律法规知识、处理医患人际关系。

3. 素质目标：具有勤奋学习的态度，严谨求实的工作作风；具有博大爱心和高度责任感；具有科学的思辨能力；具有良好的口头表达能力、人际沟通能力。

案例导学

一名29岁的临产孕妇被转送至广州某三甲医院进行抢救。此前，该产妇被广州另一医院诊断为"无胎心音"，并怀疑其胎盘前置。医生检查发现胎心微弱，产妇下体一直有少量流血，没有痛感。医生分析认为产妇已有胎盘早剥症状，如不尽快手术，可能导致胎儿宫内缺氧窒息死亡，并引发母体大出血，造成严重后果。但产妇此时坚决表示"要自己生，不要手术"。医生反复说明情况严重，产妇始终不同意。后经医院相关负责人出面解释，其丈夫同意手术，并在手术知情同意书上签字。眼看再不手术，产妇就有性命之虞，医院在征得其家人同意，并由医院相关负责人签字同意的情况下，行使医生处置权，强行为其进行剖宫产，挽救了产妇生命。遗憾的是，由于延误手术时机，婴儿一出生就出现了重度窒息症状，出生数小时后不幸夭亡。产妇则出现了心力衰竭症状，经医院全力抢救终于挽回了生命。

【讨论】

1. 广州某三甲医院的做法是否符合法律规定？

2. 当医生的建议与患者本人意见不一致时，应当如何处置？为什么？

任务 1.1　卫生法规的概念和调整对象

↘【问题思考】

卫生法规的内容及调整对象是什么？

↘【任务分配】

通过问题思考、讨论等实践活动，引导学生掌握卫生法规调整对象的内涵和重要意义。

↘【知识内容】

一、卫生法规的概念

卫生法是由国家制定或认可，并由国家强制力保证实施的，旨在保护人体健康的各类法律规范的总称。根据卫生法的主要研究内容，卫生法有狭义和广义之分。在我国，狭义的卫生法，仅指由全国人民代表大会及其常委会制定、颁布的卫生法律，包括卫生基本法律及基本法以外的卫生法律。卫生基本法律是指由全国人民代表大会制定、颁布的卫生规范性文件。现有的卫生法律是由全国人民代表大会常委会制定、颁布的，除基本法以外的卫生法律。广义的卫生法规除包括狭义的卫生法外，还包括其他国家机关依照法定程序制定、颁布的卫生法规、规章和条例等，也包括宪法和其他部门法中有关卫生内容的规定。卫生法没有统一的法典，卫生法的这一特征，是由其自身的特殊性所决定的。在卫生领域，需要卫生法调整的范围十分广泛、内容十分繁杂；卫生特别是医疗卫生事项烦琐多变，与卫生有关的法律法规甚多而又修改频繁，这都使卫生法难以在目前对卫生问题作出统一的规定，制定一部统一的卫生法。再者，社会上的很多新的疾病都是突发而来，对疾病本身的认识还需一定的时间，制定带有预见性的法律法规就更加困难了。因此，卫生法作为行政法的一个分支，位于宪法之下，以若干单项法、众多行政法规、地方性法规和政府规章等构成相对独立的一套法律体系。

本书作为卫生法律规范方面的教材，对卫生法规的概念取广义范畴。卫生法规是根据《中华人民共和国宪法》（以下简称《宪法》）规定及社会主义建设的方针、政策和任务，为了保障人民的身体健康，发展卫生事业而制定的各种有关卫生工作的法律、法令、条例、规程等具有法律规范性文件的总称。

✒ **知识拓展**

我国现有卫生法律有《中华人民共和国食品安全法》《中华人民共和国药品管理法》《中华人民共和国传染病防治法》《中华人民共和国国境卫生检疫法》《中华人民共和国职业病防治法》《中华人民共和国精神卫生法》《中华人民共和国母婴保健法》《中华人民共和国人口与计划生育法》《中华人民共和国献血法》《中华人民共和国医师法》《中华人民共和国红十字会法》《中华人民共和国中医药法》《中华人民共和国基本医疗卫生与健康促进法》《中华人民共和国疫苗管理法》《中华人民共和国生物安全法》。

二、卫生法规的调整对象

卫生法规的调整对象是卫生法规在规范与人体生命健康相关的活动中所形成的纵横交错的各种社会关系。

（一）调整生命健康权益保障关系

卫生法规以保障公民生命健康为主要宗旨，凡是与人体生命健康相关的各种活动中所形成的社会关系，都属于卫生法规的调整对象。例如，对公民生命健康权益的法律保护、特殊人群的生命健康权益法律保护、环境与人体生命健康的关系、公民的生育权、公民无偿献血及捐献自己身体和器官的权利、公民能否选择安乐死的权利等一系列活动，都是卫生法规的调整对象。

 思政高地

生命健康权

健康包括个体、群体、生态三个层次，涉及躯体、心理、社会、道德与生态五个方面，覆盖了从成长到死亡全周期，从预防、治疗到康养的全环节，从个体、群体到生态的全方位。除了躯体上的健康，群体层级中人与人之间关系的"健康"与生态层级中所有生命体和谐的"健康"同样十分重要，特别是人与自然和谐共生的问题；健康融入所有政策；生命至上；生命健康权是首要人权；坚持以人民为中心，推行健康中国战略目标；将人民的生命安全与身体健康摆在首要位置；将健康理念融入所有的政策之中；"没有全民健康，就没有全面小康"；实施预防为主、医防融合的公共卫生策略；现代国家负有保护公民健康权益的内在职责等。系统了解和掌握饮食、运动、社交等有效促进生理、心理、社会适应力健康的策略。探讨社会、政治、经济、科技等因素对健康的影响，在心灵上启迪学生的自觉性，建立健康自觉意识和社会责任意识，养成自由人格和成熟心智，在潜移默化中坚定积极服务健康中国建设的理想信念。

（二）调整卫生民事法律关系

在医药卫生活动中，很大一部分内容是医药卫生保健服务者与公民或者法人之间形成的社会关系，如医患关系、医药卫生产品责任关系等，这种社会关系从性质上看，是平等民事主体之间的民事法律关系。

（三）调整卫生刑事法律关系

由于卫生法规的根本目的是保护人体生命健康，因此，对于严重损害人体生命健康的医药卫生行为，卫生法规定了责任人应承担的相应的刑事责任。为此，《中华人民共和国刑法》规定有"危害公共卫生罪"，我国一些专门的卫生法律，如《中华人民共和国传染病防治法》《中华人民共和国药品管理法》《中华人民共和国食品安全法》《中华人民共和国执业医师法》等也对严重损害人体生命健康的犯罪行为作出了规定，当然，对于2013年以来连续发生的医生被殴、被杀等案件，构成刑事犯罪的，应当对行凶者追究刑事责任，以维护社会的正常医疗秩序。

（四）调整卫生行政管理关系

卫生行政管理关系是指国家卫生行政机关及其他有关机关，根据国家相关法律法规的规定，采取行政或其他手段，对各种卫生机构进行设置审批与行政管理。例如，国家对医疗机构设置实行的区域卫生规划；国家对医药卫生人力资源的配置与管理，例如，医师、药师、护士等各级各类卫生技术人员的配置与管理；国家对各种医药市场的合理布局与设置。

（五）调整国际卫生法律关系

我国加入了世界贸易组织（World Trade Organization，WTO）和世界卫生组织（World Health Organization，WHO），向国际社会作出了诸多承诺，其中涉及大量的关于人体生命健康的卫生事项。我国参加或认可的国际条约和国际惯例，也是我国卫生法的渊源之一。因此，国际条约和国际惯例在卫生方面的内容，除我国声明保留的条款以外，均属于我国政府、相关组织或公民应当遵循的法则。我国在参与国际卫生活动中形成的社会关系，就是国际卫生法律关系，也属于卫生法的调整对象。

（六）调整现代医学科学技术发展而形成的新型社会关系

现代医学科学技术的发展形成了新型的社会关系。人工辅助生殖、基因工程和无性生殖等科学技术的发展为人们保护、创造和改造生命提供了条件。现代生殖技术的问世和应用，既给不孕夫妇带来了福音，又极大地冲击了人类传统的自然生殖方式和社会伦理观念，产生了新的法律关系。高科技医疗设备的普及使用，在延长人类寿命的同时也延长了一些垂死病人的死亡过程。在病人处于不可逆的昏迷状态，对外界和自身毫无感觉时，他们的生命是否已经结束？现代医学科技的应用对现行法律提出了挑战。现代医学生物技术的发展引发和形成的新型社会关系是其他一般法律所无法解决的，只能通过卫生法来调整。

任务 1.2　卫生法规的特征和基本原则

↘【问题思考】

卫生法规的特征有哪些？

↘【任务分配】

通过问题思考、讨论等实践活动，引导学生掌握制定卫生法规的基本原则。

↘【知识内容】

一、卫生法规的特征

卫生法规作为我国社会主义法律体系的一部分，除具有一般法律规范所具有的基本特征外，还具有其自身的特征，主要表现在以下方面。

（一）内容具有广泛性

生命和健康是现代人参与社会活动、改造社会，进行生活和生产活动的必要条件。而人们日常生活、工作、学习、娱乐以及衣食住行等方面的环境和条件，无不对人的生命健康造成影响。人们居住地内外环境的卫生状况、饮食质量和饮食习惯、娱乐活动的公共场所内外环境卫生状况、就医环境和条件以及国家整体的防病、治病和医药发展水平等，都可能对人们的生命健康产生影响，都应受到卫生法律的调整和规范。

（二）与自然科学紧密相连

卫生法是保护人体健康的法律规范，其内容大多是依据现代医学、药学、生物学、公共卫生学等学科的基本原理及研究成果制定的，而且许多内容都是这些学科研究成果的具体体现，可以说现代医学科学技术的发展推动着卫生法的发展，使卫生法不断臻于完善和进步。同时，现代医学科学技术在探索维护人类生命健康的过程中，充满了难以预料的风险，需要一定的法律规范加以调整。脱离医学、生物学等自然科学而制定的卫生法，必然是没有科学依据的法律；没有卫生法的保护，现代医学科学技术就不可能顺利发展。

（三）包含大量技术规范

技术规范又称操作规程，是人们在同客观事物打交道时所必须遵循的行为规则。技术规范反映自然法则，规范人与自然的关系，是人类同自然作斗争的经验总结。数千年来，人类在预防、治疗疾病的过程中，逐渐总结出来的防病、治病的方法和操作规程，就是卫生技术规范。国家通过一定程序将这些技术规范加以法律化，就构成了卫生法的重要内容。

（四）吸收大量的道德规范

在维护人体生命健康的医药卫生保健活动中，不可避免地会触及公民的隐私权、名誉权、身体权等。医药卫生技术人员在执业中，对于这些权益的尊重和保护，是职业道德规范的要求。卫生工作人员的职业道德规范已经越来越多地被卫生法律规范所吸收。

另外，现代医学科学技术也是一把双刃剑，在保护人体生命健康，为人类带来福音的同时，还可能带来许多负面影响，为了避免医学、生物科学技术的无序发展而产生的危害，卫生法必须吸收道德规范，并对这些活动予以必要的限制和规范。

（五）采用多种调节手段

有效保障公民健康权利是一个十分复杂而又非常具体的社会工程。不仅涉及人们在劳动、学习中的卫生条件和居住环境，还涉及对疾病的治疗、预防和控制；不仅关系到优生优育和社会保健事业的发展，还关系到公民自身健康权利与其他基本权利的实现；不仅要解决因卫生问题而产生的许多复杂的法律关系，还要解决一系列卫生质量中的技术问题和物质保障。这就决定了卫生法必须采用多种手段进行调节。

（六）反映社会共同要求

疾病的流行没有地域、国界和人群的限制，防病治病的措施、方法和手段也不会因国家社会制度的不同而不同。在人类文明不断发展的今天，健康问题正越来越受到关注，全世界都在探求一种解决人人享有卫生保健的有效途径，卫生立法就是一个非常重要的手段。世界各国的卫生立法反映了一些具有共性的规律。同时，各国的卫生立法工作都十分注重加强国际合作和交流，以便更好地相互借鉴，使本国的卫生法治建设不断趋于完善。

二、卫生法规制定的基本原则

卫生法规制定的基本原则是指贯穿于各种卫生法律规范中，对调整卫生法律关系具有普遍指导意义的准则。我国制定卫生法规应当遵循以下基本原则。

（一）保障公民生命健康权益

保障公民生命健康权益是我国卫生法的首要宗旨和根本目的，也是卫生法首要的基本原则。在制定和实施卫生法的过程中，必须时刻将保障公民生命健康权益放在首位。首先，卫生法律规范中应当完整、准确地体现对人体生命健康权益的保护；其次，在医疗卫生活动中，必须严格遵守卫生法律、法规，确保医药产品和医药保健技术服务的质量；最后，在执法活动中，各级政府、医药卫生行政部门和司法机关应当以维护人体生命健康为中心，维护国家的公共卫生管理秩序，依法制裁危害人体生命健康的不法活动。

（二）预防为主

预防为主是我国卫生工作的基本方针和政策，也是卫生法必须遵循的基本原则。"预防为主，综合治理"是正确处理防病、治病关系的基本卫生方针。只有重视预防工作，加大医疗卫生基本设施建设力度，彻底改变不良卫生习惯，严格把住生产、工作、学习、生活等环节的医疗卫生质量关，才能控制和减少疾病，真正达到维护人民生命健康的根本目的。

（三）依靠科技进步

依靠科技进步原则是指在防病、治病活动中，要高度重视科学技术的作用，大力开展医学科学研究，提高医学技术水平。实践证明，卫生事业的发展，健康目标的实现，归根结底都依赖于科学技术的发展。

（四）中西医协调发展

中西医协调发展原则是指要正确处理中国传统医学和西方医学的关系，对疾病的诊疗护理，不但要认真学习现代医学技术，努力提高医学水平，还必须进一步继承和发展我国的传统医学，运用现代科学技术知识和方法对传统医学加以研究、整理、挖掘，把它提高到现代科学水平，从而使中医、西医两个不同理论体系的医学互相取长补短、协调发展。

（五）动员全社会参与

人的生命健康，离不开对疾病的有效治疗，也离不开对疾病的预防与控制。良好的生活和卫生习惯，强健的体魄，对疾病相关知识的了解与早期发现和预防等，同样离不开每个人的参与和重视。因此，卫生法的贯彻实施，有赖于全社会的广泛参与，也有赖于每个人的自觉遵守。

（六）国家卫生监督

国家卫生监督原则是指卫生行政机关或授权的职能部门，对其管辖范围内的有关单位和个人执行卫生法律、法规的情况予以监察督导。

实行国家卫生监督原则，必须把专业性监督、社会监督与群众监督紧密结合起来，严格依法办事。

（七）患者权利自主

患者权利自主原则是指患者有自己的价值观念、价值取向、生活目标和理想，有权对自己的生命健康权益作出合乎理性的选择。

自 20 世纪 70 年代以来，患者权利的保护受到越来越多国家的重视。荷兰、丹麦、美国等国家甚至制定了《患者权利保护法》。在我国，维护患者权利、尊重患者自主意识也是卫生法的基本原则之一。

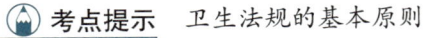 **考点提示** 卫生法规的基本原则

任务 1.3　卫生法的渊源和效力等级

【问题思考】

中国法律体系中，《中华人民共和国民法典》建立的意义是什么？

【任务分配】

通过问题思考、讨论等实践活动，引导学生掌握卫生法的效力等级。

↘【知识内容】

一、卫生法的渊源

卫生法的渊源是指卫生法的各种具体表现形式以及由于这些形式的权威性质而具有的相应的法律效力。

我国卫生法的渊源主要有以下几种：宪法、卫生法律、卫生行政法规、卫生部门规章、地方性卫生法规、卫生自治条例和单行条例、特别行政区有关卫生事务的法律规定、国际卫生条约等。

（一）宪法

宪法是我国的根本法，是治国安邦的总章程。宪法是由国家最高权力机关——全国人民代表大会依照法定程序制定的。宪法规定国家实行医药卫生保障的基本制度和法律赋予公民的基本生命健康权利等内容都属广义卫生法的内容。

《宪法》第二十一条第一款规定："国家发展医疗卫生事业，发展现代医药和我国传统医药，鼓励和支持农村集体经济组织、国家企业事业组织和街道组织举办各种医疗卫生设施，开展群众性的卫生活动，保护人民健康。"正是依据这一高度概括和原则性的规定，国家制定了一系列维护人民健康的卫生法律、法规。

（二）卫生法律

卫生法律是仅次于宪法的卫生法的主要渊源。它是由全国人民代表大会常务委员会制定的卫生规范性文件。卫生法律分为卫生基本法律和基本法律以外的卫生法律。

卫生基本法律是由全国人民代表大会制定的有关卫生的法律规范性文件。到目前为止，我国还没有制定统一的卫生基本法律。

全国人民代表大会常务委员会制定的卫生规范性文件称为基本法律以外的卫生法律。我国现行的卫生法律都属于卫生基本法律以外的卫生法律，主要有《传染病防治法》《食品安全法》《药品管理法》《职业病防治法》《医师法》《献血法》《红十字会法》《母婴保健法》《人口与计划生育法》《国境卫生检疫法》《精神卫生法》《中医药法》《基本医疗卫生与健康促进法》。

此外，全国人民代表大会常务委员会制定的其他部门法中有关医疗卫生、维护人民健康的规定或条款，如《刑法》中规定了在医疗卫生、维护人民健康方面所禁止的行为，以及对实施这些行为造成严重危害的行为人适用的刑罚；《民法典》中规定的对公民健康权的保护等，都属于卫生法律。

 知识链接

> **《中华人民共和国民法典》**
>
> 2020 年颁布的《中华人民共和国民法典》被称为"社会生活的百科全书"，是中华人民共和国成立以来的第一部以法典命名的法律，在法律体系中居于基础性地位，也是市场经济的基本法。《中华人民共和国民法典》共 7 编、1260 条，各编依次为总则、物权、合同、人格权、婚姻家庭、继承、侵权责任，以及附则。
>
> 2020 年 5 月 28 日，十三届全国人大三次会议表决通过了《中华人民共和国民法典》，自 2021 年 1 月 1 日起施行。婚姻法、继承法、民法通则、收养法、担保法、合同法、物权法、侵权责任法、民法总则同时废止。

（三）卫生行政法规

卫生行政法规是由最高国家行政机关——国务院根据宪法和卫生法律制定的卫生规范性法律文件，也是我国卫生法的主要渊源之一。

目前，在我国已经颁布的卫生行政法规中，有的是以国务院名义直接发布的，如《医疗事故处理条例》《突发公共卫生事件应急条例》《医疗机构管理条例》和《血液制品管理条例》等；有的是经国务院授权批准，以国家医药卫生行政部门名义发布的，如《艾滋病监测管理的若干规定》。卫生行政法规既是卫生法的渊源之一，又是下级卫生行政部门制定各种卫生行政管理规章的依据。

（四）卫生部门规章

卫生部门规章是指国务院卫生行政部门制定的卫生规范性法律文件，是卫生法律和卫生行政法规的补充，也是卫生法的渊源之一。如原卫生部颁布的《食品安全国家标准管理办法》、原卫生部和教育部联合颁布的《托儿所、幼儿园卫生保健管理办法》等。由于国务院各部门职能的不断调整，作为卫生法渊源之一的卫生部门规章，已经不仅限于卫生行政部门制定、修改和发布的规范性法律文件，还应包括国务院有关承担医药卫生管理职能的其他部门如国家药品监督管理局、国家中医药管理局、国家市场监督管理总局等制定、修改和发布的规范性法律文件。

（五）地方性卫生法规

地方性卫生法规是指省、自治区、直辖市及省会所在地的市和经国务院批准的较大的市的人民代表大会常务委员会，根据国家授权或为贯彻执行国家法律，结合当地实际情况，依法制定和批准的有关医疗卫生方面的规范性文件，如《上海市遗体捐献条例》。地方性卫生法规在推进本地区卫生事业的发展，为全国性卫生立法积累经验等方面具有重要意义。

（六）卫生自治条例与单行条例

卫生自治条例与单行条例是指由民族自治地方的人民代表大会根据宪法、组织法和民族区域自治法的规定，依照当地民族的政治、经济和文化的特点，在其职权范围内制定、修改和发布的卫生规范性法律文件。

（七）特别行政区有关卫生事务的规范性法律文件

香港和澳门特别行政区政府制定的有关卫生事务的规范性文件是我国"一国两制"政治构想在法律上的体现。目前，香港和澳门特别行政区实行与内地不同的特殊的法律制度。但不管实行什么性质的法律制度，特别行政区有关卫生事务的规范性法律文件，仍然是我国卫生法不可缺少的渊源之一。

（八）卫生标准和技术规程

卫生标准、卫生技术性规范和操作规程一经法律、法规确认，就成为我国卫生法律体系的重要组成部分。卫生法具有技术控制和法律控制的双重性质，这是由卫生法的特征所决定的。卫生标准和技术规程可分为国家和地方两级。前者由国家卫生行政部门制定颁布，后者由地方卫生行政部门制定颁布。值得注意的是，这些卫生标准、规范和规程的法律效力在实施过程中的地位相当重要。如《传染病防治法》《食品安全法》《药品管理法》等卫生法律的相应条款，将国家饮用水标准、食品卫生标准、营养标准、国家药典和药品标准、工艺规程、炮制规范等作为有关单位和个人应当遵守的行为准则和标准，也是执法部门进行卫生管理、监督、监测和执法的依据。

（九）国际卫生条约

国际卫生条约是指我国同外国缔结的双边或者多边卫生条约、协定和其他具有条约、协定性质的国际卫生规范性法律文件以及我国加入的有关国际组织制定的卫生公约。

国际卫生条约虽然不属于我国国内法的范畴，但其一旦生效，除我国声明保留的条款以外，对我国就产生约束力，也是我国卫生法的渊源之一，如《国际卫生条例》《麻醉品单一公约》《精神药品公约》等。

二、卫生法的主要内容

卫生法的主要内容是指我国现行各种卫生法律、法规等规范性文件中所涉及的具体内容和范围。

（一）医疗卫生机构及组织管理

主要包括医疗机构管理、卫生监督及疾病控制机构管理、血站管理、医学会及医学协会管理、红十字会管理等法律规定，如《医疗机构管理条例》《血站管理办法》《中外合资、合作医疗机构管理暂行办法》《中华人民共和国红十字会法》等。

（二）医疗卫生技术人员管理

主要包括执业医师管理、护士管理、药师及药剂师管理、卫生监督人员管理、其他卫生技术人员管理等法律规定，如《中华人民共和国执业医师法》《护士条例》《卫生监督员管理办法》等。

（三）生命健康权益保护

主要包括医疗事故处理、人口与计划生育、医疗保障、初级卫生保健等法律规定，如《医疗事故处理条例》《人口与计划生育法》《计划生育技术服务管理条例》《基本医疗卫生与健康促进法》等。

（四）特殊人群健康保护

主要包括母婴保健、精神疾病患者保护治疗、未成年人保护、残疾人保障、老年人权益保障等法律规定，如《母婴保健法》《残疾人保障法》《未成年人保护法》《老年人权益保障法》《精神疾病司法鉴定暂行规定》等。

（五）健康相关产品的卫生管理监督

主要包括食品卫生管理、药品管理、血液及血液制品管理、化妆品管理、保健用品管理、医疗器械和器材以及生物材料管理等法律规定，如《食品安全法》《药品管理法》《献血法》《血液制品管理条例》《化妆品卫生监督条例》《健康相关产品国家卫生监督抽检规定》《放射防护器材与含放射性产品卫生管理办法》等。

（六）疾病预防与控制

主要包括传染病防治、国境卫生检疫、职业病防治、地方病防治、性病及艾滋病防治、结核病防治等法律规定，如《中华人民共和国传染病防治法》《中华人民共和国国境卫生检疫法》《中华人民共和国职业病防治法》《艾滋病防治条例》《性病防治管理办法》《结核病防治管理办法》《传染性非典型肺炎防治管理办法》《职业病诊断与鉴定管理办法》《中华人民共和国精神卫生法》等。

（七）公共卫生管理

主要包括突发公共卫生事件应急处理、学校卫生监督、放射卫生防护监督、公共场所卫生监督、生活饮用水及爱国卫生等法律规定，如《突发公共卫生事件应急条例》《学校卫生工作条例》《放射工作卫生防护管理办法》《放射性同位素与射线装置放射防护条例》《公共场所卫生管理条例》《生活饮用水卫生监督管理办法》等。

（八）环境污染防治

主要包括大气污染防治、水污染防治、环境噪声污染防治、固体废物污染防治、医疗废物管理等法律规定，如《中华人民共和国大气污染防治法》《中华人民共和国水污染防治法》《中华人民共和国环境噪声污染防治法》《中华人民共和国固体废物污染环境防治法》《医疗废物管理条例》等。

（九）中医药与民族医药管理

主要包括中医医疗机构管理、中药管理、民族医药管理、气功医疗管理等法律规定，如《中华人民共和国中医药法》《医疗气功管理暂行规定》等。

三、卫生法的效力等级

卫生法的效力等级是指为了解决卫生法律适用过程中法律之间的冲突和矛盾，根据各卫生法渊源的制定主体、程序、时间、适用范围等因素的不同，以确定其在法律效力上的地位。

卫生法的效力等级应当遵循以下规则。

（一）卫生法效力等级的一般规则

宪法具有最高法律效力，一切卫生法律、卫生行政法规、地方性卫生法规、卫生自治条例与单行条例、卫生部门规章等都不得与宪法相抵触。因此，宪法位于卫生法效力等级的最高层级，以下依次是卫生法律、卫生行政法规、地方性卫生法规和卫生部门规章等。它们具有不同的效力等级，共同构成了我国卫生法的效力等级体系。

（二）卫生法效力等级的特殊规则

1. 特别法优于一般法　同一机关制定的卫生法律、卫生行政法规、地方性卫生法规、卫生自治条例与单行条例、卫生部门规章和地方政府卫生规章中，特别规定与一般规定不一致的，适用特别规定。

2. 新法优于旧法　同一机关制定的卫生法律、卫生行政法规、地方性卫生法规、卫生自治条例与单行条例、卫生部门规章和地方政府卫生规章中，新的规定与旧的规定不一致的，适用新的规定。

3. 有关机关裁决　卫生法律之间对同一事项的新的一般规定与旧的特别规定不一致，不能确定如何适用时，由全国人民代表大会常务委员会裁决。

卫生行政法规之间对同一事项的新的一般规定与旧的特别规定不一致，不能确定如何适用时，由国务院裁决。

地方性卫生法规、卫生规章之间不一致时，由有关机关依照规定的权限作出裁决。

> 考点提示　卫生法的效力等级

任务 1.4　卫生法律关系

案例导学

　　张某自 2009 年 12 月开始在某医院进行产前检查，建立产前检查档案，并先后 5 次到该医院做彩色超声检查，2010 年 6 月分娩出胎儿侯某 2。侯某 2 出生后 42 天到该医院进行心脏超声检查，检查结果提示先天性心脏病、单心室、大动脉右转位、房间隔缺损（腔静脉型）、动脉导管未闭。而后侯某 2 经手术治疗未果，因先天性心脏病死亡。张某及侯某 1 起诉要求该医院支付死亡赔偿金等损失总计 139 万余元。北京某司法鉴定中心司法鉴定结论认为，该医院对被鉴定人张某的诊疗行为存在未尽到必要的注意义务、告知义务等医疗过失，该过失与被鉴定人侯某 2 患先天性心脏病出生有一定程度的因果关系。

　　最终一二审法院判决该医院赔偿张某、侯某 18 万 9 千余元。

卫生法律关系主体、客体、内容有哪些？

通过问题思考、讨论等实践活动，引导学生掌握卫生活动中的卫生法律关系。

一、卫生法律关系的概念和特征

（一）卫生法律关系的概念

卫生法律关系是指由卫生法所调整的国家机关、企事业单位、其他社会团体、公民在医疗卫生监督、管理活动和医疗卫生预防、保健服务过程中所形成的各种权利和义务关系。

（二）卫生法律关系的特征

（1）卫生法律关系是以卫生法律规范为前提形成的社会关系；

（2）卫生法律关系是以卫生法律规范所规定的权利与义务为纽带形成的社会关系；

（3）卫生法律关系是以国家强制力作为保障手段的社会关系；

（4）卫生法律关系是在卫生管理和医疗卫生预防、保健服务过程中，基于维护人体健康而结成的法律关系；

（5）卫生法律关系是一种纵横交错的法律关系。

二、卫生法律关系的构成要素

卫生法律关系由主体、客体和内容三个要素构成。

微课：
卫生法律关系

（一）卫生法律关系的主体

卫生法律关系的主体是指卫生法律关系的参与者，即在卫生法律关系中享有权利和承担义务的当事人。在我国，卫生法律关系的主体包括国家机关、企事业单位、社会团体和公民。

1. 国家机关　国家机关作为卫生法律关系的主体，主要是作为纵向卫生法律关系的一方当事人，即行政管理人。该主体主要有各级卫生行政部门、各级药品监督管理部门、卫生检疫部门、劳动与社会保障管理部门等。

2. 法人　主要包括企业法人、事业法人和社会团体法人。法人主体既可以成为纵向卫生法律关系的一方当事人，即行政相对人，又可以成为横向卫生法律关系的主体。例如，各类食品生产企业和经营企业、各级各类医疗机构等既是纵向卫生法律关系的主体，也是其与食品消费者、患者之间的横向卫生法律关系的权利主体或者义务主体。

3. 自然人　自然人主体既包括中国公民，也包括居住在我国境内或在我国境内活动的外国人和无国籍人。

自然人既可以是纵向卫生法律关系的主体，又可以是横向卫生法律关系的主体。例如，个体食品经营者和个体开业医生，一方面是行政相对人，另一方面是经营者和服务者。

（二）卫生法律关系的内容

卫生法律关系的内容是指卫生法律关系的主体依法所享有的权利和应当承担的义务。

卫生法律关系的权利是指卫生法规定的卫生法律关系主体根据自己的意愿实现某种利益的可能性。它包含三项内容：第一，权利主体有权在卫生法规定的范围内，根据自己的意愿为一定行为或者不为一定行为；第二，权利主体有权在卫生法规定的范围内，要求义务主体为一定行为或者不为一定行为，以便实现自己的某种利益；第三，当权利主体的卫生权利遭受侵害或者当义务主体拒不履行义务或不依法履行义务时，权利主体可以依法请求司法机关或卫生行政部门给予法律保护，采取必要的强制措施，以保障其权利得以实现，并依法追究对方的行政责任、民事责任或刑事责任。

卫生法律关系的义务是指卫生法律关系主体必须做出或不做出一定行为的责任。它是为了满足权利主体的某种利益而为一定行为或者不为一定行为的必要性。它包含三项内容：第一，义务主体应当依据卫生法的规定，为一定行为或者不为一定行为，以使权利主体的某种利益得以实现；第二，义务主体仅在卫生法规定的范围内为一定行为或者不为一定行为，对于权利主体超出法定范围的要求，义务主体不承担义务；第三，卫生义务是一种法定义务，如果义务主体不履行或者不适当履行这种义务，就会带来某种不利后果，承担相应的法律责任。

卫生法律关系中的权利与义务，往往是相互对立、相互联系、密不可分的关系。当事人一方享有的权利，必然是另一方负有的义务，并且权利和义务往往是同时产生、变更和消灭的。法治社会既不允许法律关系主体只享有权利而不承担义务，又不允许只承担义务而不享有权利。

（三）卫生法律关系的客体

卫生法律关系的客体是指卫生法律关系主体的权利和义务共同指向的对象。它是联系卫生法律关系主体间权利和义务的纽带，是卫生法律关系不可缺少的构成要素。

卫生法律关系的客体大致可分为以下几类：

1. 物　卫生法律关系中所指的物，是可以为人们控制，且具有经济价值，能作为财产权利对象的一切物质财富。主要有食品、药品、化妆品、保健用品、医疗器械、生物制品、生活饮用水、血液制品等。上述物品是卫生法律关系主体在进行各种医疗和卫生管理工作过程中需要的生产资料和生活资料。

2. 行为　卫生法律关系中所指的行为，是卫生法律关系主体行使权利和履行义务的活动。常见的有医疗保健服务、疾病防治、公共卫生监督管理、健康相关产品的生产和经营、突发事件应急管理、卫生许可、卫生审批等。行为可分为合法行为和违法行为两种方式，合法行为依法受到法律保护，违法行为将受到法律责任和法律制裁。

3. 智力成果　智力成果是指人们的智力活动所创造的成果，又称精神财富。智力成果本身并不是物质财富，但可以通过一定形式物化，给权利人带来物质利益，进而转化为物质财富。如医疗卫生科学技术发明、专利、学术著作、新药的发明等。近年来，因现代医学、生物科学的重大突破，出现了转基因技术、克隆技术等，对于这些新技术的保护关系到医学科学的发展。

4. 以人身利益形式出现的客体有公民的生命健康权益、特殊人群的生命健康权益包括病人、母亲、婴儿和尸体以及人体器官等。

以人身利益的形式出现的客体即公民的生命健康权益，是卫生法律关系中最重要、最基本的客体。

🔺 **考点提示**　卫生法律关系的构成要素

三、卫生法律关系的产生、变更和消灭

（一）卫生法律关系的产生、变更和消灭的概念

卫生法律关系的产生是指卫生法律关系主体间确立和形成了卫生权利与义务关系；卫生法律关系的

变更是指卫生法律关系的主体、内容或客体发生了变化；卫生法律关系的消灭是指卫生法律关系主体间的权利与义务关系完全中止。

引起卫生法律关系产生、变更和消灭的条件：一是法律规范；二是法律事实。在法理学上，一定的法律规范是一定的法律关系产生、变更和消灭的前提，一定的法律事实是一定的法律关系产生、变更和消灭的根据，即法律规范为人们的行为设定了一定的模式，使法律关系当事人享有权利和承担义务具有可能性，但仅有这种可能性是不够的，因为它并不必然引起法律关系的产生、变更和消灭，只有同时具备一定的法律事实，法律上所规定的权利、义务关系才能体现为实际的权利、义务关系。

（二）卫生法律事实

引起卫生法律关系产生、变更和消灭的关键因素是卫生法律事实。

根据卫生法律事实是否与当事人的意志有关，卫生法律事实可以分为卫生法律事件和卫生法律行为。

卫生法律事件是指与人的意志无关，也不是由当事人的行为引起的，但是能够导致卫生法律关系产生、变更、消灭的客观事实。卫生法律事件分为两种：一种是自然事件，例如，地震、水灾等自然灾害；另一种是社会事件，例如战争，突发公共卫生事件，人的出生、死亡，时间的流逝以及国家有关医药卫生政策的调整等。

卫生法律行为是指与人的意志有关，由当事人的作为或不作为引起的，也是能够引起卫生法律关系产生、变更、消灭的客观事实。例如，患者到医院挂号的就诊行为，导致医患双方医疗合同法律关系形成；治疗任务完成，卫生法律关系自行消灭。如果医疗活动中发生了医疗损害，医疗合同法律关系就变更为医疗损害赔偿法律关系。如果经协调医疗纠纷得以妥善解决，该卫生法律关系就此消灭。

任务 1.5 卫生法律责任

案例导学

某日，章某倒在路边，后路人经其同意拨打了 120 急救电话。急救中心接到来电后指令对接救援中心前往。救援中心到达现场，对章某进行常规急救检查，并告知其初步判断为急性冠脉综合征，将章某送至 A 医院。A 医院急诊对章某进行常规检查后，考虑其病情为急性下壁心肌梗死，建议行急诊 PCI 术，章某拒绝。后章某被收入 CCU 科室，并发出病（重）通知书，章某在该通知书上签字。A 医院建议行冠脉造影，章某表示拒绝，并于次日要求出院，出院诊断为冠心病、急性下壁心肌梗死。章某认为自身是由于食物中毒晕倒，某区救援中心作出的诊断及 A 医院的后续治疗没有作用。此外，章某称急救中心未将自己送至心仪的医院属于重大过失，遂将急救中心与 A 医院一并诉至法院。

【讨论】

A 医院是否应承担相应的法律责任？

▶ 【问题思考】

卫生法律责任的构成是什么？

通过问题思考、讨论等实践活动，引导学生思考违反卫生法律的后果和承担的主要责任。

↘【知识内容】

卫生法律责任是指行为人违反卫生法规定或约定义务所应承担的具有强制性的法律后果。

卫生法律责任特征：①法律责任主体的特定性，卫生法律责任承担主体一般是卫生法律关系中的卫生行政主体与卫生行政相对人；②行为人违反卫生法应承担法律后果，承担法律责任的直接依据是卫生法律、法规或规章；③卫生法律责任的多样性，包括卫生行政责任、民事责任及刑事责任；④必须由国家专门机关在法定职责范围内依法予以追究。

一、卫生法律责任的构成

卫生法律责任的构成是指行为人实施违反卫生法行为并承担法律责任必须具备的条件的有机统一，是承担卫生法律责任的前提。卫生法律责任的构成必须具备以下条件。

1. 行为人实施了违反卫生法的行为　实施违法行为是行为人承担卫生法律责任的前提条件，这种行为必须是客观存在的，并且违反了卫生法律、法规和规章的相关规定。它可以分为两种基本表现形式：一是作为，即积极地实施卫生法所禁止的行为；二是不作为，即消极地不实施卫生法要求的行为。

2. 卫生违法行为具有社会危害性　卫生违法行为造成一定的社会损害，侵害了卫生法所保护的社会关系和社会秩序。这种危害性包括两种情况：一是卫生违法行为已经给法律保护的社会关系和社会秩序造成了实际的损害结果；二是虽然尚未造成实际的损害，但已经使卫生法所保护的社会关系和社会秩序处于某种危险之中。

3. 卫生违法行为与社会危害性之间具有因果关系　行为人所实施的违法行为与造成社会危害性或损害之间具有内在必然的联系，即某种社会损害是由于行为人实施卫生违法行为造成的。

4. 卫生违法的主体必须是具有法定责任能力的公民、法人或其他组织，在主观方面必须有过错（过错是指违法行为实施者的某种主观心理状态），包括故意和过失两种形式。如果某种社会损害后果是因不可抗力等情况造成的，行为人则不承担法律责任。

二、卫生法律责任的种类

根据卫生违法行为的性质、危害程度等标准，一般将卫生法律责任分为卫生行政责任、卫生民事责任和卫生刑事责任。

（一）卫生行政责任

卫生行政责任是指行为人实施了违反卫生法律的行为，造成了社会损害，尚未构成犯罪时所应承担的行政法律后果。根据我国卫生行政法律的规定，卫生行政责任主要包括行政处罚和行政处分两种形式。

卫生行政处罚是指卫生行政主体对违反卫生法的管理相对人所实施的一种行政制裁。

卫生行政处罚的主要特征：①是卫生行政主体依法实施的一种外部行为；②是对已确定违反卫生法的行政管理相对人所采取的一种行政制裁，是由卫生法律规范预先明确规定的；③具有鲜明的惩戒性，并由国家强制力作保证。卫生行政处罚的种类主要有警告、罚款、没收违法所得、没收非法财物、责令停产和停业、暂扣或吊销有关许可证等。

行政处分是指行政机关或企事业单位依据行政隶属关系，对违法、违纪或失职人员给予的一种行政制裁。卫生行政处分主要是对卫生行政机关或机关内部的执法人员、公务人员及医疗卫生机构内部的医疗卫生人员违反卫生行政管理法律、法规所给予的一种制裁，针对的是内部所属人员的违法失职行为。

根据《中华人民共和国公务员法》的规定，行政处分主要包括警告、记过、记大过、降级、撤职、开除6种。

考点提示　卫生行政处罚的种类与卫生行政处分的区别

（二）卫生民事责任与卫生民事诉讼

1. 卫生民事责任　是指卫生行政法律关系的主体实施了违反卫生法的行为，侵害了公民的合法权益，依据我国民事法律所应承担的法律责任。

卫生民事责任是一种民法上的侵权责任，构成该责任必须同时具备以下要件：

（1）行为人实施了违反卫生法律、法规的行为；

（2）有损害事实的存在；

（3）行为人的行为与损害结果之间有因果关系；

（4）行为人主观方面有过错。

卫生民事责任主要是一种财产性质的责任，承担责任的主要方式是损害赔偿。由于卫生民事责任主体之间是一种平等的法律关系，在法律允许的范围内，双方可以自愿协商解决。卫生行政主体在管理过程中因其违法行为给管理相对人造成财产损失的，也应承担赔偿责任，但这种赔偿一般应根据《中华人民共和国国家赔偿法》进行。

2. 卫生民事诉讼　是指人民法院在卫生民事法律关系的当事人和其他诉讼参与人的参加下，依法审理和解决卫生民事争议的诉讼活动。

根据《中华人民共和国民事诉讼法》的规定，我国民事诉讼证据包括当事人的陈述、书证、物证、视听资料、电子数据、证人证言、鉴定意见和勘验笔录，共8种。

（1）当事人的陈述　是指当事人在诉讼中就与本案有关的事实，尤其是作为诉讼请求根据或反驳诉讼请求根据的事实，向法院所作的陈述。人民法院对当事人的陈述，应当结合本案的其他证据，审查确定其能否作为认定事实的根据。当事人拒绝陈述的，不影响人民法院根据证据认定案件事实。

（2）书证　是指以文字、符号、图形等所记载的内容或表达的思想来证明案件事实的证据。书证的主要形式是各种书面文件，如合同书、信函、电报、电传、图纸、图表等。但书证有时也可能表现为一定的物品，如刻有文字或图案的石碑、竹木等。书证应当提交原件，提交原件确有困难的，可以提交复制品、照片、副本、节录本。提交外文书证必须附有中文译本。经过法定程序公证证明的法律事实和文书，人民法院应当作为认定事实的根据，但有相反证据足以推翻公证证明的除外。

（3）物证　是指以其形状、质量、规格、受损坏的程度等来证明案件事实的物品。物证应当提交原物，提交原物确有困难的，可以提交复制品、照片等。

（4）视听资料　是指利用录音、录像等方式储存的资料和数据来证明案件事实的证据。人民法院对视听资料应当辨别真伪，并结合本案的其他证据，审查确定能否作为认定事实的根据。

（5）电子数据　一般是指基于计算机应用、通信和现代管理技术等电子化技术手段形成的包括文字、图形符号、数字、字母等的客观资料。

（6）证人证言　证人是指了解案件事实并应当事人的要求或法院的传唤到法庭作证的人。凡是知道案件情况的单位和个人，都有义务出庭作证。有关单位的负责人应当支持证人作证。不能正确表达意思的人不能作证。

（7）鉴定意见　是指鉴定人运用专业知识、专门技术对案件中的专门性问题进行分析、鉴别、判断后作出的意见。当事人可以就查明事实的专门性问题向人民法院申请鉴定。当事人申请鉴定的，由双方当事人协商确定具备资格的鉴定人。协商不成的，由人民法院指定。鉴定人有权了解进行鉴定所需要的案件材料，必要时可以询问当事人、证人。鉴定人应当提出书面鉴定意见，在鉴定书上签名或者盖章。

（8）勘验笔录　是指司法部门依法制作的反映物品、现场状况和实地检查过程与结果的法律文书。勘验物证或者现场，勘验人必须出示人民法院的证件，并邀请当地基层组织或者当事人所在单位派人参加。勘验人应当将勘验情况和结果制作笔录，由勘验人、当事人和受邀参加人签名或者盖章。

（三）卫生刑事责任与卫生刑事诉讼

1. 卫生刑事责任　是指行为人实施了违反卫生法的行为，侵害了刑法所保护的社会关系，构成卫生犯罪所应承担的法律后果。

卫生刑事责任具有以下特征：

（1）行为人实施了违反卫生法的行为，具有社会危害性；

（2）违法行为及对社会所造成的危害已经触犯刑法，是一种犯罪行为；

（3）是一种应受刑罚处罚的行为；

（4）是一种最为严厉的法律制裁方式。

我国刑法规定，承担刑事责任的方式是刑罚，分为主刑和附加刑。主刑包括管制、拘役、有期徒刑、无期徒刑、死刑 5 种。附加刑包括罚金、剥夺政治权利和没收财产。附加刑可以附加适用，也可以独立适用。对于犯罪的外国人，还可以独立适用或附加适用驱逐出境。

2. 卫生刑事诉讼　是指国家司法机关在当事人和其他诉讼参与人的参加下，依照法定程序，揭露犯罪、证实犯罪和惩罚犯罪并保证无罪的人不受刑事处罚的活动过程。

根据刑事诉讼法的规定，可以用于证明案件事实的材料，都是证据。证据包括：①物证；②书证；③证人证言；④被害人陈述；⑤犯罪嫌疑人、被告人供述和辩解；⑥鉴定意见；⑦勘验、检查、辨认、侦查实验等笔录；⑧视听资料、电子数据。证据必须经过查证属实，才能作为定案的根据。

卫生刑事诉讼基本原则是指由刑事诉讼法律确定的，贯穿于卫生刑事诉讼全过程，并为国家司法机关和诉讼参与人进行刑事诉讼必须遵循的基本行为准则。

卫生刑事诉讼应遵循以下基本原则：①侦查权、检察权、审判权由专门机关依法独立行使；②以事实为根据，以法律为准绳；③人民检察院依法对刑事诉讼实行法律监督；④未经人民法院依法审判，不得确定有罪；⑤保障诉讼参与人的诉讼权利。

> **考点提示**　卫生法律责任的种类

任务 1.6　卫生法律救济

案例导学

　　2007 年初，学过一点医学知识但未取得医师资格的甲某，在某县某村擅自开设诊所行医。同年 7 月 19 日，乙某因胸闷发热到该诊所诊治，甲某诊断乙某是肺炎，在不具备输液的条件下，对乙某进行输液治疗。乙某在输液过程中病情加重，出现抽搐、咯血的危重症状，后送当地中心卫生院抢救。同月 27 日，乙某家属向当地县卫生局举报甲某非法行医，并要求赔偿。县卫生局决定立案查处，执法人员会同派出所民警依法对甲某行医场所进行了执法检查。经调查发现，甲某未取得《医疗机构执业许可证》擅自开展医疗执业活动，属于非法行医。

　　【讨论】

　　该案涉及的卫生法律救济有哪些？

↘【问题思考】

卫生法律救济的重要意义是什么？

↘【任务分配】

通过问题思考、讨论等实践活动，引导学生掌握卫生法律救济的内容，了解卫生行政复议与卫生行政诉讼的区别。

↘【知识内容】

卫生法律救济主要包括卫生行政复议、卫生行政诉讼、卫生行政赔偿。一般情况下，发生行政争议后，卫生行政复议是最为有效的解决途径，而卫生行政诉讼是最为客观公正的解决途径。卫生法律救济是指公民、法人或者其他组织认为自己的人身权、财产权因行政机关的行政行为或者其他单位和个人的行为而受到侵害，依照法律规定向有权受理的国家机关申诉并要求解决，予以补救，有关国家机关受理并作出具有法律效力的决定。

一、卫生行政复议

卫生行政复议是指卫生行政管理相对人认为卫生行政机关实施的具体行政行为侵犯其合法权益，依法向行政复议机关提出复议申请；行政复议机关依照法定程序对被申请的具体行政行为的合法性与适当性进行审查并作出复议决定的一种法律制度。

卫生行政复议具有以下主要特征：①卫生行政复议所处理的争议是行政争议，以具体行政行为为审查对象，核心问题是审查具体行政行为是否合法、适当；②行政复议是因行政相对人提起复议申请而引起，没有行政相对人的申请，行政复议行为不能自行启动；③行政复议的管辖主体只能是一定的行政机关，一般是作出具体行政行为主体的上级机关，在特定情况下才是法定的其他行政主体；④行政复议是一种行政自我监督制度，由于行政复议一般是复议机关对下级行政机关作出的具体行政行为进行审查，在依法履行保护行政相对人权益的同时，也起到了监督行政机关是否依法行政的作用；⑤行政复议是对具体行政行为的合法性与适当性进行审查。行政复议机关的主要职责是审查申请行政复议的具体行政行为是否合法与适当，并作出行政复议决定。

（一）卫生行政复议原则

卫生行政复议原则是指贯穿于卫生行政复议全过程并对卫生行政复议具有普遍指导意义的根本准则，主要包括以下内容。

1. 合法原则　在行政复议中遵循合法原则是指行政复议机关必须严格按照宪法和法律规定的职责权限，以事实为根据，以法律为准绳，依法对行政相对人申请复议的具体行政行为进行审查。

2. 公正原则　公正就是指公平，没有偏私。这一原则不仅体现在程序上要平等对待当事人，还应当体现在行政复议机关的决定中。行政复议机关应当依法审查引起争议的行政行为是否合理、适当，并对之作出公正的裁决。

3. 公开原则　公开原则是一项重要的程序原则，是指行政复议机关在依法进行复议审查、作出复议决定时都应当公开进行。这一原则应贯穿于卫生行政复议活动的全过程，以确保行政复议在程序和实体上的合法与公正。

4. 及时原则　及时原则的主要内容包括受理复议申请应当及时，受理机关必须在复议的各个环节上注意工作效率，作出复议决定应当及时。

5. 便民原则　复议机关在行政复议过程中应尽最大可能为行政复议的申请人提供便利条件，即在尽量节省费用、时间、精力的情况下，保证公民、法人或者其他组织充分行使复议申请权，从而保证行政复议合法、有效地进行。

（二）卫生行政复议的受案范围

卫生行政复议的受案范围是指卫生行政复议机关受理的卫生行政复议案件的权限范围。

根据《中华人民共和国行政复议法》（以下简称《行政复议法》）的规定，公民、法人或者其他组织对以下具体卫生行政行为不服的，可以申请卫生行政复议：

（1）对卫生行政机关作出的警告、罚款、没收违法所得、没收非法财物、责令停产和停业、暂扣或者吊销许可证等行政处罚决定不服的；

（2）对卫生行政机关作出的有关资质、资格、执业等证书变更、终止、注销、撤销的决定不服的；

（3）认为卫生行政机关侵犯其合法经营自主权的；

（4）认为卫生行政机关违法集资、征收财物、摊派费用或者违法要求履行其他义务的；

（5）认为符合法定条件，申请卫生行政机关颁发许可证、执照、资质证、资格证等证书或者申请卫生行政机关审批、登记有关事项，卫生行政机关没有依法办理的；

（6）申请卫生行政机关履行保护合法权利的法定职责，卫生行政机关没有依法履行的；

（7）其他法定情形。

（三）卫生行政复议的管辖

卫生行政复议的管辖是指卫生行政复议机关在受理卫生行政复议案件上的分工和权限，它是卫生行政复议制度的重要内容。

我国《行政复议法》对复议机关的管辖权限划分作了以下规定：

（1）对县级以上地方各级人民政府卫生行政部门的具体行政行为不服的，由申请人选择，可以向该部门的本级人民政府申请行政复议，也可以向上一级卫生主管部门申请行政复议。

（2）对地方各级人民政府的具体卫生行政行为不服的，可向上一级地方人民政府申请行政复议。对省、自治区人民政府派出机关所属的县级地方人民政府的具体卫生行政行为不服的，可向该派出机关申请行政复议。

（3）对国务院卫生行政部门或者省、自治区、直辖市人民政府的具体卫生行政行为不服的，可向作出该具体行政行为的国务院卫生行政部门或者省、自治区、直辖市人民政府申请行政复议。对行政复议决定不服的，可以向人民法院提起行政诉讼，也可以向国务院申请最终裁决。

（4）对县级以上地方人民政府依法设立的派出机关的具体卫生行政行为不服的，可向设立该派出机关的人民政府申请行政复议。

（5）对卫生行政部门依法设立的派出机构依照法律、法规或者规章的规定，以自己的名义作出的具体卫生行政行为不服的，可向设立该派出机构的卫生行政部门或者该卫生行政部门的本级地方人民政府申请行政复议。

（6）对法律、法规授权的组织的具体卫生行政行为不服的，可分别向直接管理该组织的地方人民政府、地方卫生行政部门或者国务院卫生行政部门申请行政复议。

（7）对两个或者两个以上行政机关以共同的名义作出的具体卫生行政行为不服的，可向其共同上一级行政机关申请行政复议。

（8）对被撤销的行政机关在撤销前所作出的具体卫生行政行为不服的，可向继续行使其职权的行政机关的上一级行政机关申请行政复议。

（四）卫生行政复议的参加人

卫生行政复议的参加人是指依法参加卫生行政复议活动并保护自己合法权益的当事人以及与当事人地位相近的人。根据《行政复议法》的规定，行政复议参加人主要包括复议申请人、被申请人和复议中的第三人。

1. 卫生行政复议申请人　是指对卫生行政主体作出的具体行政行为不服，依据法律规定以自己的名义向卫生行政复议机关提起卫生行政复议申请的公民、法人或者其他组织。

2. 卫生行政复议被申请人 是指经申请人认为其具体行政行为侵犯自身合法权益，并由复议机关通知参加复议的行政主体。

根据《行政复议法》的规定，被申请人有以下几种情况：

（1）公民、法人或者其他组织对卫生行政机关的具体行政行为不服申请复议的，该卫生行政机关是被申请人。

（2）两个或者两个以上卫生行政机关以共同名义作出具体行政行为的，共同作出具体行政行为的卫生行政机关是共同被申请人。

（3）法律、法规授权的组织作出具体行政行为的，该组织是被申请人。卫生行政机关委托的组织作出具体行政行为的，委托的卫生行政机关是被申请人。

（4）对卫生行政机关依法设立的派出机构依据法律、法规或者规章的规定，以自己的名义作出的具体行政行为不服的，该派出机构是被申请人。

（5）作出具体行政行为的机关被撤销的，继续行使其职权的卫生行政机关是被申请人。

3. 卫生行政复议第三人 是指与行政复议的具体行政行为有利害关系，为维护自己的合法权益，经复议机关同意参加复议的公民、法人或者其他组织。

4. 复议代理人 包括法定代理人、指定代理人、委托代理人。

（五）卫生行政复议程序

卫生行政复议程序是指通过卫生行政复议活动解决卫生行政争议所遵循的步骤和方式。

1. 申请 是指行政复议程序的第一阶段。复议申请人必须在法定期限内提出复议申请。公民、法人或者其他组织认为具体行政行为侵犯其合法权益的，可以从知道该具体行政行为之日起60日内提出行政复议申请，超过60日法律规定的申请期限的除外。因不可抗力或者其他正当理由耽误法定申请期限的，申请期限从障碍消除之日起继续计算。有权申请行政复议的公民死亡的，其近亲属可以申请行政复议。有权申请行政复议的公民为无民事行为能力人或者限制民事行为能力人的，其法定代理人可以代为申请行政复议。

2. 受理 是指行政复议机关收到申请人的复议申请后，经审查认为申请符合法律规定，决定立案并启动行政复议的活动。

根据《行政复议法》第三十条规定，行政复议机关收到行政复议申请后，应当在5日内进行审查。

3. 审理 是指复议机关受理复议申请后对被申请人的具体行政行为进行全面审查的活动。行政复议原则上采取书面审查的办法，但是申请人提出要求或者行政复议机关认为有必要时，可以向有关组织和人员调查情况，听取申请人、被申请人和第三人的意见。复议审理应当对存在争议的具体行政行为的合法性、适当性以及所依据的事实和规范性文件进行全面审查。

4. 复议决定 复议机关审理复议案件后，应根据不同的情况依法作出复议决定：

（1）维持 复议机关作出维持原具体卫生行政行为的复议决定，需要符合以下条件：①适用法律、法规、规章和具有普遍约束力的决定、命令正确；②作出具体行政行为的事实清楚；③符合法定的权限和程序；④具体行政行为适当。

（2）撤销、变更或者确认违法 卫生行政复议机关经过审理，认为被申请人的具体行政行为有下列情形之一的，可以作出撤销、变更或者确认违法决定：①主要事实不清，证据不足的；②适用依据错误的；③违反法定程序的；④超越或者滥用职权的；⑤具体行政行为明显不当的。

决定撤销或者确认具体行政行为违法的，可以责令被申请人在一定期限内重新作出具体行政行为。被申请人没有按照《行政复议法》第二十三条的规定提出书面答复、提交当初作出具体行政行为的证据、依据和其他有关材料的，视为该具体行政行为没有证据、依据，决定撤销该具体行政行为。

（3）限期履行职责 被申请人不履行法定职责的，决定其在一定期限内履行。

（4）驳回行政复议申请　有下列情形之一的，卫生行政复议机关应当驳回行政复议申请：①申请人认为行政机关不履行法定职责申请行政复议，行政复议机关受理后发现该行政机关没有相应法定职责或者在受理前已经履行法定职责的；②受理行政复议申请后，发现该行政复议申请不符合法定受理条件的。

5. 执行

卫生行政复议机关作出行政复议决定，应当制作行政复议决定书，并加盖印章。行政复议决定书一经送达，即发生法律效力。

6. 卫生行政复议的中止与终止

（1）卫生行政复议中止　卫生行政复议中止是指复议进行过程中，复议程序因特殊情况的发生而暂时停止，当中止复议的情况消除后，再恢复复议程序，中止前已进行的复议行为仍然有效。行政复议期间有下列情形之一的，行政复议程序中止：①作为申请人的自然人死亡，其近亲属尚未确定是否参加行政复议的；②作为申请人的自然人丧失参加行政复议的能力，尚未确定法定代理人参加行政复议的；③作为申请人的法人或者其他组织终止，尚未确定权利、义务承受人的；④作为申请人的自然人下落不明或者被宣告失踪的；⑤申请人、被申请人因不可抗力，不能参加行政复议的；⑥案件涉及法律适用问题，需要有权机关作出解释或者确认的；⑦案件审理需要以其他案件的审理结果为依据，而其他案件尚未审结的；⑧其他需要中止行政复议的情形。

（2）卫生行政复议终止

卫生行政复议终止是指在复议程序因特殊情况的发生不能继续或者继续进行毫无意义的情况下，结束正在进行的复议程序。行政复议期间有下列情形之一的，行政复议程序终止：①申请人要求撤回行政复议申请，行政复议机构准予撤回的；②作为申请人的自然人死亡，没有近亲属或者其近亲属放弃行政复议权利的；③作为申请人的法人或者其他组织终止，其权利、义务的承受人放弃行政复议权利的；④申请人与被申请人经行政复议机构准许达成和解的；⑤申请人对行政拘留或者限制人身自由的行政强制措施不服申请行政复议后，因申请人同一违法行为涉嫌犯罪，该行政拘留或限制人身自由的行政强制措施变更为刑事拘留的；⑥法定的其他终止情形。

二、卫生行政诉讼

（一）卫生行政诉讼概述

卫生行政诉讼是指公民、法人和其他组织认为卫生行政机关的具体行政行为侵犯了自己的合法权益，依法向人民法院起诉，人民法院在双方当事人和其他诉讼参与人的参加下，审理和解决行政案件的活动。

1. 卫生行政诉讼的特征

（1）是通过审判方式进行的一种司法活动。

（2）是通过审查行政行为合法性的方式解决行政争议的活动。

（3）是解决特定范围内行政争议的活动。

（4）卫生行政诉讼原告为卫生行政相对人，被告一般为作出具体行政行为的卫生行政机关。

2. 卫生行政诉讼的原则

卫生行政诉讼除应遵循行政诉讼法的一般原则外，还应遵循以下特有原则：

（1）诉讼期间不停止具体行政行为执行的原则　该原则是指在卫生行政诉讼过程中，当事人所争议的具体行政行为不因原告提起诉讼而停止执行，但有法律规定的情形除外。

（2）卫生行政案件不适用调解与反诉的原则　根据我国《行政诉讼法》的规定，人民法院审理行政案件不适用调解，只能依法对案件作出裁判。同时，在诉讼期间卫生行政机关也无权提出反诉。

（3）卫生行政机关负主要举证责任的原则　在卫生行政诉讼中，被告的卫生行政机关负有证明具体行政行为合法的责任。如果举证不能或举证不充分，则要承担败诉的后果。《行政诉讼法》第三十四条规定，被告对作出的行政行为负有举证责任，应当提供作出该行政行为的证据和所依据的规范性文件。

（4）具体行政行为合法性审查的原则　人民法院审理卫生行政案件，一般只对具体卫生行政行为是否合法进行审查。只有在具体卫生行政行为明显不当的情况下，才能变更卫生行政机关的具体行政行为。

3.卫生行政诉讼的受案范围　是指人民法院受理卫生行政案件、裁判卫生行政争议的范围。根据《行政诉讼法》的规定，卫生行政诉讼的受案范围主要包括：①对卫生行政机关作出的行政处罚决定不服的案件；②对卫生行政机关作出的行政强制措施决定不服的；③认为卫生行政机关侵犯合法经营自主权的案件；④拒绝或者不予答复要求颁发许可证和执照的申请的案件；⑤不履行保护人身权、财产权法定职责的案件；⑥违法要求履行义务的案件；⑦其他侵犯人身权、财产权的案件。此外，《行政诉讼法》还规定了人民法院不受理的事项，如卫生行政机关对工作人员的奖惩决定、任免决定等。

（二）卫生行政诉讼管辖

卫生行政诉讼管辖通常是指人民法院之间受理第一审卫生行政案件的职权分工。级别管辖是指按照人民法院组织系统划分上下级人民法院之间受理第一审卫生行政案件的分工和权限。具体包括：①基层人民法院管辖第一审行政案件，即除法律规定应由上级法院管辖的行政案件以外，行政案件都应由基层人民法院管辖；②中级人民法院管辖对国务院卫生行政部门或者省一级人民政府所作出的具体行政行为提起诉讼的卫生行政案件和本辖区内重大、复杂的卫生行政案件；③高级人民法院管辖本辖区内重大、复杂的卫生行政案件；④最高人民法院管辖全国范围内重大、复杂的第一审卫生行政案件。

1.地域管辖　是对同级人民法院之间受理第一审行政案件的分工和权限划分。一般地域管辖是指卫生行政案件由最初作出具体行政行为的行政机关所在地的人民法院管辖。特殊地域管辖是指法律对特殊案件所作出的管辖规定，如复议机关改变原具体行政行为的，也可以由复议机关所在地的人民法院管辖等。

2.移送管辖　是指某一人民法院已经受理了行政案件，经审查发现所受理的行政案件不属于自己管辖而将案件移送给有管辖权的人民法院进行审理。

3.指定管辖　是指有管辖权的人民法院由于特殊原因不能行使管辖权或者人民法院对管辖权发生争议不能解决时，由上级法院指定管辖。

（三）卫生行政诉讼参加人

卫生行政诉讼参加人是指参加卫生行政诉讼的当事人和与当事人地位相似的人，包括原告、被告、第三人及诉讼代理人。

1.原告　是指对卫生行政主体的具体行政行为不服，依照行政诉讼法的规定，以自己的名义向人民法院提起卫生行政诉讼的公民、法人或其他组织。

2.被告　是指因其所作的具体行政行为而被行政相对人或者其他有法律上的利害关系的个人或组织提起卫生行政诉讼，并经人民法院通知应诉的卫生行政主体。

根据《行政诉讼法》的规定，卫生行政诉讼被告主要有以下几种情形：①公民、法人或者其他组织直接向人民法院提起诉讼的，作出具体行政行为的卫生行政机关是被告；②经复议的案件，复议机关决定维持原具体行政行为的，作出原具体行政行为的卫生行政机关是被告；③具体行政行为经复议机关复议改变的，以复议机关为被告；④两个以上卫生行政机关作出同一具体行政行为的，共同作出具体行政行为的卫生行政机关是共同被告；⑤由法律、法规授权的组织作出具体行政行为的，以该组织为被告；⑥由卫生行政机关委托的组织作出具体行政行为的，作出委托的卫生行政机关是被告；⑦当事人不服经上级卫生行政机关批准的具体行政行为，向人民法院提起诉讼的，应当以在对外发生法律效力的文书上署名的机关为被告。

3. 卫生行政诉讼第三人　是指与卫生行政诉讼中的具体行政行为有利害关系，为维护自己的合法权益，经审理机关同意参加诉讼的公民、法人或者其他组织。

4. 卫生行政诉讼代理人　是指根据法律规定，由当事人委托或人民法院指定，以当事人的名义，在委托权限范围内，代理当事人进行诉讼的人。

（四）卫生行政诉讼程序

1. 起诉　是指公民、法人或者其他组织认为行政机关的具体行政行为侵犯其合法权益，依法请求人民法院行使国家审判权给予司法救济的诉讼行为。

提起卫生行政诉讼应当符合下列条件：

（1）原告是认为具体卫生行政行为侵犯其合法权益的公民、法人或者其他组织；

（2）有明确的被告；

（3）有具体的诉讼请求和事实根据；

（4）属于人民法院受案范围和受诉人民法院管辖。

2. 受理　卫生行政诉讼的受理是指人民法院对原告的起诉进行审查，决定立案审理的活动。人民法院在接到当事人的起诉后，应当及时进行审查，审查内容包括：①审查当事人资格，即原告、被告是否适格；②审查起诉内容，即审查有无具体的诉讼请求；③审查事实根据，即审查原告是否提供了相应的事实根据；④审查受案范围和管辖法院，即审查起诉事项是否属于人民法院主管和受诉人民法院管辖。符合条件的应当决定受理。

3. 审理

（1）审理程序　卫生行政诉讼的审理是指人民法院受理卫生行政案件后，对案件进行实质性审查所进行的诉讼行为的总称。根据《行政诉讼法》的规定，人民法院应当在立案之日起5日内，将起诉状副本发送被告。被告应当在收到起诉状副本之日起10日内向人民法院提交作出具体行政行为的有关材料，并提出答辩状。人民法院应当在收到答辩状之日起5日内，将答辩状副本发送原告。被告不提出答辩状的，不影响人民法院审理。

诉讼期间，不停止具体行政行为的执行。但有下列情形之一的，应停止具体行政行为的执行：①被告认为需要停止执行的；②原告申请停止执行，人民法院认为该具体行政行为的执行会造成难以弥补的损失，并且停止执行不损害社会公共利益，裁定停止执行的；③法律、法规规定停止执行的。

（2）审理的内容　人民法院对卫生行政案件的审理，要对被诉的具体卫生行政行为的合法性进行审查。主要审查以下内容：①卫生行政机关的主体资格审查，如被告作出具体卫生行政行为的职权范围等是否合法；②被告作出的具体卫生行政行为认定的事实是否真实，证据是否充分等；③具体卫生行政行为的程序是否合法；④具体卫生行政行为适用的法律、法规或者规章是否正确。

（3）审理的依据　根据《行政诉讼法》的规定，人民法院审理行政案件，以法律和行政法规、地方性法规为依据。地方性法规仅适用于本行政区域内发生的行政案件。人民法院审理行政案件，可以参照国务院部、委根据法律和国务院的行政法规、决定、命令制定、发布的规章以及省、自治区、直辖市和省、自治区的人民政府所在地的市和经国务院批准的较大的市的人民政府根据法律和国务院的行政法规制定、发布的规章。人民法院认为地方人民政府制定、发布的规章与国务院部、委制定、发布的规章不一致的，以及国务院部、委制定、发布的规章之间不一致的，由最高人民法院提请国务院作出解释或者裁决。

4. 判决及执行　我国的卫生行政诉讼实行两审终审制。根据法律规定，人民法院的判决有以下几种情形：

（1）维持判决　具体行政行为证据确凿，适用法律、法规正确，符合法定程序的，判决维持。

（2）撤销判决　具体行政行为有下列情形之一的，判决撤销或者部分撤销，并可以判决被告重新作出具体行政行为：①主要证据不足的；②适用法律、法规错误的；③违反法定程序的；④超越职权的；

⑤滥用职权的。

（3）履行判决　被告不履行或者拖延履行法定职责的，判决其在一定期限内履行。

（4）变更判决　行政处罚显失公正的，可以判决变更。

当事人必须履行人民法院发生法律效力的判决、裁定。公民、法人或者其他组织拒绝履行判决、裁定的，卫生行政机关可以向第一审人民法院申请强制执行，或者依法强制执行。卫生行政机关拒绝履行判决、裁定的，第一审人民法院可以采取措施。

三、卫生行政赔偿

卫生行政赔偿又称卫生行政损害赔偿，是指卫生行政主体及其工作人员因违法行使行政职权，侵犯行政相对人的合法权益并造成损害，由卫生行政主体依法予以赔偿的制度。卫生行政赔偿是国家行政赔偿的组成部分，国家是行政赔偿责任主体，卫生行政赔偿义务机关依据《国家赔偿法》代表国家对行政相对人的损害予以赔偿。

卫生行政赔偿责任构成要件是指卫生行政主体及其工作人员违法行使行政职权造成行政相对人合法权益受到损害，卫生行政相对人要求其进行赔偿所必须具备的条件：①行政侵权主体必须是卫生行政机关，根据《行政诉讼法》和《国家赔偿法》的规定，我国行政侵权行为主体是国家行政机关及其工作人员。构成卫生行政赔偿主体的必须是卫生行政机关及其工作人员。②卫生行政机关及其工作人员实施了违法侵权行为，这是卫生行政赔偿责任中最根本的构成要件。违法行为包括两层含义：一是国家卫生行政机关及其工作人员在行使职权过程中其行为违反了法律、法规的规定；二是国家卫生行政机关及其工作人员在执行职务过程中存在超越职权、滥用职权、适用法律不当、程序违法、证据不足等情形。③违法侵权行为造成了卫生行政相对人实际损害，卫生行政赔偿是对一定损害后果的补救，是对受到违法行政侵害的受害人的赔偿，因而卫生行政赔偿以损害事实和后果的客观存在为前提。损害是指行政侵权行为给行政相对人的合法权益所造成的不利后果，如人身损害、物质损害等。④违法侵权行为与卫生行政相对人实际损害间存在因果关系，卫生行政相对人实际损害与卫生行政主体实施的违法侵权行为存在内在必然的联系，即卫生行政相对人所遭受的损害是由卫生行政主体实施的违法侵权行为造成的。卫生行政机关工作人员与行使职权无关的个人行为或者因公民、法人和其他组织自己的行为致使损害发生的，国家不承担行政赔偿责任。

（一）卫生行政赔偿范围

根据《国家赔偿法》的规定，行政赔偿是指国家行政机关及其工作人员违法行使职权，侵犯公民、法人和其他组织的合法权益造成损害，受害人有依法取得国家行政赔偿的权利。

根据规定，其赔偿范围包括：

1. 侵犯人身权的行政赔偿范围　下列侵犯人身权的卫生行政行为，受害人有权获得赔偿：

（1）违法拘留或违法采取限制公民人身自由的行政强制措施；

（2）非法拘禁或以其他方法非法剥夺公民人身自由的行为；

（3）以殴打等暴力行为或者唆使他人以殴打等暴力行为造成公民身体伤害或者死亡的；

（4）造成公民身体伤害或者死亡的其他违法行为。

2. 侵犯财产权的行政赔偿范围　下列侵犯财产权的卫生行政行为，受害人有权获得赔偿：

（1）违法实施罚款、吊销许可证和执照、责令停产和停业、没收财物等行政处罚行为；

（2）违法对财产采取查封、扣押等行政强制措施的行为；

（3）违反国家规定征收财物、摊派费用的行为；

（4）造成财产损害的其他违法行为。

3. 行政赔偿范围的排除　国家不承担赔偿责任的情形：

（1）行政机关工作人员行使与职权无关的个人行为；

（2）因公民、法人和其他组织自己的行为致使损害发生的；

（3）法律规定的其他情形。

考点提示　卫生行政赔偿范围

（二）卫生赔偿请求人和赔偿义务机关

1. 卫生赔偿请求人　卫生赔偿请求人一般是指卫生行政相对人，即以自己的名义就卫生行政主体违法造成的损害向赔偿义务机关提起国家赔偿的公民、法人和其他组织。

根据《国家赔偿法》的规定，卫生赔偿请求人包括：

（1）受害的公民、法人和其他组织；

（2）受害的公民如死亡，其继承人和其他有扶养关系的亲属；

（3）受害的法人或其他组织终止，承受其权利的法人或其他组织。

2. 卫生赔偿义务机关　卫生赔偿义务机关是指作出违法侵权行为造成卫生行政相对人权益损害的卫生行政机关或法律、法规授权的组织，它们代表国家承担赔偿责任，履行赔偿义务。

经复议机关复议的，最初造成侵权行为的行政机关为赔偿义务机关，但复议机关的复议决定加重损害的，复议机关对加重的部分履行赔偿义务。

（三）卫生行政赔偿程序

卫生行政赔偿程序是指卫生行政赔偿义务机关和有关国家机关，受理公民、法人和其他组织的行政赔偿请求，并依法作出处理决定或裁决的方式、方法和步骤。根据法律规定，卫生行政赔偿请求人可以就行政赔偿单独向赔偿义务机关提出请求或向人民法院提起诉讼，也可以在提起行政复议或行政诉讼时一并提出行政赔偿请求。

赔偿请求人要求赔偿，应当先向赔偿义务机关提出。赔偿义务机关应当自收到申请之日起两个月内，作出是否赔偿的决定。决定赔偿的，应当制作赔偿决定书，并自作出决定之日起10日内送达赔偿请求人。赔偿义务机关决定不予赔偿的，应当自作出决定之日起10日内书面通知赔偿请求人，并说明不予赔偿的理由。

行政赔偿的主要方式是支付赔偿金。另外，还包括返还财产、恢复原状、消除影响、恢复名誉和赔礼道歉等方式。赔偿义务机关赔偿损失后，应当责令有故意或者重大过失的工作人员或者受委托的组织或者个人承担部分或全部赔偿费用。

任务 1.7　卫生法的发展历程

↘【问题思考】

卫生法的重要意义是什么？

↘【任务分配】

通过问题思考、讨论等实践活动，引导学生了解卫生法的发展历程。

一、中国卫生法的发展历程

在我国，卫生法学作为一门独立的学科是 20 世纪 80 年代中期逐步孕育和发展起来的。因此，作为一门学科，卫生法学是一门新兴的正在发展的学科。

卫生法学是以卫生立法为基础，并伴随卫生立法的发展而产生、发展的学科。

（一）中国古代卫生法

我国古代卫生法的产生，最早可追溯到殷商时代。在环境卫生方面，据《韩非子·内储说上》记载："殷之法，刑弃灰于街者。"其意为在街上倾倒生活垃圾者，将受到刑事处罚。在饮用水卫生方面，《周易》中有类似护井公约的记载。对防病除害，《春秋》中有"国人逐瘦狗"的记载，体现了当时国人对狂犬病危害性的认识。《汉律》开始对医、药分别设官进行管理，建立了军医制度。《唐律》中的许多条文涉及医药卫生。如拿药、针灸出错，卖药不实，贩卖毒药，行医诈伪等，均要处以刑罚。《宋刑统》中有大量关于医政管理、药品管理、食品管理、公共卫生、军医制度、狱医制度以及对医疗事故处理等方面的规定。北宋《市易法》中规定了药品交易由政府控制。官药局实施轮值制度，保证昼夜供药，并对药品的检验制度和特殊情况的免费供药制度作了规定。1076 年，北宋朝廷设立的"熟药所"是世界上最早的国家药局。对药局的管理制定了夜间轮流值班、遇急病患者应立即卖药、对陈损旧药要及时予以毁弃等规章制度。宋代《太平惠民和剂局方》是世界上最早的药局协定处方汇编。宋代《安剂法》中规定的医务人员的人数及升降标准，被称为我国最早的医院管理条例。宋代法律严惩庸医，规定庸医伤人致死依法绳之；凡利用医疗诈取财物者，以匪盗论处。宋慈所著《洗冤集录》成为后世法医著作的蓝本。公共卫生方面，《宋刑统》中规定对患有狂犬病的牲畜一律杀死。明代《大明会典》中规定医家要世代行医，不许妄行变动；太医院的医师必须是医家子弟，通过考试后录用。从明代开始，有了记录详细、项目完整、层次固定的病案格式。

清王朝在《清朝通典》中对太医院的职责，医师的升、补、告、退等作了具体规定。对庸医和失职人员，清《新清律》中规定了非常明确具体的认定标准和处刑方式。在传染病方面，清廷对天花等疾病的防治发布命令，还设有"种痘局"对天花进行预防管理。据《清史稿》记载："京师民有痘者，令移居出城，杜传染。"

（二）中国近现代卫生法

太平天国时期建立了比较健全的卫生组织，制定了一些医药卫生方面的进步措施，推行公医制度。规定无论是战斗人员或非战斗人员，一律享受免费医疗，并创办了我国历史上第一所医院。《资政新篇》中提倡"兴医院以济疾苦"，严格挑选医师，以免庸医误人、害命。《太平条规》《刑律诸条禁》对医院制度、免费医疗、公共卫生的法治建设等方面做了一次特殊的尝试。在公共卫生方面，要求城市每天打扫街道，农村须洒扫街渠，保持清洁。明令禁止抽鸦片、酗酒，禁止蓄婢、娼妓，严禁溺婴，对妇女和儿童健康给予保护等。

中华民国时期设卫生部负责全国医疗卫生工作，制定了卫生行政大纲和涉及卫生行政、防疫、公共卫生、医政、药政、食品卫生和医学教育等方面的一系列法规，如《传染病预防条例》《医师暂行条例》《助产士条例》《公立医院设置条例》《管理成药条例》《饮食品制造场所卫生管理条例》等，还发布了《解剖规则》，卫生管理制度日趋完备。

新民主主义革命时期，中华苏维埃共和国临时中央政府颁布了《卫生运动纲要》《卫生防疫条例》《暂行传染病预防条例》等。抗日战争时期《关于开展卫生保健工作的决议》《陕甘宁防疫委员会组织条例》《陕甘宁边区医师管理条例》《护理工作条例》《伤病员住院规则》等，为各抗日根据地政权在异常艰难的条件下维护军民身体健康提供了保障。

（三）中国当代卫生法

1949 年 9 月，《中华人民共和国政治协商会议共同纲领》第四十八条规定："提倡国民体育。推广卫生医药事业，并注意保护母亲、婴儿和儿童的健康。"为解决麻醉药品毒害问题，国家发布了《关于严禁鸦片烟毒的通令》及《管理麻醉药品暂行条例》；为控制传染病，发布了《防止霍乱流行的联合指示》《种痘暂行办法》《交通检疫暂行办法》；在食品卫生方面，颁布了《清凉饮料食品管理暂行办法》；为加强对医疗机构及其人员的管理，制定了《医院诊所管理暂行条例》《医师暂行条例》等；1952 年，第二届全国卫生工作会议提出了中国卫生工作面向工农兵、预防为主、团结中西医和卫生工作与群众运动相结合的四大方针，卫生部颁布了《传染病管理办法》《工业企业设计暂行卫生标准》等。

1957 年 12 月，第一届全国人大常委会第八十八次会议通过了《国境卫生检疫条例》；从 20 世纪 60 年代开始，我国实行食品卫生监督制度，先后制定了食品卫生标准和管理办法，如《食品卫生管理试行条例》；1963 年，经国务院批准，由卫生部、化工部、商业部联合颁发了《关于加强药政管理的若干规定》，对药品的生产、供应、使用及进出口的监督管理作了规定。1982 年《宪法》对发展国家医疗卫生事业，保护人民健康作了明文规定。1985 年，卫生部成立了医疗立法调研起草小组，拟定医疗立法规划。1988 年，卫生部组建政策法规司，负责卫生立法计划的编制、卫生法律和法规的调研、协助各司局的法规起草工作等。1989 年，卫生部组建卫生监督司，加强全国卫生监督工作的宏观调控和综合管理，而后，该司调整成卫生法制与监督司。到 2000 年，我国初步形成了相对完整、配套的卫生法制体系，把卫生工作和卫生事业发展建设纳入了法制管理范围。

目前，由全国人民代表大会常务委员会通过的卫生法律有《传染病防治法》《食品安全法》《药品管理法》《职业病防治法》《执业医师法》《献血法》《红十字会法》《母婴保健法》《人口与计划生育法》《国境卫生检疫法》《精神卫生法》《中医药法》《基本医疗卫生与健康促进法》共 13 部；由国务院制定发布或批准发布的卫生行政法规有 30 多部；原卫生部制定发布的卫生规章及其他规范性文件有千余件；此外，各省、自治区、直辖市也结合当地实际制定了一大批地方性卫生法规或规章，初步形成了具有中国特色的社会主义卫生法律体系，使我国的医药卫生事业走上了法制管理的轨道，为医药卫生事业持续、稳定和全面发展创造了条件。

二、外国卫生法的发展历程

在世界各国法律中，维护公共卫生、加强医疗保健的历史可追溯到几千年前。

公元前 3000 年左右，古埃及颁布了有关医药卫生的法令，这些法令对公共卫生和清洁居室、屠宰食用动物和正常饮食、性关系、掩埋尸体、排水以及处罚违纪医生、严禁弃婴等作出了明确的规定。

在公元前 18 世纪的《汉谟拉比法典》中，涉及医药卫生方面的条文有 40 余款，约占整个法典的 1/7，涵盖了水源和空气污染等公共卫生、食品卫生，以及医事组织和医疗损害赔偿等方面的内容。

公元前 450 年，古罗马的《十二铜表法》规定，医生因疏忽而致奴隶死亡的，要承担赔偿责任。《科尼利阿法》规定，医生使病人致死，罚以放逐或斩首；还规定医生给人春药、堕胎，则处以流放或没收部分财产，如病人因之死亡，则施术者处死刑。1140 年，西西里国王罗格尔二世曾下令：对于未经政府考试证明已经修完了一定医学课程的医生，禁止开业。这是欧洲历史上最早由官方颁布的关于医生资格及活动方面的规定。

13 世纪，法国腓特烈二世制定并发布了《医生开业法》《药剂师开业法》。近代西方国家卫生立法的发展，与资本主义社会的经济发展和科技进步有着密切关系。

1601 年，英国制定了《伊丽莎白济贫法》，规定个别教区有义务向贫民提供包括医疗在内的救济。1802 年制定了关于劳动卫生的《学徒健康与道德法》，1848 年制定了《医疗法》《卫生法》，1859 年公布了《药品食品法》，1878 年颁布了《全国检疫法》，之后又逐步制定了《助产士法》《妇幼保健法》《精神缺陷法》《国家卫生服务法》《卫生和安全法》等。

日本从 1874 年开始建立医事制度，制定了《医务工作条例》，1925 年颁布了《药剂师法》，1933 年颁布了《医师法》和《诊所管理规则》，1942 年颁布了著名的《国民医疗法》，1948 年制定了《药事法》等。

1866 年美国纽约市通过了《都会保健法案》；1878 年美国颁布了《全国检疫法》，1902 年制定了有关生物制品的法规，1906 年颁布了《纯净食品与药物法》，1914 年制定了《联邦麻醉剂法令》等。

第二次世界大战结束后，卫生立法受到各国的普遍重视。1948 年世界卫生组织成立，先后颁布了《国际卫生条例》、药品生产管理规范、放射防护基本安全标准、食品卫生标准、《世界卫生立法汇编》等法规、规范、标准，各国宪法中都明确规定了公民享有健康保护权。特别是 20 世纪 60 年代以后，卫生法在各国社会生活中日趋重要。各国根据自身的实际情况，加强了卫生立法。其主要内容涉及公共卫生、疾病防治、医政管理、药政管理、医疗保健、健康教育、精神卫生等方面。联合国通过的国际立法有《1961 年麻醉品单一公约》《1971 年精神药物公约》《儿童生存、保护和发展世界宣言》。

项目小结

卫生法规基础理论	学习要点
概念	卫生法规、卫生法效力等级、卫生法律关系概念、卫生法律关系、卫生法律关系客体、卫生法律关系主体、卫生法规调整对象、卫生法律责任、卫生行政复议、卫生行政诉讼、卫生行政赔偿
特征	卫生法规的特征、卫生法律关系的特征、卫生行政复议的特征、卫生行政诉讼的特征、卫生行政赔偿的特征
分类	卫生法效力等级分级、卫生法律关系构成要素、卫生法律责任种类
原则	卫生法规制定的基本原则、卫生行政诉讼的原则

重点笔记

↘ 直通考证

一、单项选择题

1. 国家对传染病防治实行（　　）为主的方针。

A. 治疗 B. 控制 C. 预防 D. 反馈

2. 主管全国医师的机构是（　　）。

A. 人力资源和社会保障部 B. 国家卫生健康委员会

C. 国家药品监督管理局 D. 国家工商行政管理总局

3.《安剂法》规定了医务人员的人数及升降标准，被称为我国最早的医院管理条例。该法制定于（　　）。

    A.宋代   B.明代   C.汉代   D.秦朝

4.卫生法律关系的客体不包括（　　）。

    A.食品   B.药品   C.化妆品   D.患者

5.卫生法律关系的主体不包括（　　）。

    A.国家机关   B.生物制品   C.社会团体   D.企事业单位

6.卫生行政处分不包括（　　）。

    A.警告   B.记过   C.降级   D.判刑

7.卫生民事责任不包括（　　）。

    A.警告   B.赔礼道歉   C.恢复原状   D.赔偿损失

8.关于卫生行政救济正确的是（　　）。

    A.卫生行政救济是对权力所进行的救济

    B.卫生行政救济一般是事中的救济

    C.卫生行政救济是对具体刑事行为过失实施的救济

    D.卫生行政救济是对具体民事行为过失实施的救济

9.卫生行政复议与卫生行政诉讼的区别不正确的是（　　）。

    A.性质不同   B.程序不同

    C.审查范围不同   D.要解决的内容不同

10.卫生行政复议不等于司法活动，主要表现在（　　）。

    A.卫生行政复议更复杂   B.卫生行政复议是行政机关内部纠错机制

    C.卫生行政复议要走司法程序   D.卫生行政复议主要是关于医患纠纷

二、思考题

1.什么是卫生法？其调整对象主要有哪些？

2.卫生法的主要特征有哪些？

3.卫生法的基本原则是什么？

4.卫生法主要内容包括哪些方面？

5.构成卫生法律关系的要素是什么？

6.什么是卫生行政复议？阐述卫生行政复议的一般程序。

7.卫生行政诉讼应遵循哪些基本原则？

8.卫生行政诉讼受案范围有哪些？

三、案例分析题

2009年10月，某县卫生局接到举报称李某非法行医，县卫生局决定立案查处，执法人员会同派出所民警依法对李某非法行医的场所进行了执法检查。经调查发现，李某未取得《医疗机构执业许可证》擅自开展医疗执业活动，属于非法行医，遂按照《执业医师法》第三十九条的规定，对李某作出了没收药品和器械、罚款的行政处罚。行政处罚决定书送达后，李某不服并依法向某县人民法院提起行政诉讼，要求撤销该县卫生局的处罚决定。法院审理后认为，李某违法行医事实存在，县卫生局认定事实清楚，证据确凿，适用法律正确，遂作出了维持李某行政处罚决定的判决。

【讨论】

1.卫生行政诉讼的受案范围有哪些？

2.结合案例，阐述卫生行政诉讼的一般程序。

评价维度	评价内容及要求	评价主体				平均分	测评总分
		学生本人	组员间	组长	任课教师/临床导师		
素质考核（30分）	职业素质：清理用物，整理场地，责任意识（10分）						
	创新精神：探索新知、勇于质疑、敢于承担的表现（10分）						
	团队合作：大局观、与人合作互助的表现（10分）						
知识考核（30分）	在线资源学习进度成绩（5分）						
	课前线上测试成绩（5分）						
	课中线上成绩（10分）						
	课后线上测试成绩（10分）						
能力考核（40分）	理论联系实际（12分）						
	归纳和总结、学以致用能力（4分）						
	临床思维能力（案例分析）（8分）						
	课后调查报告（8分）						
	互动沟通能力（8分）						

项目 2
医疗机构管理法律制度

▶▶▶

项目 2 课件

学习目标

　　1.知识目标：掌握医疗机构、处方的概念、医疗机构的执业规则、违反《医疗机构管理条例》的法律责任；处方的书写规则；熟悉医疗机构的设置、申请、审批、登记及校验的法律规定；处方权的获得与处方点评；了解医疗机构的分类及有关医疗机构的相关立法概况。

　　2.能力目标：能运用基本理论分析、解决实践中存在的法律法规问题；能运用卫生法律法规知识改善、处理医患人际关系。能在职业活动中使用法律保护医疗对象和自身权益。

　　3.素质目标：具有勤奋学习的态度，严谨求实的工作作风；具有博大爱心和高度责任感；具有科学的思辨能力；具有良好的口头表达能力、人际沟通能力。

　　医疗机构承担着救死扶伤、防病治病，为社会公众健康服务的职责。为充分发挥医疗机构防病治病、保护社会公众健康的作用，国家制定了一系列的卫生法律、法规、规章，对医疗机构的设立、职能、职责等方面作出明确规定，统称医疗机构管理法律制度。本章主要阐述医疗机构、处方管理等方面的有关法律规定。

任务 2.1 　概　述

案例导学

　　2018 年 2 月，什邡市卫生计生局收到该市人民检察院移交的某医院骗取医保基金的调查材料。经进一步调查核实，该医院存在指使唐某等 4 名医师和方某等 8 名护士未经诊查虚开处方，伪造病历等医学文书及有关资料虚增住院天数的行为。什邡市卫生计生局依据《医疗机构管理条例》第四十九条的规定，给予该医院警告并罚款 1000 元的行政处罚；依据《中华人民共和国执业医师法》第三十七条的规定，给予医师唐某等 3 人暂停 11 个月执业活动，医师应某暂停 6 个月执业活动的处罚，依据《护士条例》第三十一条的规定，给予护士方某等 4 人暂停 6 个月执业活动，林某等 4 人警告的处罚。对涉嫌犯罪的杨某、郝某则由什邡市人民法院进行惩处。

↘【问题思考】

医疗机构管理立法的重要意义是什么？

↘【任务分配】

通过问题思考、讨论等实践活动，引导学生掌握医疗机构的分类及立法。

↘【知识内容】

一、医疗机构的概念、特征和分类

（一）医疗机构的概念

医疗机构是指依法设立并取得《医疗机构执业许可证》，以保护人体健康为宗旨，从事疾病的预防、诊断、治疗、康复和保健等活动的卫生服务机构。卫生行政部门依法对医疗机构的设置、审批、登记、执业、校验等活动进行监督与管理。

（二）医疗机构的特征

1. 医疗机构是依法成立的卫生机构　依法设立是指依据国务院《医疗机构管理条例》及其实施细则的规定进行设置和登记。只有依法取得设置医疗机构批准书，并履行登记手续，领取了《医疗机构执业许可证》的单位或个人才能开展相应的诊疗活动。

2. 医疗机构的宗旨是救死扶伤、防病治病、为公众健康服务　这是医疗机构最基本的特征，也是其他机构都不具备的特征。另外，一部分医疗机构在履行救死扶伤、防病治病、为公众健康服务的职责（义务）的同时，还承担着临床教学、培养教育卫生专业技术人才的艰巨任务。

3. 医疗机构的使命是维护国家卫生安全、社会公共卫生安全、应对突发公共卫生事件　医疗卫生机构不仅要履行救死扶伤、防病治病、为公众健康服务的义务，还担负着维护国家卫生安全、社会公共卫生安全、应对突发公共卫生事件的使命。如果没有这些机构，国家和人民的卫生安全、身体健康就得不到保障，疾病就得不到诊治，经济和社会的发展进步就无从谈起。

（三）医疗机构的分类

目前，根据不同的分类方法，我国医疗机构可分为以下几类：

1. 按其功能、规模划分　按照医疗机构的功能、规模的不同，《医疗机构管理条例实施细则》将医疗机构分为以下类别：

（1）综合医院、中医医院、中西医结合医院、民族医院、专科医院、康复医院等　医院主要是指以向病人提供医疗护理服务为目的的医疗机构。

（2）妇幼保健院　即专门为妇女儿童提供医疗保健服务的医疗机构。

（3）社区卫生服务中心、社区卫生服务站　社区卫生服务机构是指在城市中以社区为范围设置的、经区（市、县）级政府卫生行政部门登记注册并取得《医疗机构执业许可证》，以社区、家庭和居民为服务对象，为社区居民提供集医疗、预防、保健、康复、健康教育、计划生育技术服务为一体的社区卫生服务中心和社区卫生服务站。

（4）中心卫生院、乡（镇）卫生院、街道卫生院　这是一种卫生行政兼医疗预防工作的综合性机构。

（5）疗养院　这是以疗养因子为基础的，在规定的生活制度下专门为增强体质、疾病疗养、康复疗养和健康疗养而设立在疗养地的医疗机构。

（6）综合门诊部、专科门诊部、中医门诊部、中西医结合门诊部、民族医门诊部　门诊部是集医疗、预防、检测、康复为一体的综合性医疗机构。

（7）诊所、中医诊所、民族医诊所、卫生所、医务室、卫生保健所、卫生站　这类医疗机构泛指规模较小的医疗场所。

（8）村卫生室（所） 即村级单位的医疗机构。

（9）紧急救护医疗机构 包括急救中心、急救站，是提供高水平院前院内急救服务的医疗机构。

（10）专门检验机构 包括临床检验中心，这是为临床医学提供一系列检测工作和结果的医疗机构。

（11）专门性医疗机构 包括专科疾病防治院、专科疾病防治所、专科疾病防治站。

（12）以护理为主的医疗机构 包括护理院、护理站，这是专为长期卧床患者、晚期姑息治疗患者、慢性病患者、生活不能自理的老年人以及其他需要长期护理服务的患者提供医疗护理、康复促进、临终关怀等服务的医疗机构。

（13）医学检验实验室、病理诊断中心、医学影像诊断中心、血液透析中心、安宁疗护中心 略。

（14）其他医疗机构 比如盲人按摩机构、医学美容机构等。

2.按其性质和任务划分 按照医疗机构的性质及其承担的任务的不同，医疗机构可分为非营利性医疗机构和营利性医疗机构。非营利性医疗机构是指为社会公众健康利益服务而设立和运营的医疗机构，不以营利为目的，其收入用于弥补医疗服务成本，实际运营中的收支结余只能用于自身发展，如改善医疗条件、引进新技术、开展新的医疗服务项目或向公民提供低成本的医疗卫生服务等，不能用于投资者回报，也不能变相分配给职工。政府举办的非营利性医疗机构主要由同级财政给予合理补助，并按扣除财政补助和药品差价收入后的成本制定医疗服务价格。其他非营利性医疗机构不享受财政补助，医疗服务价格执行政府指导价。我国非营利性医疗机构在医疗服务体系中居于主导地位，享受相应的税收优惠政策，如按照国家规定取得的医疗收入免征各种税收。政府不举办营利性医疗机构。

营利性医疗机构是指医疗服务所得收益可用于投资者经济回报的医疗机构。营利性医疗机构的医疗服务价格放开，实行自主定价、依法自主经营、照章纳税。

3.按其投资主体划分 按照投资主体的不同，我国医疗机构可分为公立医疗机构、私立医疗机构、股份制医疗机构和股份合作制医疗机构、中外合资、合作医疗机构。公立医疗机构的投资主体是国家即国有资产；私立医疗机构的投资主体是自然人即私有资产；股份制医疗机构和股份合作制医疗机构的投资主体呈多元化形式。为促进医疗卫生事业对外开放合作，我国允许开办中外合资、合作医疗机构，即外国医疗机构、公司、企业和其他经济组织，按照平等互利原则，经中国政府主管部门批准，在中国境内（香港、澳门及台湾地区除外）与中国的医疗机构、公司、企业和其他经济组织以合资或合作形式设立医疗机构。

> **考点提示** 医疗机构的概念

二、医疗机构管理的相关立法

1951年，政务院颁布的《医院诊所管理暂行条例》是我国第一部医疗机构管理方面的行政法规。为了加强对医疗机构的管理，保证医疗质量，促进医疗卫生事业的发展，保障公众健康，1994年2月26日国务院颁布了《医疗机构管理条例》，自1994年9月1日起施行。此后，原卫生部相继颁布了《医疗机构管理条例实施细则》《医疗机构设置规划指导原则》《医疗机构基本标准（试行）》《医疗机构诊疗科目名录》《医疗机构评审委员会章程》《医疗机构监督管理行政处罚程序》《医院工作人员职责》《医务人员医德规范及实施办法》《全国医院工作条例》《医院工作制度》等一系列规章。这些部门规章以《医疗机构管理条例》为核心，几乎涵盖了医疗机构执业所涉及的各个环节，逐渐形成了较为全面的医疗机构管理法律体系。

为适应社会主义市场经济发展的新形势，原卫生部在2000年出台了《关于城镇医疗机构分类管理的实施意见》《中外合资、合作医疗机构管理暂行办法》等规章，2002年出台了《职业卫生技术服务机构管理办法》《美容医疗机构、医疗美容科（室）基本标准（试行）》，2005年出台了《医疗管理评价指南

（试行）》，2006 年修订了《医疗机构管理条例实施细则》，2007 年又联合商务部出台了《中外合资、合作医疗机构管理暂行办法》的补充规定，2008 年出台了《中外合资、合作医疗机构管理暂行办法》补充规定二，2009 年出台了《医院投诉管理办法（试行）》，2010 年出台了《医疗卫生服务单位信息公开管理办法（试行）》，2011 年出台了《医疗机构药事管理规定》《医疗卫生机构医学装备管理办法》，并于 2011 年联合国家发改委、财政部、人社部、农业部公布了《乡镇卫生院管理办法（试行）》。这些法规、规章为医疗机构的正常执业、保证医疗安全、维护正常的医疗秩序提供了法律依据和法律保障，使我国医疗机构管理的相关立法得到进一步完善。

任务 2.2 医疗机构的设置和审批

❱【问题思考】

医疗机构的设置和审批要求是什么？

❱【任务分配】

通过问题思考、讨论等实践活动，引导学生掌握医疗机构的设置原则及条件，熟悉审批流程。

❱【知识内容】

医疗机构的设置和审批是我国医疗机构管理法律制度的重要内容，涉及医疗机构设置规划、医疗机构的设置条件、设置原则以及申请设置医疗机构的审批程序等方面。

为贯彻落实国务院办公厅印发的《全国医疗卫生服务体系规划纲要（2015—2020 年）》（国办发〔2015〕14 号）等文件精神，原国家卫生计生委于 2016 年 7 月 21 日对 1994 年公布的《医疗机构设置规划指导原则》进行修订，形成了《医疗机构设置规划指导原则（2016—2020 年）》（简称《指导原则》）。各级地方卫生行政部门按照《指导原则》制定当地《医疗机构设置规划》。

一、医疗机构设置规划

医疗机构设置规划是卫生规划的重要组成部分，是卫生行政部门审批医疗机构的依据。医疗机构的设置必须符合当地的医疗机构设置规划和国家医疗机构基本标准。医疗机构设置规划是由县级以上地方人民政府卫生行政部门根据其行政区域内的人口、医疗资源、医疗需求和现有医疗机构的分布状况等制定，报同级人民政府批准后实施。其目的是统筹规划医疗机构的数量、规模和分布，合理配置卫生资源，提高卫生资源的利用效率。县级以上地方人民政府应当把医疗机构设置规划纳入区域卫生事业发展规划和城乡建设发展总体规划。

医疗机构设置规划分省、市、县三级。省级和县级的医疗机构设置规划都要以设区的市级卫生行政部门所制定的医疗机构设置规划为基础。设区的市级卫生行政部门按照区域卫生规划的原则和方法制定医疗机构设置规划。县级卫生行政部门制定医疗机构设置规划的重点是 100 张床位以下的医疗机构的具体配置和布局；市级卫生行政部门制定医疗机构设置规划的重点是 100 张床位以上、500 张床位以下的医疗机构的配置；省级卫生行政部门制定医疗机构设置规划的重点是 500 张床位以上的三级医院、重点专科和重点专科医院、急救中心、临床检验中心等医疗机构的配置。

二、医疗机构的设置原则

坚持以人为本，以人人享有基本医疗卫生服务为根本出发点和落脚点，坚持统筹兼顾、协调发展的科学发展观，建立健全覆盖城乡居民的医疗服务体系，为群众提供安全、有效、方便、价廉的医疗服务。

医疗机构的设置应当遵循以下原则：

1. 公平可及原则 公平可及原则要求全体公民都享有公平、公正地配置医疗卫生资源的权利，这是伦理道德在医疗机构设置上的反映，是社会文明、进步的体现。

医疗卫生服务必须坚持公平、公正原则，要从当地的医疗供需实际情况出发，面向城乡，以基层为重点，充分发挥现有医疗资源的作用，适当调控城市医疗机构的发展规模，保证全体居民尤其是广大农村居民都能公平、公正地享有基本医疗服务。

2. 统筹规划原则 医疗机构设置要符合当地卫生发展总体规划的要求，科学合理地配置医疗资源，建立各级各类医疗机构相互协调和有序竞争的医疗服务体系，局部要服从全局，充分发挥医疗服务体系的整体功能和效益，避免诱导以趋利为目的、争夺患者的无序甚至恶性竞争的发生。

3. 科学布局原则 医疗机构服务半径设置要适宜，应做到交通便利，布局合理，方便群众得到有效的医疗卫生服务。

4. 分级医疗原则 落实医疗机构的功能和职责，建立和完善分级医疗、双向转诊的医疗服务体系，做到常见病、多发病主要在基层医疗机构诊疗，急危重症和疑难病在城市医院诊疗。

5. 公有制主导原则 坚持非营利性医疗机构为主体、营利性医疗机构为补充、公立医疗机构为主导、非公立医疗机构共同发展的办医原则，鼓励和引导社会资本参与发展医疗卫生事业，促进非公立医疗机构发展，形成投资主体多元化、投资方式多样化的办医体制。

6. 中西医协调发展原则 遵循卫生工作的基本方针，中西医并重，协调发展，保证中医、中西医结合、民族医医疗机构的合理布局及资源配置。

考点提示 医疗机构的设置原则

三、医疗机构的设置条件

任何单位和个人设置医疗机构，必须经县级以上地方人民政府卫生行政部门的审查批准，并取得设置医疗机构批准书，方可向有关部门办理其他手续。

国家鼓励和引导社会资本举办医疗机构，新增或调整的医疗卫生资源在符合准入标准的条件下优先考虑社会资本，加快形成多元化办医格局。

（一）医疗机构设置的基本条件

医疗机构的设置必须符合当地医疗机构设置规划。任何单位和个人申请设置医疗机构，要按照规定的程序和要求向县级以上地方人民政府卫生行政部门提交：①设置申请书；②设置可行性研究报告；③选址报告和建筑设计平面图等。

不设床位或者床位不满100张的医疗机构，向所在地的县级人民政府卫生行政部门申请；床位在100张以上的医疗机构和专科医院按照省级人民政府卫生行政部门的规定申请。国家统一规划的医疗机构，由国务院卫生行政部门决定。

有下列情形之一的单位和个人，不得申请设置医疗机构：

（1）不能独立承担民事责任的单位；

（2）正在服刑或者不具有完全民事行为能力的个人；

（3）发生二级以上医疗事故未满5年的医务人员；

（4）因违反有关法律、法规和规章，已被吊销执业证书的医务人员；

（5）被吊销医疗机构执业许可证的医疗机构法定代表人或者主要负责人等；

（6）省、自治区、直辖市卫生行政部门规定的其他情形。

（二）个人申请设置医疗机构的条件

个体医疗机构是指个体开业行医者根据国家法律规定所开设的诊所、门诊部、卫生所（室）或医院等。

在城市申请设置诊所的个人，应当同时具备下列条件：①经医师执业技术考核合格，取得《医师执业证书》；②取得医师执业证书或者医师职称后，从事 5 年以上同一专业临床工作；③省、自治区、直辖市卫生行政部门规定的其他条件。

在乡镇和村申请设置诊所、医务室的个人应具备的条件，由省、自治区、直辖市卫生行政部门规定。

由两个以上法人或者其他组织共同申请设置医疗机构，以及两人以上合伙申请设置医疗机构的，除提交可行性研究报告和选址报告外，还必须提交由各方共同签署的协议书。

凡有下列情形之一的，不得申请个体开业诊所：①精神病患者；②在执业中犯过严重过错，被撤销医师、中医师资格者；③全民所有制和集体所有制卫生机构的在职人员；④其他不适宜开业行医者。

（三）中外合资、合作医疗机构设置的条件

中外合资、合作医疗机构的设置和发展，必须符合我国区域卫生规划和医疗机构设置规划，执行医疗机构标准，能够提供国际先进的医疗机构管理经验、管理模式和服务模式，能够提供具有国际领先水平的医疗技术和设备，可以补充或完善当地在医疗服务能力、医疗技术、资金和医疗设施方面的不足。

同时，还应当符合下列条件：①必须是独立的法人；②投资总额不得低于 2000 万元人民币；③中方在中外合资、合作医疗机构中所占有的股份比例或权益不得低于 30%；④合资、合作期限不超过 20 年；⑤省级以上卫生行政部门规定的其他条件。

设置中外合资、合作医疗机构，经申请获卫生健康委员会许可，按照有关规定向商务部提出申请，予以批准，发给《外商投资企业批准证书》，凭此证书到国家工商行政管理部门办理注册登记手续，并向规定的卫生行政部门申请领取《医疗机构执业许可证》。中外合资、合作医疗机构不得设置分支机构。

> 🔘 **考点提示**　不得申请设置医疗机构的情形

四、申请设置医疗机构的审批程序

卫生行政部门对申请设置医疗机构，应当自受理之日起 30 日内，根据当地医疗机构设置规划进行审查，对符合医疗机构设置规划和国家卫健委制定的医疗机构基本标准的，发给《设置医疗机构批准书》；对不予以批准的要以书面形式告知理由。

床位在 100 张以上的医疗机构的设置审批权限的划分，由省、自治区、直辖市卫生行政部门规定。其他医疗机构的设置，由县级卫生行政部门负责审批。机关、企业和事业单位按照国家医疗机构基本标准设置为内部职工服务的门诊部、诊所、卫生所（室），报所在地的县级卫生行政部门备案。国家统一规划的医疗机构的设置，由国家卫健委决定。

申请设立医疗机构有下列情形之一的，不予批准：①不符合当地《医疗机构设置规划》；②设置人不符合规定的条件；③不能提供满足投资总额的资信证明；④投资总额不能满足各项预算开支；⑤医疗机构选址不合理；⑥污水、污物、粪便处理不合格；⑦省、自治区、直辖市卫生行政部门规定的其他情形。

> 🔘 **考点提示**　申请设立医疗机构将不予以批准的情形

任务 2.3　医疗机构的登记和执业

一、医疗机构的执业登记

医疗机构执业，必须进行登记，领取《医疗机构执业许可证》。医疗机构的执业登记，由批准其设置的省、自治区、直辖市人民政府卫生行政部门办理。

（一）医疗机构执业登记的申请

1.申请医疗机构执业登记，必须具备的条件

（1）有《设置医疗机构批准书》；

（2）符合医疗机构的基本标准；

（3）有适合的名称、组织机构和场所；

（4）有与其开展的业务相适应的经费、设施、设备和专业卫生技术人员；

（5）有相应的规章制度；

（6）能够独立承担民事责任。

2.申请医疗机构执业登记，应当填写《医疗机构申请执业登记注册书》，并向登记机关提交相应的材料

（1）《设置医疗机构批准书》或者《设置医疗机构备案回执》；

（2）医疗机构用房产权证明或者使用证明；

（3）医疗机构建筑设计平面图；

（4）验资证明、资产评估报告；

（5）医疗机构规章制度；

（6）医疗机构法定代表人或者主要负责人以及各科室负责人名录和有关资格证书、执业证书复印件等；

（7）省、自治区、直辖市卫生行政部门规定提交的其他材料。

3.申请门诊部、诊所、卫生所、医务室、卫生保健所和卫生站执业登记时提交的材料

（1）附设药房（柜）的药品种类清单；

（2）卫生技术人员名单及其有关资格证书；

（3）执业证书复印件；

（4）省、自治区、直辖市卫生行政部门规定提交的材料。

4.审核　卫生行政部门受理执业登记申请后，应当按照规定的条件和期限，一般自受理执业登记申请之日起 45 日内，对提交的材料进行审查和实地考察、核实，并对有关执业人员进行消毒、隔离和无菌操作等基本知识和技能的现场抽查考核。经审核合格的，发给《医疗机构执业许可证》。对审核不合格的，应将审核结果和不予批准的理由以书面形式告知申请人。

《医疗机构执业许可证》及其副本由国务院卫生行政部门统一印制。执业登记申请的受理时间，自申请人提交全部材料之日算起。

5. 有下列情形之一的，不予登记

（1）不符合《设置医疗机构批准书》核准的事项；

（2）不符合《医疗机构基本标准》；

（3）投资不到位；

（4）医疗机构用房不能满足诊疗服务功能；

（5）通信、供电、上下水道等公共设施不能满足医疗机构正常运转的要求；

（6）医疗机构规章制度不符合要求；

（7）消毒、隔离和无菌操作等基本知识和技能的现场抽查考核不合格；

（8）省、自治区、直辖市卫生行政部门规定的其他情形。

（二）医疗机构的登记和校验

1. 医疗机构的登记

（1）医疗机构执业登记的事项包括：①类别、名称、地址、法定代表人或者主要负责人；②所有制形式；③注册资金（资本）；④服务方式；⑤诊疗科目；⑥房屋建筑面积、床位（牙椅）；⑦服务对象；⑧职工人数；⑨执业许可证登记号（医疗机构代码）；⑩省、自治区、直辖市卫生行政部门规定的其他登记事项。

门诊部、诊所、卫生所、医务室、卫生保健室、社区卫生服务中心、卫生站等除登记上述所列事项外，还应当核准登记附设药房（柜）的药品种类。

（2）医疗机构分立或者合并的，应当根据不同情况申请办理相应手续：保留医疗机构的，申请办理变更登记的；新设置医疗机构的，申请办理设置许可和执业登记的；终止医疗机构的，申请注销登记的。

（3）医疗机构变更登记：医疗机构变更名称、地址、法定代表人或者主要负责人、所有制形式、服务对象、服务方式、注册资金（资本）、诊疗科目、床位（牙椅）的，必须向登记机关申请办理变更登记，并提交下列材料：①医疗机构法定代表人或者主要负责人签署的《医疗机构申请变更登记注册书》；②申请变更登记的原因和理由；③登记机关规定提交的其他材料。

机关、企业和事业单位设置的为内部职工服务的医疗机构向社会开放，必须按照规定申请办理变更登记。

（4）医疗机构改变名称、场所、主要负责人、诊疗科目、床位等，必须向原登记机关办理变更登记。

医疗机构在原登记机关管辖区域内迁移，由原登记机关办理变更登记；向原登记机关管辖区域外迁移的，应当在取得迁移目的地的卫生行政部门发给的《设置医疗机构批准书》，并经原登记机关核准办理注销登记后，再向迁移目的地的卫生行政部门申请办理执业登记。

登记机关在受理变更登记申请后，依据《医疗机构管理条例》和《实施细则》的有关规定以及当地《医疗机构设置规划》进行审核，按照登记程序或者简化程序办理变更登记，并作出核准变更登记或者不予变更登记的决定。

（5）医疗机构歇业，必须向原登记机关办理注销登记。经登记机关核准后，收缴《医疗机构执业许可证》。医疗机构非因改建、扩建、迁建原因停业超过1年的，视为歇业。

2. 医疗机构的校验　床位不满100张的医疗机构，其《医疗机构执业许可证》每年校验1次；床位在100张以上的医疗机构，其《医疗机构执业许可证》每3年校验1次。校验由原登记机关办理。

医疗机构应当在校验期满前3个月向登记机关申请办理校验手续。办理校验应当交验《医疗机构执业许可证》，并提交《医疗机构校验申请书》《医疗机构执业许可证》副本、省级卫生行政部门规定提交的其他材料。卫生行政部门应当在受理校验申请后的30日内进行书面审查，并可实地考察和核验。审核合格的，通过校验，准予其继续执业；审核不合格的，提出处理意见并书面通知申请人。

医疗机构有下列情形之一的，登记机关应给予警告、限期改正，并可以根据情况，给予 1～6 个月的暂缓校验期：不符合《医疗机构基本标准》；限期改正期间；停业整顿期间；不良执业行为累计积分达到或超过规定分值；省、自治区、直辖市卫生行政部门规定的其他情形。不设床位的医疗机构在暂缓校验期内不得执业。暂缓校验期满仍不能通过校验的，由登记机关注销其《医疗机构执业许可证》。

处于暂缓校验期内的医疗机构有下列情形之一的，登记机关可按照《医疗机构管理条例实施细则》的有关规定，注销其《医疗机构执业许可证》：

（1）违反规定擅自开展诊疗活动；

（2）发布医疗服务信息和广告；

（3）省、自治区、直辖市人民政府卫生行政部门规定的其他情形。

> **考点提示** 申请医疗机构执业登记，将不予以登记的情形

二、医疗机构的执业规则

（一）执业要求

1. 取得《医疗机构执业许可证》 医疗机构执业，应当取得《医疗机构执业许可证》。任何单位或者个人未取得《医疗机构执业许可证》，都不得开展诊疗活动；为内部职工服务的医疗机构未经许可和变更登记不得向社会开放。医疗机构被吊销或者注销执业许可证后，不得继续开展诊疗活动。

2. 按照核准登记的诊疗科目开展诊疗活动 医疗机构应当按照核准登记的诊疗科目开展诊断、治疗活动，未经允许不得擅自扩大业务范围。需要改变诊疗科目的，应当按照规定的程序和要求，办理变更登记手续。

3. 按照政府物价等有关部门核准的收费标准收取医疗费用 医疗机构应当按照政府物价等有关部门核准的收费标准收取医疗费用，详列细项并出具收据。医疗机构应当将《医疗机构执业许可证》、诊疗科目、诊疗时间和收费标准悬挂于明显处所。

4. 不得使用非卫生技术人员从事医疗卫生技术工作 卫生技术人员上岗工作时，应当佩戴载有本人姓名、职务或者职称的标牌。

5. 遵守病历管理的有关规定 门诊病历的保存期不得少于 15 年，住院病历的保存期不得少于 30 年。

 思政高地

> ### 社区卫生服务机构——作好居民健康"守门人"
>
> 社区卫生服务中心，是社区建设的重要组成部分，是在政府领导、社区参与、上级卫生机构指导下，以基层卫生机构为主体，全科医师为骨干，合理使用社区资源和适宜技术，以人的健康为中心、家庭为单位、社区为范围、需求为导向，以妇女、儿童、老年人、慢性病人、残疾人、贫困居民等为服务重点，以解决社区主要卫生问题、满足基本卫生服务需求为目的，融预防、医疗、保健、康复、健康教育服务功能等为一体的，有效、经济、方便、综合、连续的基层卫生服务。医院及社区卫生管理是我国公共卫生事业管理中重要的一环，医学生要身临其境，深入一线了解医院及社区卫生管理活动的组织机制、运行机制及发展规律，社区卫生服务机构作为居民健康"守门人"的意义，社区卫生服务机构在公共卫生服务、医疗服务等方面所履行的职责。

（二）执业规则

1. 加强对医务人员的医德教育 医疗机构应当加强对医务人员的医德教育，组织学习医德规范，督

促医务人员恪守职业道德，定期检查、考核各项规章制度和岗位责任制的执行和落实情况。

2. 积极救治　医疗机构应当加强医疗质量管理，实施医疗质量保证方案。严格执行无菌消毒、隔离制度，采取科学有效的措施处理污水和废弃物，预防和减少医院感染。对危重病人应当立即抢救，对限于设备或技术条件不能诊治的病人，应当及时转诊。

3. 严格按规定出具医学证明文件　未经医师（士）亲自诊查病人，医疗机构不得出具疾病诊断书、健康证明书或者死亡证明书等证明文件；未经医师（士）、助产人员亲自接产，医疗机构不得出具出生证明书或者死产报告书。

4. 充分尊重患者知情同意权　医疗机构施行手术、特殊检查或者特殊治疗时，必须征得患者同意，并应当取得其家属或者关系人同意并签字；无法取得患者意见时，应当取得家属或者关系人同意并签字，无法取得患者意见又无家属或者关系人在场，或者遇到其他特殊情况时，经主治医师提出医疗处置方案，并取得医疗机构负责人或者被授权负责人员的批准后实施。

5. 及时报告和合法处理医疗质量安全事件　发生医疗事故，应当按照国家有关规定处理；对传染病、精神病、职业病等患者的特殊诊治和处理，应当按照国家有关法律、法规的规定处理。

6. 加强药品管理　医疗机构应当按照有关药品管理的法律、法规，加强药品管理，不得使用假劣药品、过期和失效药品以及违禁药品。同时，必须按照人民政府或者物价部门的有关规定收取医疗费用，详列细项，并出具收据。

7. 服从卫生行政部门调遣　医疗机构除了对疾病进行诊疗，还必须承担相应的预防保健工作，承担县级以上人民政府卫生行政部门委托的支援农村、指导基层医疗卫生工作等任务；发生重大灾害、事故、疾病流行或者其他意外情况时，医疗机构及其卫生技术人员必须服从县级以上人民政府卫生行政部门的调遣。

8. 按规定收费　医疗机构应当按照政府物价等有关部门核准的收费标准收取医疗费用，详列细项，并出具收据。

🔈 **考点提示**　医疗机构的执业要求与执业规则

任务 2.4　医疗机构评审、监督管理和法律责任

↘【问题思考】

医疗机构广告有哪些要求？

↘【任务分配】

通过问题思考、讨论等实践活动，引导学生掌握医疗机构执业的法律责任，熟悉医疗机构分级与评审、监督管理。

↘【知识内容】

医疗机构评审与监督管理制度是我国医疗机构管理法律制度的重要内容。医疗机构管理的核心是质量管理，而医疗机构的评审是对医疗机构质量进行评价的一种有效形式和手段。对违反医疗机构管理法律制度的行为作出处罚是医疗机构应当承担的法律责任。

一、医疗机构的评审

医疗机构的评审是指卫生行政部门通过周期性评审和不定期重点检查的形式，对医疗机构的基本标准、服务质量、技术水平、管理水平等进行综合评价，以发现问题、处理问题、促进服务。《医疗机构管理条例》第四十条规定："国家实行医疗机构评审制度，由专家组成的评审委员会按照医疗机构评审办法和评审标准，对医疗机构的执业活动、医疗服务质量等进行综合评价。"

医疗机构评审委员会由县级以上地方人民政府卫生行政部门负责组织和管理，其成员由医院管理、医学教育、医疗、医技、护理和财务等有关专家组成。各级医疗机构评审委员会负责医疗机构评审的具体实施。县级以上中医（药）行政管理部门成立医疗机构评审委员会，负责中医、中西医结合和民族医疗机构的评审。医疗机构评审方式主要有周期性评审和不定期重点检查两种。医疗机构评审委员会在对医疗机构进行评审时，发现有违反《医疗机构管理条例》和《医疗机构管理条例实施细则》的情节，应当及时报告卫生行政部门；医疗机构评审委员会委员为医疗机构监督员的，可以直接行使监督权。

卫生行政部门根据医疗机构评审委员会的评审意见，对已经达到评审标准的医疗机构，发给评审合格证书。对未达到评审标准的医疗机构，提出处理意见。

二、医疗机构的监督管理

（一）监督管理的主体

国务院卫生行政部门负责全国医疗机构的监督管理工作。县级以上地方人民政府卫生行政部门负责本行政区域内医疗机构的监督管理工作。中国人民解放军卫生主管部门负责对军队的医疗机构实施监督管理。

县级以上地方人民政府卫生行政部门行使下列监督管理职权：①负责医疗机构的设置审批、执业登记和校验；②对医疗机构的执业活动进行检查指导；③负责组织对医疗机构的评审；④对违反《医疗机构管理条例》的行为给予处罚。

卫生行政部门要发挥全行业监管职能，加强对医疗服务行为和质量的监管。强化行业自律和医德医风建设，坚决治理医疗领域的商业贿赂，加大对违法违规行为的惩处力度。

（二）县级以上卫生行政部门设医疗机构监督员，履行规定的监督管理职责

医疗机构监督员由同级卫生行政部门聘任。医疗机构监督员应当严格执行国家有关法律、法规和规章，其主要职责如下：

（1）对医疗机构执行有关法律、法规、规章、标准的情况进行监督、检查、指导；

（2）对医疗机构执业活动进行监督、检查、指导；

（3）对医疗机构违反《医疗机构管理条例》及其《实施细则》的案件进行调查、取证；

（4）对经查验属实的案件向卫生行政部门提出处理或处罚意见；

（5）实施职权范围内的处罚；

（6）完成卫生行政部门交办的其他监督管理工作。

医疗机构监督员有权对医疗机构进行现场检查，无偿索取有关资料，医疗机构不得拒绝、隐匿或者隐瞒。医疗机构监督员在履行职责时应当佩戴证章、出示证件，其证章、证件由国家卫健委监制。

（三）各级卫生行政部门对医疗机构的检查、指导

《医疗机构管理条例实施细则》第七十二条规定，各级卫生行政部门对医疗机构的执业活动检查、指导主要包括：

（1）执行国家有关法律、法规、规章和标准情况；

（2）执行医疗机构内部各项规章制度和各级各类人员岗位责任制情况；

（3）医德医风情况；

（4）服务质量和服务水平情况；

（5）执行医疗收费标准情况；

（6）组织管理情况；

（7）人员任用情况；

（8）省、自治区、直辖市卫生行政部门规定的其他检查、指导项目。

 知识链接

我国医院的分级管理

根据国家卫生部门颁发的《综合医院分级管理标准（试行）》及《医疗机构基本标准》等规章，我国现行的医院分级管理标准如下。

1. 医院基本标准　即各级医院无论规模大小、技术水平高低，都必须要达到的必备条件和最低要求。

其主要内容是：医院规模；医院功能和任务；医院管理；质量管理；思想政治工作和医德医风建设；医院安全；医院环境。

2. 医院等级划分　各级医院经过评审，按照《医院分级管理标准》确定为甲、乙、丙三等。

应注意：

（1）三级医院增设特等，即三级医院分为特、甲、乙、丙四等，因此医院共分三级十等。

（2）实际执行中，一级医院不分甲、乙、丙三等。

（3）等级划分是按医院的技术力量、管理水平、设备条件、科研能力等计分进而划分的。

三、医疗机构执业的法律责任

医疗机构执业人员违反《医疗机构管理条例》及其《实施细则》规定的，由县级以上地方卫生行政部门分别情况给予行政处罚。

1. 未取得《医疗机构执业许可证》擅自执业的，由县级以上地方卫生行政部门责令其停止执业活动，没收非法所得和药品、器械，并可根据情节处以罚款。2019 年 12 月 28 日第十三届全国人民代表大会常务委员会第十五次会议通过了《中华人民共和国基本医疗卫生与健康促进法》（以下简称《基本医疗卫生法》），该法针对无证行医设定了比以往更为严厉的行政处罚。该法规定，未取得医疗机构执业许可证擅自执业的，由县级以上人民政府卫生健康主管部门责令停止执业活动，没收违法所得和药品、医疗器械，并处罚款。由于《基本医疗卫生法》由全国人大常委会制定，属于上位法，因此从 2020 年 6 月 1 日起应按照《基本医疗卫生法》的规定予以行政处罚。

2. 对逾期不校验《医疗机构执业许可证》仍然从事诊疗活动的，责令其限期补办校验手续；拒不校验的，吊销其《医疗机构执业许可证》。

3. 有出卖、转让、出借《医疗机构执业许可证》的行为，没收其非法所得，并可处以罚款；情节严重的，吊销其《医疗机构执业许可证》。2019 年颁布的《基本医疗卫生法》第九十九条规定，违反本法规定，伪造、变造、买卖、出租、出借医疗机构执业许可证的，由县级以上人民政府卫生健康主管部门责令改正，没收违法所得，并处以罚款；情节严重的，吊销医疗机构执业许可证。自 2020 年 6 月 1 日起应按照《基本医疗卫生法》的规定予以行政处罚。

4. 除急诊和急救外，医疗机构诊疗活动超出登记范围，情节轻微的，处以警告；严重者责令其限期改正，并可处以罚款，甚至吊销《医疗机构执业许可证》。

5.使用非卫生技术人员从事医疗卫生技术工作的，责令其立即改正，并可处以罚款；情节严重的，吊销其《医疗机构执业许可证》。

6.出具虚假证明文件，情节轻微的，给予警告，并可处以罚款：①出具虚假证明文件造成延误诊治的；②出具虚假证明文件给患者精神造成伤害的；③造成其他危害后果的。对直接责任人员由所在单位或者上级机关给予行政处分。

7.医疗机构有下列情形之一的，登记机关可以责令其限期改正：①发生重大医疗事故；②连续发生同类医疗事故，不采取有效防范措施；③连续发生原因不明的同类患者死亡事件，同时存在管理不善因素；④管理混乱，有严重事故隐患，可能直接影响医疗安全；⑤省、自治区、直辖市卫生行政部门规定的其他情形。

8.当事人对行政处罚决定不服的，可以依照国家法律、法规的规定申请行政复议或者提起行政诉讼。当事人对罚款或者没收药品、医疗器械的行政处罚决定未在法定期限内申请行政复议或者提起行政诉讼而又不履行处罚决定的，县级以上人民政府卫生行政部门可以向人民法院申请强制执行。

微课：
处方管理法律制度

任务 2.5　处方管理法律制度

❧【问题思考】

处方管理的重要意义是什么？何为不规范处方、不合宜处方、超常处方？

❧【任务分配】

通过问题思考、讨论等实践活动，引导学生掌握处方管理，熟悉处方书写要求。

❧【知识内容】

一、处方的概念

处方是指由注册的执业医师和执业助理医师在诊疗活动中为患者开具的、由取得药学专业技术职务任职资格的药学专业技术人员审核、调配、核对，并作为患者用药凭证的医疗文书。处方还包括医疗机构病区用药医嘱单。

开具处方和调剂处方应当遵循安全、有效和经济的原则。处方药必须凭医师处方才可以销售、调剂和使用。

为规范处方管理，提高处方质量，促进合理用药，保障医疗安全，根据《执业医师法》《药品管理法》《医疗机构管理条例》《麻醉药品和精神药品管理条例》等有关法律、法规，2006年11月27日原卫生部部务会议讨论通过了《处方管理办法》，2007年2月14日公布，自2007年5月1日起施行。

> 💧 **考点提示**　处方的概念

二、处方权的获得

经注册的执业医师在执业地点获得相应的处方权。经注册的执业助理医师在医疗机构开具的处方，应当经所在执业地点的执业医师签名或加盖专用签章后方才有效。但经注册的执业助理医师在乡、民族乡、镇、村的医疗机构独立从事一般的执业活动，可以在注册的执业地点取得相应的处方权。

执业医师经培训考核合格后可以取得麻醉药品和第一类精神药品的处方权，药师经培训考核合格后可以取得麻醉药品和第一类精神药品调剂资格。

试用期人员如要开具处方，应当经所在医疗机构有处方权的执业医师审核、并签名或加盖专用签章后方能有效。进修医师由接收进修的医疗机构对其胜任本专业工作的实际情况进行认定后授予相应的处方权。

三、处方的开具

医师应当根据医疗、预防、保健需要，按照临床诊疗规范、药品说明书中的药品适应证、药理作用、用法、用量、禁忌证、不良反应和注意事项等开具处方。开具医疗用毒性药品、放射性药品的处方应当严格遵守有关法律、法规和规章的规定。

医师开具处方应当使用经药品监督管理部门批准并公布的药品通用名称、新活性化合物的专利药品名称和复方制剂药品名称，也可以使用经国家卫健委公布的药品习惯名称开具处方，但开具院内制剂处方时应当采用经省级卫生行政部门审核、药品监督管理部门批准的名称。

四、处方的有效期限和用量要求

处方开具后当日有效。特殊情况需要延长有效期的，由开具处方的医师注明有效期限，但有效期限最长不得超过 3 天。

处方一般不应超过 7 日用量；急诊处方一般不得超过 3 日用量；对于某些慢性病、老年病或特殊情况，处方用量可以适当延长，但医师应当注明理由。

医师为门（急）诊患者开具的麻醉药品注射剂，每张处方 ；控缓释制剂，每张处方不得超过 7 日常用量；其他剂型，每张处方不得超过 3 日常用量。

医师开具第一类精神药品注射剂，每张处方为一次常用量 ；每张处方不得超过 7 日常用量；其他剂型，每张处方不得超过 3 日常用量。哌醋甲酯用 症时，每张处方不得超过 15 日常用量。第二类精神药品一般每张处方不得超过 7 日常用量；对于慢性病或某些特殊情况的患者，处方用量可以适当延长，医师应当注明理由。

医师为门（急）诊癌症疼痛患者和中、重度慢性疼痛患者开具的麻醉药品、第一类精神药品注射剂，每张处方不得超过 3 日常用量；控缓释制剂，每张处方不得超过 15 日常用量；其他剂型，每张处方不得超过 7 日常用量。医师为住院患者开具的麻醉药品和第一类精神药品处方应当逐日开具，每张处方为 1 日常用量。

五、处方调剂资格的获得和处方调剂

只有取得药学专业技术职务任职资格的人员方可从事处方调剂工作。药师在执业的医疗机构获得处方调剂资格。具有药师以上专业技术职务任职资格的人员负责处方审核、评估、核对、发药以及安全用药指导。药士从事处方调配工作。

药师凭医师处方调剂处方药品。药师调剂处方时必须做到"四查十对"：查处方，对科别、姓名、年龄；查药品，对药名、剂型、规格、数量；查配伍禁忌，对药品性状、用法用量；查用药合理性，对临床诊断。如果药师认为存在用药不适宜时，应当主动告知处方医师进行确认或者重新开具处方；发现严重不合理用药或者用药错误时，应当拒绝调剂，并及时告知处方医师，进行记录，同时按照有关规定报告。

药师对处方用药适宜性进行审核，审核内容包括：

（1）规定必须做皮试的药品，处方医师是否注明过敏试验及结果的判定；

（2）处方用药与临床诊断的相符性；

（3）剂量、用法的正确性；

（4）选用剂型与给药途径的合理性；

（5）是否有重复给药现象；

（6）是否有潜在临床意义的药物相互作用和配伍禁忌；

（7）其他用药不适宜情况。

> **考点提示**　药师对处方用药适宜性的审核内容

六、处方点评

处方点评是指根据相关法规、技术规范，对处方书写的规范性及药物临床使用的适宜性（用药适应证、药物选择、给药途径、用法用量、药物相互作用、配伍禁忌等）进行评价，发现存在或潜在的问题，制定并实施干预和改进措施，促进临床药物合理应用的过程。

处方点评是实现医院持续医疗质量改进和药品临床应用管理的重要组成部分，是提高临床药物治疗水平的重要手段。

（一）处方点评原则

处方点评应坚持科学、公正、务实的原则，有完整、准确的书面记录，并通报临床科室和当事人。

（二）处方点评结果

根据 2010 年 2 月 10 日原卫生部颁发实施的《医院处方点评管理规范（试行）》，处方点评结果分为合理处方和不合理处方。不合理处方包括不规范处方、用药不适宜处方及超常处方。

1. 不规范处方　有下列情况之一的，应当判定为不规范处方：

（1）处方的前记、正文、后记内容缺项，书写不规范或者字迹难以辨认的；

（2）医师签名、签章不规范或者与签名、签章的留样不一致的；

（3）药师未对处方进行适宜性审核的（处方后记的审核、调配、核对、发药栏目无审核调配药师及核对发药药师签名，或者单人值班调剂未执行双签名规定）；

（4）新生儿、婴幼儿处方未写明日、月龄的；

（5）西药、中成药与中药饮片未分别开具处方的；

（6）未使用药品规范名称开具处方的；

（7）药品的剂量、规格、数量、单位等书写不规范或不清楚的；

（8）用法、用量上使用"遵医嘱""自用"等含糊不清字句的；

（9）处方修改未签名并注明修改日期，或药品超剂量使用未注明原因和再次签名的；

（10）开具处方未写临床诊断或临床诊断书写不全的；

（11）单张门急诊处方超过五种药品的；

（12）无特殊情况下，门诊处方超过 7 日用量，急诊处方超过 3 日用量，慢性病、老年病或特殊情况下需要适当延长处方用量且未注明理由的；

（13）开具麻醉药品、精神药品、医疗用毒性药品、放射性药品等特殊管理药品处方未执行国家有关规定的；

（14）医师未按照抗菌药物临床应用管理规定开具抗菌药物处方的；

（15）中药饮片处方药物未按照"君、臣、佐、使"的顺序排列，或未按要求标注药物调剂、煎煮等特殊要求的。

2. 用药不适宜处方　有下列情况之一的，应当判定为用药不适宜处方：

（1）适应证不适宜的；

（2）遴选的药品不适宜的；

（3）药品剂型或给药途径不适宜的；

（4）无正当理由不首选国家基本药物的；

（5）用法、用量不适宜的；

（6）联合用药不适宜的；

（7）重复给药的；

（8）有配伍禁忌或者不良相互作用的；

（9）其他用药不适宜情况的。

3. 超常处方　有下列情况之一的，应当判定为超常处方：

（1）无适应证用药；

（2）无正当理由开具高价药的；

（3）无正当理由超说明书用药的；

（4）无正当理由为同一患者同时开具两种以上药理作用相同药物的。

（三）监督管理

医疗机构应当加强对本机构处方开具、调剂和保管的管理。医疗机构应当建立处方点评制度，填写处方评价表，对处方实施动态监测及超常预警，登记并通报不合理处方，对不合理用药及时予以干预。未取得处方权的人员及被取消处方权的医师不得开具处方。未取得麻醉药品和第一类精神药品处方资格的医师不得开具麻醉药品和第一类精神药品处方。除治疗需要外，医师不得开具麻醉药品、精神药品、医疗用毒性药品和放射性药品处方。未取得药学专业技术职务任职资格的人员，不得从事处方调剂工作。

卫生行政部门和医疗机构应当：

（1）对开具不合理处方的医师，采取教育培训、批评等措施。

（2）医疗机构应当对出现超常处方 3 次以上且无正当理由的医师提出警告，限制其处方权；限制其处方权后，仍连续 2 次以上出现超常处方且无正当理由的，取消其处方权。

（3）一个考核周期内 5 次以上开具不合理处方的医师，应当认定为医师定期考核不合格，应当离岗参加培训。

（4）对患者造成严重损害的，卫生行政部门应当按照相关法律、法规、规章给予相应处罚。

七、处方保管规定

医疗机构应当妥善保存处方，保管要求如下：

（1）普通处方、急诊处方、儿科处方保存期限为 1 年，医疗用毒性药品、第二类精神药品处方保存期限为 2 年，麻醉药品和第一类精神药品处方保存期限为 3 年。处方保存期满后，经医疗机构主要负责人批准、登记备案，方可销毁。

（2）应当根据麻醉药品和精神药品处方开具情况，按照麻醉药品和精神药品品种、规格对其消耗量进行专册登记，登记内容包括发药日期、患者姓名、用药数量。专册保存期限为 3 年。

============ 项目小结 ============

医疗机构管理法律制度	学习要点
概念	医疗机构、处方、处方点评、抗菌药物
特征	医疗机构的特征、抗菌药物临床应用规则

续表

卫生法规基础理论	学习要点
分类	医疗机构分类、医疗机构执业登记条件、抗菌药物分类
原则	医疗机构设置规划应遵循的原则、处方的书写规范、处方调剂

重点笔记

↘ 直通考证

一、单项选择题

1.《医疗机构管理条例》的执业要求规定，医疗机构执业必须（   ）。

A. 遵守有关法律、法规

B. 遵守有关法律、法规、医疗技术规范

C. 遵守有关法律、法规、规章制度

D. 遵守有关法律、法规、医疗道德

2. 未经医师（士）或助产人员亲自诊查患者或亲自接产的，医疗机构不得出具某些证明文件，但可以出具（   ）。

A. 疾病诊断书   B. 死亡证明书

C. 死产报告书   D. 医疗纠纷分析证言

3. 医疗机构的下列行为中不属于违反《医疗机构管理条例》的是（   ）。

A. 擅自涂改执业许可证   B. 擅自增加医师人数

C. 未按规定办理检验手续   D. 未将执业许可证、收费标准悬挂于明显处

4. 医疗机构施行特殊检查、特殊治疗时，（   ）。

A. 由医院决定施行   B. 可以征求患者意见

C. 必须征得患者同意   D. 可以由经治医生决定施行

5. 根据对医疗机构的执业要求，医疗机构必须将下列项目悬挂于明显处，但除了（   ）。

A. 医疗机构执业许可证   B. 收费标准

C. 诊疗科目   D. 诊疗时间

6. 医疗机构工作人员上岗工作，必须佩戴载有（   ）。

A. 本人姓名、性别和专业的标牌   B. 本人姓名、职务或者职称的标牌

C. 本人姓名、性别和年龄的标牌   D. 本人姓名、专业和职务的标牌

7. 根据《医疗机构管理条例》的规定，医疗机构对（   ）病人（   ）抢救。

A. 危重；应当立即   B. 危重；应当

C. 病危；应当   D. 危重；可以立即

8.医师隐匿、伪造或者擅自销毁医学文书且情节严重的，应给予的行政处罚是（ ）。

A.吊销执业证书　　B.责令改正　　　　C.暂停执业活动　　　　D.罚款

9.《医疗机构从业人员行为规范》提出的医疗机构从业人员执业的价值目标是（ ）。

A.为人民健康服务　　　　　　　　　B.发扬人道主义精神

C.树立大医精诚理念　　　　　　　　D.以患者为中心

10.医疗机构的行为造成患者损害，应承担侵权责任的情形是（ ）。

A.鉴于当时医疗水平的诊疗

B.未经患者同意公开其病历资料

C.未说服患者近亲配合符合诊疗规范的诊疗

D.医务人员在抢救生命垂危的患者等紧急情况下已经尽到合理诊疗义务

二、思考题

1.什么是医疗机构？医疗机构具有哪些特征？

2.医疗机构的设置应遵循哪些原则？

3.哪些情形不得申请设置医疗机构？

4.申请医疗机构执业登记时，哪些情形将不予以登记？

5.药师对处方用药适宜性进行审核，具体包括哪些方面？

6.哪些情形应当判定为用药不适宜处方？

三、案例分析题

患者李某因头痛、周身酸痛到某诊所就诊。该诊所医师陈某诊断李某患有"上呼吸道感染"，给其一些中药，并按西医对症给予抗生素治疗，肌注复方氨林巴比妥、静脉点滴头孢类抗生素、地塞米松、病毒唑、氨茶碱等。李某在该诊所治疗了3天，但症状并无缓解，下午李某感到胸闷、气短，到晚上10时自感呼吸困难，无法入睡，家人将李某送到当地县医院抢救，入院后该医院立即对李某下达病危通知，组织心电监护，全力抢救。第二日上午李某因抢救无效死亡。李某家属对李某死因提出异议，经法医鉴定，李某死因为"因患者呼吸道感染（支气管肺炎）并发病毒性心肌炎，病情逐渐加重，最终导致中毒性休克及呼吸循环衰竭致死，属病理性死亡"。

经查，陈某诊所的"医疗机构执业许可证"上载明诊疗科目注册为西医内科，陈某本人的"执业医师证"注册的执业类别为中医，其"医师资格证"载明的专业为师承中医，类别为中医。

【讨论】

本案如何处理？处罚的法律依据是什么？

↘ 任务评价

评价维度	评价内容及要求	评价主体				平均分	测评总分
		学生本人	组员间	组长	任课教师/临床导师		
素质考核（30分）	职业素质：清理用物，整理场地，责任意识（10分）						
	创新精神：探索新知、勇于质疑、敢于承担的表现（10分）						
	团队合作：大局观、与人合作互助的表现（10分）						

续表

评价维度	评价内容及要求	评价主体				平均/分	测评总分/分
		学生本人	组员间	组长	任课教师/临床导师		
知识考核（30分）	在线资源学习进度成绩（5分）						
	课前线上测试成绩（5分）						
	课中线上成绩（10分）						
	课后线上测试成绩（10分）						
能力考核（40分）	理论联系实际（12分）						
	归纳和总结、学以致用能力（4分）						
	临床思维能力（案例分析）（8分）						
	课后调查报告（8分）						
	互动沟通能力（8分）						

项目 3
卫生技术人员法律制度

▶▶▶

项目 3 课件

学习目标

1. 知识目标：掌握医师、护士的概念及其资格考试与注册、执业的权利与义务的法律规定；熟悉执业医师、执业护士的法律责任；了解医师的考核与培训、医疗卫生机构的职责的有关规定。

2. 能力目标：能运用基本理论分析、解决实践中存在的法律法规问题；能运用卫生法律法规知识改善、处理医患人际关系；能在职业活动中使用法律保护医疗对象和自身权益。

3. 素质目标：具有勤奋学习的态度，严谨求实的工作作风；具有博大爱心和高度责任感；具有科学的思辨能力；具有良好的口头表达能力、人际沟通能力。

卫生技术人员是我国医疗卫生工作的主体和主力军。加强对医师、护士、药师等执业法制管理，对于全面推进我国卫生法治建设，规范、引导和保障医疗服务行业的发展，提高医师、护士、药师等从业人员的职业道德和业务素质，保障他们的合法权益，保障人民身体健康，具有重要而深远的意义和影响。因章节篇幅所限，本章着重阐述执业医师、执业护士等方面的有关法律规定。

任务 3.1　概　述

案例导学

非法行医被追究刑事责任

被告人宋某没有医生执业资格，在某县经营药店。1997 年至 2019 年间，宋某擅自在其经营的药店内先后为 10 人进行了终止妊娠手术或摘取宫内节育器。2019 年 2 月 12 日、3 月 21 日，宋某先后在该药店内为被害人熊某进行终止妊娠手术。3 月 23 日 5 时许，熊某死亡。经鉴定，熊某的死亡原因符合脓毒败血症，其在接受"清宫手术"治疗过程中，未进行系统性抗感染治疗，引发脓毒败血症。该县人民法院、所属市中级人民法院审理认为，被告人宋某未取得医生执业资格，擅自为他人进行终止妊娠手术、摘取宫内节育器，造成一人死亡，其行为已构成非法进行节育手术罪。宋某赔偿被害人亲属经济损失并取得谅解，可以酌定从宽处罚。据此，以非法进行节育手术罪判处宋某有期徒刑 11 年，并处罚金人民币 1 万元。

↘【问题思考】

母婴保健立法的重要意义是什么？

↘【任务分配】

通过问题思考、讨论等实践活动，引导学生掌握母婴保健法的内容及功能。

↘【知识内容】

一、卫生技术人员的概念和分类

（一）卫生技术人员的概念

卫生技术人员通常是指接受过高等或中等医药卫生教育或培训，掌握医药卫生知识，依法取得执业资格或者经卫生行政部门审核合格，经过执业登记注册，从事医疗、预防、药剂、护理或其他卫生技术人员。

卫生技术人员是医疗机构工作人员的主体。除此之外，医疗机构的工作人员还包括党政管理人员、工程技术人员和后勤服务人员等。

（二）卫生技术人员的分类

根据业务性质的不同，卫生技术人员可分为医、药、护、技四大类。

1. 医疗卫生人员　是指从事临床医疗、疾病预防控制、妇幼保健、计划生育技术服务等专业工作的西医、中医（含民族医）、中西医结合等技术人员。其卫生技术职务分为主任医师、副主任医师、主治（主管）医师、医师、医士。

2. 药剂人员　是指从事药剂、药检的人员，包括从事中药和西药专业的技术人员。其卫生技术职务分为主任药师、副主任药师、主管药师、药师、药士。

3. 护理人员　是指在医院、门诊部和其他医疗预防保健机构中担任各种护理工作的技术人员。其卫生技术职务分为主任护师、副主任护师、主管护师、护师、护士。

4. 其他卫生技术人员　是指从事检验、理疗、病理、口腔医学技术、同位素、放射、营养等技术操作、器械维修以及生物制品研制等工作的专业技术人员。其卫生技术职务分为主任技师、副主任技师、主管技师、技师、技士。

上述卫生技术人员按技术职务可分为：

（1）高级技术职务，包括主任医（药、护、技）师、副主任医（药、护、技）师。

（2）中级技术职务，包括主治医师和主管医（药、护、技）师。

（3）初级技术职务，包括医（药、护、技）师、医（药、护、技）士。

> 🔍 **考点提示**　卫生技术人员的概念与分类

二、卫生技术人员管理立法

中华人民共和国成立以来，我国政府高度重视对卫生技术人员的管理。1951年颁布了《医师暂行条例》《中医师暂行条例》等。

党的十一届三中全会以来，我国进入改革开放新阶段，卫生法制建设全面发展，原卫生部先后颁布了一系列规范性文件，使卫生技术人员管理逐步法制化，主要有《卫生技术人员职称及晋升条例（试行）》《卫生技术人员职务试行条例》《医院工作人员职责》《医师、中医师个体开业暂行管理办法》《外国医师来华短期行医暂行管理办法》等。

为了加强对卫生技术人员的管理，1998 年 6 月 26 日，第九届全国人大常委会第三次会议通过了《中华人民共和国执业医师法》（以下简称《执业医师法》），自 1999 年 5 月 1 日起施行。2009 年 8 月 27 日第十一届全国人大常委会第十次会议做出修订并自当日起生效。2003 年 8 月 5 日国务院发布了《乡村医生从业管理条例》，自 2004 年 1 月 1 日起施行。2008 年 1 月 31 日国务院发布了《护士条例》，自 2008 年 5 月 12 日起施行。

2021 年 8 月 20 日，第十三届全国人民代表大会常务委员会第三十次会议通过了《中华人民共和国医师法》（以下简称《医师法》），自 2022 年 3 月 1 日起施行，《中华人民共和国执业医师法》同时废止。

为了加强乡村医生的管理，2008 年 8 月 1 日原卫生部制定了《乡村医生考核办法》。为了规范护士执业资格和注册管理，2008 年 5 月 6 日原卫生部颁布了《护士执业注册管理办法》，2010 年 5 月 10 日原卫生部与人力资源和社会保障部联合发布了《护士执业资格考试办法》。

任务 3.2 医师法律制度

案例导学

究竟是误诊还是非法行医

王某于 2005 年 4 月 30 日在某市立医院做骨外科手术失败。实施手术者为张某。张某 2001 年大学毕业即到该市立医院骨外科工作，2004 年 9 月参加了全国医师资格考试，成绩合格，同年 12 月获得执业医师资格，2005 年底领到执业医师资格证书，但未进行医师注册。

【讨论】

1. 张某手术失败时是执业医师吗？

2. 张某行为属于非法行医还是医疗事故？

↘【问题思考】

医师法的重要意义是什么？

↘【任务分配】

通过问题思考、讨论等实践活动，引导学生掌握医师法的内容及功能。

↘【知识内容】

一、医师法的概念、立法目的、调整对象与管理

（一）医师法的概念

医师法是调整医师执业资格考试、规范医师执业注册和调整医师执业活动中产生的各种社会关系的法律规范的总称。

医师法对医师的考试与注册、执业规则、考核与培训、法律责任等都作了明确规定，并规定了国务院卫生行政部门主管全国医师工作，县级以上地方人民政府卫生行政部门负责管理本行政区域内的医师工作。

医师是指依法取得医师资格，经注册在医疗卫生机构中执业的专业医务人员，包括执业医师和执业助理医师。医师应当坚持人民至上、生命至上，发扬人道主义精神，弘扬敬佑生命、救死扶伤、甘于奉献、大爱无疆的崇高职业精神，恪守职业道德，遵守执业规范，提高执业水平，履行防病治病、保护人民健康的神圣职责。

医师依法执业，受法律保护。医师的人格尊严、人身安全不受侵犯。

（二）医师法的立法目的

1. 加强医师队伍的建设　医师是我国医疗卫生技术人员队伍的主力军。根据2024年我国卫生健康事业发展情况统计公报，截至2023年末，全国现有各级各类执业（助理）医师478.2万人，每千人口执业（助理）医师2.77人，每万人口全科医生3.99人。这些医生分布在全国城乡各级医疗卫生机构中。制定执业医师法就是为了加强执业医师法律制度建设，通过建立包括医师资格考试、医师执业注册、医师的培训与考核在内的医师执业资格制度，规范医师的执业活动规则，有助于加强医师管理，建设一支高素质、高水平的医师队伍。

2. 提高医师的职业道德和业务素质　执业医师法对于提高医师的职业道德和业务素质，维护医师的合法权益都作出了一系列规定，构建了一整套制度、措施和实现途径。

3. 维护医师的合法权益　医师的合法权益主要是指医师除了作为普通公民所享有的权利，还享有与其执业活动相关的一些特定权利，如对患者询问病史、进行身体检查，进行医学诊查、医学处置等权利。维护医师的合法权益，就是既要保护医师作为公民享有的权利，又要保护与医师执业活动相关的特定权利。执业医师法对医师在执业活动中应当享有的权利与应履行的义务都作出了具体规定，任何单位和个人在医师的执业活动中侵犯医师的合法权益，都要受到法律制裁，承担相应的法律后果。

4. 保护人民健康　保护人民健康是我国医疗卫生事业的根本宗旨。在医疗卫生事业中，医师的执业水平直接关系到人民生命健康，只有把医师队伍建设好、管理好，使医师具有良好的职业道德和医疗执业水平，才能达到保护人民健康的目的。同时，这也是执业医师法的根本立法宗旨。

（三）医师法的调整对象

医师法的调整对象是依法取得医师资格并经注册的执业医师和执业助理医师。不在医疗、预防、保健机构中执业的，不从事医师执业活动的人员，都不属于医师法的调整对象。

对于医师法的调整范围的理解应注意：①"依法取得"强调医师必须通过国家的医师资格考试，并完成相应的医师执业注册；②医师资格分为执业医师和执业助理医师两档，同时分为临床、中医、口腔医学、公共卫生4类；③必须经注册取得执业证书，才能执业；④必须在合法的医疗、预防、保健机构（包括计划生育技术服务机构）中从事相应的医师业务。

（四）医师工作的管理

《医师法》规定，国务院卫生健康主管部门负责全国的医师管理工作。国务院教育、人力资源和社会保障、中医药等有关部门在各自职责范围内负责有关的医师管理工作。

县级以上地方人民政府卫生健康主管部门负责本行政区域内的医师管理工作。县级以上地方人民政府教育、人力资源和社会保障、中医药等有关部门在各自职责范围内负责有关的医师管理工作。

对在医疗卫生服务工作中做出突出贡献的医师，按照国家有关规定给予表彰、奖励。

全社会应当尊重医师。各级党委和政府、全社会都要关心爱护医务工作者，弘扬先进事迹，加强医师业务培训，支持开拓创新，帮助解决困难，推动在全社会广泛形成尊医重卫的良好氛围。

国家建立健全医师医学专业技术职称设置、评定和岗位聘任制度，将职业道德、专业实践能力和工作业绩作为重要条件，科学设置有关评定、聘任标准。

医师可以依法组织和参加医师协会。2002年1月9日，中国医师协会在北京依法成立。中国医师协会是由执业医师、执业助理医师及单位会员自愿组成的全国性、行业性、非营利性的群众团体，其成立标志着实现了医师管理从行政管理为主向行业自律性管理为主的转变。

 考点提示　医师的概念

 **思政高地**

中国医师节——健康所系，性命相托

　　2016 年 8 月 19 日，在北京召开的全国卫生与健康大会上，明确了卫生与健康工作在党和国家事业全局中的重要地位和新时代卫生与健康工作方针。这次大会是中国特色卫生与健康事业发展史上的里程碑。为纪念这次大会的胜利召开，2017 年 11 月 20 日，国务院批复同意自 2018 年起将每年 8 月 19 日设立为"中国医师节"。体现了国家对 1100 多万名卫生健康工作者的关怀和肯定，进一步彰显了党和政府对广大医师和医务人员的关爱和厚望，大力弘扬了"敬佑生命、救死扶伤、甘于奉献、大爱无疆"的卫生健康崇高精神，营造了全社会尊医重卫的良好氛围。首届医师节的主题是"尊医重卫，共享健康"。全社会应当尊重医师。各级人民政府应当关心爱护医师，弘扬先进事迹，加强业务培训，支持开拓创新，帮助解决困难，推动在全社会广泛形成尊医重卫的良好氛围。

二、医师资格考试制度

　　医师资格是指经国家确认的、准予从事医师职业活动的资格，是公民从事医师职业必须具备的条件和身份，即公民从事医师职业所应具备的学识、技术和能力的必备标准，具有法律效力。《医师法》规定，国家实行医师资格考试制度。通过医师资格考试，可以有计划地控制医师从业人员的数量，提高质量。

微课：
医师资格考试及注册

　　医师资格考试是评价申请医师资格者是否具备执业所必需的专业知识与技能的考试，是医师这个职业群体的资格准入考试。

（一）医师资格考试的种类和方式

　　在国外，一般将医师资格分为基本医师资格和专科医师资格。基本医师资格的取得一般是由国家设立国家医师资格考试，通过了考试即可授予基本行医资格。专科医师资格是在取得基本医师资格后，根据专业的不同，进行不同的医学继续教育与培训，经国家专科医师资格考试合格，取得专科医师资格证书。

　　我国的医师资格考试分为执业医师资格考试和执业助理医师资格考试。考试类别分为临床类别、乡村执业助理医师、中医类别、口腔类别、公共卫生类别 4 类，其中中医类别又含蒙医、藏医、维医、哈萨克医。考试方式分为实践技能考试和医学综合笔试两部分。全国实行统一考试，每年举行 1 次。2017年，开展了医师资格考试临床类别、中医类别具有规定学历中医医学综合考试"一年两试"试点。实践技能考试主要考查医师的实践能力和技能水平，由省级医师资格考试领导小组组织实施。实践技能考试采用多站测试的方式，考区设有实践技能考试基地，根据考试内容设置若干考站，考生依次通过考站接受实践技能的测试。每位考生必须在同一考试基地的考站进行测试。只有通过实践技能考试后，才能参加当年的医学综合笔试。医学综合笔试由国家卫健委的国家医学考试中心组织，主要考查医师的专业理论知识水平，采取标准化考试方式并实行全国统一考试。从 2020 年开始，国家临床执业医师资格考试除中医类别少数民族医专业笔试考试外，其他各类别均开始实行计算机化考试，采用标准分模式。

（二）医师资格考试的条件

　　1.申请参加执业医师资格考试应当具备的条件《医师法》规定，具有下列条件之一的，可以参加执业医师资格考试：

　　（1）具有高等学校医学专业本科以上学历，在执业医师指导下，在医疗、预防、保健机构中试用期满1年的。

这个报考条件事实上要求申请报考人必须同时满足以下条件：

①学历要求：高等医学专业本科以上学历，即医学类专业大学本科毕业（含双学士）、硕士研究生和博士研究生毕业。

②专业要求：必须是医学类专业，高等医药院校和综合大学中的生物学、药学等非医学专业的毕业生，不具有报考执业医师的资格。

③资格要求：必须在执业医师指导下，从事医师业务1年以上，在试用期内未发生不宜从事医师业务的，如职业道德败坏、刑事犯罪等情况。

④地点要求：必须在医疗、预防、保健机构中从业1年以上，不在上述机构从业的人员，不具有申请报考的资格。

（2）取得执业助理医师执业证书后，具有高等学校医学专科学历，在医疗、预防、保健机构中工作满2年的。

2.申请参加执业助理医师资格考试应当具备的条件　具有高等学校医学专科学历或者中等专业学校医学专业学历，在执业医师指导下，在医疗、预防、保健机构中试用期满1年的，可以参加执业助理医师资格考试。

3.其他人员申请参加医师资格考试的条件　以师承方式学习中医满3年，或者经多年实践，医术确有专长的，经县级以上人民政府卫生健康主管部门委托的中医药专业组织或者医疗卫生机构考核合格，在医疗机构试用期满1年的，可以申请参加执业助理医师考试。

以师承方式学习中医或者经多年实践，医术确有专长的，由至少两名中医医师推荐，经省级人民政府中医药主管部门组织实践技能和效果考核合格后，即可取得相应资格证书。

本条规定的相关考试、考核办法，由国务院中医药主管部门拟订，报国务院卫生健康主管部门审核、发布。境外人员在中国境内申请医师资格考试（也包括注册、执业等），需按我国有关规定办理。

 知识链接

执业医师资格考试及报名

国家卫生健康委员会2025年第1号公告发布公告显示，2025年医师资格考试报名包括网上报名和现场审核两个部分。

实践技能考试由各省、自治区、直辖市医师资格考试领导小组组织实施，原则上在国家实践技能考试基地进行。实践技能考试合格分数线为60分。在国家实践技能考试基地参加考试且成绩合格者，成绩两年有效。

医学综合考试实行计算机化考试，军队现役人员需加试军事医学、院前急救岗位和儿科专业相应内容。中医类别蒙医、藏医、维医、哈萨克医专业实行纸笔考试。统一考试时间为8月22日至8月24日，具体类别考试时间见公告。除蒙医、藏医、维医、哈萨克医、中医（壮医）专业外，执业医师合格分数线为360分，执业助理医师合格分数线为180分。

2025年继续开展医师资格考试临床类别、中医类别具有规定学历中医医学综合考试"一年两试"试点。

（三）医师资格证书的取得

医师资格证书是证明某人具有医师资格的法律文件，必须依法取得。参加全国统一的执业医师资格考试或者执业助理医师资格考试成绩合格的，取得执业医师资格或者执业助理医师资格，省级卫生行政部门颁发由国家卫生健康委统一印制的《医师资格证书》。医师资格证书一经合法取得，就不得非法剥夺。

三、医师执业注册制度

《医师法》规定，国家实行医师执业注册制度。医师执业注册是国家卫生行政部门对取得医师资格的人从事医师执业活动行为从法律上做出许可的规定，是国家卫生行政部门对医师执业活动进行管理和监督的一项重要制度。凡取得医师资格的，均可申请医师执业注册。医师执业注册内容包括执业地点、执业类别、执业范围。

（一）注册的组织管理

国务院卫生行政部门负责全国医师执业注册监督管理工作。县级以上地方政府卫生行政部门是医师执业注册的主管部门，负责本行政区域内的医师执业注册监督管理工作。

取得医师资格的，可以向所在地县级以上地方政府卫生行政部门申请注册。除《医师法》规定的不予注册的情形外，受理申请的卫生行政部门应当自收到申请之日起 30 日内准予注册，并发给由国务院卫生行政部门统一印制的医师执业证书。医疗、预防、保健机构可以为本机构的医师集体办理注册手续。医师只有经注册后，方可在医疗、预防、保健机构中按照注册的执业地点、执业类别、执业范围执业，从事相应的医疗、预防、保健业务。未经医师注册取得执业证书，不得从事医师执业活动。医师在两个以上医疗卫生机构定期执业的，应当以一个医疗卫生机构为主，并按照国家有关规定办理相关手续。国家鼓励医师定期定点到县级以下医疗卫生机构，包括乡镇卫生院、村卫生室、社区卫生服务中心等，提供医疗卫生服务，主执业机构应当支持并提供便利。

（二）注册程序

1. 申请　首次申请医师执业注册，申请人应当提交以下材料：①医师执业注册申请审核表；②两寸免冠正面半身近期彩色照片 2 张；③医师资格证书；④注册主管部门指定的医疗机构出具的申请人 6 个月内的健康体检表；⑤申请人身份证件；⑥医疗、预防、保健机构的拟聘用证明；⑦申请人所在医疗机构的《医疗机构执业许可证》复印件。重新申请医师执业注册，还应提交医师重新执业注册申请审核表和县级以上卫生行政部门指定的医疗、预防、保健机构或组织出具的业务水平考核结果证明。获得执业医师资格或执业助理医师资格两年内未注册者申请注册时，还应提交在省级以上卫生行政部门指定的机构接受 3～6 个月的培训及培训考核合格的证明。

申请变更执业医师注册范围的，申请人应当提交下列材料：①省级卫生行政部门统一印制的医师变更执业范围申请表；②医师资格证书；③医师执业证书；④与拟变更的执业范围相应的高一层次毕业生学历或者培训考核合格证明；⑤聘用单位同意变更执业范围的证明；⑥省级以上卫生行政部门规定的其他材料。

2. 审核与注册　受理申请的卫生行政部门应当自收到申请之日起 30 日内对申请人提交的材料予以审核，审核合格的准予注册，并发给由国务院卫生行政部门统一印制的《医师执业证书》。对不符合条件不予注册的，受理申请的卫生行政部门应当自收到申请之日起 30 日内书面通知申请人，并说明理由。申请人如有异议的，可以自收到通知之日起 15 日内，依法申请行政复议或者向人民法院提起诉讼。

（三）不予注册、重新注册、注销注册与变更注册的规定

1. 不予注册的规定《医师法》规定，有下列情形之一的，不予注册：

（1）无民事行为能力或者限制民事行为能力；

（2）受刑事处罚，刑罚执行完毕不满二年或者被依法禁止从事医师职业的期限未满；

（3）被吊销医师执业证书不满二年；

（4）因医师定期考核不合格被注销注册不满一年；

（5）法律、行政法规规定不得从事医疗卫生服务的其他情形。

受理申请的卫生健康主管部门对不予注册的，应当自受理申请之日起20个工作日内书面通知申请人和其所在医疗卫生机构，并说明理由。申请人有异议的，可以自收到通知之日起15日内，依法申请行政复议或者向人民法院提起诉讼。

2.重新注册的规定 《医师法》规定，有下列情形之一的，应重新申请注册：

（1）中止医师执业活动二年以上；

（2）法定的不予注册的情形消失的。

重新申请注册的人员，应当先到县级以上卫生行政部门指定的医疗、预防、保健机构或者组织，接受3～6个月的培训，并经考核合格后，再按照申请注册的程序进行注册。

3.注销注册的规定 《医师法》规定，医师注册后有下列情形之一的，其所在的医疗、预防、保健机构应当在30日内报告准予注册的卫生行政部门，卫生行政部门应当注销注册，收回医师执业证书：

（1）死亡；

（2）受刑事处罚；

（3）被吊销医师执业证书；

（4）医师定期考核不合格，暂停执业活动期满，再次考核仍不合格；

（5）中止医师执业活动满二年；

（6）法律、行政法规规定不得从事医疗卫生服务或者应当办理注销手续的其他情形。

医师注册后有下列情形之一的，其所在医疗、预防、保健机构应当在30日内报注册主管部门备案：①调离、退休、退职；②被辞退、开除；③省级以上卫生行政部门规定的其他情形。

被注销注册的当事人如有异议的，可以自收到注销注册通知之日起15日内，依法申请行政复议或者向人民法院提起诉讼。

4.变更注册的规定 《医师法》规定，医师变更执业地点、执业类别、执业范围等注册事项的，应当到准予注册的卫生行政部门依照本法第十三条的规定办理变更注册手续。变更注册的程序与申请注册的程序相同。

医师从事下列活动的，可以不办理相关变更注册手续：

（1）参加规范化培训、进修、对口支援、会诊、突发事件医疗救援、慈善或者其他公益性医疗、义诊；

（2）承担国家任务或者参加政府组织的重要活动等；

（3）在医疗联合体内的医疗机构中执业。

跨省、自治区、直辖市变更执业注册事项的，除依照上述规定办理有关手续外，新的执业地点注册主管部门在办理执业注册手续时，应当收回原《医师执业证书》，并发给新的《医师执业证书》。

注册主管部门应当自收到变更注册申请之日起30日内办理变更注册手续。对因不符合变更注册条件不予变更的，应当自收到变更注册申请之日起30日内书面通知申请人，并说明理由。申请人如有异议的，可依法申请行政复议或者向人民法院提起诉讼。

（四）个体行医

个体行医是指执业医师以个人的名义从事医疗、预防、保健业务的行为。个体行医必须同时具备：①本人具有执业医师资格；②注册后在医疗、预防、保健机构中执业满5年；③依照《医疗机构管理条例》取得《医疗机构执业许可证》。

取得中医医师资格的人员，按照考核内容进行执业注册后，即可在注册的执业范围内个体行医。

县级以上地方人民政府卫生行政部门对个体行医的医师，应当按照国务院卫生行政部门的规定，经常监督检查，发现有《医师法》规定的注销注册情形的，应当及时注销注册，收回医师执业证书。申请个体行医的执业医师，应当按照国家有关规定办理审批手续，未经批准，不得行医。个体行医的医师，应当按照注册的执业地点、执业类别、执业范围依法执业。

四、医师执业规则

医师经执业注册取得《医师执业证书》后，方能按照注册的执业地点、执业类别、执业范围，从事相应的医疗、预防、保健业务。未经医师注册取得执业证书，不得从事医师执业活动。

（一）医师执业的权利与义务

1.医师的权利　《医师法》规定，医师在执业活动中享有以下权利：

（1）在注册的执业范围内，按照有关规范进行医学诊查、疾病调查、医学处置、出具相应的医学证明文件，选择合理的医疗、预防、保健方案；

（2）获取劳动报酬，享受国家规定的福利待遇，按照规定参加社会保险并享受相应待遇；

（3）获得符合国家规定标准的执业基本条件和职业防护装备；

（4）从事医学教育、研究、学术交流；

（5）参加专业培训，接受继续医学教育；

（6）对所在医疗卫生机构和卫生健康主管部门的工作提出意见和建议，依法参与所在机构的民主管理；

（7）法律、法规规定的其他权利。

2.医师的义务　《医师法》规定，医师在执业活动中应履行下列义务：

（1）树立敬业精神，恪守职业道德，履行医师职责，尽职尽责救治患者，执行疫情防控等公共卫生措施；

（2）遵循临床诊疗指南，遵守临床技术操作规范和医学伦理规范等；

（3）尊重、关心、爱护患者，依法保护患者隐私和个人信息；

（4）努力钻研业务，更新知识，提高医学专业技术能力和水平，提升医疗卫生服务质量；

（5）宣传推广与岗位相适应的健康科普知识，对患者及公众进行健康教育和健康指导；

（6）法律、法规规定的其他义务。

医师执业规则是指依照法律规定，医师在执业过程中应遵守的规定和原则。医师依法应遵守的执业规则是针对医务人员的执业行为设立的，目的是规范医务人员的执业行为，实质上要求医务人员在执业过程中为或者不为一定行为的法律义务，明显带有强制性。"必须""应当"应是无条件履行的规则，如果没有履行就属于不作为的违法行为；"不得"实施的规则，一旦实施就属于作为的违法行为。

（二）医师日常执业规则

医师在执业活动中应依法遵守国家的法律法规、诊疗规范、技术常规，此外，还应遵守如下执业规则：

1.日常执业规则

（1）医师实施医疗、预防、保健措施，签署有关医学证明文件。必须亲自诊查、调查，并按照规定及时填写病历等医学文书，不得隐匿、伪造、篡改或者擅自销毁病历等医学文书及有关资料。医师不得出具虚假医学证明文件以及与自己执业范围无关或者与执业类别不相符的医学证明文件。

（2）医师在诊疗活动中应当向患者说明病情、医疗措施和其他需要告知的事项。需要实施手术、特殊检查、特殊治疗的，医师应当及时向患者具体说明医疗风险、替代医疗方案等情况，并取得其明确同意；不能或者不宜向患者说明的，应当向患者的近亲属说明，并取得其明确同意。

（3）对急危患者，医师应当采取紧急措施进行诊治，不得拒绝急救处置。因抢救生命垂危的患者等紧急情况，不能取得患者或者其近亲属意见的，经医疗机构负责人或者授权的负责人批准，可以立即实施相应的医疗措施。国家鼓励医师积极参与公共交通工具等公共场所急救服务；医师因自愿实施急救造成受助人损害的，不承担民事责任。

（4）医师应当使用经依法批准或者备案的药品、消毒药剂、医疗器械，采用合法、合规、科学的诊疗方法。除按照规范用于诊断治疗外，不得使用麻醉药品、医疗用毒性药品、精神药品、放射性药品等。

（5）医师开展药物、医疗器械临床试验和其他医学临床研究应当符合国家有关规定，遵守医学伦理规范，依法通过伦理审查，取得书面知情同意。

（6）医师应当坚持安全有效、经济合理的用药原则，遵循药品临床应用指导原则、临床诊疗指南和药品说明书等合理用药。

（7）执业医师按照国家有关规定，经所在医疗卫生机构同意，可以通过互联网等信息技术提供部分常见病、慢性病复诊等适宜的医疗卫生服务。国家支持医疗卫生机构之间利用互联网等信息技术开展远程医疗合作。

（8）医师不得利用职务之便，索要、非法收受财物或者牟取其他不正当利益；不得对患者实施不必要的检查、治疗。

（9）执业助理医师应当在执业医师的指导下，在医疗、预防、保健机构中按照其执业类别执业。在乡、民族乡、镇的医疗、预防、保健机构中工作的执业助理医师，可以根据医疗诊治的情况和需要，独立从事一般的执业活动。执业助理医师不能申请个体行医，设立个体诊所。

2. 突发事件应对规则　有自然灾害、事故灾难、公共卫生事件和社会安全事件等严重威胁人民生命健康的突发事件时，县级以上人民政府卫生健康主管部门根据需要组织医师参与卫生应急处置和医疗救治，医师应当服从调遣。

3. 医师向所在机构或者卫生行政部门报告　医师发生医疗事故或者发现传染病疫情时，应当按照有关规定及时向所在机构或者卫生行政部门报告：

（1）发现传染病、突发不明原因疾病或者异常健康事件；

（2）发生或者发现医疗事故；

（3）发现可能与药品、医疗器械有关的不良反应或者不良事件；

（4）发现假药或者劣药；

（5）发现患者涉嫌伤害事件或者非正常死亡；

（6）法律、法规规定的其他情形。

在乡、民族乡、镇和村医疗卫生机构以及艰苦边远地区县级医疗卫生机构中执业的执业助理医师，可以根据医疗卫生服务情况和本人实践经验，独立从事一般的执业活动。

参加临床教学实践的医学生和尚未取得医师执业证书、在医疗卫生机构中参加医学专业工作实践的医学毕业生，应当在执业医师的监督、指导下参与临床诊疗活动。医疗卫生机构应当为有关医学生、医学毕业生参与临床诊疗活动提供必要的条件。

> 🔆 **考点提示**　医师执业活动中享有的权利及应履行的义务

五、医师的考核与培训

（一）医师的考核

《医师法》规定，国家实行医师定期考核制度，县级以上卫生行政部门负责指导、检查和监督医师考核工作。受县级以上人民政府卫生行政部门委托的机构或者组织应当按照医师执业标准，对医师的业务水平、工作成绩和职业道德状况进行定期考核。医师考核结果将作为卫生主管部门和医疗机构对医师进行奖惩、职称评定、职务晋升、培训等管理的依据。对考核不合格的医师，县级以上人民政府卫生行政部门应当责令其暂停执业活动 3～6 个月，并接受相关专业培训和继续医学教育。暂停执业活动期满，再次进行考核，对考核合格的，允许其继续执业。

医师有下列情形之一的，县级以上人民政府卫生行政部门应当给予表彰或奖励：

（1）在执业活动中，医德高尚，事迹突出。

（2）在医学研究、教育中开拓创新，对医学专业技术有重大突破，做出显著贡献。

（3）遇有突发事件时，在预防预警、救死扶伤等工作中表现突出。

（4）长期在艰苦边远地区的县级以下医疗卫生机构努力工作。

（5）在疾病预防控制、健康促进工作中做出突出贡献。

（6）法律、法规规定的其他情形。

（二）医师的培训

医师的培训是指以提高医师的业务水平和素质为目的的各种教育和训练活动。《医师法》规定，国家建立医师培训制度。国家制定医师培养规划，建立适应行业特点和社会需求的医师培养和供需平衡机制，统筹各类医学人才需求，加强全科、儿科、精神科、老年医学等紧缺专业人才培养。国家采取措施，加强医教协同，完善医学院校教育、毕业后教育和继续教育体系。国家通过多种途径，加强以全科医生为重点的基层医疗卫生人才培养和配备。

国家采取措施，完善中医西医相互学习的教育制度，培养高层次中西医结合人才和能够提供中西医结合服务的全科医生。

国家建立健全住院医师规范化培训制度，健全临床带教激励机制，保障住院医师培训期间的待遇，严格培训过程管理和结业考核。

医疗、预防、保健机构应当按照规定和计划保障本机构医师的培训和继续医学教育。县级以上卫生行政部门委托的承担医师考核任务的医疗卫生机构，应当为医师的培训和接受继续医学教育提供和创造条件。

参加医师培训、接受继续医学教育，既是医师的权利，又是其应尽义务。培训方式有岗位培训、全科医师培训、进修教育、毕业后医学教育、继续医学教育等。

六、法律责任

（一）以不正当手段取得医师资格证书或医师执业证书的法律责任

在医师资格考试中有违反考试纪律等行为，情节严重的，1～3 年内禁止参加医师资格考试。以不正当手段取得医师资格证书或者医师执业证书的，由发给证书的卫生健康主管部门予以撤销，3 年内不受理其相应申请。对负有直接责任的主管人员和其他直接责任人员，依法给予行政处分。

伪造、变造、买卖、出租、出借医师执业证书的，由县级以上人民政府卫生健康主管部门责令改正，没收违法所得，并处罚款；情节严重的，吊销医师执业证书。

（二）医师违反执业规则的法律责任

医师在执业活动中有下列行为之一的，由县级以上人民政府卫生行政部门责令改正，给予警告或者责令暂停 6 个月以上 1 年以下执业活动；情节严重的，吊销其执业证书；构成犯罪的，依法追究刑事责任：

（1）在提供医疗卫生服务或者开展医学临床研究中，未按照规定履行告知义务或者取得知情同意；

（2）对需要紧急救治的患者，拒绝急救处置，或者由于不负责任而延误诊治；

（3）遇有自然灾害、事故灾难、公共卫生事件和社会安全事件等严重威胁人民生命健康的突发事件时，不服从卫生健康主管部门调遣；

（4）未按照规定报告有关情形；

（5）违反法律、法规、规章或者执业规范，造成医疗事故或者其他严重后果。

医师在执业活动中有下列行为之一的，由县级以上人民政府卫生健康主管部门责令改正，给予警告，没收违法所得，并处罚款；情节严重的，责令暂停 6 个月以上 1 年以下执业活动直至吊销医师执业证书：

（1）泄露患者隐私或者个人信息；

（2）出具虚假医学证明文件，或者未经亲自诊查、调查，签署诊断、治疗、流行病学等证明文件或者有关出生、死亡等证明文件；

（3）隐匿、伪造、篡改或者擅自销毁病历等医学文书及有关资料；

（4）未按照规定使用麻醉药品、医疗用毒性药品、精神药品、放射性药品等；

（5）利用职务之便，索要、非法收受财物或者牟取其他不正当利益，或者违反诊疗规范，对患者实施不必要的检查、治疗造成不良后果；

（6）开展禁止类医疗技术临床应用。

医师在医疗、预防、保健工作中造成事故的，依照法律或者国家有关规定处理。

《刑法》第三百三十五条规定，医务人员由于严重不负责任，造成就诊人死亡或者严重损害就诊人身体健康的，处 3 年以下有期徒刑或者拘役。

（三）非医师行医的法律责任

未经批准擅自开办医疗机构行医或者非医师行医的，由县级以上卫生行政部门予以取缔，没收其违法所得及药品、器械，并处罚款；吊销医师执业证书；给患者造成损害的，依法承担赔偿责任；构成犯罪的，依法追究刑事责任。

《刑法》第三百三十六条规定："未取得医生执业资格的人非法行医，情节严重的，处 3 年以下有期徒刑、拘役或者管制，并处或者单处罚金；严重损害就诊人身体健康的，处 3 年以上 10 年以下有期徒刑，并处罚金；造成就诊人死亡的，处 10 年以上有期徒刑，并处罚金。

未取得医师执业资格的人擅自为他人进行节育复通手术、假节育手术、终止妊娠手术或者摘取宫内节育器，情节严重的，处 3 年以下有期徒刑、拘役或者管制，并处或者单处罚金；严重损害就诊人身体健康的，处 3 年以上 10 年以下有期徒刑，并处罚金；造成就诊人死亡的，处 10 年以上有期徒刑，并处罚金。

最高人民法院《关于审理非法行医刑事案件具体应用法律若干问题的解释》规定，具有下列情形之一的，应当认定为"未取得医生执业资格的人非法行医"：①未取得或者以非法手段取得医师资格从事医疗活动的；②个人未取得《医疗机构执业许可证》开办医疗机构的；③被依法吊销医师执业证书期间从事医疗活动的；④未取得乡村医生执业证书，从事乡村医疗活动的；⑤家庭接生员实施家庭接生以外的医疗行为的。具有下列情形之一的，应认定为"情节严重"：①造成就诊人轻度残疾、器官组织损伤导致一般功能障碍的；②造成甲类传染病传播、流行或者有传播、流行危险的；③使用假药、劣药或不符合国家规定标准的卫生材料、医疗器械，足以严重危害人体健康的；④非法行医被卫生行政部门行政处罚两次以后，再次非法行医的；⑤其他情节严重的情形。具有下列情形之一的，应当认定为《刑法》第三百三十六条第一款规定的"严重损害就诊人身体健康"的情形：①造成就诊人中度以上残疾、器官组织损伤导致严重功能障碍的；②造成 3 名以上就诊人轻度残疾、器官组织损伤导致一般功能障碍的。

（四）阻碍医师依法执业的法律责任

阻碍医师依法执业，侮辱、诽谤、威胁、殴打医师或者侵犯医师人身自由，干扰医师正常工作、生活的，依照治安管理处罚法的规定处罚；构成犯罪的，依法追究刑事责任。

任务 3.3　护士执业法律制度

案例导学

从事医疗器械消毒工作是否应进行护士执业资格注册

　　2011 年 3 月 7 日，上海某卫生局监督员对本区某个体口腔诊所进行监督检查，检查时该诊所正在执业中，现场查见该机构《医疗机构执业许可证》登记有效期为 2009 年 1 月 28 日至 2014 年 1 月 27 日，查见有两台口腔治疗椅，在消毒间查见一名身穿白大褂的梁某正在进行口腔器械高压消毒。2011 年 2 月 14 至 2 月 22 日的操作者签名都是梁某。当场查看时未能提供梁某的护士执业资格证书。经查，梁某是该诊所聘用人员，未取得护士执业资格证书即从事消毒工作。该诊所负责人认为，梁某仅仅从事口腔医疗器械消毒工作，并没有直接为患者进行注射、输液等护理服务，因此并不算违法，也不需取得护士执业资格证书。

　　【讨论】

　　该诊所负责人的观点是否正确？为什么？

↘【问题思考】

护理工作的重要意义是什么？

↘【任务分配】

通过问题思考、讨论等实践活动，引导学生掌握护士执业法律制度的内容及功能。

↘【知识内容】

　　护理工作是医疗卫生工作的重要组成部分，与医疗质量和医疗安全紧密相关，而作为护理工作的主体——护士，其执业活动行为直接关系到患者的生命安危与疾病转归。因此，为规范护士的执业行为，保障护患双方的权利与义务，我国颁布了有关护士的执业法律制度，用于加强护理管理，提高护理质量，以法律的形式对护理人员的资格标准、职责范围、教育培训、实践服务等予以规定。

一、护士与护士管理法律制度概述

（一）护士的概念

　　我国《护士条例》对护士作如下定义：经执业注册取得护士执业证书，依照本条例规定从事护理活动，履行保护生命、减轻痛苦、增进健康职责的卫生技术人员。

　　护士人格尊严、人身安全不受侵犯。护士依法履行职责，受法律保护。全社会应当尊重护士。

 知识链接

护士之名的来源

　　1909 年，中华护士会正式成立。1914 年，在上海召开的第一届全国护士会议上首次将 nurse 译成"护"，即保护、育成、爱护、照料之义，并指出从事此职业的人员必须有专门的学问和科学知识，应称之为"士"，故将 nurse 完整地翻译为"护士"，从此沿用至今。1922 年，中华护士会正式加入国际护士会，成为其第 11 个成员国。1936 年，因符合学术团体条件，中华护士会改称为中华护士学会。1942 年，改名为中国护士学会。1964 年，在北京召开的中国护士学会第 18 届会员代表大会决定更名为中华护理学会。

（二）护士管理法律制度

护士管理立法起源于 20 世纪初。1903 年，美国北卡罗莱、新泽西等州首先颁布《护士执业法》，作为护士执业的法律规范。1919 年，英国颁布了护理法，荷兰于 1921 年颁布了护理法。芬兰、意大利、波兰等国也相继颁布了自己国家的护理法。1953 年，世界卫生组织发表了第一份关于护士立法的研究报告。1968 年，国际护士委员会设立了一个专家委员会，制定了《系统制定护理法规的参考指导大纲》，为各国护士立法涉及的内容提供了权威性指导。

为了加强护士管理，提高护理质量，保障医疗和护理安全，保护护士的合法权益，1985 年我国原卫生部通过研究国内外文献资料，总结中华人民共和国成立以来护士管理的经验教训，对我国护士队伍的现状做了深入的调查研究，起草了《中华人民共和国护士法（草案）》，后来为配合即将施行的《医疗机构管理条例》，经反复论证，决定先制定《护士管理办法》。1993 年 3 月 26 日，原卫生部颁布了《中华人民共和国护士管理办法》，自 1994 年 1 月 1 日起施行。它确立了两个制度：护士执业资格考试制度和护士执业许可制度。2008 年 1 月 23 日，国务院颁布了《中华人民共和国护士条例》（以下简称《条例》），自 2008 年 5 月 12 日起施行。《护士条例》经 2008 年 1 月 23 日国务院第 206 次常务会议通过，于 2008 年 1 月 31 日公布，自 2008 年 5 月 12 日起施行，2020 年 3 月进行修订。2008 年 5 月 4 日，原卫生部颁布了《护士执业注册管理办法》，自 2008 年 5 月 12 日起施行。2010 年 5 月 10 日，原卫生部、人力资源和社会保障部联合制定颁布了《护士执业资格考试办法》，自 2010 年 7 月 1 日起施行。这些法规的颁布实施，标志着我国的护理工作全面进入了法制化轨道。

> 🔖 **考点提示** 护士的概念

二、护士执业资格考试

护士执业资格是护理专业从业人员必须具备的基本理论和护理实践能力水平的标志。我国实行护士执业资格考试制度，是提高护士质量、保证医疗护理质量和保护公民就医安全的重要措施。护士执业资格考试是评价申请护士执业资格者是否具备执业所必需的护理专业知识与工作能力的考试，属于护士行业的准入资格考试。具有护理、助产专业本科以上学历的人员，参加护士执业资格考试并成绩合格，取得护理初级（士）专业技术资格证书。

（一）申请参加护士执业资格考试的条件

《护士执业资格考试办法》规定，申请参加护士执业资格考试的考生必须具备两个基本条件：

1. 专业实践要求　必须接受过护理或者助产专业教育，即在中等职业学校、高等学校完成国务院教育主管部门和国务院卫生主管部门规定的普通全日制 3 年以上的护理、助产专业课程学习，包括在教学、综合医院完成 8 个月以上护理临床实习。

2. 学历要求　必须取得普通中等卫（护）校的毕业文凭或者高等医学院校大专以上毕业文凭。

（二）申请参加护士执业资格考试需提交的资料

《护士执业资格考试办法》规定，申请参加护士执业资格考试的人员，应当在公告规定的期限内报名，并提交下列材料：①护士执业资格考试报名申请表；②本人身份证明；③近 6 个月两寸免冠正面半身照片；④本人毕业证书；⑤报考所需的其他材料。

申请人为在校应届毕业生的，应当持有所在学校出具的应届毕业生毕业证明，到学校所在地的考点报名。学校可以为本校应届毕业生办理集体报名手续。申请人为非应届毕业生的，可以选择到人事档案所在地报名。

香港、澳门特别行政区和台湾地区居民符合《护士执业资格考试办法》和《内地与香港关于建立更紧密经贸关系的安排》《内地与澳门关于建立更紧密经贸关系的安排》或者内地有关主管部门规定的，可以申请参加护士执业资格考试。

（三）申请参加护士执业资格考试的流程

护士执业资格考试遵循公平、公开、公正的原则，实行国家统一考试制度。采取全国统一考试大纲、统一命题、统一合格标准。护士执业资格考试原则上每年举行1次，具体考试日期在举行考试前3个月向社会公布。

凡符合条件的可以按照下列流程报名：

1. 网上报名　考生须先登录中国卫生人才网进行网上报名。

2. 单位审核　完成网上报名的考生持报名表及相关证件（毕业证、身份证、照片、报名费等），送至所在单位报名管理部门审核。应届毕业生的报名单位为所在学校，社会人员的报名单位为档案托管的从事档案代理机构。

3. 现场确认　考生带上打印出来的报名表、实习手册、身份证、相片等相关材料到本人所在地医师协会进行现场确认，交纳报名费用，并登录中国卫生人才网打印准考证。

（四）护士执业资格考试内容

护士执业资格考试包括专业实务和实践能力两个科目。一次考试通过两个科目则为考试成绩合格。为加强对考生实践能力的考核，原则上采用"人机对话"考试方式进行。考试采用标准化考试模式，由国家医学考试中心具体组织实施，地、市级以上卫生行政部门的医政部门承担本地区的考试实施工作。自2011年起，护士执业资格考试由原来的基础知识、相关专业知识、专业知识、专业实践能力4个科目整合为专业实务和实践能力2个科目。

考试内容涉及基础护理学、内科护理学、外科护理学、妇产科护理学、儿科护理学、护理伦理学、护理心理学、卫生法、人际沟通等课程。

护士执业资格考试成绩以标准分形式公布，不接受复核申请。护士执业资格考试成绩合格证明全部实行电子化，成绩合格者须通过中国卫生人才网下载打印成绩合格证明，作为申请护士执业注册的有效证明。对于违反考试纪律和有关规定的，按照《专业技术人员资格考试违纪违规行为处理规定》处理。

三、护士执业注册

为保证从事护理专业的护士真正具有保障病人健康和医疗安全的水准，必须要求只有接受过专业训练、通过执业资格考试并经专业注册取得护士执业证书的人员才能从事护理工作。即护士执业，应当经执业注册取得护士执业证书。

（一）护士执业资格注册条件

根据《护士条例》及《护士执业注册管理办法》规定，申请注册执业护士，应当具备下列4个条件：

1. 具有完全民事行为能力　根据《中华人民共和国民法典》，民事行为能力是指民事主体通过自己的行为取得民事权利、承担民事义务的资格，既包括进行合法行为从而取得民事权利义务的资格，也包括进行违法行为而承担相应民事责任的资格。完全民事行为能力人，包括18周岁以上的成年人；16周岁以上不满18周岁的公民，以自己的劳动收入为主要生活来源的，视为完全民事行为能力人。

2. 专业、学制、学历（包括临床实习）要求　在中等职业学校、高等学校完成国务院教育主管部门和国务院卫生主管部门规定的普通全日制3年以上的护理、助产专业课程学习，包括在教学、综合医院完成 8 个月以上护理临床实习，并取得相应学历证书。

3.通过国务院卫生主管部门组织的护士执业资格考试　通过护士执业资格考试并成绩合格是申请护士执业注册，取得护士执业证书的必要条件之一。

4.符合国务院卫生主管部门规定的健康标准　要求无精神病史；无色盲、色弱、双耳听力障碍。无影响履行护理职责的疾病、残疾或者功能障碍。

首次护士执业注册申请，应当自通过护士执业资格考试之日起 3 年内提出；逾期提出申请的，除应当具有完全民事行为能力、取得护士资格、身体健康等条件外，还应当在符合国务院卫生主管部门规定条件的医疗卫生机构接受 3 个月临床护理培训并考核合格。

（二）护士执业资格注册制度

申请护士执业注册，应当向批准设立拟执业医疗机构或者为该医疗机构备案的卫生主管部门提出申请。收到申请的卫生主管部门应当自收到申请之日起 20 个工作日内做出决定，对具备《条例》规定条件的，准予注册，并发给护士执业证书；对不具备《条例》规定条件的，不予注册，并书面说明理由。护士执业注册有效期为 5 年。

1.首次注册　首次护士注册必须填写《护士首次注册申请表》，缴纳注册费并向注册机关提交下列材料：①《护士注册申请表》；②申请人身份证明；③护士执业资格考试成绩合格证明；④申请人学历证书；⑤医疗机构拟聘用在护士岗位的有效证明；⑥医疗单位临床实践的有效证明和业务技术考核合格证明；⑦省、自治区、直辖市人民政府卫生主管部门指定的医疗机构出具的申请人 6 个月内的健康体检证明；⑧近期大一寸免冠正面半身彩色照片 2 张；⑨省级卫生主管部门规定的其他证明。

2.变更注册　护士在其执业注册有效期内变更执业地点的，应当向批准设立拟执业医疗机构或者为该医疗机构备案的卫生主管部门报告。收到报告的注册部门应当自受理之日起 7 个工作日内为其办理变更手续。护士跨省、自治区、直辖市变更执业地点的，收到报告的注册部门还应当向其原执业地注册部门通报。

护士变更执业注册也需要提交《护士变更注册申请表》和申请人的《护士执业证书》。护士变更注册后其执业有效期为 5 年。

3.延续注册　护士执业注册有效期届满需要继续执业的，应当在护士执业注册有效期届满前 30 日向批准设立拟执业医疗机构或者为该医疗机构备案的卫生主管部门报告申请延续注册。收到申请的卫生主管部门对具备《条例》规定条件的，准予延续，延续执业注册有效期是 5 年；对不具备《条例》规定条件的，不予延续，并书面说明理由。医疗机构可以为本机构的护士集体申请办理护士注册和延续注册。

护士申请延续注册的，应当提交下列材料：①护士延续执业注册申请审核表；②申请人的护士执业证书；③省、自治区、直辖市人民政府卫生行政部门指定的医疗机构出具的申请人 6 个月内的健康体检证明。

4.重新注册　对于注册有效期届满未延续注册的、受吊销《护士执业证书》行政处罚，自吊销之日起满两年的护理人员，如果需要继续执业，应进行重新执业注册。

重新申请注册的，应当按照申请护士执业注册的规定提交相关材料；中断护理执业活动超过 3 年的，还应当提交在省、自治区、直辖市人民政府卫生行政部门规定的教学、综合医院接受 3 个月临床护理培训并考核合格的证明。

5.不予延续注册　有下列情形之一的将不予延续注册：①受刑事处罚，正在服刑期间；②因健康原因不能或不宜执行护理服务；③违反《护士条例》被中止或注销注册；④因其他原因不宜从事护士工作的。

6.注销注册　护士执业注册后有下列情形之一的，原注册部门应当依照《行政许可法》的规定注销其执业注册：①注册有效期届满未延续注册；②受吊销《护士执业证书》处罚；③护士死亡或者丧失民事行为能力。

护士执业注册申请人隐瞒有关情况或者提供虚假材料申请护士执业注册的，卫生行政部门不予受理或者不予护士执业注册，并给予警告；已经注册的，应当撤销注册。

7.注册管理　县级以上地方人民政府卫生主管部门应当建立本行政区域的护士执业良好记录和不良记录，并将该记录记入护士执业信息系统。

护士执业良好记录包括护士受到的表彰、奖励以及完成政府指令性任务的情况等内容。护士执业不良记录包括护士因违反本条例以及其他卫生管理法律、法规、规章或者诊疗技术规范的规定受到行政处罚、处分的情况等内容。

8.护士的表彰　国务院有关部门对在护理工作中做出杰出贡献的护士，应当授予全国卫生系统先进工作者荣誉称号或者颁发白求恩奖章，受到表彰、奖励的护士享受省部级劳动模范、先进工作者待遇；对长期从事护理工作的护士应当颁发荣誉证书。具体办法由国务院有关部门制定。

县级以上地方人民政府及其有关部门对本行政区域内做出突出贡献的护士，按照省、自治区、直辖市人民政府的有关规定给予表彰、奖励。

> 🔖 **考点提示**　护士执业注册的条件、护士执业注册制度有关规定

四、护士执业规则

为了更好地贯彻落实《护士条例》，为全国护理工作者提供护理伦理及执业行为的基本规范，中华护理学会在 2008 年 5 月 12 日制订了《护士守则》。

《护士守则》要求护士在执业过程中必须遵守下列执业规则：

（1）护士应当奉行救死扶伤的人道主义精神，履行保护生命、减轻痛苦、增进健康的专业职责；

（2）护士应当对患者一视同仁，尊重患者，维护患者的健康权益；

（3）护士应当为患者提供医学照顾，协助完成诊疗计划，开展健康教育，提供心理支持；

（4）护士应当履行岗位职责，工作严谨、慎独，对个人的护理判断及职业行为负责；

（5）护士应当关心、爱护患者，保护患者的隐私；

（6）护士发现患者的生命安全受到威胁时，应当积极采取保护措施；

（7）护士应当积极参与公共卫生和健康促进活动，参与突发事件时的医疗救护；

（8）护士应当加强学习，提高执业能力，适应医学科学和护理专业的发展；

（9）护士应当积极加入护理专业团体，参与促进护理专业发展的活动；

（10）护士应当与其他医务工作者建立良好关系，密切配合，团结协作。

> 🔖 **考点提示**　护士守则的具体内容

五、执业护士的权利和义务

护士的执业权利是指作为执业护士在担任护士职务及执行护理过程中依法所享有的权利。护士的执业义务是指作为护士在担任护士职务及执行护理过程中依法必须履行的责任。

（一）护士的执业权利

为了保证护士能安心工作，鼓励人们从事护理工作，满足人民群众对护理服务的需求，《条例》强调了政府的职责，国务院有关部门、县级以上地方人民政府及其有关部门以及乡（镇）人民政府应当采取措施，改善护士的工作条件，保障护士待遇，加强护士队伍建设，促进护理事业健康发展。

（1）护士执业，作为劳动者享有基本的劳动者权利，按照国家有关规定获取工资报酬、享受福利待遇、参加社会保险的权利。任何单位或者个人不得克扣护士工资，降低或者取消护士福利等待遇。

（2）护士执业，有获得与其所从事的护理工作相适应的卫生防护、医疗保健服务的权利。从事直接

接触有毒有害物质、有感染传染病危险工作的护士，有依照有关法律、行政法规的规定接受职业健康监护的权利。

（3）护士患职业病的，有依照有关法律、行政法规的规定获得赔偿的权利。

（4）护士有按照国家有关规定获得与本人业务能力和学术水平相应的专业技术职务、职称的权利。

（5）护士有参加专业培训、从事学术研究和交流、参加行业协会和专业学术团体的权利。

（6）护士有获得疾病诊疗、护理相关信息的权利和其他与履行护理职责相关的权利，可以对医疗卫生机构和卫生主管部门的工作提出意见和建议。

（7）护士享有人格尊严和人身安全不受侵犯的权利。护士依法履行职责，受法律保护。

（二）护士的执业义务

义务是指法律上或者道德上应尽的责任。法律上的义务是关于权利主体应当做出或不应当做出一定行为的约束，表现为要求负有义务的人必须做出一定行为或被禁止做出一定行为，以维护国家利益或者保证权利人的权利得以实现。

规范护士执业行为，提高护理质量，是保障患者的健康与安全、维护医疗安全、防范医疗事故、改善护患关系的重要方面。据此，《条例》明确规定护士在执业活动中应当承担下列5个方面的义务。

1. 护士执业，应当遵守法律、法规、规章和诊疗技术规范的规定　这是护士执业的根本准则，即合法性原则。这一原则涵盖了护士执业的基本要求，包括护士执业过程中应当遵守的具体诊疗技术规范和应当履行的义务。通过法律、法规、规章和诊疗技术规范的约束，护士履行对患者、患者家属以及社会的义务。例如，严格地按照规范要求进行护理操作；为患者提供良好的环境，确保其舒适和安全；主动征求患者及家属的意见，及时改进工作中的不足；认真执行医嘱，注重与医生之间相互沟通；积极开展健康教育；及时认真书写护理记录、病历资料等。

2. 护士在执业活动中，发现患者病情危急，应当立即通知医师；在紧急情况下为抢救垂危患者生命，应当先行实施必要的紧急救护。

护士是与患者接触最多最直接的人，患者出现任何不良情况，家属往往会最先通知护士，因此，护士对患者病情变化往往也是最先知道的。如果护士在了解到患者病情变化时未做出积极的反应和处置，往往可能耽误病情，贻误最佳抢救时机，危及患者生命和健康。

3. 问题医嘱报告的义务　护士发现医嘱违反法律、法规、规章或者诊疗技术规范规定的，应当及时向开具医嘱的医师提出；必要时，应当向该医师所在科室的负责人或者医疗卫生机构负责医疗服务管理的人员报告。

护士执行医疗护理行为，直接表现为执行医嘱。护士是医嘱的具体执行者，也是医嘱的审阅者。医嘱是否存在问题，护士根据所学专业知识应该能够发现。《医院工作制度》中的医嘱制度第二条规定，护士对于可疑医嘱，必须查清后方可执行。

问题医嘱主要包括：①医嘱书写不清；②医嘱书写有明显错误，包括医学术语错误和剂量、用法错误；③医嘱内容违反诊疗常规、药物使用规则；④医嘱内容与平常医嘱内容有较大差别；⑤其他医嘱错误或者疑问。

4. 护士应当尊重、关心、爱护患者，保护患者的隐私　这实质上是对患者人格和权利的尊重，有利于与患者建立相互信任、以诚相待的护患关系。隐私权是指自然人对其个人与公共利益、群体利益无关的个人信息、个人私事，享有不被他人了解、观看、拍摄、公开，以及禁止他人干涉的一种人格权利。由于诊疗护理的需要，护士在工作中可能会接触患者的一些隐私，如个人的不幸与挫折、婚姻恋爱、家庭及性生活、身体私密部位的毛病的隐私等。《条例》规定，护士对保护患者隐私负有义务和责任。

5. 护士有义务参与公共卫生和疾病预防控制工作　发生自然灾害、公共卫生事件等严重威胁公众生命健康的突发事件，护士应当服从县级以上人民政府卫生主管部门或者所在医疗卫生机构的安排，参加医疗救护。

六、医疗卫生机构的职责

护士都是在医疗卫生机构中执业。护士义务的履行需要医疗卫生机构直接进行监督，护士权利的实现也有赖于医疗卫生机构提供物质保障。据此，《条例》设专章规定了医疗卫生机构的职责。

（一）管理职责

1.医疗卫生机构对护士执业的管理职责　医疗卫生机构配备护士的数量不得低于国务院卫生主管部门规定的护士配备标准。医疗卫生机构应当按照国务院卫生主管部门的规定，设置专门机构或者配备专（兼）职人员负责护理管理工作。医疗卫生机构不得允许下列人员在本机构从事诊疗技术规范规定的护理活动：①未取得护士执业证书的人员；②未依照《条例》的规定办理执业地点变更手续的护士；③护士执业注册有效期届满未延续执业注册的护士。在教学、综合医院进行护理临床实习的人员应当在护士指导下开展有关工作。

2.医疗卫生机构维护护士权益的职责　医疗卫生机构应当为护士提供卫生防护用品，并采取有效的卫生防护措施和医疗保健措施。医疗卫生机构应当执行国家有关工资、福利待遇等规定，按照国家有关规定为在本机构从事护理工作的护士足额缴纳社会保险费用，保障护士的合法权益。

3.医疗卫生机构对护士接受继续教育的职责　医疗卫生机构应当制定、实施本机构护士在职培训计划，并保证护士接受培训。护士培训应当注重新知识、新技术的应用；根据临床专科护理发展和专科护理岗位的需要，开展对护士的专科护理培训。

（二）奖惩职责

1.奖励职责　对在艰苦边远地区工作，或者从事直接接触有毒有害物质、有感染传染病危险工作的护士，所在医疗卫生机构应当按照国家有关规定给予津贴。

2.惩戒职责　医疗卫生机构应当建立护士岗位责任制并进行监督检查。护士因不履行职责或者违反职业道德受到投诉的，其所在医疗卫生机构应当进行调查。经查证属实的，医疗卫生机构应当对护士做出处理，并将调查处理情况告知投诉人。

知识链接

南丁格尔奖

南丁格尔奖是红十字国际委员会为了表彰在护理事业中做出卓越贡献人员的最高荣誉奖。英国人弗洛伦斯·南丁格尔开创了护理工作专业化先河，她将个人安危置之度外，以人道、博爱、奉献的精神为伤兵服务。为弘扬此精神，1907年，国际红十字组织在第八届国际红十字大会上设立了南丁格尔奖。1912年，在华盛顿召开的第9届国际红十字大会上首次颁发。该奖每两年颁发一次，每次最多50名。奖励那些在护理学和护理工作中作出杰出贡献的人士，包括以身殉职的护士，表彰她们在战时或平时为伤、病、残疾人员忘我服务的献身精神。

七、法律责任

《护士条例》明确了护士在执业活动中违法失职行为所应承担的法律责任，同时对阻碍护士进行执业活动的行为，也规定了该行为应当承担的法律责任，从而既保护患者利益，又维护了护士的人身安全与人格尊严。具体而言，违反《护士条例》所应承担的法律责任有以下4个方面。

（一）卫生主管部门的法律责任

卫生主管部门的工作人员未依照护士条例规定履行职责，在护士监督管理工作中滥用职权、徇私舞弊，或者有其他失职、渎职行为的，依法给予处分；构成犯罪的，依法追究刑事责任。

（二）医疗卫生机构的法律责任

1. 医疗卫生机构不按规定配备和使用护士的责任　医疗卫生机构有下列情形之一的，由县级以上地方人民政府卫生主管部门依据职责分工责令限期改正，给予警告；逾期不改正的，根据国务院卫生主管部门规定的护士配备标准和在医疗卫生机构合法执业的护士数量核减其诊疗科目，或者暂停其6个月以上1年以下执业活动；国家举办的医疗卫生机构有下列情形之一的，情节严重的，还应当对负有责任的主管人员和其他直接责任人员依法给予处分：

（1）违反《护士条例》规定，护士的配备数量低于国务院卫生主管部门规定的护士配备标准的；

（2）允许未取得护士执业证书的人员或者允许未依照《护士条例》规定办理执业地点变更手续、延续执业注册有效期的护士在本机构从事诊疗技术规范规定的护理活动的。

2. 医疗卫生机构不按规定落实护士待遇的责任　依照有关法律、行政法规的规定给予处罚；还应当对负有责任的主管人员和其他直接责任人员依法给予处分。

3. 医疗卫生机构不按规定培训、管理护士的责任　医疗卫生机构有下列情形之一的，由县级以上地方人民政府卫生主管部门依据职责分工责令限期改正，给予警告：

（1）未制定、实施本机构护士在职培训计划或者未保证护士接受培训的；

（2）未依照《护士条例》规定履行护士管理职责的。

（三）护士的法律责任

1. 未履行规定义务的责任　护士在执业活动中有下列情形之一的，由县级以上地方人民政府卫生主管部门依据职责分工责令改正，给予警告；情节严重的，暂停其6个月以上1年以下执业活动，直至由原发证部门吊销其护士执业证书：

（1）发现患者病情危急未立即通知医师的；

（2）发现医嘱违反法律、法规、规章或者诊疗技术规范的规定，未依照《护士条例》第十七条的规定提出或者报告的；

（3）泄露患者隐私的；

（4）发生自然灾害、公共卫生事件等严重威胁公众生命健康的突发事件，不服从安排参加医疗救护的。

护士在执业活动中造成医疗事故的，依照医疗事故处理的有关规定承担法律责任。

2. 遵守吊销执业证书的规定　护士被吊销执业证书的，自执业证书被吊销之日起2年内不得申请执业注册。

（四）阻碍护士依法执业者的法律责任

扰乱医疗秩序，阻碍护士依法开展执业活动，侮辱、威胁、殴打护士，或者有其他侵犯护士合法权益行为的，由公安机关依照治安管理处罚法的规定给予处罚；构成犯罪的，依法追究刑事责任。

〰〰〰〰〰〰〰〰〰〰〰〰〰〰〰〰〰 **项目小结** 〰〰〰〰〰〰〰〰〰〰〰〰〰〰〰〰〰

卫生技术人员法律制度	学习要点
概念	卫生技术人员、医师、护士、医师法、非医师行医、医师资格、医师资格考试、医师执业注册
特征	医疗机构的特征
分类	医师资格考试的分类

卫生技术人员法律制度	学习要点
制度	医师资格考试制度、执业资格考试制度、执业注册制度、医师培训与考核制度、护士管理法律制度、医师执业规则
权利和义务	医师、护士在执业活动中享有的权利和应履行的义务
法律责任	卫生技术人员执业规则和相关法律责任

重点笔记

直通考证

一、单项选择题

1.《医疗机构从业人员行为规范》提出的医疗机构从业人员执业的价值目标是（　　）。

 A. 为人民健康服务　　　　　　　　B. 发扬人道主义精神

 C. 树立大医精诚理念　　　　　　　D. 以患者为中心

2. 具有高等学校医学专科学历，参加执业助理医师资格考试的条件是（　　）。

 A. 在医疗机构中工作满 2 年

 B. 在医疗机构中试用期满 2 年

 C. 在执业医师的指导下，在医疗机构中工作满 1 年

 D. 在执业医师的指导下，在医疗机构中试用期满 1 年

3. 申请执业注册时，下列可以注册的情形是（　　）。

 A. 不具有完全民事行为能力

 B. 受刑事处罚，自刑罚执行完毕之日起至申请注册之日止已满 1 年

 C. 受刑事处罚，自刑罚执行完毕之日起至申请注册之日止已满 3 年

 D. 受吊销医师执业证书行政处罚，自处罚决定之日起至申请注册之日止已满 6 个月

4. 某医师长期休病假，病愈后上班时，医院医务科提醒他要按规定重新办理注册手续，因为其中止执业活动时间超过了（　　）。

 A. 6 个月　　　　　　B. 1 年　　　　　　C. 2 年　　　　　　D. 3 年

5. 医师在执业活动中有权出具的医学证明文件应当是（　　）。

 A. 在注册的执业范围内　　　　　　B. 在所在医疗机构的服务范围内

 C. 在医疗服务范围内　　　　　　　D. 患者实事求是地提出要求的范围内

6. 护士申请延续注册的时间应为（　　）。

 A. 有效期届满前半年　　　　　　　B. 有效期届满前 30 日

C. 有效期届满后 30 日   D. 有效期届满后半年

7. 以下属于护士权利的是（   ）。

    A. 保护患者隐私   B. 遵守法律、法规、规章和诊疗技术规范的规定

    C. 能力不足时不能参加患者抢救   D. 获得职业保护

8.《护士条例》是何时颁布的？（   ）

    A. 1994 年 1 月 1 日   B. 2008 年 1 月 31 日

    C. 2008 年 5 月 4 日   D. 2008 年 5 月 12 日

9. 下列可用于申请护士执业注册的学历是（   ）。

    A. 网络教育护理学专业毕业证书   B. 职业高中助产专业毕业证书

    C. 护理专业职业高中毕业证书   D. 高等教育自学考试护理学专业毕业证书

10. 王护士发现陈医师开具的医嘱可能存在错误，但仍然执行错误医嘱，对患者造成严重后果，该后果的法律责任承担者是（   ）。

    A. 开具医嘱的陈医师   B. 执行医嘱的王护士

    C. 陈医师和王护士共同承担   D. 陈医师和王护士都无须承担责任

11.《医师法》明确规定，医师在执业过程中应当履行的职责是（   ）。

    A. 以病人为中心，实行人道主义精神   B. 防病治病，救死扶伤

    C. 遵守职业道德，保护患者隐私   D. 树立敬业精神，尽职尽责为患者服务

12. 对阻碍医师依法执业，侮辱、诽谤、威胁、殴打医师的人员进行行政处罚时，应当适用（   ）。

    A.《执业医师法》   B.《医疗机构管理条例》

    C.《医疗事故处理条例》   D.《治安管理处罚条例》

二、思考题

1. 首次申请医师执业注册，申请人应提交哪些材料？

2. 哪些情形将不予医师执业注册？

3. 医师注册后有哪些情形应当注销注册，收回医师执业证书？

4. 医师在执业活动中依法享有哪些权利？应履行哪些义务？

5. 申请护士执业注册，应当具备哪些条件？

三、案例分析题

韩某授意王某、赵某、孙某在网络上宣称用"五味疗法"可免除吃药打针等传统治疗方式带来的痛苦，针对糖尿病、高血压、白血病、艾滋病、各类癌症等有特殊效果。身患不同疾病或痴迷中医的林某等十余人参加了其举办的培训班，由韩某传授"五味疗法"和"吐故纳新疗法"，即饮用由咖啡、白糖、盐、生抽（或酱油）、陈醋兑水后调成的"五味汤"后大量喝生水，喝到腹胀，再把喝到腹内的水吐出来，然后继续喝生水、呕吐，反复进行，就可以把体内的病毒排出体外，达到治病强身的目的。林某按照韩某传授的疗法照做后，出现了严重呕吐、抽搐、昏迷等症状，后王某、赵某采取灌凉水、往林某头上浇凉水的方法进行救治。随着林某病情的加重，韩某指使王某将泥土涂抹到林某身上后浇凉水和向林某口中灌入配制的液体（后经查明，含有大量芒硝）进行医治。当晚林某因机体脱水、水电解质平衡紊乱伴急性呼吸循环功能障碍死亡。

【讨论】

本案中韩某、王某、赵某、孙某有哪些违法行为？有何法律依据？

评价维度	评价内容及要求	评价主体				平均分	测评总分
		学生本人	组员间	组长	任课教师/临床导师		
素质考核（30分）	职业素质：清理用物，责任意识（10分）						
	创新精神：探索新知、勇于质疑、敢于承担的表现（10分）						
	团队合作：大局观、与人合作互助的表现（10分）						
知识考核（30分）	在线资源学习进度成绩（5分）						
	课前线上测试成绩（5分）						
	课中线上成绩（10分）						
	课后线上测试成绩（10分）						
能力考核（40分）	理论联系实际（12分）						
	归纳和总结、学以致用能力（4分）						
	典型案例分析（8分）						
	课后调查报告（8分）						
	互动沟通能力（8分）						

项目 4
基本医疗卫生与健康促进法律制度

▶▶▶

项目 4 课件

学习目标

1.知识目标：掌握健康的定义和内涵，公民的健康权利和义务；熟悉健康公平权，健康医疗权；了解基本医疗卫生与健康促进法立法。

2.能力目标：能运用基本理论分析、解决实践中存在的法律法规问题。能运用卫生法律法规知识改善、处理医患人际关系。能在职业活动中应用法律保护医疗对象和自身权益。

3.素质目标：具有勤奋学习的态度，严谨求实的工作作风；具有博大爱心和高度责任感；具有科学的思辨能力；具有良好的口头表达能力、人际沟通能力。

案例导学

医疗卫生机构及人员执业安全

2024 年 7 月 20 日凌晨，温州医科大学附属第一医院发出的一条悼文令人震惊。7 月 19 日 13 时许，该医院心血管内科的李医生在门诊诊疗中，突然遭到一男子持刀伤害，致多处严重损伤。李医生因伤势过重，经抢救无效，于当日 21 时许不幸去世。该医院表示，李医生是一名勤勉敬业、甘于奉献的医务工作者，全体职工对李医生的去世表示沉痛哀悼。

【讨论】

如何保证医疗卫生机构及人员的环境安全和执业安全？

任务 4.1　健康医疗权概述

↳【问题思考】

健康医疗权和健康公平权分别指什么？

↳【任务分配】

通过问题思考、讨论等实践活动，引导学生掌握健康医疗权和健康公平权的内涵。

一、健康与健康医疗权的含义

（一）健康

1. 健康的认识　人类对健康的认识，经历了一个漫长的过程。健康或者缺乏健康都是影响人类文明几千年的重大议题。随着医学分科的发展、社会的进步、文化的传承，健康的定义和内涵不断演进。在很长的一段历史时期内，人们对健康的理解一直停留在没有疾病的朴素认知上，但对于健康究竟是什么，并没有给出正面、明确且广为认同的答案。

2. 健康的定义　世界卫生组织在 1948 年生效的《世界卫生组织组织法》中提出的"健康"定义引用得最为广泛，影响较大。健康不仅为疾病或羸弱之消除，而系体格、精神与社会之完全健康状态。这一描述强调了心理、社会因素在人的健康中的重要地位。这一定义从整体观出发，强调健康的不同维度，比如躯体、社会、精神、智力，以及总体的认知。

3. 健康的影响因素　健康是人学习、工作及生活的基础，社会的存在和发展是由所有的个人及其组成的集体努力的结果，所以，人的健康是一个集体、一个社会存在与发展的根基。影响公民健康状态的因素有两个，即个人因素和环境因素。个人因素包括遗传、个人体质、生活习惯、爱好等影响自身健康状态的成因。环境因素包括人所处的自然环境与社会环境对健康的影响。当个人因素与环境中的自然因素影响到个人身体健康状态时，社会环境对个人健康状态的医疗与保障便成为人体健康最后一道防线；这道防线保护程度的强弱势必会影响个人健康状态，而个人健康状态的优劣又会影响家庭、集体乃至一个群体、一个区域健康状况的发展，从而影响社会发展。

 思政高地

"健康中国 2030"规划纲要

健康是促进人的全面发展的必然要求，是经济社会发展的基础条件。推进健康中国建设，是全面建成小康社会、基本实现社会主义现代化的重要基础，是全面提升中华民族健康素质、实现人民健康与经济社会协调发展的国家战略，是积极参与全球健康治理、履行 2030 年可持续发展议程国际承诺的重大举措。国家为推进健康中国建设，提高人民健康水平，根据党的十八届五中全会战略部署，制定了规划纲要。全社会要增强责任感、使命感，全力推进健康中国建设，为实现中华民族伟大复兴和推动人类文明进步作出更大贡献。"共建共享、全民健康"是建设健康中国的战略主题。

（二）健康医疗权

医疗权是一项复合型权利，包括有权获得医疗服务、医疗救济，并尊重其医疗自主的权利等。健康的影响因素是多方面的，医疗是维持与维护健康的重要手段。医疗权具有普遍性，是维护生命健康的基础性权利。

二、健康公平权

（一）健康公平的内涵

从健康的定义可以看出，健康不仅是人的一个单纯自然的生理心理状态，还受社会因素的影响。不同的社会因素导致了健康差异、健康不平等。健康公平意味着要消除各社会群体之间不公平的健康差别，消除那些由社会原因造成的健康不平等现象。

健康公平涉及健康权利与健康责任的合理分配。健康权利的公平分配包括卫生资源的公平分配、卫生服务的公平提供、健康状况的公平等。健康责任的公平分配则是政府责任与个人责任之间的合理分担。健康公平强调公正与合理，不单指每个人都有同等机会享受卫生服务、发挥健康潜能，同时注重每个人之间或群体之间需要的不同。健康公平体现在健康的起点公平、过程公平与结果公平上。

1. 以达到健康状态的过程与结果为判断标准。

 知识链接

"健康公平"基本内涵学说

机会公平学说强调所有社会成员均有机会获得尽可能高的健康水平，这是人类的基本权利。结果公平学说强调不同收入、种族、性别的人群应当具有同样或类似的健康水平，各健康指标如患病率、婴儿死亡率、孕产妇死亡率、期望寿命等的分布在不同人群中应无显著差别，健康状况的分布不应该与个人或群体的社会经济属性有关。机会与结果结合的公平学说强调不同人群健康状况基本相似或者实质性相似；全体社会成员应该以基本的卫生服务需求为导向获得卫生服务，并达到在社会普遍健康水平上的一致性。

2. 以健康状态和卫生服务为判断标准。健康公平包括健康状态公平和卫生服务公平。健康状态公平是指在生物学范围内，每个人都有同等的机会达到他们所能达到的最好的身体、心理和社会生活状态；卫生服务公平是指每个人都能公正地、平等地获得可利用的卫生服务资源，包括卫生服务提供、卫生服务筹资和卫生服务利用。相同医疗需求的人可以得到相同医疗服务的对待；不同医疗需求的人，在相应程度上应获得同等医疗服务的对待。

（二）健康公平的意义

保障公民的健康权并非保障一个人的健康权，也不是让所有人的健康状态处于同一水平。但是，我们必须以为公民提供更好的健康状态和平等的卫生服务的机会以及结果而努力。当公民处于一个健康公平的社会环境时，不仅可以避免因差异而导致的社会矛盾，还会改善公民的健康状况，从而促进家庭幸福、社会和谐。

1. 健康公平有利于缩小健康差距，构建和谐社会　健康公平是公民平等地参与社会竞争的一个基本条件。健康不公平将扩大不同社会阶层的健康差距，引发公众的不满，并导致政府执政的合法性危机。维护健康公平，对个人、国家、社会均意义重大。政府采取公平分配卫生资源、公平提供卫生服务、建立公平的医疗保障制度、给予健康弱势群体适当的救助等措施，将有利于缩小不同社会群体的健康差距，提高群体的健康水平，为公民平等地参与社会竞争创造条件。健康也是社会和谐的内在构成要素，健康公平则是实现社会和谐的一个重要条件。

2. 健康公平可以平衡个人利益与公共利益　政府拥有公共权力，只有它才能采取一定的干预措施来维护公共健康。健康公平关系到政府执政的合法性。在生物—心理—社会医学模式下，健康已经成为公共政策议题，维护健康公平是政府的一项基本职责。

公共健康干预手段有效地降低了发病率和死亡率，提高了公共健康水平。政府强制力量的运用，往往要遭遇作为人口健康的公共利益与个人利益的冲突。公共健康和公民自由都需要公平正义的支持，要在两者之间找到平衡是不容易的，而且总是伴随着争议。健康公平强调健康责任的合理分配，充分体现了权利与义务的一致性。

（三）健康公平的限度

健康公平既是健康权利与健康责任的统一，也是个人责任与政府责任的统一。健康公平受到各种因素的制约，其实现程度总是具体的、有限的。健康公平受多种因素的制约，只有政府和公民切实履行各自的责任，才能维护健康公平，提高公共健康水平。

1. 健康公平受社会经济关系的限制　健康公平是在不同的社会群体之间不存在系统性的差异。每个人都应有公正的机会发挥其全部的健康潜能。如果可以避免，任何人都不能被剥夺该权利。所谓系统性的差异是指由社会经济制度等人为的社会因素造成的健康差别。

随着经济的增长，政府将会有更多的资金用于公共健康服务，提高公共健康水平。

2. 健康公平受政策目标的制约　政府在不同历史条件下，对健康的政策方面会有相应调整。政府如果选择优先公平分配社会财富，那么，相对于优先发展经济来说，优先公平分配社会财富更能提高健康公平的实现程度。经济发展水平与健康公平的实现程度并不成正比。要减少健康不公平，仅靠发展经济是不够的。政府政策目标的选择在很大程度上制约着健康公平的实现程度。

3. 健康公平受个人意愿的影响　个人的生活方式不仅影响健康，同时还影响健康公平。有些人把更多的资源用于其他消费而不是健康，而有些人却过度关注健康，采取不必要且不正确的方法。因此不可避免地造成个体之间健康水平的差距。个人选择带来了自我强加的伤害，人为地制造了健康的不平等。从公民自身因素来看，由于存在私人资源和个人选择，健康的不平等在道德上是不可避免的。

（四）实现健康公平的方法

推进健康公平就应该从避免、减少或消除不合理的健康不平等开始。

1. 优化医疗资源配置　医疗资源配置是影响居民健康公平的环境要素，当其配置不公或者利用效率不高时，都会造成居民就医的不平等。因此，推进健康公平应优化医疗资源配置，使医疗资源发挥其应有的作用。

2. 合理的政策制定　从公共伦理学角度看，实现健康公平符合正义性，是政府义不容辞的责任。在政府制定相关政策时，要考虑公民的健康公平，考虑周到全面，不能顾此失彼；在构建基本医疗卫生法律体系，制定影响利益人群的医疗服务政策时，要以公民的健康公平为前提拟定政策，要公平、公正、公开地进行听证，充分考虑就医群体健康公平的影响因素。据此，缩小健康获得和健康产出的社会差距，让人民群众公平地享受健康福祉。

三、社会权意义上的健康权

作为患者的公民享有的健康权利，除医疗服务合同的特别约定所享有的权利外，还应包括患者知情权、同意权、病历资料查阅权、复制权以及要求更正权、涂销权等。作为特殊患者的健康权利，往往是普遍意义上的公民健康权利和作为患者的公民享有的健康权利的必要延伸。

任务 4.2　公民的健康权利与义务

↘【问题思考】

公民在健康相关方面有哪些权利？

↘【任务分配】

通过问题思考、讨论等实践活动，引导学生掌握公民的健康权利与义务。

一、公民的健康权利

（一）公民的健康权利的内涵

健康不仅是人的一种单纯自然的生理、心理状态，还受社会因素的影响。不同的社会因素导致了健康差异、健康不平等。健康公平意味着要消除各社会群体之间不公平的健康差别，消除那些由社会原因造成的健康不平等现象。

健康公平涉及健康权利与健康责任的合理分配。健康权利的公平分配包括卫生资源的公平分配、卫生服务的公平提供、健康状况的公平获得。健康责任的公平分配则是政府责任与个人责任之间的合理分担。健康公平强调公正与合理，不单指每个人都有同等机会享受卫生服务、发挥健康潜能，同时还注意到每个人之间或群体之间需要的不同。健康公平体现在健康的起点公平、过程公平与结果公平上。

（二）公民的健康权利的权能

基本权利的权能分为主观部分和客观部分。

1. 主观部分　是指公民可以请求国家作为或者不作为的权利，它包含了防御权功能和受益权功能。防御权功能主要是指基本权利不受国家侵犯的功能，当公民的健康受到国家的侵犯时，可以要求国家排除侵害。受益权功能是指公民请求国家提供特定给付的权利。有的学者将受益权功能分为消极受益权功能和积极受益权功能。前者是指基本权利受到损害时，公民得向法院提起诉讼要求保障，又称"司法受益权"功能；后者是指基本权利所具备的使公民从国家那里得到某种福利、服务和其他利益的功能。

2. 客观部分　是指基本权利背后所维持的社会秩序。对于客观部分究竟包含哪些内容，不同的学者持有不同的意见，归纳起来主要包括制度性保障和国家保护义务。一项基本权利的实现，不但是公民个人的需要，也是社会公众共同的需要，这种双重属性意味着国家在基本权利的实现过程中扮演着十分重要的角色。

（三）公民的健康权利的实现途径

公民的健康权利的实现，需要公民对个人及对他人的努力、社会及国家的支持。

1. 公民对个人的努力　公民享有健康权利，同时要为个人的健康做出个人的努力。公民个人有保持良好的生活习惯、对其自身健康负有注意、保护、维护的职责。

2. 公民对他人的努力　应严格遵守法律法规，规范自身行为，尊重他人的健康权利和利益，不得损害他人健康和社会公共利益。

3. 社会及国家的支持　公民依法享有从国家和社会获得基本医疗卫生服务的权利。国家应依法履行职责，保护和实现社会公众的健康权利。但国家财力、保护具有局限性及有限性，这决定了国家不可能成为健康权利实现过程中的唯一主体，即使在宪法和法律中予以规定，在实际履行过程中也是不可能实现的。虽然国家不是唯一保护和实现公民健康权利的主体，但是却承担着首要责任。

健康权作为社会保障权的一种，可以基于公民这一法律主体而享有，也可以是基于国家的施舍与救济而享有。但是这两种方式所包含的法治内涵却是截然不同的。前者是以权利和义务为核心的实质法治，后者则是以国家权力为核心的形式法治。如果仅仅把健康权的享有作为对公民的施舍与救济，那么国家可以提供，也可以不提供，国家没有建立相应健康权社会保障制度的义务，不受任何强制与制约，公民健康权的实现也难以得到保障。目前正值我国全面推进依法治国，建设法治国家的关键阶段，强调坚持人民主体地位，以公民权利义务为核心，理应选择第一种方式。

二、公民的健康义务

（一）每个公民都享有健康权利，同时也要履行健康义务

根据相关规定，健康权是公民的重要基本人权，宪法关系的基本内容是公民权利与国家义务的对立统一，这就从国家根本法的高度确立了公民的健康权利和国家义务之间的关系。宪法在确认公民的健康权的同时也明确国家负有实现公民健康权的义务，承担保护公民健康权实现的责任。国家不仅应当承担消极义务，即以最大的限度保障公民的健康权不受侵害，还应主动地通过制定法律、制度等来保障公民健康权的实现。此外，公民健康权利的实现在很大程度上有赖于公民对其健康义务的履行状况。

（二）公民的健康义务的履行状况分为三个层次

1. 作为普遍意义上的公民　在基本医疗卫生领域应当负有遵守医疗机构医疗秩序的义务。

2. 作为患者的公民　应当负有支付医疗费用的义务、配合医生诊疗的义务、遵守医嘱的义务等。

3. 作为特殊患者的公民　应当负有特别义务，如暂缓结婚的义务、不生育的义务。《中华人民共和国母婴保健法》规定，经婚前医学检查，对患指定传染病在传染期内或者有关精神病在发病期内的，医师应当提出医学意见；准备结婚的男女双方应当暂缓结婚。该法还规定：经婚前医学检查，对诊断患医学上认为不宜生育的严重遗传性疾病的，医师应当向男女双方说明情况，提出医学意见；经男女双方同意，采取长效避孕措施或者施行结扎手术后不生育的，可以结婚。此法条对不宜生育的严重遗传性疾病的患者提出了不生育的义务。

居民有依法接种免疫规划疫苗的权利和义务；政府向居民免费提供免疫规划疫苗；公民有依法参加基本医疗保险的权利和义务等。也有学者认为，我国应当借鉴先进经验，在立法中增设爱惜自身健康的义务、遵守医疗机构规章制度的义务、按照规定支付医疗费用的义务、不良反应的报告义务等。

任务 4.3　基本医疗卫生服务

微课：
基本医疗卫生服务

↘【问题思考】

国家和社会对于医疗卫生人员执业环境的保障。

↘【任务分配】

通过问题思考、讨论等实践活动，引导学生掌握基本医疗卫生服务的内容。

↘【知识内容】

一、基本医疗卫生服务的含义

基本医疗卫生服务是指维护人体健康所必需、与经济社会发展水平相适应、公民可公平获得的，采用适宜药物、适宜技术、适宜设备提供的疾病预防、诊断、治疗、护理和康复等服务。

基本医疗卫生服务包括基本公共卫生服务和基本医疗服务。基本公共卫生服务由国家免费提供。

二、基本医疗卫生与健康促进法

（一）基本医疗卫生与健康促进法立法

2018 年 9 月 7 日，十三届全国人大常委会公布立法规划，其中《中华人民共和国基本医疗卫生与健康促进法》位列第一类项目。2019 年 12 月 28 日，《中华人民共和国基本医疗卫生与健康促进法》经十三届全国人大常委会第十五次会议通过，自 2020 年 6 月 1 日起施行。

（二）主要内容

1. 公民依法享有从国家和社会获得基本医疗卫生服务的权利。国家建立基本医疗卫生制度，建立健全医疗卫生服务体系，保护和实现公民获得基本医疗卫生服务的权利。

2. 各级人民政府应当把人民健康放在优先发展的战略地位，将健康理念融入各项政策，坚持预防为主，完善健康促进工作体系，组织实施健康促进的规划和行动，推进全民健身，建立健康影响评估制度，将公民主要健康指标改善情况纳入政府目标责任考核。

全社会应当共同关心和支持医疗卫生与健康事业的发展。

3. 国务院和地方各级人民政府领导医疗卫生与健康促进工作。

国务院卫生健康主管部门负责统筹协调全国医疗卫生与健康促进工作。国务院其他有关部门在各自职责范围内负责有关的医疗卫生与健康促进工作。

县级以上地方人民政府卫生健康主管部门负责统筹协调本行政区域医疗卫生与健康促进工作。县级以上地方人民政府其他有关部门在各自职责范围内负责有关的医疗卫生与健康促进工作。

4. 国家加强医学基础科学研究，鼓励医学科学技术创新，支持临床医学发展，促进医学科技成果的转化和应用，推进医疗卫生与信息技术融合发展，推广医疗卫生适宜技术，提高医疗卫生服务质量。

国家发展医学教育，完善适应医疗卫生事业发展需要的医学教育体系，大力培养医疗卫生人才。

5. 国家大力发展中医药事业，坚持中西医并重、传承与创新相结合，发挥中医药在医疗卫生与健康事业中的独特作用。

6. 国家合理规划和配置医疗卫生资源，以基层为重点，采取多种措施优先支持县级以下医疗卫生机构发展，提高其医疗卫生服务能力。

7. 国家加大对医疗卫生与健康事业的财政投入，通过增加转移支付等方式重点扶持革命老区、民族地区、边疆地区和经济欠发达地区，发展医疗卫生与健康事业。

8. 国家鼓励和支持公民、法人和其他组织通过依法举办机构和捐赠、资助等方式，参与医疗卫生与健康事业，满足公民多样化、差异化、个性化健康需求。

公民、法人和其他组织捐赠财产用于医疗卫生与健康事业的，依法享受税收优惠。

9. 对在医疗卫生与健康事业中做出突出贡献的组织和个人，按照国家规定给予表彰、奖励。

10. 国家鼓励和支持医疗卫生与健康促进领域的对外交流合作。开展医疗卫生与健康促进对外交流合作活动，应当遵守法律、法规，维护国家主权、安全和社会公共利益。

三、医疗卫生机构

医疗卫生机构是指依法成立的从事疾病诊断、治疗活动的卫生机构。医院、卫生院是我国医疗卫生机构的主要形式，此外，还有疗养院、门诊部、诊所、卫生所（室）以及急救站等，共同构成了我国的医疗卫生机构。

四、医疗卫生人员

（一）医疗卫生人员及其权利、义务

医疗卫生人员是指在医疗卫生机构工作的职工，包括医生、护士、卫生技术人员及其他技术人员。但不包括管理人员及行政人员。

医疗卫生人员应当弘扬敬佑生命、救死扶伤、甘于奉献、大爱无疆的崇高职业精神，遵守行业规范，恪守医德，努力提高专业水平和服务质量。医疗卫生行业组织、医疗卫生机构、医学院校应当加强对医疗卫生人员的医德医风教育。

（二）医疗卫生人员执业环境的保障

1.《中华人民共和国刑法修正案（九）》 该修正案将《刑法》第二百九十条第一款修改为："聚众扰乱社会秩序，情节严重，致使工作、生产、营业和教学、科研、医疗无法进行，造成严重损失的，对首要分子，处三年以上七年以下有期徒刑；对其他积极参加的，处三年以下有期徒刑、拘役、管制或者剥夺政治权利。""多次组织、资助他人非法聚集，扰乱社会秩序，情节严重的，依照前款的规定处罚。"该修正案自 2015 年 11 月 1 日起施行，首次将"医闹"行为纳入其中，至今已十余年，但医闹、伤害卫生人员事件仍时有发生，暴力伤医事件不断出现。

2.《中华人民共和国基本医疗卫生与健康促进法》 本法提出，全社会应当关心、尊重医疗卫生人员，维护良好安全的医疗卫生服务秩序，共同构建和谐医患关系。医疗卫生人员的人身安全、人格尊严不受侵犯，其合法权益受法律保护。禁止任何组织或者个人威胁、危害医疗卫生人员人身安全，侵犯医疗卫生人员人格尊严。国家采取措施，保障医疗卫生人员执业环境。

3.《关于依法惩处涉医违法犯罪维护正常医疗秩序的意见》 为依法惩处涉医违法犯罪，维护正常医疗秩序，构建和谐医患关系，根据《刑法》《治安管理处罚法》等法律法规，结合工作实践，2014 年 4 月 28 日，由最高人民法院、最高人民检察院、公安部、司法部、原国家卫生和计划生育委员会五部门发布了《关于依法惩处涉医违法犯罪维护正常医疗秩序的意见》。

（1）充分认识依法惩处涉医违法犯罪维护正常医疗秩序的重要性 加强医药卫生事业建设，是实现人民群众病有所医，提高全民健康水平的重要社会建设工程。经过多年努力，我国医药卫生事业发展取得显著成就，但医疗服务能力、医疗保障水平与人民群众不断增长的医疗服务需求之间仍然存在一定差距。一段时期以来，个别地方相继发生暴力杀医、伤医以及在医疗机构聚众滋事等违法犯罪行为，严重扰乱了正常医疗秩序，侵害了人民群众的合法利益。良好的医疗秩序是社会和谐稳定的重要体现，也是增进人民福祉的客观要求。依法惩处涉医违法犯罪，维护正常医疗秩序，有利于保障医患双方的合法权益，为患者创造良好的看病就医环境，为医务人员营造安全的执业环境，从而促进医疗服务水平的整体 提高和医药卫生事业的健康发展。

（2）严格依法惩处涉医违法犯罪 对涉医违法犯罪行为，要依法严肃追究、坚决打击。公安机关要加大对暴力杀医、伤医、扰乱医疗秩序等违法犯罪活动的查处力度，接到报警后应及时出警、快速处置，需追究刑事责任的，应及时立案侦查，全面、客观地收集、调取证据，确保侦查质量。人民检察院应及时依法批捕、起诉，对于重大涉医犯罪案件要加强法律监督，必要时可以对收集证据、适用法律提出意见。人民法院应当加快审理进度，在全面查明案件事实的基础上依法准确定罪量刑。对于犯罪手段残忍、主观恶性深、人身危险性大的被告人或者社会影响恶劣的涉医犯罪行为，要依法从严惩处。

①在医疗机构内殴打医务人员或者故意伤害医务人员身体、故意损毁公私财物，尚未造成严重后果的，依照《治安管理处罚法》第四十三条、第四十九条的规定处罚；故意杀害医务人员，或者故意伤害医务人员造成轻伤以上严重后果，或者随意殴打医务人员情节恶劣、任意损毁公私财物情节严重，构成故意杀人罪、故意伤害罪、故意毁坏财物罪、寻衅滋事罪的，依照刑法的有关规定定罪处罚。

②在医疗机构私设灵堂、摆放花圈、焚烧纸钱、悬挂横幅、堵塞大门或者以其他方式扰乱医疗秩序，尚未造成严重损失，经劝说、警告无效的，要依法驱散，对拒不服从人员要依法带离现场，依照《治安管理处罚法》第二十三条的规定处罚；聚众实施的，对首要分子和其他积极参加者依法予以治安处罚；造成严重损失或者扰乱其他公共秩序情节严重，构成寻衅滋事罪、聚众扰乱社会秩序罪、聚众扰乱公共场所秩序、交通秩序罪的，依照《刑法》的有关规定定罪处罚。

在医疗机构的病房、抢救室、重症监护室等场所及医疗机构的公共开放区域违规停放尸体，影响医疗秩序，经劝说、警告无效的，依照《治安管理处罚法》第六十五条的规定处罚；严重扰乱医疗秩序或者其他公共秩序，构成犯罪的，依照前款的规定定罪处罚。

③以不准离开工作场所等方式非法限制医务人员人身自由的，依照《治安管理处罚法》第四十条的规定处罚；构成非法拘禁罪的，依照《刑法》的有关规定定罪处罚。

④公然侮辱、恐吓医务人员的，依照《治安管理处罚法》第四十二条的规定处罚；采取暴力或者其他方法公然侮辱、恐吓医务人员情节严重（恶劣），构成侮辱罪、寻衅滋事罪的，依照《刑法》的有关规定定罪处罚。

⑤非法携带枪支、弹药、管制刀具或者爆炸性、放射性、毒害性、腐蚀性物品进入医疗机构的，依照《治安管理处罚法》第三十条、第三十二条的规定处罚；危及公共安全情节严重，构成非法携带枪支、弹药、管制刀具、危险物品危及公共安全罪的，依照《刑法》的有关规定定罪处罚。

⑥对于故意扩大事态，教唆他人实施针对医疗机构或者医务人员的违法犯罪行为，或者以受他人委托处理医疗纠纷为名实施敲诈勒索、寻衅滋事等行为的，依照《治安管理处罚法》和《刑法》的有关规定从严惩处。

（3）积极预防和妥善处理医疗纠纷

①卫生行政主管部门应当加强医疗行业监管，指导医疗机构提高医疗服务能力，保障医疗安全和医疗质量。医疗机构及其医务人员要严格遵守医疗卫生管理法律、行政法规、部门规章和诊疗护理规范，加强医德医风建设，改善服务态度，注重人文关怀，尊重患者的隐私权、知情权、选择权等权利，根据患者病情、预后不同以及患者实际需求，采取适当方式进行沟通，做好解释说理工作，从源头上预防和减少医疗纠纷。

②卫生行政主管部门应当指导医疗机构加强投诉管理，设立医患关系办公室或者指定部门统一承担医疗机构投诉管理工作，建立畅通、便捷的投诉渠道。

医疗机构投诉管理部门应当在医疗机构显著位置公布该部门及医疗纠纷人民调解组织等相关机构的联系方式、医疗纠纷的解决程序，加大对患者法律知识的宣传，引导患者依法、理性解决医疗纠纷。有条件的医疗机构可设立网络投诉平台，并安排专人处理、回复患者投诉。要做到投诉必管、投诉必复，在规定期限内向投诉人反馈处理情况。

对于医患双方自行协商解决不成的医疗纠纷，医疗机构应当及时通过向人民调解委员会申请调解等其他合法途径解决。

③司法行政机关应当会同原卫生计生行政部门加快推进医疗纠纷人民调解组织建设，在医疗机构集中、医疗纠纷突出的地区建立独立的医疗纠纷人民调解委员会。

司法行政机关应当会同人民法院加强对医疗纠纷人民调解委员会的指导，帮助完善医疗纠纷人民调解受理、调解、回访、反馈等各项工作制度，加强医疗纠纷人民调解员队伍建设和业务培训，建立医学、法律等专家咨询库，确保调解依法、规范、有效进行。

司法行政机关应当组织法律援助机构为有需求并符合条件的医疗纠纷患者及其家属提供法律援助，指导律师事务所、公证机构等为医疗纠纷当事人提供法律服务，指导律师做好代理服务工作，促使医疗纠纷双方当事人妥善解决争议。

④人民法院对起诉的医疗损害赔偿案件应及时立案受理，积极开展诉讼调解。对调解不成的，及时依法判决，切实维护医患双方的合法利益。在诉讼过程中应当加强诉讼指导，并做好判后释疑工作。

⑤卫生行政主管部门应当会同公安机关指导医疗机构建立健全突发事件预警应对机制和警医联动联防联控机制，提高应对突发事件的现场处置能力。公安机关可根据实际需要在医疗机构设立警务室，及时受理涉医报警求助，加强动态管控。医疗机构在诊治过程中发现有暴力倾向的患者，或者在处理医疗纠纷过程中发现有矛盾激化，可能引发治安案件、刑事案件的情况，应当及时报告公安机关。

（4）建立健全协调配合工作机制　各有关部门要高度重视打击涉医违法犯罪、维护正常医疗秩序的重要性，认真落实党中央、国务院关于构建和谐医患关系的决策部署，加强组织领导与协调配合，形成构建和谐医患关系的合力。地市级以上卫生行政主管部门应当积极协调相关部门建立联席会议等工作制度，定期互通信息，及时研究解决问题，共同维护医疗秩序，促进我国医药卫生事业健康发展。

五、健康促进与监督管理

（一）健康促进

健康促进的内涵除健康教育外，还应包括促使行为向有益于健康方面改变的一切支持系统，比如政策的、组织的、方法的、经济的，以便向公众提供更加有益于健康的外部环境。

健康促进与健康教育是相互依托的，没有健康教育就没有所谓的健康促进；反之，如果没有健康促进，健康教育也将显得软弱无力、不够完善。

1. 世界卫生组织提出，健康促进的策略

（1）争取领导支持，使决策者和领导层转变观念，理解健康教育，争取政策上和资源上的支持和投入。

（2）积极使个人、群体和社会组织参与社区卫生规划、决策以及参与健康教育项目的设计与评价。

（3）争取社会各个方面（如群众团体）组成广泛的联盟，完成健康目标。

2. 我国对健康促进的规定

各级人民政府应当加强健康教育工作及其专业人才培养，建立健康知识和技能核心信息发布制度，普及健康科学知识，向公众提供科学、准确的健康信息。医疗卫生、教育、体育、宣传等机构、基层群众性自治组织和社会组织应当开展健康知识的宣传和普及。医疗卫生人员在提供医疗卫生服务时，应当对患者开展健康教育。新闻媒体应当开展健康知识的公益宣传。健康知识的宣传应当科学、准确。

国家将健康教育纳入国民教育体系。学校应当利用多种形式实施健康教育，普及健康知识、科学健身知识、急救知识和技能，提高学生主动防病的意识，培养学生良好的卫生习惯和健康的行为习惯，减少、改善学生近视、肥胖等不良健康状况。

（二）监督管理

对于前述的医疗卫生机构、医疗卫生人员、健康促进等法律规定，其执行与实施的监督管理，见《中华人民共和国基本医疗卫生与健康促进法》第八章。

国家建立健全机构自治、行业自律、政府监管、社会监督相结合的医疗卫生综合监督管理体系。县级以上人民政府卫生健康主管部门对医疗卫生行业实行属地化、全行业监督管理。

任务 4.4　法律责任

↘【问题思考】

法律责任特点有哪些？

↘【任务分配】

通过问题思考、讨论等实践活动，引导学生掌握基本医疗卫生与健康促进的法律责任。

↘【知识内容】

一、法律责任的特点

法律责任是一般社会责任的特殊表现之一，是违法行为引起的行为人应当承担的法律后果。违法行为是产生法律责任的前提。法律制裁是承担法律责任的必然结果。

法律责任不同于道义责任、纪律责任等社会责任。法律责任最重要特征是接受惩罚性质的制裁。其特点包括：①法律责任必须和违法行为相联系，如果没有构成违法行为，则不需要承担法律责任；②法律责任一般由法律规范事先规定，"法无明文不为罪"；③法律责任由国家强制力保证实施，由国家司法机关和其他授权机关依法追究法律责任，任何个人或社会组织都不能行使这一职权。

法律责任和法律制裁直接相联系，构成保护性法律关系的两个相互关联的方面，是在出现违法的情况下在国家和违法者之间建立的一种特殊的权利与义务关系。法律责任是违法者对国家必须承担的一种义务，而法律制裁是国家对违法者采取强制措施的一种权力。存在法律责任时，违法者要承担人身、财产或精神方面的一定损失。根据违法的性质、程度不同，法律责任可分为刑事责任、行政责任和民事责任、经济责任等。

二、《中华人民共和国基本医疗卫生与健康促进法》规定的法律责任

违反本法规定，地方各级人民政府、县级以上人民政府卫生健康主管部门和其他有关部门，滥用职权、玩忽职守、徇私舞弊的，对直接负责的主管人员和其他直接责任人员依法给予处分。违反本法第一百零二条规定的医疗卫生人员，由县级以上人民政府卫生健康主管部门依照有关执业医师、护士管理和医疗纠纷预防处理等法律、行政法规的规定给予行政处罚。

本法中下列用语的含义：①主要健康指标，是指人均预期寿命、孕产妇死亡率、婴儿死亡率、五岁以下儿童死亡率等；②医疗卫生机构，是指基层医疗卫生机构、医院和专业公共卫生机构等；③基层医疗卫生机构，是指乡镇卫生院、社区卫生服务中心（站）、村卫生室、医务室、门诊部和诊所等；④专业公共卫生机构，是指疾病预防控制中心、专科疾病防治机构、健康教育机构、急救中心（站）和血站等；⑤医疗卫生人员，是指执业医师、执业助理医师、注册护士、药师（士）、检验技师（士）、影像技师（士）和乡村医生等卫生专业人员；⑥基本药物，是指满足疾病防治基本用药需求，适应现阶段基本国情和保障能力，剂型适宜，价格合理，能够保障供应，可公平获得的药品。

省、自治区、直辖市和设区的市、自治州可以结合实际，制定本地方发展医疗卫生与健康事业的具体办法。

━━━━━━━━━━━━ 项目小结 ━━━━━━━━━━━━

基本医疗卫生与健康促进法律制度	学习要点
概念	健康、健康权、医疗权、健康医疗权、社会权、基本医疗卫生服务、医疗卫生机构、医疗卫生人员
特征	公民的健康权利、公民的健康义务、监督管理
分类	基本医疗卫生保障法、医疗卫生机构、医疗卫生人员
原则	健康公平、健康促进、法律责任

直通考证

一、单项选择题

1. 影响公民健康状态有两个因素，即个人因素和环境因素，个人因素包括（　　）。

　　A. 遗传　　　　　　　B. 家庭住址　　　　　C. 国籍　　　　　　　D. 天气变化

2. 李某因女儿在医院救治多日，病情不见明显好转，对主治医师实施了恶性伤害事件，导致医生死亡，该事件适用的法律文件是（　　）。

　　A.《世界卫生组织组织法》

　　B.《关于依法惩处涉医违法犯罪维护正常医疗秩序的意见》

　　C.《第 14 号一般性意见》

　　D.《中华人民共和国刑法修正案（六）》

3. 公民请求国家提供特定给付的权利是（　　）。

　　A. 防御权　　　　　　B. 健康权　　　　　　C. 受益权　　　　　　D. 社会权

4.《关于依法惩处涉医违法犯罪维护正常医疗秩序的意见》中不包括（　　）。

　　A. 充分认识依法惩处涉医违法犯罪维护正常医疗秩序的重要性

　　B. 严格依法惩处涉医违法犯罪

　　C. 积极预防和妥善处理医疗纠纷

　　D. 健康促进

5. 法律责任最重要的特征是（　　）。

　　A. 违反道德行为引起的　　　　　　　　B. 违反宗教信仰行为引起的

　　C. 接受惩罚性质的制裁　　　　　　　　D. 违反家规行为引起的

6. 下列不属于法律责任的是（　　）。

　　A. 刑事责任　　　　B. 行政责任　　　　C. 民事责任　　　　　D. 家庭责任

7.《中华人民共和国基本医疗卫生与健康促进法》中主要健康指标不包括（　　）。

　　A. 人均寿命　　　　　　　　　　　　　B. 手术死亡率

　　C. 婴儿死亡率　　　　　　　　　　　　D. 五岁以下儿童死亡率

8. 下列关于法律责任说法正确的是（　　）。

　　A. 经济责任的特殊表现之一

　　B. 是违法行为引起的行为人应当承担的法律后果

　　C. 违反道德行为是产生法律责任的前提

　　D. 法律制裁不是法律责任的必然

9. 医疗卫生与健康事业应当坚持（　　）。

　　A. 以健康为中心，为人民长寿服务　　　B. 以残疾人为中心，为功能康复服务

C. 以患者为中心，为治疗疾病服务　　　D. 以人民为中心，为人民健康服务

二、思考题

1. 公民的健康权利面向三类公民，其内容分别是什么？

2. 法律责任的特点是什么？

三、案例分析题

2022 年 10 月，张某上班时与汪某发生矛盾，产生肢体冲突，后张某下腹疼痛，入院检查发现张某处于怀孕早期，医生建议保胎 3 个月，每两周复查 1 次。张某认为汪某侵害其合法权益，遂诉至某法院要求汪某支付医药费、检查费、误工费等共计 1 万元。

该法院审理认为，行为人因过错侵害他人民事权益造成损害的，应当承担侵权责任。被侵权人对同一损害的发生或者扩大有过错的，可以减轻侵权人的责任。为了彻底化解纠纷，承办法官决定以调解的方式化解矛盾。在调解过程中，双方就赔偿费用无法达成一致意见，法官听取了双方对赔偿事宜的想法，并从法、理、情等方面为双方释明赔偿标准。经过法官的耐心说理，双方终于放下心中芥蒂，均同意各退一步。最终双方达成和解，汪某当场一次性支付张某 7000 元，张某也提出撤诉申请。至此，一场矛盾纠纷及时得到了化解。

【讨论】

1. 本案涉及张某哪项主要权益？

2. 分析该案关于相关规定的社会意义。

➤ 任务评价

评价维度	评价内容及要求	评价主体				平均分	测评总分
		学生本人	组员间	组长	任课教师/临床导师		
素质考核（30分）	职业素质：清理用物，责任意识（10分）						
	创新精神：探索新知、勇于质疑、敢于承担的表现（10分）						
	团队合作：大局观、与人合作互助的表现（10分）						
知识考核（30分）	在线资源学习进度成绩（5分）						
	课前线上测试成绩（5分）						
	课中线上成绩（10分）						
	课后线上测试成绩（10分）						
能力考核（40分）	理论联系实际（12分）						
	归纳和总结、学以致用能力（4分）						
	临床思维能力（案例分析）（8分）						
	课后调查报告（8分）						
	互动沟通能力（8分）						

项目 5
医疗损害法律制度

项目 5 课件

学习目标

　　1. 知识目标：掌握医疗损害、医疗损害责任、医疗事故的概念，医疗损害责任的归责原则与责任以及医疗事故中医疗机构及医务人员的法律责任；熟悉医疗损害鉴定的程序、解决的途径，以及医疗损害责任、医疗损害赔偿的基本法律规定；了解医疗损害责任立法和医疗损害赔偿责任构成的相关理论、医疗损害赔偿责任规则的历史发展、医疗损害赔偿制度的现状及完善。

　　2. 能力目标：能运用基本理论分析、解决实践中存在的法律法规问题；能运用卫生法律法规知识改善、处理医患人际关系；能在职业活动中使用法律保护医疗对象和自身权益。

　　3. 素质目标：具有勤奋学习的态度，严谨求实的工作作风；具有博大爱心和高度责任感；具有科学的思辨能力；具有良好的口头表达能力、人际沟通能力。

任务 5.1　概　述

案例导学

医疗损害案件

　　患者因发热、咳嗽、胃痛到某诊所就诊，该诊所给予碳酸氢钠、西咪替丁、头孢唑肟钠等药物静脉滴注。患者输液完毕后自行回家休息，回家途中家属发现患者出现意识丧失，病情危重，紧急送往某医院经抢救无效死亡。

　　事后，该诊所与患者的丈夫达成协议，一次性给予 10 万元的补偿。而后，死者父母向某法院提起诉讼，认为死者丈夫与诊所达成的协议有失公平，要求针对其医疗损害行为承担责任并予以赔偿。

↳ **【问题思考】**

　　医疗事故的构成要件是什么？

通过问题思考、讨论等实践活动，引导学生掌握医疗损害的内容及立法。

一、医疗损害及相关概念

（一）医疗损害的概念

医疗损害目前没有法定概念。一般认为，医疗损害是指医疗机构或者其医务人员在医疗活动中，违反了相关的卫生法律法规和技术操作规范，过失造成患者身体上或精神上的损害结果。

这种损害后果主要表现为3种情况：

（1）造成患者死亡，即患者生命在医疗活动中的非正常终结，这是最严重的医疗损害后果。

（2）造成患者的身体损害，即患者身体遭受损害。一方面患者的躯干、四肢、组织及器官直接受到损坏，致使不能发挥正常功能；另一方面虽然表面上患者的肢体、组织、器官未受到直接损坏或损害不明显，但患者的肢体、组织、器官功能出现障碍，如肢体活动受到限制、大脑受药物刺激造成精神障碍等。

（3）造成患者的精神损害，即因医疗损害导致的患者心理和感情遭受创伤和痛苦。

（二）医疗事故的概念及构成

微课：
医疗事故

1. 医疗事故的概念

根据《医疗事故处理条例》的规定，医疗事故是指医疗机构及其医务人员在医疗活动中，违反医疗卫生管理法律、行政法规、部门规章和诊疗护理规范、常规、过失造成患者人身损害的事故。

"医疗事故"概念的意义主要体现在两个方面。

（1）卫生行政部门要追究给患者造成损害的医疗机构及其医务人员的行政责任，即卫生行政部门要处分或处罚有关的医疗机构及其医务人员，其前提条件是有关的医疗机构及其医务人员的行为构成了"医疗事故"。

（2）人民法院要追究给患者造成损害的医疗机构及其医务人员的刑事责任，即人民法院以"医疗事故罪"对有关医务人员判处刑罚，其前提条件是需要有关的医疗机构及其医务人员的行为构成了"医疗事故"。

> 🔥 **考点提示**　医疗事故的概念

2. 医疗事故的构成要件

（1）从行为主体上看，医疗事故的行为人必须是医疗机构及其医务人员。这里的医务人员是指经过考核和卫生行政机关批准或承认，取得相应资格的各级各类卫生技术人员。不具有行医资格的人在行医时造成患者人身损害的，为非法行医。对此，《医疗事故处理条例》第六十一条规定："非法行医，造成患者人身损害，不属于医疗事故。触犯刑律的，依法追究刑事责任；有关赔偿由受害人直接向人民法院提起诉讼。"

（2）从主观方面上看，医疗事故的行为人必须有诊疗护理的过失。医务人员没有这种过失的，不构成医疗事故责任。这种过失行为分为两种：第一种是疏忽大意所引起的过失。这是在医疗事故发生中，根据行为人相应职称和岗位责任制要求，应当预见和可以预见到自己的行为可能造成患者的危害结果，因为疏忽大意而未预见到、并致使危害发生的。第二种是由于过于自信引起的过失。这是指行为人虽然预见到自己的行为可能给患者导致危害的结果，但是轻信借助自己的技术、经验能够避免，因而导致了判断上和行为上的失误，致使危害发生的。

医疗事故中的过失有作为和不作为两种。作为是指行为人实施了法律、法规、制度明确规定或公认必须禁止的行为；不作为是指行为人不履行或不认真履行岗位职责，对危重患者推诿拒绝治疗、擅离职守等，致患者发生不良后果。

（3）从性质上看，构成医疗事故过失行为必须具有违法性。其违法性表现在医务人员的医疗护理行为违反了医疗卫生管理法律、行政法规、部门规章和诊疗护理规范、常规。违法性分为技术违法和制度违法。

（4）从时间上看，医疗事故必须发生在医疗活动中。国务院制定的《医疗事故处理条例》第二条明确规定了医疗事故是指"在医疗活动中"因医务人员诊疗护理过失造成的后果。"在医疗活动中"是医疗事故发生的时间特征。相反，在医疗活动之外，均不应认定为医疗事故。

（5）从产生的后果上看，须造成患者的人身损害。医疗事故所侵害的是患者的人身权。因此，只有造成患者的人身损害，才能产生医疗事故责任。经医疗事故技术鉴定委员会鉴定，是医疗单位及其医务人员过失，认定为医疗事故。无明显不良后果，不认定为医疗事故。

（6）从相互关系上看，医务人员的医疗行为与损害结果之间必须有直接的因果关系，才能认定为医疗事故。医疗行为是导致患者人身损害发生的原因之一。在医疗事故责任认定中，因果关系的认定与医疗过失的认定一样，须采用举证责任倒置的方法。即由医疗机构举证证明医疗行为与患者人身损害之间不存在因果关系。如果不能证明，即应认定两者之间具有因果关系。如果对于医疗行为与患者人身损害之间是否存在因果关系有争议的，可以通过负责医疗事故技术鉴定工作的医学会组织鉴定。

 考点提示 医疗事故的构成

 **思政高地**

医疗事故分级——敬畏生命、医者仁心

医疗事故必须是治疗结束后经医疗事故鉴定委员会根据患者受损害的程度和《医疗事故处理条例》等法律法规，进行医疗过错参与责任度鉴定和因果关系等级评定。

根据对患者人身造成的损害程度，医疗事故分为四级：一级医疗事故，造成患者死亡、重度残疾或植物生存的；二级医疗事故，造成患者中度残疾、器官组织损伤导致严重功能障碍的；三级医疗事故，造成患者轻度残疾、器官组织损伤导致一般功能障碍的；四级医疗事故，造成患者明显人身损害的其他后果的。

医生和患者是并肩与病魔作战的战友，医疗安全工作事关人民群众生命安全和身体健康，医疗机构和医务人员的一次疏忽，患者很可能付出健康和生命的代价。

"生命的伟大"要一直铭记在心，医者不仅要敬畏生命，更要一日三省自己的医疗行为，珍视患者的医疗安全。

（三）医疗损害与医疗事故的关系

1.医疗损害与医疗事故相同之处　①医疗损害与医疗事故都发生在诊疗活动中；②都给患者造成了损害；③责任人的行为与损害后果之间都存在因果关系。

2.医疗损害与医疗事故的区别　①责任人不同。医疗事故的责任人只能是医疗机构及其医务人员，而医疗损害的责任人除了医疗机构及其医务人员，还包括药品、消毒药剂、医疗器械生产者或者血液提供机构等；②损害后果不同。医疗事故造成的是人身损害；而医疗损害造成的除人身损害外，还包括其他损害。

（四）医疗损害的分类

根据医疗机构及其医务人员的行为，可以把医疗损害分为以下几种。

1. 诊疗损害　医疗机构及其医务人员在诊疗活动中违反诊疗、护理义务，如对患者诊疗、护理方法的选择与执行，对患者病情发展过程的观察与追踪、护理等行为存在不符合当时医疗水平的过失，并由此造成患者的损害。

2. 违反告知义务的损害　医疗机构及其医务人员没有按照法律的规定告知或错误告知患者病情或医疗措施相关的信息，或者没有获得患者及其家属的同意即展开或停止有关诊疗活动，由此造成患者的损害。

3. 侵犯患者隐私权的损害　医疗机构及其医务人员违反保密义务，泄露患者的隐私或者未经患者同意公开其病历资料，由此造成患者的损害。

4. 医疗产品损害　医疗机构及其医务人员在诊疗过程中使用有缺陷的药品、消毒药剂、医疗器械、医用材料等医疗产品，或者输入不合格的血液，由此造成患者的损害。

5. 过度检查损害　医疗机构及其医务人员违反诊疗规范，对患者进行超出患者个体和社会保险实际需要的不必要医疗检查，由此造成患者的损害。

二、医疗损害责任立法

对医疗损害进行专门立法是从医疗事故开始的。1987 年 6 月 29 日，国务院颁布了《医疗事故处理办法》，这是我国第一部处理医疗事故的行政法规。

20 世纪 90 年代中期之后，医疗纠纷逐渐增多，《医疗事故处理办法》已无法适应医疗纠纷处理的实际情况。2002 年 4 月 4 日，国务院发布了《医疗事故处理条例》。

2009 年 12 月 26 日，第十一届全国人大常委会第十二次会议通过了《侵权责任法》，确立了医疗损害责任的基本构成、归责原则、过错责任及附条件的过错推定，对医疗服务过程中涉及患者权益受到侵犯的事项，如患者隐私、医疗产品和血液、过度检查等都作出了明确规定，为统一我国医疗纠纷处理发挥了重要作用。

同时，为维护医疗秩序，建立和谐医患关系，切实保障广大人民群众的利益，确保医务人员、就诊患者的安全，构建安全稳定的医疗环境，全面推进平安医院创建工作，2013 年 12 月 20 日，原国家卫生计生委、中央综治办等部门联合制定下发了《关于维护医疗秩序打击涉医违法犯罪专项行动方案》。

2018 年 6 月 20 日，国务院第十三次常务会议通过了《医疗纠纷预防和处理条例》，强调了平衡双方的权利和义务，维护双方合法权益，畅通医患沟通渠道，充分发挥人民调解在解决医疗纠纷中的主渠道作用。

2021 年 1 月 1 日，《侵权责任法》已被《中华人民共和国民法典》第七篇"侵权责任"取代。

任务 5.2　医疗损害责任

案例导学

"心源性猝死"引发的医疗纠纷

林某，男，65 岁，2019 年 7 月的一天晚上看完电视剧后自感胸部不适，遂在家人的陪同下前往某医院诊治，初步诊治后病情暂时稳定，转监护室监护。在监护过程中，患者发生了猝死，虽经全力抢救仍无济于事。林某家属认为是监护室护士没有尽到监护义务导致林某死亡，医院则认为是林某因心脏病引起了急性心肌梗死导致突然死亡，后经双方协商进行医疗事故技术鉴定。

↘【问题思考】

医疗损害的界定是什么？

↘【任务分配】

通过问题思考、讨论等实践活动，引导学生掌握医疗损害的构成、归责原则、责任承担、免责情形。

↘【知识内容】

一、医疗损害责任的概念

医疗损害责任是指医疗机构或者其医务人员在诊疗活动中，因医疗过错对患者造成了损害，从而需要由医疗机构对患者及其家属承担的损害赔偿责任。

医疗损害侵权行为使患者的生命权、健康权、隐私权等民事权益受到侵害，但医学科学发展至今，对很多疾病的诊断、治疗及转归的客观规律认识仍然非常有限，加之患者的个体差异很大，在诊疗过程中医务人员出现差错无法完全避免。由于多数患者及其亲属无法理解由此给患者带来的损害，加之某些社会因素的影响，使之成为我国医患纠纷的重要原因。医疗损害与一般侵权损害不同，因此医疗损害责任的承担也应有别于一般侵权责任。

二、医疗损害责任的性质

关于医疗损害责任的性质界定，国内外民事立法、判例及民法理论观点众说纷纭。我国《民法典》规定医疗损害责任为一般侵权责任，其归责原则为过错责任原则，医疗侵权行为尽管具有特殊性，但其在行为对象、行为性质、主观过错、法律因果关系等方面有别于民法典规定的特殊侵权行为。因此，在判断医疗侵权损害赔偿责任时，医务人员有过错的才需要承担赔偿责任，无过错的就无须承担赔偿责任。

三、医疗损害责任的构成

医疗损害责任的构成要件包括以下几方面。

1.医疗损害的责任主体必须是医疗机构及其医务人员　造成医疗损害的必须是有合法资质、持有执业许可证的医疗机构及其医务人员。国家对有权开展医疗活动的医疗机构和有权从事医疗活动的医务人员规定了严格的许可制度。凡未经卫生行政部门批准而开展医疗活动的，都是非法行医。非法行医造成患者身体健康损害的，不属于医疗损害。当然，由于患者自己或其亲属的过错造成的不良后果，也不能认定为医疗损害。

2.医疗损害必须发生在医务人员正常履行职务的医疗活动过程中　医疗活动的主要内容和形式是诊疗护理，如果损害的发生与诊疗护理活动无关，或者医务人员并不是在其执业的地点和正常的工作时间内进行诊疗护理行为，而给患者造成损害，就不能构成医疗损害责任。

3.造成医疗损害的医疗行为具有违法性　即医疗机构及其医务人员的诊疗护理行为违反了有关医疗卫生管理法律、行政法规、部门规章和诊疗护理规范、常规。如果医疗机构及其医务人员的医疗行为没有任何违反法律规定及技术规范之处，即使患者可能存在损害后果，也不构成医疗损害责任。

4.必须对患者造成了损害后果　只有患者在生命权、健康权、财产权、隐私权等方面遭受损害，才可能构成医疗损害责任。而且这种损害后果必须是法律明确规定并且真实存在的，不能是主观的推断或臆测。

5.违法行为和损害后果之间必须存在因果关系　患者客观存在的损害后果必须是由违法的医疗行为造成。如果仅有违法的医疗行为，但患者并未因此受到损害；或者患者虽然存在损害后果，但并非由违法医疗行为所致，都不构成医疗损害责任。

6.造成医疗损害后果的医疗机构及其医务人员在主观心态上必须存在过失　即医疗机构及其医务人

员对于患者损害的发生，或者是疏忽大意的过失，或者是过于自信的过失，进而违反了有关卫生法律及医疗诊疗护理规范、常规，造成了患者损害的后果。

四、医疗损害责任的归责原则与责任承担

（一）医疗损害的归责原则

归责是指行为人因其行为和物件致他人损害的事实发生后，应依何种根据使其承担责任，即法律应以行为人的过错还是应以已发生的损害结果为价值判断标准，而使行为人应当承担的侵权责任。归责原则是指归责的规则，是确定行为人的侵权民事责任的根据和标准。

《民法典》规定，患者在诊疗活动中受到损害，医疗机构及其医务人员有过错的，由医疗机构承担赔偿责任。这表明医疗损害责任采用过错责任原则，即医疗机构及其医务人员在对患者的诊疗活动中存在过错的前提下，才承担医疗损害责任。但患者在诊疗活动中受到损害，有下列情形之一的，推定医疗机构有过错：①违反法律、行政法规、规章以及其他有关诊疗规范的规定；②隐匿或者拒绝提供与纠纷有关的病历资料；③遗失、伪造、篡改或者违法销毁病历资料。由此，确定的医疗损害责任的归责原则是，以过错责任原则为一般要求，以过错推定原则为例外。

> 🔵 **考点提示** 医疗机构承担赔偿责任的情形

（二）医疗损害责任的承担

导致医疗损害的原因多种多样，相应地，承担医疗损害赔偿责任的主体也各不相同。患者在诊疗活动中受到损害，医疗机构及其医务人员有过错的，医疗损害责任主体是医疗机构及其医务人员；需要赔偿的，由医疗机构承担赔偿责任。

因药品、消毒药剂、医疗器械的缺陷，或者输入不合格的血液造成患者损害的，医疗损害责任主体是该缺陷药品、消毒药剂、医疗器械的生产者和不合格血液的提供机构；需要赔偿的，由生产者或者血液提供机构承担赔偿责任。

为了保护患者利益，对因药品、消毒药剂、医疗器械的缺陷，或者输入不合格的血液造成患者损害的，患者可以向生产者或者血液提供机构请求赔偿，也可以向医疗机构请求赔偿。患者向医疗机构请求赔偿的，医疗机构赔偿后，有权向负有责任的生产者或者血液提供机构追偿。

> 🔵 **考点提示** 医疗损害责任的赔偿主体

（三）医疗损害的免责条件

免责条件就是抗辩事由，是指被告针对原告的侵权诉讼请求而提出的证明原告的诉讼请求不成立或不完全成立的事实。抗辩事由是针对承担侵权责任的请求权提出的，所以，抗辩事由又称为免责或减轻责任的事由。抗辩事由可以分为正当理由和外来原因。

1. 正当理由

（1）依法执行职务的行为　依法执行职务的行为是指具有一定职责的医务人员，为了维护社会公共利益和公民的合法权益，在执行职务时不可避免地对他人的财产或人身造成伤害。例如，医生甲认为如果不将患者乙的病腿进行切除，就无法保住其生命的情况下，才可以对乙进行切除手术。

（2）正当防卫行为　正当防卫行为是指为了保护公共利益、自身或他人的合法利益，对于正在进行非法侵害的人给予适当的还击，以排除或减轻违法行为可能造成的损害。例如，医生甲面对患者乙对其实施的伤害行为时，奋起反抗，将乙击伤。

（3）紧急避险行为　紧急避险行为是指在危险情况下，为了使社会公共利益、自身或他人的合法权

益免受更大的损害，在迫不得已的情况下采取的致他人或本人损害的行为。例如，为了防止传染病的流行，医院对传染病人采取隔离的措施。

（4）受害人同意　受害人同意是指受害人事先明确表示愿意自行承担某种损害结果，而且不违反法律和社会公共利益。例如，患者或其家属在同意做手术的书面文书上签字后，对于正常进行手术可能发生的损害后果，医院、医生均不承担责任，但构成医疗事故的除外。

（5）自助行为　自助行为是指权利人为了保护自己的利益，在事情紧迫而又不能及时请求国家有关机关保护的情况下，对他人的财产或人身施加临时的扣押、拘束或其他相应措施，而为法律或社会公德所认可的行为。

2.外来原因

（1）不可抗力　不可抗力是指不能预见、不能避免并不能克服的客观情况，既包括自然现象如地震、洪水、台风、火山爆发等，也包括某些社会现象，如战争、暴乱等。不可抗力对于行为人来说已超过了他能够预见、防范的限度，行为人主观上并无过错。因不可抗力不能履行合同或者造成他人损害的，不承担民事责任。法律另有规定的除外。

（2）受害人的过错　受害人的过错是指受害人对损害结果的发生存在过错。受害人的过错，既包括受害人的故意，也包括受害人的重大过失或一般过失。在受害人存在过错的情况下，受害人是否可以免责应具体分析。

（3）第三人的过错　第三人的过错是指原告、被告之外的第三人，对造成原告的损害存在过错。

（四）医疗机构不承担赔偿责任的情形

由于医学发展的局限性、个体的差异性和疾病发病机制的复杂性，在现有医学技术水平下仍然不能完全克服、预见和避免很多意外情况的发生。对此，医疗侵权免责事由，因下列情形之一的，医疗机构不承担赔偿责任：①患者或者其近亲属不配合医疗机构进行符合诊疗规范的诊疗；②医务人员在抢救生命垂危的患者等紧急情况下已经尽到合理诊疗义务；③限于当时的医疗水平难以诊疗。

《医疗事故处理条例》也规定了6种不属于医疗事故的情形，医疗机构对此不承担赔偿责任：①在紧急情况下为抢救垂危患者生命而采取紧急医学措施造成不良后果的；②在医疗活动中由于患者病情异常或者患者体质特殊而发生医疗意外的；③在现有医学科学技术条件下，发生无法预料或者不能防范的不良后果的；④无过错输血感染造成不良后果的；⑤因患方原因延误诊疗导致不良后果的；⑥因不可抗力造成不良后果的。其中部分规定与《民法典》的规定一致。

此外，医疗机构还可以根据《民法典》等法律法规的相关规定，对正当防卫、紧急避险、受害人同意、第三人的过错等免责事由，要求免除或者减轻应当承担的赔偿责任。

> 🔖 **考点提示**　医疗机构不承担赔偿责任的情形

任务 5.3　医疗损害的鉴定

案例导学

医疗损害的鉴定

2000年，陈先生感到腹痛难忍，妻子立刻将他送到了某职工医院就诊，陈先生被确诊为急性化脓性阑尾炎。医院为其做了阑尾切除手术。手术过程挺顺利，术后一直使用抗生素治疗，住院7天。出院后不久，伤口针扎火燎地又疼起来。陈先生再次来到该医院做复诊。医生说可能属于一点小感染，没什么大毛病，只要把脓肿挤开进行清脓换药就行。经过治疗，十几天后，伤口愈合。时隔20来天，已经愈合的伤口处又隆起了脓包，并在刀口上方产生窦道，久治不愈。陈先生遂到市中心医院咨询检查，院方决定对其进行窦道切除手术。谁也没想到，就在市中心医院对陈先生实施窦道切除手术的过程中，当止血钳撑开肌肉时，看到里面有一块纱布。陈先生夫妇气愤不已，他们认定了这块纱布是之前在某职工医院做阑尾手术时遗留下的。陈先生向该职工医院提出35万元的索赔要求。然而该职工医院却认为这种医疗纠纷是医院常有的事，合理解决一下就可以了。由于双方认识差异巨大，陈先生申请市医疗事故鉴定委员会对这起纱布留存在体内的医疗纠纷作出鉴定。

【问题思考】

医疗损害鉴定现状是什么？

【任务分配】

通过问题思考、讨论等实践活动，引导学生掌握医疗损害的鉴定程序。

【知识内容】

一、医疗损害鉴定的现状

目前，与医疗损害鉴定有关的主要有《全国人民代表大会常务委员会关于司法鉴定管理问题的决定》、国务院公布的《医疗事故处理条例》和《最高人民法院关于参照〈医疗事故处理条例〉审理医疗纠纷民事案件的通知》《最高人民法院关于人民法院对外委托司法鉴定管理规定》等规定。

现在从事医疗损害鉴定的机构主要是医学会、司法鉴定机构、依法具有检验资格的检验机构。医学会主要进行因诊疗行为引起的医疗损害争议鉴定；司法鉴定机构根据司法行政部门授予的业务范围进行司法鉴定；检验机构进行缺陷产品或者不合格血液的质量鉴定。

医疗损害鉴定内容主要分为两部分：一是诊疗行为引起的医疗损害；二是缺陷产品或者不合格血液引起的医疗损害。诊疗行为引起的医疗损害又分为故意行为引起的医疗损害和过失行为引起的医疗损害。故意行为引起的医疗损害，涉嫌刑事犯罪，由公安部门负责侦查，医学会并不介入。而缺陷产品或者不合格血液引起的医疗损害，依法需要由具有检验资格的检验机构进行质量检验，医学会并不具有相应资质，所以医学会也不介入。医学会开展的医疗损害鉴定内容只能是过失行为引起的医疗损害，实质上就是医疗事故技术鉴定。

医学会进行医疗损害鉴定，在新的规定出台前，仍应遵照现行的医疗事故技术鉴定程序和要求进行。

> **考点提示** 医疗损害鉴定的机构和内容

二、医疗事故鉴定的程序

（一）鉴定组织

《医疗事故处理条例》规定，设区的市级地方医学会和省、自治区、直辖市直接管辖的县（市）地方医学会负责组织首次医疗事故技术鉴定工作。省、自治区、直辖市地方医学会负责组织再次鉴定工作。必要时，中华医学会可以组织疑难、复杂并在全国有重大影响的医疗事故争议的技术鉴定工作。但是，医学会作为鉴定机构应当对《民法典》提出的一些概念，例如，当时医疗水平、符合诊疗规范的诊疗、合理诊疗义务、过度检查、不合格的血液、严重精神损害等，在传统的医疗事故技术鉴定之外，适时调整和扩充新的鉴定内容。

（二）鉴定的提起与受理

卫生行政部门接到医疗机构关于重大医疗过失行为的报告或者医疗事故争议当事人要求处理医疗事故争议的申请后，对需要进行医疗事故技术鉴定的，应当交由负责医疗事故技术鉴定工作的医学会组织鉴定；医患双方协商解决医疗事故争议，需要进行医疗事故技术鉴定的，由双方当事人共同委托负责医疗事故技术鉴定工作的医学会组织鉴定。当事人对首次医疗事故技术鉴定结论不服的，可以自收到首次鉴定结论之日起 15 日内向医疗机构所在地卫生行政部门提出再次鉴定的申请。医学会不受理医疗事故的情形：①当事人一方直接向医学会提出鉴定申请的；②医疗事故争议涉及多个医疗机构，其中一所医疗机构所在地的医学会已经受理的；③医疗事故争议已经人民法院调解达成协议或判决的；④当事人已向人民法院提起民事诉讼的（司法机关委托的除外）；⑤非法行医造成患者身体健康损害的；⑥国务院卫生行政管理部门规定的其他情形。医学会中止医疗事故鉴定的情形：①当事人未按规定提交有关医疗事故技术鉴定材料的；②提供的材料不真实的；③拒绝缴纳鉴定费的；④卫健委规定的其他情形。

（三）鉴定专家库的建立

负责组织医疗事故技术鉴定工作的医学会应当建立专家库。专家库由具备下列条件的医疗卫生专业技术人员组成：①有良好的业务素质和执业品德；②受聘于医疗卫生机构或者医学教学、科研机构并担任相应专业高级技术职务 3 年以上。有良好的业务素质和执业品德，并具备高级技术任职资格的法医也可以受聘进入专家库。医学会依照规定聘请医疗卫生专业技术人员和法医进入专家库，可以不受行政区域的限制。符合规定条件的医疗卫生专业技术人员和法医有义务受聘进入专家库，并承担医疗事故技术鉴定工作。

（四）鉴定专家组的产生

医疗事故技术鉴定由负责组织医疗事故技术鉴定工作的医学会组织专家鉴定组进行。参加医疗事故技术鉴定的相关专业的专家，由医患双方在医学会主持下从专家库中随机抽取。在特殊情况下，医学会根据医疗事故技术鉴定工作的需要，可以组织医患双方在其他医学会建立的专家库中随机抽取相关专业的专家参加鉴定或者函件咨询。

专家鉴定组进行医疗事故技术鉴定，实行合议制。专家鉴定组人数为单数，涉及的主要学科的专家一般不得少于鉴定组成员的二分之一；涉及死因、伤残等级鉴定的，还应当从专家库中随机抽取法医参加专家鉴定组。专家鉴定组成员有下列情形之一的，应当回避，当事人也可以以口头或者书面的方式申请其回避：①是医疗事故争议当事人或者当事人的近亲属的；②与医疗事故争议有利害关系的；③与医疗事故争议当事人有其他关系，可能影响公正鉴定的。

（五）鉴定结论

医疗事故技术鉴定结论是卫生行政部门处理医疗事故争议的依据，也是人民法院审理医疗事故争议案件的重要依据。

1. 鉴定原则　医疗事故技术鉴定原则包括依法鉴定原则、公平公正公开原则、以科学和事实为依据原则、独立原则、及时鉴定原则、鉴定与司法活动相分离原则、保守秘密原则、技术鉴定监督原则。专家鉴定组应当在事实清楚、证据确凿的基础上，综合分析患者的病情和个体差异，实事求是地作出鉴定结论，并制作医疗事故技术鉴定书，鉴定结论以专家鉴定组成员的过半数通过，鉴定过程应当如实记载。

2. 鉴定内容　医疗事故技术鉴定书应当包括：①双方当事人的基本情况及要求；②当事人提交的材料和负责组织医疗事故技术鉴定工作的医学会的调查材料；③对鉴定过程的说明；④医疗行为是否违反医疗卫生管理法律、行政法规、部门规章和诊疗护理规范、常规；⑤医疗过失行为与人身损害后果之间是否存在因果关系；⑥医疗过失行为在医疗事故损害后果中的责任程度；⑦医疗事故等级；⑧对医疗事故患者的医疗护理至学建议。

（六）鉴定费用

医疗事故技术鉴定，可以收取鉴定费用。经鉴定，属于医疗事故的，鉴定费用由医疗机构支付；不属于医疗事故的，鉴定费用由提出医疗事故处理申请的一方支付。鉴定费用标准由省、自治区、直辖市人民政府价格主管部门会同同级财政部门、卫生行政部门规定。

任务 5.4 医疗损害的赔偿

案例导学

医疗损害的赔偿

2015 年 5 月 9 日，连某因"孕 42^{+2} 周"入住某医院就医。5 月 12 日 6 时行催产素点滴引产，18 时 35 分产钳助娩一男活婴。诊断为：产伤性阴道血肿；弥漫性血管内凝血等。于 5 月 13 日转至另一医院就医、住院，住院期间共 106 天。出院诊断为：1. 子宫次全切除术后；2. 慢性肾功能衰竭 CKD5 期；3. 慢性心力衰竭；4. 围产期心肌病。诉讼中经连某申请，鉴定机构出具鉴定意见为：1. 某医院在对被鉴定人的诊疗过程中存在医疗过错，与被鉴定人的损害后果之间有主要因果关系；2. 被鉴定人符合伤残二级；3. 被鉴定人不构成护理依赖；4. 后续诊疗建议以实际情况为准。连某起诉要求某医院承担医疗费、误工费、交通费及精神损害抚慰金等费用。该医院认为，医疗保险基金已经支付的医疗费部分不应予以赔偿。

↘【问题思考】

医疗损害的赔偿项目和要求是什么？

↘【任务分配】

通过问题思考、讨论等实践活动，引导学生掌握医疗损害赔偿争议的解决途径。

↘【知识内容】

一、医疗损害赔偿的概念

医疗损害赔偿是指医疗机构及其医务人员因医疗过失行为对患者造成损害时应承担赔偿对方损失的民事责任。

二、医疗损害赔偿争议的解决途径

1. 协商解决 发生医疗损害赔偿民事责任争议，医患双方可以协商解决。医患双方协商解决赔偿民事责任争议，体现了医患双方依法处分民事权利、确认民事义务的自主权。根据司法部、原卫生部、保监会 2010 年 1 月发布的《关于加强医疗纠纷人民调解工作的意见》，各省级卫生行政部门可根据本地实际情况，对公立医疗机构就医疗纠纷与患者自行和解的经济补偿、赔偿最高限额等予以规定。

2. 行政调解 医疗损害争议发生后，医患双方可以申请卫生行政部门主持调解，根据自愿和合法的原则，通过友好协商达成协议，解决医疗损害赔偿。《医疗事故处理条例》规定，卫生行政部门应医疗损害争议双方当事人请求，可以进行医疗事故赔偿调解。经调解，双方当事人就赔偿数额达成协议的，制作调解书，双方当事人应当自觉履行；调解不成或者经调解达成协议后一方反悔的，卫生行政部门不再调解。

3. 人民调解　发生医疗事故等医疗损害赔偿争议，医患双方不愿意协商或者协商不成时，可以向医疗纠纷人民调解委员会提出调解申请。医疗纠纷人民调解委员会是专业性人民调解组织，受理本辖区内医疗机构与患者之间的医疗纠纷。调解时，应当遵循医患双方自愿原则。需要进行相关鉴定以明确责任的，经双方同意，医疗纠纷人民调解委员会可以委托有法定资质的专业鉴定机构进行鉴定。经调解成功的，应当就争议事实、赔偿数额制作人民调解协议书。人民调解协议书具有民事合同性质，当事人可以依法申请有管辖权的人民法院确认其效力；非因法定事由，不得请求撤销、解除、变更协议或者确认协议无效。

4. 诉讼解决　发生医疗事故等医疗损害赔偿争议，医患双方不愿意协商、调解或者协商、调解不成的，可以直接向人民法院提起民事诉讼，由人民法院作出裁决。诉讼是解决医疗事故等医疗损害赔偿争议的最终途径。

三、医疗损害赔偿的因素

医疗损害赔偿，应当考虑下列因素，确定具体赔偿数额：①医疗事故等级；②医疗过失行为在医疗事故损害后果中的责任程度；③医疗事故损害后果与患者原有疾病状况之间的关系，并结合医疗科学发展水平、医疗风险、医疗条件及患者个体差异等因素。不属于医疗事故的，医疗机构不承担赔偿责任。

（一）医疗事故等级

《医疗事故处理条例》规定，根据对患者人身造成的损害程度，医疗事故分为 4 级：①一级医疗事故：造成患者死亡、重度残疾的；②二级医疗事故：造成患者中度残疾、器官组织损伤导致严重功能障碍的；③三级医疗事故：造成患者轻度残疾、器官组织损伤导致一般功能障碍的；④四级医疗事故：造成患者明显人身损害或其他损害后果的。

> 🔺 **考点提示**　医疗事故分级

（二）责任程度

根据《医疗事故处理条例》规定，医疗过失行为在医疗损害后果中的责任程度分为以下 4 种：①完全责任，是指医疗事故损害后果完全由医疗过失行为造成；②主要责任，是指医疗事故损害后果主要由医疗过失行为造成，其他因素起次要作用；③次要责任，是指医疗事故损害后果主要由其他因素造成，医疗过失行为起次要作用；④轻微责任，是指医疗事故损害后果绝大部分由其他因素造成，医疗过失行为起轻微作用。

四、医疗损害赔偿项目和标准

《医疗事故处理条例》及相关规定对于医疗事故具体的赔偿项目和标准进行了详细的规定。

1. 医疗费　按照医疗事故对患者造成的人身损害进行治疗所发生的医疗费用计算，凭据支付，但不包括原发病医疗费用。结案后确实需要继续治疗的，按照基本医疗费用支付。

2. 误工费　患者有固定收入的，按照本人因误工减少的固定收入计算，对收入在医疗事故发生地上一年度职工年平均工资 3 倍以上的，按照 3 倍计算；无固定收入的，按照医疗事故发生地上一年度职工年平均工资计算。

3. 住院伙食补助费　按照医疗事故发生地国家机关一般工作人员的出差伙食补助标准计算。

4. 陪护费　患者住院期间需要专人陪护的，按照医疗事故发生地上一年度职工年平均工资计算。

5. 残疾生活补助费　根据伤残等级，按照医疗事故发生地居民平均生活费计算，自定残之日起最长赔 30 年。

6. 残疾用具费　因残疾需要配置补偿功能器具的，凭医疗机构证明，按照普及型器具的费用计算。

7. 丧葬费　按照医疗事故发生地规定的丧葬费补助标准计算。

8. 被扶养人生活费　以死者生前或者残疾者丧失劳动能力前实际扶养且没有劳动能力的人为限，按照其户籍所在地或者居所地居民最低生活保障标准计算。对不满 16 周岁的，扶养到 16 周岁。对年满 16 周岁但无劳动能力的，扶养 20 年。但是，60 周岁以上的，不超过 15 年。70 周岁以上的，不超过 5 年。

9. 交通费　按照患者实际必需的交通费用计算，凭据支付。

10. 住宿费　按照医疗事故发生地国家机关一般工作人员的出差住宿补助标准计算，凭据支付。

11. 精神损害抚慰金　按照医疗事故发生地居民年平均生活费计算。造成患者死亡的，赔偿年限最长不超过 6 年。造成患者残疾的，赔偿年限最长不超过 3 年。

五、赔偿方式

经确定为医疗事故的，由医疗机构按照医疗事故等级、造成医疗事故的情节和患者的自身状况等，给予受害人一次性经济赔偿。由于部分医疗事故的受害者存在后续治疗及其费用问题，法院不能对尚未发生的损失做出赔偿判决。因此，在处理这部分患者的相关费用时，应综合、客观地予以考虑。

任务 5.5　医疗损害的预防与处置

<table>
<tr><td>案例导学</td><td>

医疗损害的预防与处置

　　护士小李在某市妇幼保健院产科工作。一天晚上，小李在婴儿观察室值夜班。她给一名刚出生 3 天的男婴喂奶后，男婴仍啼哭不止，这时其他孩子也哭起来，于是她将男婴翻过身以俯卧姿势放置在床上，男婴停止哭啼。小李便离开男婴去抱哄其他孩子，几分钟后其他孩子安静下来，此时约为凌晨 2 时 30 分。此后小李就去忙其他工作，直到 3 时 15 分，她猛然想起将男婴翻身俯卧一事，便急忙回床前查看，见男婴已面色青紫，呼吸停止，经抢救无效死亡。

【讨论】

　　该案例属于医疗损害吗？应如何处置？
</td></tr>
</table>

↘【问题思考】

医疗损害的预防的重要意义是什么？

↘【任务分配】

通过问题思考、讨论等实践活动，引导学生掌握可能引起医疗损害的医疗过失行为报告制度。

↘【知识内容】

一、医疗损害的预防

根据《医疗事故处理条例》规定，医疗机构对医疗损害要防患于未然，做好以下工作。

（一）遵守有关法律、法规、规范及职业道德

医疗机构及其医务人员在医疗活动中，必须严格遵守医疗卫生管理法律、行政法规、部门规章和诊

疗护理规范、常规，恪守医疗服务职业道德。《民法典》规定，因抢救生命垂危的患者等紧急情况，不能取得患者或者其近亲属意见的，经医疗机构负责人或者授权的负责人批准，可以立即实施相应的医疗措施。这对于保障医疗安全、保证医疗质量、防范医疗侵权的发生具有重要意义。

（二）进行法律、法规、规范及医德的培训和教育

医疗机构应当经常对其医务人员进行医疗卫生管理法律、行政法规、部门规章和诊疗护理规范、常规的培训和医疗服务职业道德教育，促进医务人员综合素质的全面提高。

（三）加强医疗质量监控

医疗机构应当设置医疗服务质量监控部门或者配备专（兼）职人员，具体负责监督本医疗机构医务人员的医疗服务工作，检查医务人员执业情况，接受患者对医疗服务的投诉，向其提供咨询服务，预防医疗损害的发生。

（四）制定防范、处理预案

医疗机构应当制定防范、处理医疗损害的预案，预防医疗损害的发生，减轻医疗损害。预案是事前制定的一系列应急反应程序。在预案中应当明确应急机制中各成员部门及其人员的组成、具体职责、工作措施以及相互之间的协调关系。

（五）履行告知义务

在医疗活动中，医疗机构及其医务人员应当将患者的病情、医疗措施、医疗风险等如实告知患者，及时解答有关咨询，但应当避免对患者产生不利后果。《民法典》规定，医务人员在诊疗活动中应当向患者说明病情和医疗措施。需要实施手术、特殊检查、特殊治疗的，医务人员应当及时向患者说明医疗风险、替代医疗方案等情况，并取得其书面同意；不宜向患者说明的，应当向患者的近亲属说明，并取得其书面同意。医务人员未尽到上述义务，造成患者损害的，医疗机构应当承担赔偿责任。

> 🔊 **考点提示** 医疗损害的预防

二、医疗过失行为的报告

（一）医疗机构内部报告

根据《医疗事故处理条例》规定，医务人员在医疗活动中有下列情形之一的，应当立即向所在科室负责人报告：①发生或者发现医疗事故；②可能引起医疗事故的医疗过失行为；③发生医疗事故争议。科室负责人接到报告后，应当及时向本医疗机构负责医疗服务质量监控的部门或者专（兼）职人员报告。负责医疗服务质量监控的部门或者专（兼）职人员接到报告后，应当立即进行调查、核实，将有关情况如实向本医疗机构负责人报告，并向患者通报、解释。

（二）医疗机构向卫生行政部门报告

发生医疗损害后，医疗机构应当按照规定向所在地卫生行政部门报告。发生下列重大医疗过失行为的，医疗机构应当在 12 小时内向所在地卫生行政部门报告：①导致患者死亡，或者可能为二级以上的医疗事故；②导致 3 人以上人身损害后果；③国务院卫生行政部门和省、自治区、直辖市人民政府卫生行政部门规定的其他情形。

发生或者发现医疗过失行为，医疗机构及其医务人员应当立即采取有效措施，避免或者减轻对患者身体健康的损害，防止损害扩大。

 **知识链接**

重大医疗事故报告时限

下列重大医疗过失行为发生后的12小时内向所在地卫生行政部门报告：①导致患者死亡或者可能为二级以上的医疗事故；②导致3人以上人身损害后果；③国务院卫生行政部门和省、自治区、直辖市人民政府卫生行政部门规定的其他情形。

三、原始资料和现场实物封存

病历是指患者在医院接受问诊、体格检查、诊断、治疗、检查、护理和医疗过程的所有医疗文书资料。在医疗损害争议中，病历资料是判定责任的重要依据之一；保证病历资料的客观、真实、完整，对于公正解决医疗损害争议具有重要意义。《民法典》规定，医疗机构及其医务人员应当按照规定填写并妥善保管住院志、医嘱单、检验报告、手术及麻醉记录、病理资料、护理记录、医疗费用等病历资料。《医疗事故处理条例》规定，医疗机构应当按照国务院卫生行政部门规定的要求，书写并妥善保管病历资料。凡因抢救急危患者，未能及时书写病历的，有关医务人员应当在抢救结束后6个小时内据实补记，并加以注明。发生医疗损害争议时，死亡病例讨论记录、疑难病例讨论记录、上级医师查房记录、会诊意见、病程记录等应当在医患双方在场的情况下封存和启封。封存的病历资料可以是复印件。封存的病历资料由医疗机构保管。任何单位和个人都不得涂改、伪造、隐匿、销毁或者抢夺病历资料。当事人以伪造、篡改、销毁或其他不当方式改变病历资料的内容，致使无法认定医疗行为与损害后果之间是否存在因果关系及有无过错的，应承担相应的不利后果。进行医疗事故鉴定时，由受托的医疗事故鉴定委员会和受理的法院、检察院就地调阅。病员和家属提出申请，由委托律师查阅，当事人和家属不予调阅。

疑似输液、输血、注射、药物等引起不良后果的，医患双方应当共同对现场实物进行封存和启封，封存的现场实物由医疗机构保管；需要检验的，应当由双方共同指定的、依法具有检验资格的检验机构进行检验；双方无法共同指定时，由卫生行政部门指定。疑似输血引起不良后果，需要对血液进行封存保留的，医疗机构应当通知提供该血液的采供血机构派员到场。

> **考点提示** 病历资料、现场实物等的封存和处理

四、病历资料的复印

（一）复印病历资料的范围

《民法典》规定，患者要求查阅和复制住院志、医嘱单、检验报告、手术及麻醉记录、病理资料、护理记录、医疗费用等病历资料的，医疗机构应当提供。《医疗事故处理条例》规定，患者有权复印或者复制其门诊病历、住院志、体温单、医嘱单、化验单（检验报告）、医学影像检查资料、特殊检查同意书、手术同意书、手术及麻醉记录单、病理资料、护理记录以及国务院卫生行政部门规定的其他病历资料。

（二）复印病历资料的程序

患者要求复印或者复制上述病历资料的，医疗机构应当提供复印或者复制服务并在复印或者复制的病历资料上加盖证明印记。

五、尸检

尸检即尸体解剖，是指对已经死亡的机体进行剖验以查明死亡原因的一种医学手段。尸检对于解决

死因不明或对死因有异议而发生的医疗损害争议具有独特的无法替代的作用。

（一）尸检时限

患者死亡，医患双方当事人不能确定死因或者对死因有异议的，应当在患者死亡后 48 小时内进行尸检；具备尸体冻存条件的，可以延长至 7 日。尸检应当经死者近亲属同意并签字。

（二）尸检机构和人员

承担尸检的机构尸检应当由按照国家有关规定取得相应资格的机构和病理解剖专业技术人员进行。承担尸检任务的机构和病理解剖专业技术人员有进行尸检的义务。医疗损害争议双方当事人可以请法医病理学人员参加尸检，也可以委派代表观察尸检过程。

（三）拒绝尸检的责任

拒绝或者拖延尸检，超过规定时间，影响对死因判定的，由拒绝或者拖延的一方承担责任。患者就医后死亡，医疗机构认为死亡原因不明，要求患者一方协助进行尸检，但因患者一方的原因未行尸检，导致无法查明死亡原因，并致使无法认定医疗行为与损害结果之间是否存在因果关系或有无过错的，患者一方应承担不利的诉讼后果。

（四）尸体的存放和处理

患者在医疗机构内死亡的，尸体应当立即移放太平间。死者尸体存放时间一般不得超过 2 周。逾期不处理的尸体，经医疗机构所在地卫生行政部门批准，并报经同级公安部门备案后，由医疗机构按照规定进行处理。

任务 5.6　法律责任

❯【问题思考】

发生医疗事故，医疗机构及医务人员的法律责任是什么？

❯【任务分配】

通过问题思考、讨论等实践活动，引导学生熟悉各相关机构和个人发生医疗事故应承担的法律责任。

❯【知识内容】

一、卫生行政部门及其工作人员的法律责任

卫生行政部门有下列情形之一的，由上级卫生行政部门给予警告并责令限期改正；情节严重的，对负有责任的主管人员和其他直接责任人员依法给予行政处分。①接到医疗机构关于重大医疗过失行为的报告后，未及时组织调查的；②接到医疗事故争议处理申请后，未在规定时间内审查或者移送上一级人民政府卫生行政部门处理的；③未将应当进行医疗事故技术鉴定的重大医疗过失行为或医疗事故争议移交医学会组织鉴定的；④未按照规定逐级将当地发生的医疗事故以及依法对发生医疗事故的医疗机构和医务人员的处理情况上报的；⑤未按照《医疗事故处理条例》规定审核医疗事故技术鉴定书的。

卫生行政部门的工作人员在处理医疗事故过程中，利用职务上的便利收受他人财物或者其他利益，滥用职权、玩忽职守，或者发现违法行为不予查处，造成严重后果的，依照刑法关于受贿罪、滥用职权

罪、玩忽职守罪或者其他有关罪的规定，依法追究刑事责任；尚不够刑事处罚的，依法给予降级或者撤职的行政处分。

二、医疗机构及其他有关机构与人员的法律责任

1. 医疗机构违反《医疗事故处理条例》的规定，有下列情形之一的，由卫生行政部门责令改正；情节严重的，对负有责任的主管人员和其他直接责任人员依法给予行政处分或者纪律处分。①未如实告知患者病情、医疗措施和医疗风险的；②没有正当理由，拒绝为患者提供复印或者复制病历资料服务的；③未按照国务院卫生行政部门规定的要求书写和妥善保管病历资料服务的；④未在规定时间内补记抢救工作病历内容的；⑤未按照规定封存、保管和启封病历资料和实物的；⑥未设置医疗服务质量监控部门或者配备专（兼）职人员的；⑦未制定有关医疗事故防范和处理预案的；⑧未在规定时间内向卫生行政部门报告重大医疗过失行为的；⑨未按照规定向卫生行政部门报告医疗事故的；⑩未按照规定进行尸检和保存、处理尸体的。

2. 医疗机构或者其他有关机构违反《医疗事故处理条例》的规定，有下列情形之一的，由卫生行政部门责令改正，给予警告；对负有责任的主管人员和其他直接责任人员依法给予行政处分或者纪律处分；情节严重的，由原发证部门吊销其执业证书或者资格证书。①承担尸检任务的机构没有正当理由，拒绝进行尸检的；②涂改、伪造、隐匿、销毁病历资料的。

3. 医疗机构及其医务人员泄露患者隐私，造成患者损害，情节严重的，依法追究刑事责任。根据《刑法》第二百五十三条之一的规定，医疗单位工作人员违反国家规定，将本单位在履行职责或者提供服务过程中获得的公民个人信息出售或者非法提供给他人，情节严重的，处3年以下有期徒刑或者拘役，并处或者单处罚金。

4. 《民法典》第一千二百一十八、一千二百二十二、一千二百二十三条确立了医疗损害责任以过错责任为主，兼有过错推定和无过错责任的归责体系。不同的医疗损害形态应适用不同的归责原则，只有法律明确规定的情形下方可适用过错推定原则和无过错责任原则。绝大多数医疗损害形态，如诊疗损害责任、侵害患者知情同意权责任及侵犯隐私权责任均适用过错责任原则；存在违反诊疗规范规定、隐匿或者拒绝提供病历资料；遗失、伪造、篡改或者违法销毁病历资料四种情形可推定医疗机构存在过错；医疗产品损害责任适用无过错责任原则。

> 🔖 **考点提示** 医疗机构及相关机构和人员的法律责任

三、发生医疗事故的医疗机构及医务人员的法律责任

医疗机构发生医疗事故的，由卫生行政部门根据医疗事故等级和情节，给予警告；情节严重的，责令限期停业整顿直至由原发证部门吊销执业许可证。对负有责任的医务人员，依照刑法关于医疗事故罪的规定，依法追究刑事责任；尚不够刑事处罚的，依法给予行政处分或者纪律处分。对发生医疗事故的有关医务人员，除依照上述处罚外，卫生行政部门并可以责令暂停6个月以上1年以下执业活动；情节严重的，吊销其执业许可证。《刑法》第三百三十五条规定，医务人员由于严重不负责任，造成就诊人死亡或者严重损害就诊人身体健康的，处3年以下有期徒刑或者拘役。

> 🔖 **考点提示** 医务人员的法律责任

四、医疗事故技术鉴定人员的法律责任

参加医疗事故技术鉴定工作的人员接受申请鉴定双方或者一方当事人的财物或者其他利益，出具虚

假医疗事故技术鉴定书，造成严重后果的，依照《刑法》关于受贿罪的规定，依法追究刑事责任；尚不够刑事处罚的，由原发证部门吊销其执业证书或者资格证书。

五、扰乱医疗秩序和医疗事故技术鉴定工作的法律责任

《民法典》规定，医疗机构及其医务人员的合法权益受法律保护。干扰医疗秩序，妨害医务人员工作、生活的，应当依法承担法律责任。《医疗事故处理条例》规定，以医疗事故为由，寻衅滋事、抢夺病历资料，扰乱医疗机构正常医疗秩序和医疗事故技术鉴定工作，依法追究刑事责任；尚不够刑事处罚的，依法给予治安管理处罚。

医疗损害法律制度	学习要点
概念	医疗损害、医疗事故、医疗损害鉴定
鉴定	医疗损害鉴定的程序、解决途径、赔偿的因素、赔偿范围和项目
分类	医疗损害分类
制度	医疗损害法律制度
权利和义务	医师、护士在执业活动中享有的权利和应履行的义务
法律责任	医疗损害责任的归责原则与责任、医疗机构及医务人员的法律责任、医疗损害的预防与处置

重点笔记

↴ 直通考证

一、单项选择题

1. 下列情形不属于医疗事故，除了（　　）。

　　A. 手术开错部位造成较大创伤

　　B. 诊疗护理中违反了规章制度，尚未给病员造成不良影响和损害

　　C. 因体质特殊而发生难以预料的后果

　　D. 由于一种疾病合并发生另一种疾病

2. 因抢救急危患者，未能及时书写病历的，有关医务人员应在抢救结束后据实补记并注明时效，正确的是（　　）。

　　A. 2 小时　　　　　　B. 4 小时　　　　　　C. 5 小时　　　　　　D. 6 小时

3. 以下属于医疗事故的是（　　）。

　　A. 在紧急情况下为抢救垂危患者生命而采取紧急医学措施造成不良后果

    B. 无过错输血感染造成不良后果

    C. 药物不良反应造成不良后果

    D. 因医生原因延误诊疗导致不良后果

4. 医疗事故技术鉴定费用的支付原则，正确的是（　　）。

    A. 医疗机构支付

    B. 患方支付

    C. 提出医疗事故处理申请的一方支付

    D. 属于医疗事故的，鉴定费由医疗机构支付；不属于医疗事故的，由提出医疗事故处理申请的一方支付

5. 发生导致患者死亡或者可能为二级以上的医疗事故后，医疗机构应向所在地卫生行政部门报告的时限，正确的是（　　）。

    A. 4 小时内　　　　　B. 6 小时内　　　　　C. 8 小时内　　　　　D. 12 小时内

6. 根据《医疗事故处理条例》的规定，造成患者中度残疾、器官组织损伤导致严重功能障碍的医疗事故，正确的是（　　）。

    A. 四级医疗事故　　　B. 二级医疗事故　　　C. 三级医疗事故　　　D. 一级医疗事故

7. 凡发生医疗事故或事件、临床诊断不能明确死亡原因的，在有条件的地方必须进行尸检，并告知家属。不具备尸体冻存条件的尸检时限是（　　）。

    A. 24 小时　　　　　B. 36 小时　　　　　C. 48 小时　　　　　D. 72 小时

8. 卫生行政部门可以责令发生医疗事故的医务人员暂停执业活动的期限是（　　）。

    A. 1 个月以上 3 个月以下　　　　　　　B. 6 个月以上 1 年以下

    C. 1 年以上 3 年以下　　　　　　　　　D. 3 个月以上 6 个月以下

9. 某医院发生一起医疗事故，医患双方在卫生行政部门的支持下就赔偿事宜达成和解的协议称为（　　）。

    A. 和解草案　　　B. 解决方案　　　C. 协议书　　　D. 调解书

10. 患者，男，70 岁，因腹主动脉瘤在某市级医院接受手术治疗，术中发生大出血，经抢救无效死亡，其子女要求复印患者在该院的全部病历资料，而院方只同意复印其中一部分。根据《医疗事故处理条例》规定，其子女有权复印的病历资料是（　　）。

    A. 会诊意见　　　　　　　　　　　　　B. 手术及麻醉记录单

    C. 疑难病例讨论记录　　　　　　　　　D. 上级医师查房记录

二、思考题

1. 什么是医疗损害责任？

2. 医疗损害与医疗事故的关系？

3. 医疗损害责任的构成要件是什么？

4. 医疗损害赔偿争议有哪些解决途径？

5. 医疗损害的预防包括哪些内容？

三、案例分析题

某日，章某倒在路边，后路人经其同意拨打了急救电话 120。北京急救中心接到来电后指令某区救援中心前往。救援中心到达现场，对章某进行常规急救检查，并告知初步印象为急性冠脉综合征，将章某送至 A 医院。A 医院急诊对章某进行常规检查后，考虑其病情为急性下壁心肌梗死，建议行急诊 PCI 术，章某拒绝。后章某被收入 CCU 科室，并发出病（重）通知书，章某在该通知书上签字。A 医院建议行冠脉造影，章某表示拒绝，并于次日要求出院，出院诊断为冠心病、急性下壁心肌梗死。章某认为自身是由于食物中毒晕倒，某区救援中心作出的诊断及 A 医院的后续治疗没有

作用。此外，章某称北京急救中心未将自己送至心仪的医院属于重大过失，遂将北京急救中心与A医院一并诉至法院。

【讨论】

对于章某，A医院是否负有医疗损害责任？

↘ 任务评价

评价维度	评价内容及要求	评价主体				平均分	测评总分
		学生本人	组员间	组长	任课教师/临床导师		
素质考核（30分）	职业素质：清理用物，整理场地，责任意识（10分）						
	创新精神：探索新知、勇于质疑、敢于承担的表现（10分）						
	团队合作：大局观、与人合作互助的表现（10分）						
知识考核（30分）	在线资源学习进度成绩（5分）						
	思维导图成绩，课前线上测试成绩（5分）						
	课中线上测试成绩（10分）						
	课后线上测试成绩（10分）						
能力考核（40分）	理论联系实际（12分）						
	归纳和总结、学以致用能力（4分）						
	临床思维能力（案例分析）（8分）						
	课后调查报告（8分）						
	互动沟通能力（8分）						

项目 6
血液与血液制品管理法律制度

项目6课件

学习目标

1. 知识目标：掌握无偿献血的概念、对象；血液采集、供应的要求；临床用血的管理；非法采集、出售、出卖血液，违反临床用血管理规定的法律责任；熟悉血站的类型、职责；临床用血的原则；血液制品法律制度；了解无偿献血的宣传动员组织；临床用血应急预案。

2. 能力目标：能运用基本理论分析、解决实践中存在的法律法规问题；能运用卫生法律法规知识改善、处理医患人际关系；能在职业活动中使用法律保护医疗对象和自身的权益。

3. 素质目标：具有勤奋学习的态度，严谨求实的工作作风；具有博大爱心和高度责任感；具有科学的思辨能力；具有良好的口头表达能力、人际沟通能力。

任务 6.1　献血法概述

案例导学

非法组织买卖血液

2015 年 4 月 28 日，某市卫生监督所将一案件线索移交给公安部门。线索反映，该市存在若干个有组织、有规模的非法买卖血液的犯罪团伙，在市中心血站、多家医疗机构、网站等处非法宣传、组织人员进行血液买卖，从中谋取私利。根据掌握到的线索，公安部门对一系列非法组织卖血案立案侦查，先后抓获岑某、丁某、赵某等 8 名"血头"，其中岑某从 2015 年 6 月开始，通过发放小卡片等形式寻找需要买血的患者或患者家属，再自行或通过他人联系上刘某、姜某等多名献血者。上述献血者在市中心血站进行互助献血后，岑某从患者（需方）支付给献血者（供方）的酬劳中抽成获利。落网后，岑某、丁某等 8 人因涉嫌非法组织卖血罪被人民检察院提起公诉。近日，人民法院陆续对该系列案件作出一审判决，多名被告被判有期徒刑 1 年5 个月至 1 年 6 个月不等。我国对非法组织卖血的犯罪行为，向来持严厉打击之势。随着"血头"的纷纷落网，司法机关迅速斩断了黑暗的利益链。

➷【问题思考】

献血法的重要意义是什么？

➷【任务分配】

通过问题思考、讨论等实践活动，引导学生掌握献血法立法。

➷【知识内容】

一、血液的概念

血液简称血，是指全血、血液成分和特殊血液成分。血液由血浆和血细胞构成。血液在人体生命活动中具有运输、体液调节、内环境稳定、调节体温、维持组织的兴奋性及防御外界有害因素的入侵而保持身体健康的防御功能，对维持生命起重要作用。

二、献血和临床用血立法

自1900年人类红细胞ABO血型系统被发现，输血理论创立后，输血已成为现代医疗的重要手段，它在临床医学领域中为拯救生命、治疗疾病发挥着其他药物不可替代的重要作用。临床治疗、急救等需要的用血只能依靠健康公民的血液捐献来解决。为了感谢那些为拯救生命而无私奉献的无偿献血者，2004年红十字会和红新月会国际联合会、世界卫生组织、献血者组织国际联合会以及国际输血协会联合发起，把每年的6月14日定为"世界献血者日"。

为了保证临床用血的需要和安全，保障献血者和用血者的身体健康，1997年12月29日，第八届全国人大常委会第二十九次会议修订通过了《中华人民共和国献血法》（以下简称《献血法》），自1998年10月1日起施行。

从2020年起，卫健委按照世界卫生组织发布的《安全血液和血液制品》要求，加强了对血液工作的管理和监督，确立了国家血液工作要点，即要求建立组织完善、国家协调的输血服务机构；要从来自低风险人群的定期的、自愿无偿的献血者采集血液；对所有采集的血液进行输血传播性疾病监测、血液定型和配合性实验；深入实施采供血机构全面质量管理项目，加强血站实验室建设和临床用血管理，确保血液安全。

视频：
无偿献血

任务 6.2　无偿献血

➷【问题思考】

什么是无偿献血？

➷【任务分配】

通过问题思考、讨论等实践活动，引导学生掌握无偿献血内容。

➷【知识内容】

一、无偿献血的概念

无偿献血是指公民在无报酬的情况下，自愿捐献自身血液的行为。《献血法》规定，我国实行无偿献血制度。无偿献血者的血液传播艾滋病病毒和肝炎病毒的概率是最低的，而且，无偿献血者作为固定的血液捐献者，可以使临床用血获得安全、稳定的血液来源。积极推行无偿献血无疑是血液安全的基础和保障。

《献血法》规定，对献血者，发给国务院卫生行政部门制作的无偿献血证书，有关单位可以给予适当补贴。"适当补贴"原则上指少量的、必要的误餐费、交通费等费用。目前我国的无偿献血包括单位计划无偿献血和公民自愿无偿献血。单位计划无偿献血是指献血者（有组织的群体或散在的个人），定期参加本单位或者本地区组织的无偿献血活动的行为。单位计划无偿献血者作为义务献血者，在献血后可获得一定金额的营养补助费。公民自愿无偿献血是指献血者出于自愿提供自身的血液、血浆或者其他血液成分而不收取任何报酬的行为。公民自愿无偿献血在采血单位和本人工作单位均不领取营养费、各种补助和其他报酬。

> 🔵 **考点提示**　无偿献血

二、无偿献血的对象

《献血法》规定，国家提倡 18 至 55 周岁的健康公民自愿献血。根据《献血者健康检查要求》，既往无献血反应、符合健康检查要求的多次献血者主动要求再次献血的，年龄可延长至 60 周岁。

此外，《献血法》第七条规定："国家鼓励国家工作人员、现役军人和高等学校在校学生率先献血，为树立社会新风尚作表率。"这里所指的国家工作人员包括国家的行政机关、司法机关的国家干部和按国家工作人员管理的人员。依法鼓励这部分人率先献血，是保证献血法顺利实施，避免医疗临床用血发生短缺，带动全社会树立救死扶伤的社会新风尚的有力措施。献血者在献血后有受表彰奖励的权利，本单位或血站可以给予献血者适当补贴，各级人民政府和红十字会对积极参加献血和在献血工作中作出显著成绩的单位和个人给予奖励；当无偿献血者本人及其直系亲属在医疗用血时，可免费使用其无偿献血等量或几倍的血液；献血者参加献血时，可享受免费体检、化验的待遇且应当保护献血者的个人隐私。

> 🔵 **考点提示**　无偿献血的对象

三、无偿献血的用途

无偿献血的最终目的是将血液应用于临床，以挽救伤病者的生命，维护其健康。《献血法》规定，无偿献血的血液必须用于临床，不得买卖。血站、医疗机构不得将无偿献血的血液出售给单采血浆站或者血液制品生产单位。

 思政高地

世界献血者日——关爱生命

世界献血者日（World Blood Donor Day，WBDD）是每年的 6 月 14 日。世界献血者日的宗旨是鼓励更多的人无偿献血，宣传和促进全球血液安全规划的实施。世界卫生组织、红十字会与红新月会国际联合会、国际献血组织联合会、国际输血协会将 2004 年 6 月 14 日定为第一个世界献血者日。2005 年 5 月 24 日，在第五十八届世界卫生大会上，192 个世界卫生组织成员国通过决议，决定认可"世界献血者日"为国际性纪念日。2022 年，世界献血者日的主题是"献血是一种团结行为。加入我们，拯救生命"。同年 6 月 14 日，世界献血者日活动在墨西哥首都墨西哥城举行。2024 年 5 月 6 日，世界卫生组织重新发布了 2024 年世界献血者日活动通告中文版，通告对今年口号的中文翻译进行了调整，调整后的口号为"在庆祝世界献血者日二十周年之际：感谢您，献血者！"同年 6 月，世界卫生组织发布 2024 年世界献血者日海报。

四、无偿献血的管理

地方各级人民政府领导本行政区域内的献血工作，统一规划并负责组织、协调有关部门共同做好献血工作。县级以上各级人民政府卫生行政部门监督管理献血工作。各级红十字会依法参与、推动无偿献血工作。

《献血法》第五条规定："各级人民政府采取措施广泛宣传献血的意义，普及献血的科学知识，开展预防和控制经血液途径传播的疾病的教育。新闻媒介应当开展献血的社会公益性宣传。"各级人民政府应采取多种形式宣传，普及献血常识，使广大公民掌握献血对身体无害的卫生知识，把无偿献血看成自己应尽的人道主义义务、救死扶伤献爱心的善举，提高公民无偿献血的自觉性。

任务 6.3 采血与供血的法律规定

↘【问题思考】

血站的类型和职责是什么？

↘【任务分配】

通过问题思考、讨论等实践活动，引导学生掌握采血与供血的法律规定。

↘【知识内容】

在我国，采血与供血的单位是血站。《献血法》第八条规定，血站是采集、提供临床用血的机构，是不以营利为目的的公益性组织。

一、血站的概念

血站是采集、提供临床用血的机构，是不以营利为目的的公益性卫生机构。

血站是连接献血者和用血者的桥梁。各级政府应当把血站的工作经费和人员经费纳入政府的财政统筹安排，保证其正常、健康运转。血站作为专业性、责任心很强的社会公益性机构，必须以全部精力为公民用血和健康服务，在地方各级政府的支持和管理下依法做好采集、提供临床用血的工作。

二、血站的类型

在我国，血站分为一般血站和特殊血站。一般血站包括血液中心、中心血站和中心血库。特殊血站包括脐带血造血干细胞库和国务院卫生行政部门根据医学发展需要批准、设置的其他类型血库。

> 🔥 **考点提示**　血站的类型

三、血站的设置和审批

国务院卫生行政部门根据全国医疗资源配置、临床用血需求，制定全国采血机构设置规划指导原则，并负责全国血站建设规划的指导。省、自治区、直辖市人民政府卫生行政部门根据国务院卫生行政部门制定的全国采供血机构设置规划指导原则，结合本行政区域人口、医疗资源、临床用血需求等实际情况和当地区域卫生发展规划，制定本行政区域血站设置规划，报同级人民政府批准，并报国务院卫生行政部门备案。

（一）一般血站的设置和审批

血液中心、中心血站和中心血库由地方人民政府设立、审批。

1. 血液中心的设置 在省、自治区人民政府所在地的城市和直辖市，应规划设置一所相应规模的血液中心。

2. 中心血站的设置 在设区的市级人民政府所在地的城市，可规划设置一所相应规模的中心血站。中心血站供血半径应大于 100 千米。距血液中心 150 千米范围内（或 3 个小时车程内）的设区的市，原则上不单独设立中心血站；与已经设立中心血站距离不足 100 千米的相近（邻）设区的市原则上不单独设立中心血站。

3. 中心血库的设置 在血液中心或中心血站 3 个小时车程内不能提供血液的县（市），可根据实际需要在县级医疗机构内设置一所中心血库，其任务是完成本区域的采供血任务，供血半径应在 60 千米左右。距血液中心或中心血站 3 个小时车程内的县（市）原则上不予设置中心血库。

根据《采供血机构设置规划指导原则》，一个城市内不得重复设置血液中心、中心血站。血液中心和中心血站可根据服务区域实际需要，设立非独立的分支机构、固定采血点、储血点。固定采血点、储血点不得进行血液检测。

🔥 **考点提示** 一般血站的设置

（二）特殊血站的设置和审批

特殊血站包括脐带血造血干细胞库和国务院卫生行政部门根据医学发展需要批准、设置的其他类型血库。

四、血站的职责

（一）血液中心的职责

血液中心应当具有较高综合质量评价的技术能力。其主要职责：①按照省级人民政府卫生行政部门的要求，在规定范围内开展无偿献血者的招募、血液的采集与制备、临床用血供应以及医疗用血的业务指导等工作；②承担所在省、自治区、直辖市血站的质量控制与评价；③承担所在省、自治区、直辖市血站的业务培训与技术指导；④承担所在省、自治区、直辖市血液的集中化检测任务；⑤开展血液相关的科研工作；⑥承担卫生行政部门交办的任务。

（二）中心血站的职责

中心血站的主要职责：①按照省级人民政府卫生行政部门的要求，在规定范围内开展无偿献血者的招募、血液的采集与制备、临床用血供应以及医疗用血的业务指导等工作；②承担供血区域范围内血液储存的质量控制；③对所在行政区域内的中心血库进行质量控制；④承担卫生行政部门交办的任务。

（三）中心血库的职责

中心血库的主要职责：按照省级人民政府卫生行政部门的要求，在规定范围内开展无偿献血者的招募、血液的采集与制备、临床用血供应以及医疗用血业务指导等工作。

五、血站执业登记

《献血法》规定，设立血站向公民采集血液，必须经国务院卫生行政部门或者省、自治区、直辖市人民政府卫生行政部门批准。《血站管理办法》规定，血站开展采供血活动，应当向所在省、自治区、直辖市人民政府卫生行政部门申请办理执业登记，取得《血站执业许可证》。没有取得《血站执业许可证》的，不得开展采供血活动。《血站执业许可证》有效期为 3 年。期满前 3 个月应当再次办理注册登记。许可证不得伪造、变造、出借、出租、借用、租用，若遗失的，应当向注册机构报告，并办理相关手续。

> 🔥 **考点提示**　《血站执业许可证》

六、采集血液

采集血液，是指以采血器材与人体发生直接接触的活动。

（一）基本要求

血站作为采集、提供临床用血的公益性卫生机构，应开展无偿献血宣传，为献血者提供安全、卫生、便利的条件和良好的服务，保障临床用血安全、及时、有效。血站应当建立献血者信息保密制度，为献血者保密。坚持把质量作为血液安全的"生命线"。完善血液安全体系，持续提升依法治理水平。

（二）健康检查

为保障献血者和用血者身体健康，血站应当按照国家有关规定对献血者进行健康检查和血液采集。① 血站在每次采血前必须免费对献血者进行必要的身体健康检查。身体状况不符合献血条件的，血站应向其说明情况，不得采集血液。② 血站采血前应当对献血者身份进行核对并进行登记。严禁采集冒名顶替者的血液；严禁超量、频繁采集血液。血站不得采集血液制品生产用原料血浆。③ 血站采集血液应当遵循自愿和知情同意的原则，并对献血者履行规定的告知义务，并取得献血者签字的知情同意书。

（三）实行全面质量管理

血站开展采供血业务应当实行全面管理，严格遵守《中国输血技术操作规程》《血站质量管理规范》和《血站实验室质量管理规范》等技术规范和标准。血站应当建立对有易感经血液传播疾病危险行为的献血者献血后的报告工作程序、献血屏蔽和淘汰制度；建立人员岗位责任制度和采供血管理相关工作制度，并定期检查、考核各项规章制度和各级各类人员岗位责任制的执行和落实情况。《献血法》规定，采血必须由具有采血资格的医务人员进行。根据《血站管理办法》，血站工作人员应当符合岗位执业资格规定，并接受血液安全和业务岗位培训与考核，领取岗位培训合格证书后方可上岗。血站工作人员每人每年应当接受不少于 75 学时的岗位继续教育。

改进血液质量控制系统，持续提升血液安全水平：

（1）建立国家血液管理信息系统　建立覆盖全国所有血站的国家血液管理信息系统，实现全国血液采集、供应、检测、报废、调配、库存以及献血者资料日更新。

（2）完善血液质量管理体系　完善血站技术规程、标准和规范，加强人员培训和考核，健全高危献血员屏蔽制度和冷链管理制度，定期开展实验室室内质控和室间质评，血液报废率、血液质量相关不良事件保持在较低水平。

（3）全面落实血液核酸检测策略　在中央财政支持下，2016 年实现血站核酸检测全覆盖。通过实施核酸检测有效缩短人类免疫缺陷病毒、乙型肝炎病毒、丙型肝炎病毒的检测"窗口期"，基本阻断艾滋病等重点传染病经输血途径传播。

（四）采血量和采血间隔

《献血法》规定，血站对献血者每次采集血液量一般为 200 mL，最高不超过 400 mL；两次采集间隔期间不得少于 6 个月。严格禁止血站违反规定对献血者超量、频繁采集血液。《献血者健康检查要求》遵循医学科学的原则，借鉴其他国家及我国港台地区已经成熟的、经过验证的标准，对献血量和献血间隔作了调整。

1. 献血量　全血献血者每次可献全血 200～400 mL。单采血小板献血者：每次可献 1～2 个治疗单位，或者 1 个治疗单位及不超过 200 mL 血浆。全年血小板和血浆采集总量不超过 10 L。

2. 献血间隔　全血献血间隔不少于 6 个月。单采血小板献血间隔不少于 2 周，不大于 24 次／年。因特殊配型需要，由医生批准，最短间隔时间不少于 1 周。单采血小板后与全血献血间隔不少于 4 周。全血献血后与单采血小板献血间隔不少于 3 个月。

考点提示　无偿献血采血量和采血间隔

（五）采血器材的使用

血站采集血液必须使用有生产单位名称和批准文号的一次性采血器材，不得使用可重复使用的采血器材和无生产单位名称和批准文号的一次性采血器材；同时，一次性采血器材一次性使用后必须销毁，不得再次使用。

（六）血液检测

血站对采集的血液必须根据国务院卫生行政部门制定的献血者血液检验标准规定的项目进行检测；未经检测或者检测不合格的血液，不得向医疗机构提供。《血站管理办法》规定，血站应当保证所采集的血液由具有血液检测资格的实验室进行检测。对检测不合格或者报废的血液，血站应当严格按照有关规定处理。

七、供应血液

血液的供应由血站负责。

（一）发血

血站应当保证发出的血液质量符合国家有关标准，其品种、规格、数量、活性、血型无差错；未经检测或者检测不合格的血液，不得向医疗机构提供。

（二）血液包装、储存和运输

血站向医疗机构提供的血液，其包装、储存和运输应当符合《血站质量管理规范》的要求。

1. 血液的包装　临床用血，血站和医疗机构应当使用符合国家规定的卫生标准和要求的包装袋进行包装，以确保血液的质量。血液包装袋上应标明：①血站的名称及其许可证号；②献血编号或者条形码；③血型；④血液品种；⑤采血日期及时间或者制备日期及时间；⑥有效日期及时间；⑦储存条件。

考点提示　血液包装袋上应标明内容

---

2. 血液的储存　血站应当加强对其所设出血点的质量监督，确保储存条件，保证血液储存质量；按照临床需要进行储存和调换。

3. 血液的运输　血站和医疗机构应当使用符合卫生标准的运输工具进行血液的运输，以确保血液不被污染。

（三）禁止买卖无偿献血者的血液

无偿献血的血液必须用于临床，不得买卖。血站不得将无偿献血的血液出售给单采血浆站或者血液制品生产单位。即使随着科学合理用血、成分输血的推行，可能会有部分血液成分剩余，血站也应该在确保临床用血的前提下，将剩余成分血浆由省、自治区、直辖市人民政府卫生行政部门协调血液制品生产单位解决。血站剩余成分血浆以及科研或者特殊需要用血而进行的调配所得的收入，应全部用于无偿献血者用血返还费用，血站不得挪作他用。特殊血型的血液需要从外省、自治区、直辖市调配的，由省级人民政府卫生行政部门批准。

八、特殊血站执业

《血站管理办法》规定，脐带血造血干细胞库等特殊血站执业除了应当遵守一般血站的执业要求，还应当遵守以下规定：①按照国务院卫生行政部门规定的脐带血造血干细胞库等特殊血站的基本标准、技术规范等执业；②脐血带等特殊血液成分的采集必须符合医学伦理的有关要求，并遵循自愿和知情同意的原则。脐带血造血干细胞库必须与捐献者签署经执业登记机关审核的知情同意书；③脐带血造血干细胞库等特殊血站只能向有造血干细胞移植经验和基础，并装备有造血干细胞所需的无菌病房和其他必需设施的医疗机构提供脐带血造血干细胞；④出于人道主义、救死扶伤的目的，必须向境外医疗机构提供脐带血造血干细胞等特殊血液成分的，应当严格按照国家有关人类遗传资源管理规定办理手续；⑤脐带血等特殊血液成分必须用于临床。

任务 6.4　临床用血的法律规定

案例导学

临床用血

患者，因"诊断急性 B 淋巴细胞白血病，复发 5 个月"，于 2011 年至 A 医院进行住院治疗。住院期间，因病情需要输注 200 mL A 型冰冻血浆，完善检查及准备后，在无禁忌证下实施亲缘造血干细胞移植术，在输入约 100 mL 时被家属发现该血浆为他人 A 型血浆，患者术后出现感染、排异、出血等情况，后经 A 医院抢救无效死亡。家属对该事件存有疑义，遂起诉 A 医院。医学会鉴定认为，A 医院发现输错血浆后，未采取必要的检验措施，无法排除是否因该差错导致溶血等输血不良反应致使患者死亡。

↘【问题思考】

临床用血核查内容有哪些？

↘【任务分配】

通过问题思考、讨论等实践活动，引导学生掌握临床用血的法律规定。

↘【知识内容】

临床用血是指用于临床的全血、成分血。《献血法》规定，医疗机构临床用血应当制定用血计划，遵循合理、科学的原则，不得浪费和滥用血液。医疗机构应当积极推行按血液成分针对医疗实际需要输血。

国家鼓励临床用血新技术的研究和推广。

一、临床用血管理

（一）管理机构

医疗机构应当设立由医院领导、业务主管部门及相关科室负责人组成的临床输血管理委员会，负责临床用血的规范管理和技术指导，开展临床合理用血、科学用血的教育和培训。二级以上医疗机构设立输血科（血库），在本院临床输血管理委员会领导下，负责本单位临床用血的计划申报，储存血液，对本单位临床用血制度执行情况进行检查，并参与临床有关疾病的诊断、治疗与科研，负责临床用血的技术指导和技术实施，确保贮血、配血和其他科学、合理用血措施的执行。血液包装不符合国家规定的卫生标准和要求的，应拒领拒收。

（二）临床用血核查

《献血法》规定，临床用血的包装、储存、运输，必须符合国家规定的卫生标准和要求；医疗机构对临床用血必须进行核查，不得将不符合国家规定标准的血液用于临床。

1.接收血液核对　医疗机构接收血站发送的血液后，应当对血袋标签进行核对。符合国家有关标准和要求的血液入库，做好登记；并按不同品种、血型和采血日期（或有效期），分别有序存放于专用储藏设施内。血袋标签核对的主要内容：①血站的名称；②献血编号或条形码、血型；③血液品种；④采血日期及时间或者制备日期及时间；⑤有效期及时间；⑥储存条件。禁止将血袋标签不合格的血液入库。

2.血液的发放和输血核对　医疗机构在血液发放和输血时应进行核对，并指定医务人员负责血液的收领、发放工作。

根据《临床输血技术规范》的要求，取血与发血的双方必须共同查对患者的姓名、性别、病案号、门急诊（病室）、床号、血型、血液有效期及配血试验结果，以及保存血的外观等，准确无误时，双方共同签字后方可发出。凡血袋有下列情形之一的，一律不得发出：①标签破损、字迹不清；②血袋有破损、漏血；③血液中有明显凝块；④血浆呈乳糜状或者暗灰色；⑤血浆中有明显气泡、絮状物或粗大颗粒；⑥未摇动时血浆层与红细胞的界面不清或交界面出现溶血；⑦红细胞层呈紫红色；⑧过期或其他须查证的情况。

血液发出后，受血者和供血者的血样保存于 2 ～ 6 ℃冰箱中，至少 7 天，以便对输血不良反应追查原因。血液发出后不得退回。

健全临床用血管理制度，持续提升合理用血水平，不断加强和改进医疗服务水平，大力推行节约用血新技术，加强临床用血管理。一是完善临床用血管理机制。成立省级临床用血质量控制中心，健全临床用血培训、监督、管理和通报制度，指导医疗机构制定应急状态用血方案。按照《临床用血质量控制指标》，建立临床用血评价、考核量化制度。二是普及科学合理输血策略。推广合理用血先进理念和经验，规范用血标准，严格用血指征。加强患者血液管理。积极引导医疗机构开展创伤小、出血少、成熟可靠的微创手术，减少术中出血。三是推广血液保护技术。指导医疗机构推广自体血回输技术，减少异体输血和输血不良反应的发生，节约血液资源。

> 🔥 **考点提示**　临床用血核查

（三）储血设施

医疗机构储血设施应当保证运行有效，全血、红细胞的储藏温度应当控制在 2 ～ 6 ℃，血小板的储藏温度应当控制在 20 ～ 24 ℃。储血保管人员应当做好血液储存温度的 24 小时监测记录。储血环境应当符合卫生标准和要求。

（四）输血治疗方案

《临床输血技术规范》要求，医务人员应当认真执行临床输血技术规范，严格掌握临床输血适应证，根据患者病情和实验室检测指标，对输血指征进行综合评估，制定输血治疗方案。

（五）临床用血申请

医疗机构应当建立临床用血申请管理制度：①同一患者一天申请备血量少于 800 mL 的，由具有中级以上专业技术职务任职资格的医师提出申请，上级医师核准签发后，方可备血；②同一患者一天申请备血量在 800～1600 mL 的，由具有中级以上专业技术职务任职资格的医师提出申请，经上级医师审核，科室主任核准签发后，方可备血；③同一患者一天申请备血量达到或超过 1600 mL 的，由具有中级以上专业技术职务任职资格的医师提出申请，科室主任核准签发后，报医务部门批准，方可备血。以上规定内容不适用于急救用血。

> 🔵 **考点提示** 临床用血申请要求

（六）知情同意

《医疗机构临床用血管理办法》规定，在输血治疗前，医师应当向患者或者其近亲属说明输血目的、方式和风险，并签署临床输血治疗知情同意书。因抢救生命垂危的患者需要紧急输血，且不能取得患者或者其近亲属意见的，经医疗机构负责人或者授权的负责人批准后，可以立即实施输血治疗。

（七）临床用血不良事件监测报告

医疗机构应当根据国家有关法律法规和规范建立临床用血不良事件监测报告制度。临床发现输血不良反应后，应当积极救治患者。及时向有关部门报告，并做好观察和记录。

（八）临床用血医学文书管理

医疗机构应当建立临床用血医学文书管理制度，确保临床用血信息客观真实、完整、可追溯。医师应当将患者输血适应证的评估、输血过程和输血后疗效评价情况记入病历；临床输血治疗知情同意书、输血记录单等随病历保存。

（九）培训考核

医疗机构应当建立培训制度，加强对医务人员临床用血和无偿献血知识的培训，将临床用血相关知识培训纳入继续教育内容。新上岗医务人员应当接受岗前临床用血相关知识培训及考核。建立科室和医师临床用血评价及公示制度。将临床用血情况纳入科室和医务人员工作考核指标体系。禁止将用血量和经济收入作为输血科或者血库工作的考核指标。

二、患者自身储血

《献血法》规定，为保障公民临床急救用血的需要，国家提倡并指导择期手术的患者自身储血，动员家庭、亲友、所在单位以及社会互助献血。同时，为了最大限度地发挥血液的功效，医疗机构应当推行"成分输血"。医疗机构还应当积极推行节约用血的新型医疗技术。三级医院、有条件的二级医院和妇幼保健院应当开展自体输血技术，建立并完善管理制度和技术规范，提高合理用血水平，保证医疗质量和安全。医疗机构应当动员符合条件的患者接受自体输血技术，提高输血治疗效果和安全性。

三、临时采集血液

《献血法》规定，为保证应急用血，医疗机构可以临时采集血液，但应当依照本法规定、确保采血用血安全。根据《医疗机构临床用血管理办法》规定，医疗机构应当制定应急用血工作预案。为保证应急用血，医疗机构可以临时采集血液，但必须同时符合以下条件：①危及患者生命，急需输血；②所在地血站无法及时提供血液，且无法及时从其他医疗机构调剂血液，而其他医疗措施不能替代输血治疗；③具备开展交叉配血及乙型肝炎病毒表面抗原、丙型肝炎病毒抗体、艾滋病病毒抗体和梅毒螺旋体抗体的检测能力；④遵守采供血相关操作规程和技术标准。

医疗机构应当在临时采集血液后 10 日内将情况报告县级以上人民政府卫生行政部门。

> 🎯 **考点提示**　需临时采集血液的情形

四、临床用血应急预案

省、自治区、直辖市人民政府卫生行政部门应当制定临床用血保障措施和应急预案，保证自然灾害、突发事件等大量伤员和特殊病例、稀缺血型等应急用血的供应和安全。因应急用血或者避免血液浪费，在保证血液安全的前提下，经省、自治区、直辖市人民政府卫生行政部门核准，医疗机构之间可以调剂血液。

任务 6.5　血液制品的法律规定

↘【问题思考】

血液制品与血液的区别是什么？

↘【任务分配】

通过问题思考、讨论等实践活动，引导学生掌握血液制品的法律规定。

↘【知识内容】

一、概述

血液制品是指各种人血浆蛋白制品，是一种宝贵的人源性生物药品。

为了加强血液制品管理，预防和控制经血液途径传播的疾病，保证血液制品的质量，国务院于 1996 年 12 月发布了《血液制品管理条例》，为血液制品的生产、经营、供应整个过程提供了法律依据和技术标准。

二、原料血浆的管理

（一）原料血浆的概念

原料血浆是指由单采血浆站采集的专用于血液制品生产原料的血浆。对原料血浆的采集，国家实行单采血浆站统一规划、设置的制度，并对单采血浆站实行执业许可制度。

（二）单采血浆站的设置和审批

单采血浆站是指根据地区血液资源，按照有关标准和要求并经严格审批设立，采集供应血液制品生产用原料血浆的单位。单采血浆站由血液制品生产单位设置，专门从事单采血浆活动，具有独立法人资格。

1. 单采血浆站的设置规划　单采血浆站设置规划由国务院卫生行政部门综合考虑区域人口分布、经济发展状况、疾病流行情况以及血液制品的生产所需原料血浆的实际情况，对机构规模、采供浆量、人员和设备等进行统筹规划；省级卫生行政部门可根据本行政区域实际情况决定是否设置单采血浆站。

2. 单采血浆站设置与审批　设置单采血浆站必须具备下列条件：①符合单采血浆站布局、数量、规模的规划；②具有与所采集原料血浆相适应的卫生专业技术人员；③具有与所采集原料血浆相适应的场所及卫生环境；④具有识别供血浆者的身份识别系统；⑤具有与所采集原料血浆相适应的单采血浆机械及其他设施；⑥具有对所采集原料血浆进行质量检验的技术人员以及必要的仪器设备。

申请设置单采血浆站的，由县级人民政府卫生行政部门初审，经设区的市、自治州人民政府卫生行政部门或者省、自治区人民政府设立的派出机关的卫生行政机构审查同意，报省级卫生行政部门审批；经审查符合条件的，核发《单采血浆许可证》，并报国务院卫生行政部门备案。

（三）原料血浆的采集与供应

1. 血浆的采集　供血浆者是指提供血液制品生产用原料血浆的人员。单采血浆站只能对省、自治区、直辖市人民政府卫生行政部门划定区域内的供血浆者进行筛查和采集血浆。严禁单采血浆站采集非划定区域内的供血浆者和其他人员的血浆。

单采血浆站必须对供血浆者进行健康检查；检查合格的，由县级人民政府卫生行政部门核发《供血浆证》。单采血浆站在采集血浆前，必须对供血浆者进行身份识别并核实其《供血浆证》，确认无误的，方可按照规定程序进行健康检查和血液化验；对检查、化验合格的，按照有关技术操作标准及程序采集血浆，并建立供血浆者健康检查及供血浆记录档案；对检查、化验不合格的，由单采血浆站收缴《供血浆证》，并由所在地县级人民政府卫生行政部门监督销毁。严禁采集无《供血浆证》者的血浆。

> 🔴 **考点提示**　原料血浆的采集

2. 血浆供应　单采血浆站只能向一个与其签订质量责任书的血液制品生产单位供应原料血浆，原料血浆的包装、储存、运输，必须符合国家规定的卫生标准和要求。法律严禁单采血浆站采集全血或者单采血浆站将所采集的原料血浆用于临床。国家禁止出口原料血浆。

三、血液制品生产、经营管理

血液制品生产单位必须获得《单采血浆许可证》，并依法向工商行政管理部门申领营业执照后，方可从事血液制品的生产活动。血液制品生产单位在原料血浆投料生产前，必须使用有产品批准文号，同时需要经过国家药品生物制品检定机构逐批检定合格的体外诊断试剂，对每一份人血浆进行全面复检，并作检测记录。原料血浆经复检不合格的，不得投料生产。血液制品出厂前，必须经过质量检验；经检验不符合国家标准的，严禁出厂。生产、包装、储存、运输、经营血液制品，应当符合国家规定的卫生标准和要求。

 **知识链接**

血液制品的起源和意义

　　血液制品的起源可以追溯到20世纪40年代。在第二次世界大战期间，美国哈佛大学Cohn教授，通过低温乙醇工艺，从健康人血浆中分离出了白蛋白，开启了血液制品的产业化和工业化。血液制品经过数十年的发展，逐渐显现出三个重要特性：一是战略安全属性，在战争、重大自然灾害和社会活动中，血液制品都起着不可或缺的作用；二是具有天然的社会属性和公益属性，血液制品是从健康人血浆中提取得来的，即需要献血员献出他们宝贵的血浆才能获得，无论通过什么手段进行加工，比如分离纯化等，它的社会属性和公益属性仍然存在；三是其病毒安全性被高度关注。

由于血液制品具备这三种属性，中国、美国和欧洲等国家都高度关注血液制品产业的发展。血液制品作为一类特殊的产品，一直受到严格的管理。

任务 6.6　法律责任

↘【问题思考】

非法采集、出售、出卖血液的法律责任是什么？

↘【任务分配】

通过问题思考、讨论等实践活动，引导学生掌握有关血液管理的法律责任。

↘【知识内容】

一、非法采集、出售、出卖血液的法律责任

《献血法》规定，有下列行为之一的，由县级以上地方人民政府予以取缔，没收违法所得，可以并处10万元以下的罚款；构成犯罪的，依法追究刑事责任。①非法采集血液的；②血站、医疗机构出售无偿献血的血液的；③非法组织他人出卖血液的。

《刑法》第三百三十四条第一款规定，非法采集、供应血液或者制作、供应血液制品，不符合国家规定的标准，足以危害人体健康的，处5年以下有期徒刑或者拘役，并处罚金；对人体健康造成严重危害的，处5年以上10年以下有期徒刑，并处罚金；造成特别严重后果的，处10年以上有期徒刑或者无期徒刑，并处罚金或者没收财产。

《刑法》第三百三十三条规定，非法组织他人出卖血液的，处5年以下有期徒刑，并处罚金；以暴力、威胁方法强迫他人出卖血液的，处5年以上10年以下有期徒刑，并处罚金。有上述行为对他人造成伤害的，依照《刑法》第二百三十四条定罪处罚。

二、违规采集血液的法律责任

《传染病防治法》规定，采供血机构未执行国家有关规定，导致因输入血液引起经血液传播疾病发生的，由县级以上人民政府卫生行政部门责令改正，通报批评，给予警告；造成传染病传播、流行或者其他严重后果的，对负有责任的主管人员和其他直接责任人员，依法给予降级、撤职、开除的处分，并可以依法吊销采供血机构的执业许可证。

《献血法》规定，血站违反有关操作规程和制度采集血液，由县级以上地方人民政府卫生行政部门责令改正；给献血者健康造成损害的，应当依法赔偿，对直接负责的主管人员和其他直接责任人员，依法给予行政处分；构成犯罪的，依法追究刑事责任。

《医疗机构临床用血管理办法》规定，医疗机构违反关于应急用血采血规定的，由县级以上地方人民政府卫生行政部门责令限期改正，给予警告；情节严重或者造成严重后果的，处3万元以下罚款，对负有责任的主管人员和其他直接责任人员依法给予处分。

《刑法》第三百三十四条第二款规定，经国家主管部门批准采集、供应血液或者制作、供应血液制品的部门，不依照规定进行检测或者违背其他操作规定，造成危害他人身体健康后果的，对单位判处罚金，并对其直接负责的主管人员和其他直接责任人员，处5年以下有期徒刑或者拘役。

三、违反临床用血管理规定的法律责任

《医疗机构临床用血管理办法》规定，医疗机构违反临床用血管理规定，由县级以上人民政府卫生行政部门责令限期改正，逾期不改的，进行通报批评，并予以警告，情节严重或者造成严重后果的，可处罚款，对负有责任的主管人员和其他直接责任人员依法给予处分。

医疗机构使用未经卫生行政部门指定的血站供应的血液的，由县级以上地方人民政府卫生行政部门给予警告，并处3万元以下罚款；情节严重或者造成严重后果的，对负有责任的主管人员和其他直接责任人员依法给予处分。

四、临床用血的包装、储存、运输不符合规定的法律责任

《献血法》规定，临床用血的包装、储存、运输，不符合国家规定的卫生标准和要求的，由县级以上地方人民政府卫生行政部门责令改正，给予警告，可以并处1万元以下的罚款。

五、提供不符合国家规定标准血液的法律责任

《献血法》规定，血站违反本法规定，向医疗机构提供不符合国家规定标准的血液的，由县级以上人民政府卫生行政部门责令改正；情节严重，造成经血液途径传播的疾病传播或者有传播严重危险的，限期整顿，对直接负责的主管人员和其他直接责任人员，依法给予行政处分；构成犯罪的，依法追究刑事责任。

六、将不符合国家规定标准的血液用于患者的法律责任

《献血法》规定，医疗机构的医务人员违反本法规定，将不符合国家规定标准的血液用于患者的，由县级以上地方人民政府卫生行政部门责令改正；给患者健康造成损害的，应当依法赔偿，对直接负责的主管人员和其他直接责任人员，依法给予行政处分；构成犯罪的，依法追究刑事责任。

《刑法》第三百三十五条规定，医务人员由于严重不负责任，造成就诊人死亡或者严重损害就诊人身体健康的，处3年以下有期徒刑或者拘役。

七、卫生行政部门及其工作人员玩忽职守的法律责任

《献血法》规定，卫生行政部门及其工作人员在献血、用血的监督管理工作中，玩忽职守，造成严重后果，构成犯罪的，依法追究刑事责任；尚不构成犯罪的，依法给予行政处分。

《医疗机构临床用血管理办法》规定，县级以上地方卫生行政部门未按照规定履行监管职责，造成严重后果的，对直接负责的主管人员和其他直接责任人员依法给予记大过、降级、撤职、开除等行政处分。

八、违反《血液制品管理条例》的法律责任

非法从事组织、采集、供应、倒卖原料血浆活动的，由县级以上地方人民政府卫生行政部门予以取缔，没收违法所得和从事违法活动的器材、设备，并处罚款。

单采血浆站有违反本条例第三十五条规定违规采集血浆的，由县级以上地方人民政府卫生行政部门责令限期改正，处5万元以上10万元以下的罚款；情节严重的，吊销《单采血浆许可证》。单采血浆站已知其采集的血浆检测结果呈阳性，仍向血液制品生产单位供应的，吊销《单采血浆许可证》，没收违法

所得，并处罚款。

涂改、伪造、转让《供血浆证》的，由县级以上地方人民政府卫生行政部门收缴《供血浆证》，没收违法所得并处罚款。卫生行政部门工作人员滥用职权、玩忽职守、徇私舞弊、索贿受贿，尚不构成犯罪的给予行政处分；构成犯罪的，依法追究刑事责任。

━━━━━━━━━━━━━━━━━━━━ 项目小结 ━━━━━━━━━━━━━━━━━━━━

血液与血液制品管理法律制度	学习要点
概念	无偿献血、血站、血液制品、原料血浆
分类	血站的类型
制度	医疗机构临床用血管理办法
法律规定	采血与供血的法律规定、临床用血法律规定、血液制品的法律规定
禁止	禁止买卖无偿献血者的血液

重点笔记

↘ 直通考证

一、单项选择题

1.国家鼓励（　）、（　）和（　）率先献血，为树立社会新风尚作出表率。

　A.国家工作人员、现役军人、高等学校在校学生

　B.国家工作人员、现役军人、高等学校在校师生

　C.国家工作人员、现役军人、卫生医务工作人员

　D.国家公务员、解放军官兵、高等学校在校学生

2.血站对献血者（　）免费进行必要的健康体检。

　A.应当　　　　　B.应该　　　　　C.必须　　　　　D.可以

3.医疗机构临床用血应遵循的原则是（　）。

　A.遵照合理、科学的原则制定用血计划，不得浪费和滥用血液

　B.沿用传统输血，失多少补多少的原则

　C.随时联系血站，急用急取的原则

　D.根据临床需要，随用随取的原则

4.我国健康公民自愿献血的年龄是（　）。

　A.18～50周岁　　B.20～60周岁　　C.18～60周岁　　D.18～55周岁

5.献血者每次采集血液量和两次采集间隔为（　）。

　A.献血者每次采集血液量一般为200 mL，最多不超过400 mL，两次采集时间不得少于3个月

B.献血者每次采集血液量一般为 400 mL，两次采集间隔不少于 6 个月

C.献血者每次采集血液量一般为 200 mL，两次采集间隔不少于 3 个月

D.献血者每次采集血液量一般为 200 mL，最多不超过 400 mL，两次采集间隔不少于 6 个月

6.对于临床用血包装、储存、运输不符合国家卫生标准的，由县级以上地方人民政府卫生行政部门责令改正，并处（　　）罚款。

A.1 万元以下　　　　　　　　　　　B.1 万元以上 5 万元以下

C.1 万元以上 10 万元以下　　　　　　D.10 万元以上

7.公民临床用血时，交付费用的项目不包括（　　）。

A.采集血液费用　　　B.检验血液费用　　　C.分离血液费用　　　D.购买血液费用

8.医师对同一个患者申请一天备血达到或超过一定数量时，必须报医院医务部门批准，该血量是（　　）。

A.1600 mL　　　　B.1400 mL　　　　C.800 mL　　　　D.1000 mL

9.医疗机构临床用血医学文书不包括（　　）。

A.献血员信息　　　　　　　　　　　B.输血过程和输血后疗效评价情况

C.输血治疗知情同意书　　　　　　　D.输血记录单

10.主治医师为一名择期手术患者提交了临床用血申请，经上级医师核准后得以签发，依照《医疗机构临床用血管理办法》的规定，申请的备血量应是（　　）。

A.1000 mL　　　　B.1200 mL　　　　C.1600 mL　　　　D.600 mL

11.患者，男，65 岁，胃大部切除术需备血 1200 mL，主治医师填写申请单后由上级医生签字后交血液科，被拒。理由为缺乏标准程序，执行该程序的审批者是（　　）。

A.质量控制办公室主任　　　　　　　B.输血委员会主任

C.住院总医生　　　　　　　　　　　D.科主任

12.医疗机构临床用血管理的第一责任人是（　　）。

A.临床用血的医师　　　　　　　　　B.临床用血所在的职能科室

C.临床用血所在科室的负责人　　　　D.医疗机构法定代表人

二、简答题

1.献血法规定，采供血机构发生哪些行为，由县级以上地方人民政府卫生行政部门予以取缔？

2.献血法对保障公民临床急救用血有哪些规定？

3.献血法对医疗机构临床用血有哪些要求？

4.临床采集血液的要求是什么？

5.原料血浆采集的要求是什么？

三、案例分析题

2019 年 9 月 26 日，某市卫生健康委卫生监督员对某二级医院临床用血安全管理情况进行现场检查时发现：现场未见独立设置输血科或血库的文件，未设置独立的发血室、储血室、血液标本处理区和检测实验室；未见专用的血袋回收冰箱和血液试剂冰箱、标本冰箱，血液试剂、标本分别与检验科试剂、标本混放；现场抽查 2019 年 9 月输血科冰箱记录，记录日期 9 月 1 日至 9 月 25 日，4 ℃贮血专用冰箱温度每天记录 4 次，分别为 7 am，13 pm，19 pm，1 am；低温贮血冰箱温度记录时间为 7 am；现场检查未见该院与血站签订的《供血协议》，未见 2019 年度用血计划；现场发现一盒不规则抗体筛选红细胞试剂，有效期至 20190628；现场抽查一份输血病案，其中《术后病程记录》第一页记录有 3 次输血记录，时间分别为 2019-08-19-08：25、2019-08-20-20：25、2019-08-21-17：25、未完整记录输血过程；《一般护理记录单》记录 2019-08-20 输血时间为 20：05，结束时间为 22：45。

　　2019年9月30日立案后，卫生监督员对此案展开进一步调查取证。关于"现场检查未见该院与血站签订的《供血协议》，未见2019年度用血计划"的问题，在后续调查核实时该院提供了与血站签订的《供血协议》及2019年度用血计划。关于"现场发现一盒不规则抗体筛选红细胞试剂，有效期至2019-06-28"的问题，该院陈述"为试用试剂，未用于临床，忘记及时清理，现已经按医疗废物处理。"在调查过程中收集到的主要证据材料有：该院的相关资质证书复印件1份、《授权委托书》及委托代理人的身份证明复印件各1份、《现场笔录》2份、《询问笔录》2份、照片打印件2张及《输血冰箱温度记录（2019年9月）》《术后病程记录》《一般护理记录单》等材料的复印件各1份，使用"执法记录仪"对执法活动全过程同步摄录的音视频记录光盘1张。该医院还书面提交了1份情况说明。

【讨论】

　　该医院存在的违法事实有哪些？

↘ 任务评价

评价维度	评价内容及要求	评价主体				平均分	测评总分
		学生本人	组员间	组长	任课教师/临床导师		
素质考核（30分）	职业素质：清理用物，整理场地，责任意识（10分）						
	创新精神：探索新知、勇于质疑、敢于承担的表现（10分）						
	团队合作：大局观、与人合作互助的表现（10分）						
知识考核（30分）	在线资源学习进度成绩（5分）						
	思维导图成绩，课前线上测试成绩（5分）						
	课中线上成绩（10分）						
	课后线上测试成绩（10分）						
能力考核（40分）	理论联系实际（12分）						
	归纳和总结、学以致用能力（4分）						
	临床思维能力（案例分析）（8分）						
	课后调查报告（8分）						
	互动沟通能力（8分）						

项目 7
母婴保健法律制度

▶▶▶

项目 7 课件

学习目标

1. 知识目标：掌握产前诊断的概念，需要产前诊断的情形；母婴保健法律责任；熟悉母婴保健的内容；新生儿疾病筛查；儿童保健；了解母婴保健医学技术鉴定。

2. 能力目标：能运用基本理论分析、解决实践中存在的法律法规问题；能运用卫生法律法规知识改善、处理医患人际关系；能在职业活动中使用法律保护医疗对象和自身的权益。

3. 素质目标：具有勤奋学习的态度、严谨求实的工作作风；具有博大爱心和高度责任感；具有科学的思辨能力；具有良好的口头表达能力、人际沟通能力。

母婴保健，是为母亲和婴儿提供医疗保健服务，以保障母亲和婴儿健康、提高出生人口素质的活动。母婴保健法律制度包括婚前保健、孕产期保健、产前诊断、禁止非医学需要的胎儿性别鉴定和选择性别的人工终止妊娠、新生儿疾病筛查、儿童保健、母婴保健医学技术鉴定、母婴保健机构和工作人员许可等内容，为国家发展母婴保健事业，为母亲和婴儿获得医疗保健服务提供了法律保障。

微课：
母婴保健

任务 7.1　母婴保健及立法

案例导学

患者胡某 5 月 16 日因孕 9^{+1} 周到妇幼保健服务中心就诊建档，共产检 7 次，12 月 20 日在该院顺产一子，患儿出生时左脚畸形无脚趾。妇幼保健服务中心的产科超声检查报告单备注中以小字载有"本次超声检查只检查报告中所描述的内容，没有描述的胎儿结构不在检查范围内，因为目前技术条件下胎儿指、趾、耳、眼、腭、甲状腺、染色体、生殖器等众多结构尚不能作为常规项目进行检查。特此说明。"字样。患儿父母起诉妇幼保健服务中心，要求赔偿各项损失共计 10 万元。诉讼中，患儿父母申请就妇幼保健服务中心的诊疗行为是否存在过错、如存在过错则与新生儿缺陷性出生之间是否存在因果关系及责任程度进行鉴定。

↘【问题思考】

母婴保健立法的重要意义是什么？

通过问题思考、讨论等实践活动，引导学生掌握母婴保健法的内容及功能。

↘【知识内容】

一、母婴保健的概念

母婴保健是为母亲和婴儿提供医疗保健服务，以保障母亲和婴儿健康、提高出生人口素质的一种活动。母婴保健工作以保健为中心，以保障生殖健康为目的，实行保健和临床相结合，面向群体、基层和预防为主的方针。国家发展母婴保健事业，提供必要条件和物质帮助，使母婴获得医疗保健服务。

> 🔖 **考点提示**　母婴保健概念，母婴保健工作方针

二、母婴保健立法

在我国，保障妇女和儿童的健康权利，一向得到党和政府的高度重视。1949 年发表的《共同纲领》明确规定："保护母亲、婴儿和儿童的健康。"我国宪法明确规定了保护母亲和儿童的条款。为了贯彻宪法的规定，《民法典》《妇女权益保障法》《未成年人保护法》对保护妇女和儿童的健康都作出了规定。为了保障母亲和婴儿健康、提高出生人口素质，2001 年 6 月 20 日，国务院颁布了《中华人民共和国母婴保健法实施办法》（以下简称《母婴保健法实施办法》），2017 年、2022 年先后进行了修订。国务院卫生行政部门先后颁布了《产前诊断技术管理办法》《新生儿疾病筛查管理办法》《关于禁止非医学需要的胎儿性别鉴定和选择性别的人工终止妊娠的规定》等规章和《婚前保健工作规范（修订）》《孕前保健服务工作规范（试行）》《孕产期保健工作管理办法》《孕产期保健工作规范》《母婴保健医学技术鉴定管理办法》等规范性文件。《中华人民共和国母婴保健法》于 1994 年 10 月 27 日第八届全国人民代表大会常务委员会第十次会议通过，1995 年 6 月 1 日起施行，后经 2009 年、2017 年两次修订。

> 🔖 **考点提示**　《母婴保健法》立法时间

任务 7.2　母婴保健技术服务

婚前医学检查

2019 年 9 月，李某和周某经朋友介绍相识，经过一段时间的相处双方坠入爱河，建立了恋爱关系。2023 年 8 月，李某和周某在某区民政局登记结婚，婚后未共同生育子女。在领取结婚证 1 周后，李某和周某在区妇幼保健院进行了检查，周某的《婚前医学检查证明》载明："梅毒 TP 阳性，既往感染梅毒，建议使用避孕套避孕，建议暂缓结婚。"此时李某才意识到周某患有不适宜结婚的疾病。为了进一步确诊，周某又前往其他正规医院再次进行了免疫检验，检验结果显示其甲苯胺红不加热试验阳性、TP-PA（凝聚法）阳性、梅毒螺旋体抗体（化学发光）阳性。李某以周某对自身患有重大疾病，婚前恶意隐瞒，使自己作出错误的结婚意愿为由起诉周某，请求人民法院撤销婚姻。

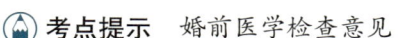【问题思考】

婚前医学检查的重要意义是什么？

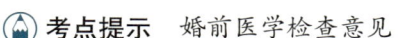【任务分配】

通过问题思考、讨论等实践活动，引导学生掌握母婴保健技术服务的具体内容及法律法规相关规定。

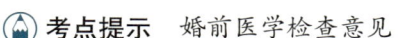【知识内容】

一、母婴保健技术服务的范围

《母婴保健法实施办法》规定，母婴保健技术服务主要包括下列事项：①有关母婴保健的科普宣传、教育和咨询；②婚前医学检查；③产前诊断和遗传病诊断；④助产技术；⑤实施医学上需要的节育手术；⑥新生儿疾病筛查；⑦有关生育、节育、不育的其他生殖保健服务。

二、婚前保健

婚前保健服务是指对准备结婚的男女双方在结婚登记前所进行的婚前卫生指导、婚前卫生咨询和婚前医学检查服务。根据《母婴保健法》及其实施办法的规定，医疗保健机构应当为公民提供婚前保健服务。对准备结婚的男女双方提供与结婚和生育有关的生殖健康知识，并根据需要提出医学指导意见。

（一）婚前保健服务的内容

1. 婚前卫生指导　婚前卫生指导是指关于性卫生知识、生育知识和遗传病知识的教育，包括：①有关性卫生的保健和教育；②新婚避孕知识及计划生育指导；③受孕前的准备、环境和疾病对后代的影响等孕前保健知识；④遗传病的基本知识；⑤影响婚育的有关疾病的基本知识；⑥其他生殖健康知识。

2. 婚前卫生咨询　婚前卫生咨询是指对有关婚配、生育保健等问题提供医学意见。医师进行婚前卫生咨询时，应当为服务对象提供科学的信息，对可能产生的后果进行指导，并提出适当的建议。

3. 婚前医学检查　婚前医学检查是指对准备结婚的男女双方可能患影响结婚和生育的疾病进行医学检查。婚前医学检查包括询问病史、体格及相关检查。婚前医学检查对下列疾病进行检查：①严重遗传性疾病；②指定传染病；③有关精神病。

《母婴保健法实施办法》规定，婚前医学检查应当遵守婚前保健工作规范并按照婚前医学检查项目进行。经婚前医学检查，医疗、保健机构应当向接受婚前医学检查的当事人出具婚前医学检查证明，并应当列明是否发现下列疾病：①在传染期内的指定传染病；②在发病期内的有关精神病；③不宜生育的严重遗传性疾病；④医学上认为不宜结婚的其他疾病。

> 🔖 **考点提示**　婚前医学检查内容

（二）婚前医学检查意见

《母婴保健法》规定，经婚前医学检查，对患指定传染病在传染期内或者有关精神病在发病期内的，医师应当提出医学意见；准备结婚的男女双方应当暂缓结婚。经婚前医学检查，对诊断患医学上认为不宜生育的严重遗传性疾病的，医师应当向男女双方说明情况，提出医学意见；经男女双方同意，采取长效避孕措施或者施行结扎手术。经婚前医学检查，医疗、保健机构不能确诊的，应当转到设区的市级以上人民政府卫生行政部门指定的医疗、保健机构确诊。

> 🔖 **考点提示**　婚前医学检查意见

（三）查验婚前医学检查证明

《母婴保健法》规定，男女双方在结婚登记时，应当持有婚前医学检查证明或者医学鉴定证明。《母婴保健法实施办法》规定，在实行婚前医学检查的地区，婚姻登记机关在办理结婚登记时，应当查验婚前医学检查证明或者母婴保健法规定的医学鉴定证明。

三、孕前保健

孕前保健是指以提高出生人口素质，减少出生缺陷和先天残疾发生为宗旨，为准备怀孕的夫妇提供健康教育与咨询、健康状况评估、健康指导为主要内容的保健服务。孕前保健是婚前保健的延续，是孕产期保健的前移。根据原卫生部 2007 年颁布的《孕前保健服务工作规范（试行）》，医疗保健机构应当为公民提供下列孕前保健服务。

1. 健康教育与咨询　医疗保健机构应热情接待夫妻双方，讲解孕前保健的重要性，介绍孕前保健服务内容及流程。通过询问、讲座及健康资料的发放等，为准备怀孕的夫妇提供健康教育服务。主要内容包括：①有关生理和心理保健知识；②有关生育的基本知识；③生活方式、孕前及孕期运动方式、饮食营养和环境因素等对生育的影响；④出生缺陷及遗传性疾病的防治等。

2. 健康状况检查　医疗保健机构通过咨询和孕前医学检查，对准备怀孕夫妇的健康状况作出初步评估。针对存在的可能影响生育的健康问题，提出建议。

（1）了解一般情况　了解准备怀孕夫妇和双方家庭成员的健康状况，重点询问与生育有关的孕育史、疾病史、家庭史、生活方式、饮食营养、职业状况及工作环境、运动（劳动）情况、社会心理、人际关系等。

（2）孕前医学检查　在健康教育、咨询及了解一般情况的基础上，征得夫妻双方同意，通过医学检查，掌握准备怀孕夫妇的基本健康状况。同时，对可能影响生育的疾病进行专项检查。

3. 健康指导　医疗保健机构根据一般情况了解和孕前医学检查结果，对孕前保健对象的健康状况进行综合评估。遵循普遍性指导和个性化指导相结合的原则，对计划怀孕的夫妇进行怀孕前、孕早期及预防出生缺陷的指导等。

四、孕产期保健

孕产期保健是指各级各类医疗保健机构为准备妊娠至产后 42 天的妇女及胎婴儿提供全程系列的医疗保健服务。《母婴保健法》及其实施办法规定，医疗保健机构应当为育龄妇女和孕产妇提供孕产期保健服务。孕产期保健应当以保障母婴安全为目的，遵循保健与临床相结合的工作方针。

（一）孕产期保健服务的内容

1. 母婴保健指导　是指对孕育健康后代，以及严重遗传性疾病和碘缺乏病等地方病的发病原因、治疗和预防方法提供医学意见。

2. 孕妇、产妇保健　是指为孕妇、产妇提供卫生、营养、心理等方面的咨询和指导以及产前定期检查等医疗保健服务。

3. 胎儿保健　是指为胎儿生长发育进行监护，动态监测胎儿发育状况，为孕妇提供合理膳食、良好生活环境和心理状态的指导，避免或减少孕期有害因素对胎儿的影响，开展产前筛查和诊断。

4. 新生儿保健　是指为新生儿生长发育、哺乳和护理提供医疗保健服务。主要包括：①新生儿出院前，由助产单位医务人员进行预防接种和健康评估，根据结果提出相应的指导意见；②开展新生儿访视，访视次数不少于 2 次，首次访视应在出院 7 天之内进行，对高危新生儿酌情增加访视次数。访视内容包括全面健康检查、母乳喂养和科学育儿指导，发现异常，应指导及时就诊；③按照《新生儿疾病筛查管理办法》和技术规范，开展新生儿疾病筛查工作。

🖐 **考点提示**　孕产期保健服务的内容

（二）孕产妇保健服务

医疗、保健机构应当为孕产妇提供下列医疗保健服务：①为孕产妇建立保健手册（卡），定期进行产前检查；②为孕产妇提供卫生、营养、心理等方面的医学指导与咨询；③对高危孕妇进行重点监护、随访和医疗保健服务；④为孕产妇提供安全分娩技术服务；⑤定期进行产后访视，指导产妇科学喂养婴儿；⑥提供避孕咨询指导和技术服务；⑦对产妇及其家属进行生殖健康教育和科学育儿知识教育；⑧其他孕产期保健服务。

（三）婴儿保健服务

《母婴保健法》规定，医疗保健机构为产妇提供科学育儿、合理营养和母乳喂养的指导；对婴儿进行体格检查和预防接种，逐步开展新生儿疾病筛查、婴儿多发病和常见病防治等医疗保健服务。

（四）幼儿及学龄前期儿童保健服务

主要包括：①建立儿童保健册（表、卡），提供定期健康体检或生长监测服务，做到正确评估和指导；②为儿童提供健康检查，1 岁以内婴儿每年 4 次、1～2 岁儿童每年 2 次、3 岁以上儿童每年 1 次。开展体格发育及健康状况评价，提供婴幼儿喂养咨询和口腔卫生行为指导。按照国家免疫规划进行预防接种；③对早产儿、低出生体重儿、中重度营养不良、单纯性肥胖、中重度贫血、活动期佝偻病、先心病等高危儿童进行专案管理；④根据不同年龄儿童的心理发育特点，提供心理行为发育咨询指导；⑤开展高危儿童筛查、监测、干预及转诊工作，对残障儿童进行康复训练与指导；⑥开展儿童五官保健服务，重点对龋齿、听力障碍、弱视、屈光不正等疾病进行筛查和防治；⑦采取综合措施预防儿童意外伤害的发生。

 **思政高地**

母婴安全行动提升计划（2021—2025 年）——医者仁心、大国担当

以高质量发展为主题，以深入落实母婴安全五项制度为主线，聚焦服务质量提升、专科能力提升和群众满意度提升，持续强化质量安全管理，提高医疗机构服务能力，预防和减少孕产妇和婴儿死亡。促进母婴安全高质量发展，降低孕产妇死亡率和婴儿死亡率，到 2025 年，全国孕产妇死亡率下降到 14.5/10 万，全国婴儿死亡率下降到 5.2‰，为如期实现"健康中国 2030"主要目标奠定坚实基础。进一步提升妇幼健康服务水平，完善危重孕产妇和新生儿救治体系，为妇女儿童提供安全、有效、便捷、温馨的高质量妇幼健康服务，让人民群众的获得感成色更足，幸福感更可持续，安全健康更有保障。开展助产技术服务的医疗机构，重点是二级及以上综合医院、中医医院、妇幼保健院和妇产医院。各级危重孕产妇和新生儿救治中心要全面组织实施。提升妊娠风险防范水平、提升危急重症救治水平、提升妇幼专科服务能力、提升质量安全管理水平、提升群众就诊分娩满意度。

（五）医学指导和医学意见

1. 医学指导　医疗保健机构发现孕妇患有下列严重疾病或者接触物理、化学、生物等有毒有害因素，可能危及孕妇生命安全或者可能严重影响孕妇健康和胎儿正常发育的，应当对孕妇进行医学指导和必要的医学检查：①严重的妊娠合并症或者并发症；②严重的精神性疾病；③国务院卫生行政部门规定的严重影响生育的其他疾病。

2. 医学意见　主要包括：①医师发现或者怀疑患严重遗传性疾病的育龄夫妻，应当提出医学意见。限于现有医疗技术水平难以确诊的，应当向当事人说明情况。育龄夫妻可以选择避孕、节育、不孕等相应的医学措施；②生育过严重遗传性疾病或者严重缺陷患儿的，再次妊娠前，夫妻双方应当按照国家有关规定到医疗、保健机构进行医学检查。

（六）住院分娩

国家提倡住院分娩。医疗保健机构应当按照国务院卫生行政部门制定的技术操作规范，实施消毒接生和新生儿复苏，预防产伤及产后出血等产科并发症，降低孕产妇及围产儿发病率、死亡率。医师和助产人员应当严格遵守有关操作规程，提高助产技术和服务质量，预防和减少产伤。没有条件住院分娩的，应当由经县级以上地方人民政府卫生行政部门许可并取得家庭接生员技术证书的人员接生。高危孕妇应当在医疗保健机构住院分娩。

（七）新生儿出生医学证明

国家建立孕产妇死亡、婴儿死亡和新生儿出生缺陷监测、报告制度。医疗保健机构和从事家庭接生的人员按照国务院卫生行政部门的规定，出具统一制发的新生儿出生医学证明；有产妇和婴儿死亡以及新生儿出生缺陷情况的，应当向卫生行政部门报告。《出生医学证明》是新生儿申报户口的证明。

任务 7.3　产前诊断

2021年8月19日，某市卫健委执法支队在对某中医诊所日常监督检查中发现，该诊所的诊室内摆放有一台高级B超机。执法人员查看该诊所《医疗机构执业许可证》，诊疗科目有医学影像科、超声诊断专业／中医科。执法人员要求诊所工作人员打开B超机，在其超声工作站（图文管理和声像储存系统）里发现有200多名孕妇的B超检查信息，超声检查报告提示"胎儿心脏未见重大结构异常""共同动脉干（CAT）并室间隔缺损"等内容，执法人员高度怀疑该诊所涉嫌违法开展超声产前诊断（筛查）。立即对现场相关人员进行询问并调取超声工作站（图文管理和声像储存系统）里的所有超声检查信息，包括312份《某中医诊所彩超检查报告》（其中3份报告是空白）和相关登记表。

↘【问题思考】

产前诊断的重要意义是什么？

↘【任务分配】

通过问题思考、讨论等实践活动，引导学生掌握产前诊断的具体内容及具体要求。

↘【知识内容】

一、产前诊断的概念

产前诊断是指对胎儿进行先天性缺陷和遗传性疾病的诊断，包括相应筛查。产前诊断技术项目包括遗传咨询、医学影像、生化免疫、细胞遗传和分子遗传等。

产前诊断技术的应用应当以医疗为目的，符合国家有关法律规定和伦理原则，由经资格认定的医务人员在经许可的医疗保健机构中进行。医疗保健机构及其医务人员不得实施任何非医疗目的的产前诊断技术。

二、产前诊断的情形

《母婴保健法》规定，经产前检查，医师发现或者怀疑胎儿异常的，应当对孕妇进行产前诊断。《母婴保健法实施办法》规定，孕妇有下列情形之一的，医师应当对其进行产前诊断：①羊水过多或者过少的；②胎儿发育异常或者胎儿有可疑畸形的；③孕早期时接触过可能导致胎儿先天缺陷的物质的；④有遗传病家族史或者曾经分娩过先天性严重缺陷婴儿的；⑤年龄超过35周岁的。根据《母婴保健法》规定，胎儿患严重遗传性疾病、胎儿有严重缺陷、孕妇患严重疾病继续妊娠可能危及其生命健康和安全的，医师应当向夫妻双方说明情况，并提出终止妊娠的医学意见。

> 🔵 **考点提示**　孕妇需要产前诊断的情形

2002年12月13日，原卫生部发布了《产前诊断技术管理办法》。该办法规定，确定产前诊断重点疾病，应当符合下列条件：①疾病发生率较高；②疾病危害严重，社会、家庭和个人疾病负担大；③疾病缺乏有效的临床治疗方法；④诊断技术成熟、可靠、安全和有效。

知识链接

> **出生缺陷**
>
> 产检正常却生出畸形儿，这种情况被称为"不当出生"或"出生缺陷"，是指胎儿在母体内器官形成过程中，由于遗传因素和／或环境因素的作用所致的胚胎发育紊乱，大致包括形态结构异常、生理和代谢功能障碍、先天智力低下和宫内发育迟缓四大类。全世界每年大约有500万出生缺陷婴儿诞生，因此"不当出生"也是妇产科医疗纠纷高发的因素之一。胎儿的缺陷系先天存在，而非医疗机构诊疗行为所致，且超声诊断的准确率尚不能达到100%，因此在实施产前检查过程中，除了注意医务人员的资质问题，医疗机构尤其要注意履行高度注意义务和告知义务。

三、产前诊断机构和技术人员

《产前诊断技术管理办法》规定，申请开展产前诊断技术的医疗保健机构，必须明确提出拟开展的产前诊断具体技术项目，并符合下列所有条件：①设有妇产科诊疗科目；②具有与所开展技术相适应的卫生专业技术人员；③具有与所开展技术相适应的技术条件和设备；④设有医学伦理委员会；⑤符合《开展产前诊断技术医疗保健机构的基本条件》及相关技术规范。

从事产前诊断的卫生专业技术人员应符合以下所有条件：①从事临床工作的，应取得执业医师资格；②从事医技和辅助工作的，应取得相应卫生专业技术职称；③符合《从事产前诊断卫生专业技术人员的基本条件》；④经省级卫生行政部门批准，取得从事产前诊断的《母婴保健技术考核合格证书》。从事产前诊断的人员不得在未经许可开展产前诊断技术的医疗保健机构中从事相关工作。

四、产前诊断的实施

（一）知情选择

《产前诊断技术管理办法》规定，对一般孕妇实施产前筛查以及应用产前诊断技术坚持知情选择。孕妇自行提出进行产前诊断的，经治医师可根据其情况提供医学咨询，由孕妇决定是否实施产前诊断技术。

（二）告知义务

经治医师应本着科学、负责的态度，向孕妇或家属告知产前诊断技术及诊断结果技术的安全性、有效性和风险性，使孕妇或家属理解产前诊断技术可能存在的风险和结果的不确定性。

在发现胎儿异常的情况下，经治医师必须将继续妊娠和终止妊娠可能出现的结果以及进一步处理意见，以书面形式明确告知孕妇，由孕妇夫妻双方自行选择处理方案，并签署知情同意书。若孕妇缺乏认知能力，由其近亲属代为选择。涉及伦理问题的应当提交医学伦理委员会讨论。

（三）产前诊断报告

医疗保健机构出具的产前诊断报告，应当由两名以上经资格认定的执业医师签发。

（四）健全技术档案

开展产前诊断技术的医疗保健机构应当建立健全技术档案管理和追踪观察制度。

五、终止妊娠

《母婴保健法》规定，经产前诊断，有下列情形之一的，医师应当向夫妻双方说明情况，并提出终止妊娠的医学意见：①胎儿患严重遗传性疾病的；②胎儿有严重缺陷的；③因患严重疾病，继续妊娠可能危及孕妇生命安全或者严重危害孕妇健康的。

依照母婴保健法规定施行终止妊娠或者结扎手术，应当经本人同意，并签署意见。本人无行为能力的，应当经其监护人同意，并签署意见；依照规定施行终止妊娠或者结扎手术的，接受免费服务。

六、禁止非医学需要的胎儿性别鉴定

非医学需要的胎儿性别鉴定和选择性别人工终止妊娠是指除经医学诊断胎儿可能为伴性遗传病，需要进行胎儿性别鉴定和选择性别人工终止妊娠以外，所进行的胎儿性别鉴定和选择性别人工终止妊娠。

> **考点提示** 禁止非医学需要的胎儿性别鉴定

《母婴保健法》规定，严禁采用技术手段对胎儿进行性别鉴定，但医学上确有需要的除外。《母婴保健法实施办法》规定，对怀疑胎儿可能为伴性遗传病，需要进行性别鉴定的，由省级卫生行政部门指定的医疗保健机构按照国务院卫生行政部门的规定进行鉴定。

2016年3月28日，原国家卫生和计划生育委员会发布的《关于禁止非医学需要的胎儿性别鉴定和选择性别的人工终止妊娠的规定》指出，禁止任何单位或者个人实施非医学需要的胎儿性别鉴定和选择性别人工终止妊娠。禁止任何单位或者个人介绍、组织孕妇实施非医学需要的胎儿性别鉴定和选择性别人工终止妊娠。

任务 7.4 母婴保健医学技术鉴定

案例导学

2021年10月15日，某区卫生健康综合行政执法支队执法人员对某医院开展日常监督检查，在抽查相关病历档案时发现，患者游某入院记录的初步诊断为：妊娠22^{+2}周孕1产0引产；胎儿畸形（唇腭裂）。该病历档案中有一份游某入院前在该院检查出具的B超报告单，提示为"胎儿唇腭裂"，并无其他医院的诊断证明及检查报告。由于该医院并未取得产前诊断资质，经执法人员调查确认，患者游某的主管医生李某作出的诊断属于产前诊断，该医院存在未经批准擅自从事产前诊断的违法事实。

↳ 【问题思考】

母婴保健医学技术鉴定的内容及意义是什么？

↳ 【任务分配】

通过问题思考、讨论等实践活动，引导学生掌握母婴保健医学技术鉴定的内容及具体要求。

↳ 【知识内容】

一、母婴保健医学技术鉴定的概念

母婴保健医学技术鉴定是指接受母婴保健服务的公民或者提供母婴保健服务的医疗保健机构，对婚前医学检查、遗传病诊断、产前诊断的结果或医学技术鉴定结论持有异议所进行的医学技术鉴定。母婴保健医学技术鉴定工作必须坚持实事求是、尊重科学、公正鉴定、保守秘密的原则。

> 🔵 **考点提示**　母婴保健医学技术鉴定概念

二、医学技术鉴定组织

《母婴保健实施办法》规定，母婴保健医学技术鉴定委员会分为省、市、县三级。母婴保健医学技术鉴定委员会成员应当符合下列任职条件：①县级母婴保健医学技术鉴定委员会成员应当具有主治医师以上专业技术职务；②设区的市级和省级母婴保健医学技术鉴定委员会成员应当具有副主任医师以上专业技术职务。

三、医学技术鉴定的程序

当事人对婚前医学检查、遗传病诊断、产前诊断结果有异议，需要进一步确诊的，可以自接到检查或者诊断结果之日起 15 日内向所在地县级或者设区的市级母婴保健医学技术鉴定委员会提出书面鉴定申请。母婴保健医学技术鉴定委员会应当自接到鉴定申请之日起 30 日内作出医学技术鉴定意见，并及时通知当事人。

当事人对鉴定意见有异议的，可以自接到鉴定意见通知书之日起 15 日内向上一级母婴保健医学技术鉴定委员会申请再鉴定。

母婴保健医学技术鉴定委员会进行医学鉴定时须有 5 名以上相关专业医学技术鉴定委员会成员参加。根据 1995 年卫生部《母婴保健医学技术鉴定管理办法》，参加鉴定人员中与当事人有利害关系的，应当回避。医学技术鉴定委员会成员在发表鉴定意见前，可以要求当事人及有关人员到会陈述理由和事实经过，当事人应当如实回答提出的询问。当事人无正当理由不到会的，鉴定仍可照常进行。医学技术鉴定委员会成员发表医学技术鉴定意见时，当事人应当回避。鉴定委员会成员应当在鉴定结论上署名；不同意见应当如实记录。鉴定委员会根据鉴定结论向当事人出具鉴定意见书。

当事人对鉴定结论有异议的，可在接到《母婴保健医学技术鉴定证明》之日起 15 日内向上一级母婴保健医学技术鉴定委员会申请重新鉴定。省级医学技术鉴定委员会的医学技术鉴定结论，为最终鉴定结论。

任务 7.5　法律责任

【问题思考】

违反母婴保健规定涉及的法律责任是什么？

【任务分配】

通过问题思考、讨论等实践活动，引导学生掌握违反母婴保健规定涉及的法律责任及处罚方式。

【知识内容】

一、擅自从事母婴保健技术服务的法律责任

《母婴保健法》规定，未取得国家颁发的有关合格证书，有下列行为之一的，县级以上地方人民政府卫生行政部门应当予以制止，并可根据情节给予警告或者处以罚款：①从事婚前医学检查、遗传病诊断、产前诊断或者医学技术鉴定的；②施行终止妊娠手术的；③出具本法规定的有关医学证明的。同时，违法出具的医学证明视为无效。

《母婴保健法实施办法》规定，医疗保健机构或者人员未取得母婴保健技术许可，擅自从事婚前医学检查、遗传病诊断、产前诊断、终止妊娠手术和医学技术鉴定或者出具有关医学证明的，由卫生行政部门给予警告，责令停止违法行为，没收违法所得；违法所得5000元以上的，并处违法所得3倍以上5倍以下的罚款；没有违法所得或者违法所得不足5000元的，并处5000元以上2万元以下的罚款。

《母婴保健法》规定，未取得国家颁发的有关合格证书，施行终止妊娠手术或者采取其他方法中止妊娠，致人死亡、残疾、丧失或者基本丧失劳动能力的，依照刑法有关规定追究刑事责任。《刑法》第三百三十六条规定，未取得医生执业资格擅自为他人行节育复通手术、假节育手术、终止妊娠手术或者摘取宫内节育器，情节严重的，处3年以下有期徒刑、拘役或者管制，并处或者单处罚金；严重损害就诊人身体健康的，处3年以上10年以下有期徒刑，并处罚金；造成就诊人死亡的，处10年以上有期徒刑，并处罚金。

二、出具虚假医学证明文件的法律责任

《母婴保健法》规定，从事母婴保健工作的人员违反本法规定，出具有关虚假医学证明文件的，由医疗保健机构或者卫生行政部门根据情节给予行政处分；情节严重的，依法取消执业资格。

《母婴保健法实施办法》规定，从事母婴保健技术服务的人员出具虚假医学证明文件的，依法给予行政处分；有下列情形之一的，由原发证部门撤销相应的母婴保健技术执业资格或者医师执业证书：①因延误诊治，造成严重后果的；②给当事人身心健康造成严重后果的；③造成其他严重后果的。

三、违反规定进行胎儿性别鉴定的法律责任

《母婴保健法》规定，从事母婴保健工作的人员违反本法规定进行胎儿性别鉴定的，由医疗保健机构或者卫生行政部门根据情节给予行政处分；情节严重的，依法取消执业资格。

《母婴保健法实施办法》规定，违反规定进行胎儿性别鉴定的，由卫生行政部门给予警告，责令停止违法行为；对医疗、保健机构直接负责的主管人员和其他直接责任人员依法给予行政处分。进行胎儿性

别鉴定两次以上的或者以营利为目的进行胎儿性别鉴定的，并由原发证机关撤销相应的母婴保健技术执业资格或者医师执业证书。

> **考点提示**　违反母婴保健规定的法律责任

↘ 项目小结

母婴保健法律制度	学习要点
概念	婚前医学检查、产前诊断、母婴保健医学技术鉴定
范围	母婴保健技术服务内容范围
内容	婚前检查内容、孕产期保健服务的内容、产前诊断内容、母婴保健医学技术鉴定内容
禁止	禁止非医学需要的胎儿性别鉴定、医疗保健机构和医务人员不得实施任何非医疗目的的产前诊断技术
法律	擅自从事母婴保健技术服务的法律责任、出具虚假医学证明文件的法律责任、违反母婴保健有关规定的法律责任

重点笔记

↘ 直通考证

一、单项选择题

1. 医疗技术鉴定实行回避制度，下列哪种关系可不回避？（　　）
    A. 父母　　　　　　　B. 岳父母　　　　　　C. 同学　　　　　　D. 兄妹

2. 《母婴保健法》规定孕产期保健不包括（　　）。
    A. 母婴保健指导　　B. 胎儿保健　　　　　C. 儿童预防接种　　　D. 孕产妇保健

3. 下列属于《中华人民共和国母婴保健法》的立法目的的是（　　）。
    A. 保障母亲和婴儿健康、提高出生人口素质
    B. 控制人口数量
    C. 母亲安全　儿童优先
    D. 加强妇幼卫生管理

4. 母婴保健医学技术鉴定委员会进行医学鉴定时须有（　　）名以上成员参加。
    A. 3　　　　　　　　　B. 4　　　　　　　　　C. 5　　　　　　　　D. 6

5. 母婴保健工作人员出具虚假医学证明，即使未造成严重后果，仍应承担一定的法律责任。该法律责任是（　　）。
    A. 暂停执业　　　　B. 行政处分　　　　　C. 吊销执业证书　　　D. 通报批评

6. 医师王某从国外学成归来，拟从事遗传病诊断工作。对于医师王某能从事该工作，颁发证书的部门是（　　）。

  A. 县级卫生行政部门　　　　　　　　B. 市级卫生行政部门

  C. 省级卫生行政部门　　　　　　　　D. 医学会

7. 刘某有家族遗传病史，怀孕后担心胎儿健康，到某医疗机构进行遗传病诊断。后因医疗纠纷被投诉至卫生监督机构。经查，该医疗机构未取得遗传病诊断资质。根据规定，负责遗传病诊断许可的卫生行政部门是（　　）。

  A. 县级卫生行政部门　　　　　　　　B. 设区的市级卫生行政部门

  C. 各级卫生行政部门　　　　　　　　D. 省级卫生行政部门

8. 医疗保健机构提供的孕产期保健服务的内容包括（　　）。

  A. 孕产妇保健、胎儿保健

  B. 胎儿保健、新生儿保健

  C. 孕产妇保健、胎儿保健、新生儿保健

  D. 孕产妇保健、胎儿保健、新生儿保健、母婴保健指导

9.《母婴保健法》自（　　）起施行。

  A. 1994 年 10 月 27 日　　　　　　　B. 1995 年 6 月 1 日

  C. 1992 年 10 月 27 日　　　　　　　D. 1993 年 6 月 1 日

10. 经产前检查，医师发现或者怀疑胎儿异常的，应当对孕妇进行（　　）。

  A. 终止妊娠　　　　B. 产前诊断　　　　C. 结扎　　　　D. 输血

二、简答题

1. 哪些情况应该对孕妇进行产前诊断？

2. 出具虚假医学证明文件应承担何种法律责任？

三、案例分析题

2015 年 2 月，黄某在某妇幼保健院进行三维/四维彩色超声产前检查，检查报告单中描述所见的内容显示胎儿未发现异常，但黄某于 5 月产下的女婴却右耳畸形且无外耳道。黄某认为，医务人员进行四维超声检查时，未予以特别注意，违反诊断常规，未能及时检查出胎儿存在右耳畸形且无外耳道，导致自己丧失了知情权及对畸形胎儿终止妊娠的选择权，故具状诉至法院请求赔偿。

另有罗某、林某声称，某医院在对罗某进行产检过程中，未尽到与当时医疗水平相应的诊疗义务，未能及时发现患儿罹患先天性心脏病，侵犯了罗某、林某的"优生优育选择权""知情选择权"等权利。某医院辩称，对于本案所涉的患儿先心病，不属于医方所行使的产前筛查所必须查出的疾病范围。患儿所患的先天性心脏病，不属于卫生部要求必检的六项重大畸形。此外，患儿所患的先天性心脏病也跟医方的诊疗无因果关系。一审法院认为，妇幼保健院在产前超声检查通知同意告知书的告知内容不明确、不充分，没有进行Ⅲ级产前超声检查，存在过错。但考虑涉案胎儿大血管畸形经产前超声检查诊断在技术上存在一定难度，且医学是一门专门性的自然科学，很多医学问题尚处于反复探索和验证之中，远不能穷尽一切医学真理，产前超声检查虽在现代临床医学中得到了广泛应用，但仍存在一定的局限性，故结合鉴定意见，一审法院认定过错行为对罗某、林某权利侵害的关联度为 50%。据此，一审法院判决妇幼保健院支付赔偿款 6 万余元。

【讨论】

案例中纠纷点主要在哪里？法院判决是否合理？

↘ 任务评价

评价维度	评价内容及要求	评价主体				平均分	测评总分
		学生本人	组员间	组长	任课教师/临床导师		
素质考核（30分）	职业素质：清理用物，整理场地，责任意识（10分）						
	创新精神：探索新知、勇于质疑、敢于承担的表现（10分）						
	团队合作：大局观、与人合作互助的表现（10分）						
知识考核（30分）	在线资源学习进度成绩（5分）						
	思维导图成绩（5分）						
	课前线上测试成绩（10分）						
	课后线上测试成绩（10分）						
能力考核（40分）	理论联系实际（12分）						
	归纳和总结、学以致用能力（4分）						
	临床思维能力（案例分析）（8分）						
	课后调查报告（8分）						
	互动沟通能力（8分）						

项目 8
中医药法律制度

▶▶▶

项目 8 课件

学习目标

　　1.知识目标：掌握中医药法律制度中有关中医医疗机构、从业人员、中药生产和经营的管理规定；熟悉中医药的概念、组成、特点和立法；了解中医药的发展。

　　2.能力目标：能运用基本理论分析、解决实践中存在的法律法规问题；能运用卫生法律法规知识改善、处理医患人际关系；能在职业活动中使用法律保护医疗对象和自身的权益。

　　3.素质目标：具有勤奋学习的态度，严谨求实的工作作风；具有博大爱心和高度责任感；具有科学的思辨能力；具有良好的口头表达能力、人际沟通能力。

任务 8.1　概　述

案例导学

　　2020 年 10 月 3 日，某区卫生健康委接到该区市场监督管理分局移送的案件：某大药房涉嫌无证行医。执法人员经现场调查发现：1.该大药房有营业执照（名称：某大药房；投资人：原某；经营范围：中药饮片）；2.该大药房东北侧桌子上放有 47 张中药饮片处方，开具人为刘某，开具时间自 2020 年 9 月 1 日至 2020 年 9 月 30 日，处方笺抬头标识为"某市基本医疗保险专用处方"；3.该大药房现场不能出示医疗机构执业许可证或中医诊所备案证；4.处方开具人刘某持有医师资格证书（类别：中医；发证日期：1999 年 5 月 1 日）和医师执业证书（执业范围：中医专业；执业地点：某市中西医结合医院；签发日期：2017 年 1 月 20 日）。

↩【问题思考】

中医药的组成是什么？

↩【任务分配】

通过问题思考、讨论等实践活动，引导学生熟悉中医药的特点，了解中医药的历史发展。

人类在漫长发展进程中创造了丰富多彩的世界文明。中华文明是世界文明多样性、多元化的重要组成部分。中医药作为中华文明的杰出代表，是中国各族人民在几千年生产生活实践中与疾病作斗争的过程中逐步形成并不断丰富发展的医学科学，不仅为中华民族繁衍昌盛作出了卓越贡献，也对世界文明进步产生了积极影响。

中医药在历史发展进程中，兼容并蓄、创新开放，形成了独特的生命观、健康观、疾病观、防治观，实现了自然科学与人文科学的融合统一，蕴含着中华民族深邃的哲学思想。随着人们健康观念的变化和医学模式的转变，中医药越来越显示出独特价值。

一、中医药的概述

（一）中医药的概念

中医药是指包括汉族和少数民族医药在内的我国各民族医药的统称，是反映中华民族对生命、健康和疾病的认识，具有悠久历史传统和独特理论及技术方法的医药学体系。

中医药有着不同于西医药的自身发展规律，具有独特的理论体系和特点，两者是两个不同的医学体系，在理论基础、基本理念、诊疗方法、传承模式等方面存在一定区别。中医药的起源和形成，与我国人民长期的劳动生活、生产实践密不可分。中医药有着几千年的历史，是农耕文明的产物；而近现代西医药是工商业文明的产物，有着几百年历史。

（二）中医药的组成

《中华人民共和国宪法》第二十一条规定："国家发展医疗卫生事业，发展现代医药和我国传统医药。"这里的传统医药，包括汉族中医药、民间医药和少数民族医药三个组成部分。

民族地区有着独特的自然条件和生活习俗，长期实践形成了对某些疾病独特的治疗经验。如高寒地区专长于治疗风湿病，鄂伦春族对冻伤有独特治疗方法，草原游牧民族则善治跌打损伤和脑震荡等。民族医药的开发涉及的民族和地区十分广泛，产品剂型多种多样。《中医药法》规定，国家采取措施，加大对少数民族医药传承创新、应用发展和人才培养的扶持力度，加强少数民族医疗机构和医师队伍建设，促进和规范少数民族医药事业发展。

我国 55 个少数民族中，有 30 多个民族拥有自己民族的医药。但各民族医药发展状况极不平衡，目前，藏、蒙古、维吾尔、傣、朝鲜、壮、哈萨克等 7 种民族医药已经纳入国家医师资格考试体系。

《中共中央 国务院关于卫生改革与发展的决定》指出，各民族医药是中华民族传统医药的组成部分，要努力发掘、整理、总结、提高，充分发挥其保护各族人民健康的作用。

 思政高地

中医药发展——民族自信的千年传承

中医药的历史沿革是一部镌刻着民族智慧与自信的文明长卷。先秦时期，《黄帝内经》奠定"阴阳五行""整体观"的理论根基，开创了独特的医学范式，彰显了古人对生命认识的原创智慧。汉代，《神农本草经》系统总结药物知识。张仲景《伤寒杂病论》确立辨证施治原则，推动中医药从经验积累走向理论成熟。唐宋至明清，中医药持续精进：孙思邈《千金方》集临床大成，李时珍《本草纲目》历时二十七载，考订药物 1892 种，成为世界医药巨典。在这千年间，中医药未因外界冲击而中断，始终以自主体系守护民族健康，凝练出"治未病""天人合一"的健康理念，成为中华文化生生不息的鲜活见证。近代以来，面对西医冲击，中医药既坚守内核又兼容并蓄。当代，

《中医药法》夯实传承根基，通过现代科技解码针灸机理、研发中药新药，使古老智慧焕发新生，中医药始终以中华民族独创的医学体系守护健康、屹立于世；这份历经时光淬炼的生命力，正是民族自信最深厚的注脚。

（三）中医药的特点

在数千年的发展过程中，中医药不断吸收和融合各个时期先进的科学技术和人文思想，不断创新发展，理论体系日趋完善，技术方法更加丰富，形成了鲜明的特点。

1. 重视整体　中医认为人与自然、人与社会是一个相互联系、不可分割的统一体，人体内部也是一个有机整体。重视自然环境和社会环境对健康与疾病的影响，认为精神与形体密不可分。强调生理和心理的协同关系，重视生理与心理在健康与疾病中的相互影响。

2. 注重"平"与"和"　中医强调和谐对健康具有重要作用，认为人的健康在于各脏腑功能和谐协调，情志表达适度中和，并能顺应不同环境的变化，其根本在于阴阳的动态平衡。疾病的发生，本质上是在内、外因素作用下，人的整体功能失去了动态平衡。维护健康就是维护人的整体功能动态平衡，治疗疾病就是使失去动态平衡的整体功能恢复到协调与和谐状态。

3. 强调个体化　中医诊疗强调因人、因时、因地制宜，体现为"辨证论治"。"辨证"，就是将四诊（望、闻、问、切）所采集的症状、体征等个体信息，通过分析、综合，判断为某种证候。"论治"，就是根据辨证结果确定相应治疗方法。中医诊疗着眼于"病的人"而不仅是"人的病"，着眼于调整致病因子作用于人体后整体功能失调的状态。

4. 突出"治未病"　中医"治未病"的核心体现在"预防为主"，重在"未病先防、既病防变、瘥后防复"。中医强调生活方式和健康有着密切关系，主张以养生为要务，认为可通过情志调摄、劳逸适度、膳食合理、起居有常等，也可根据不同体质或状态给予适当干预，以养神健体，培育正气，提高抗邪能力，从而达到保健和防病作用。

5. 使用简便　中医诊断主要由医生自主通过望、闻、问、切等方法收集患者资料，不依赖于各种复杂的仪器设备。中医干预既有药物疗法，也有针灸、推拿、拔罐、刮痧等非药物疗法。许多非药物疗法不需要复杂器具，其所需器具（如小夹板、刮痧板、火罐等）往往可以就地取材，易于推广使用。

> **考点提示**　中医药的概念、组成、特点

二、中医药的发展

（一）中医药的历史发展

在远古时代，中华民族的祖先就发现了一些动植物可以解除病痛，慢慢地积累了一些用药知识。随着人类的进化，他们开始有目的地寻找防治疾病的药物和方法，所谓"神农尝百草""药食同源"，就是当时的真实写照。夏代（约公元前 2070—前 1600）酒和商代（公元前 1600—前 1046）汤液的发明，为提高用药效果提供了帮助。进入西周时期（公元前 1046—前 771），开始有了食医、疾医、疡医、兽医的分工。春秋战国（公元前 770—前 221）时期，扁鹊总结前人经验，提出"望、闻、问、切"四诊合参的方法，奠定了中医临床诊断和治疗的基础。秦汉时期（公元前 221—公元 220）的中医典籍《黄帝内经》，系统论述了人的生理、病理、疾病以及"治未病"和疾病治疗的原则及方法，由此确立了中医学的思维模式，标志着中医从单纯的临床经验积累发展到系统理论总结阶段，形成了中医药理论体系框架。东汉时期，张仲景的《伤寒杂病论》，提出了外感热病（包括温疫等传染病）的诊治原则和方法，论述了内伤杂病的病因、病证、诊法、治疗、预防等辨证规律和原则，确立了辨证论治的理论和方法体系。同时期的《神农本草经》，概括论述了君臣佐使、七情合和、四气五味等药物配伍和药性理论，对于合理处

方、安全用药、提高疗效具有十分重要的指导作用，为中药学理论体系的形成与发展奠定了基础。东汉末年，华佗创制了麻醉剂"麻沸散"，开创了麻醉药用于外科手术的先河。西晋时期（265—317），皇甫谧的《针灸甲乙经》，系统论述了有关脏腑、经络等理论，初步形成了经络、针灸等理论。唐代（618—907），孙思邈提出的"大医精诚"，体现了中医对医道精微、心怀至诚、言行诚谨的追求，是中华民族高尚的道德情操和卓越的文明智慧在中医药中的集中体现，是中医药文化的核心价值理念。明代（1368—1644），李时珍的《本草纲目》，在世界上首次对药用植物进行了科学分类，创新发展了中药学的理论和实践，是一部药物学和博物学巨著。清代（1644—1911），叶天士的《温热论》，提出了温病和时疫的防治原则及方法，形成了中医药防治温疫（传染病）的理论和实践体系。清代中期以来，特别是民国时期，随着西方医学的传入，一些学者开始探索中西医药学的汇通、融合。

（二）中医药的创新发展

传承创新发展中医药是新时代中国特色社会主义事业的重要内容。

2019 年 5 月，第 72 届世界卫生大会通过了包含起源于中国的传统医学的《国际疾病分类第十一次修订本（ICD-11）》，中医药正式接入国际主流医学这一分类体系，传统医学国际疾病分类项目中，建立了以中医药为基础，兼顾日本、韩国传统医学的病证分类体系。这一里程碑式成果对推动中医药国际化步伐具有划时代意义，为中医药进入发达国家医疗卫生体系奠定了基础。

 **知识链接**

> #### 《国际疾病分类第十一次修订本（ICD-11）》增加了传统医学内容
>
> 　　《国际疾病分类》是世卫组织制定颁布的、国际统一的疾病分类标准，是确定全球卫生趋势和统计数据的基础，其中含有约 5.5 万个与损伤、疾病以及死因有关的独特代码，使卫生专业人员能够通过一种通用语言来交换世界各地的卫生信息。在世卫组织牵头组织和技术指导下，在中国与相关国家的通力合作下，《国际疾病分类第十一次修订本（ICD-11）》最终建立了以中医药为基础，兼顾日、韩传统医学内容的病证分类体系，推动了传统医学 150 条疾病和 196 条证候条目纳入《国际疾病分类第十一次修订本（ICD-11）》传统医学章节。这是中国政府和中医专家历经 10 余年持续努力取得的宝贵成果，标志着以世卫组织为代表的整个国际公共卫生系统对传统医学价值的认可，同时也是对中医药在中国、在国际上应用越来越多这一现实的认可，对中医药发展具有里程碑意义。

2019 年 10 月 20 日，《中共中央 国务院关于促进中医药传承创新发展的意见》由中共中央、国务院发布实施。该意见从健全中医药服务体系、发挥中医药在维护和促进人民健康中的独特作用、大力推动中药质量提升和产业高质量发展、加强中医药人才队伍建设、促进中医药传承与开放创新发展、改革完善中医药管理体制机制等六个方面提出了 20 条意见，对新时代新形势下我国中医药传承创新发展起到了指导和推动作用。

同时，也应看到，中西医并重方针仍需全面落实，遵循中医药规律的治理体系亟待健全，中医药发展基础和人才建设还比较薄弱，中药材质量良莠不齐，中医药传承不足、创新不够、作用发挥也不充分，迫切需要深入实施中医药法，采取有效措施解决以上问题，切实把中医药这一宝贵财富继承好、发展好、利用好。

三、中医药的立法

中华人民共和国成立以来，党和国家高度重视中医药在保障人民健康方面的重要作用，制定了一系列政策措施，明确了中医药在我国卫生事业发展中的地位和作用，推动中医药事业发展取得了显著成就。1954 年中共中央在批准中央文委党组《关于改进中医工作的报告》中指出，团结中西医，正确地发挥中医的力量为人民保健事业服务，要大力号召和组织西医学习中医。1982年《宪法》规定，国家发展医疗卫生事业，发展现代医药和我国传统医药。这从根本上确立了中医药的法律地位，为中医药的发展和法律制度的建设提供了根本法律依据。2003年国务院颁布了《中华人民共和国中医药条例》。为了继承和弘扬中医药，保障和促进中医药事业发展，保护人民健康，2016年12月25日第十二届全国人大常委会第二十五次会议通过了《中华人民共和国中医药法》（简称《中医药法》），自2017年7月1日起施行。这是我国第一部全面、系统地体现中医药特点的综合性法律，它的颁布实施为继承和弘扬中医药、促进中医药事业健康发展提供了有力的法律支撑。

2020年7月，为指导中医药监督执法人员依法开展中医药监督工作，保障《中医药法》和相关配套文件的贯彻落实，规范中医药服务有序开展，国家中医药管理局印发了《中医药服务监督工作指南（试行）》。

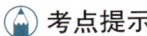 **考点提示**　中医药的立法

任务 8.2　中医管理法律制度

↘【问题思考】

中医诊所管理的重要意义是什么？

↘【任务分配】

通过问题思考、讨论等实践活动，引导学生掌握中医管理法律制度。

↘【知识内容】

一、中医医疗机构

（一）中医医疗机构的概念

中医医疗机构是指依法取得医疗机构执业许可证的中医、中西医结合的医院、门诊部、诊所及其他能够提供中医医疗服务的卫生机构。

国家支持社会力量举办中医医疗机构。社会力量举办的中医医疗机构在准入、执业、基本医疗保险、科研教学、医务人员职称评定等方面享有与政府举办的中医医疗机构同等的权利。举办中医医疗机构应当按照国家有关医疗机构管理的规定办理审批手续，并遵守医疗机构管理的有关规定。

（二）中医医院的管理

《全国中医医院工作条例（试行）》第一条规定，中医医院是运用中医中药防治疾病，保障人民健康的社会主义医疗卫生事业单位，必须贯彻执行党的卫生工作方针和中医政策，为社会主义现代化建设服务。

1.工作制度　《中医药法》规定，开展中医药服务，应当以中医药理论为指导，运用中医药技术方法，并符合国务院中医药主管部门制定的中医药服务基本要求。中医院必须以中医中药为主，体现中医药的特色与优势。医疗工作必须以四诊八纲，理、法、方、药，辨证论治为指导，并积极采用现代科学技术，不断提高诊治水平。

2. 科室设置和编制管理　《全国中医医院工作条例（试行）》规定，中医医院的编制，可按病床与工作人员 1∶1.4 ～ 1∶1.8 计算。病床数与门诊量按 1∶3 计算，每增减 100 门诊人次，可增减 6 ～ 8 人，或比同级西医综合医院的编制高 15% ～ 18%，以保证中医、中药、临床、科研工作的需要。

微课：
中医药管理立法

3. 中药药剂管理　根据《中药调剂室工作制度（试行）》和《中药库管理制度（试行）》的规定，中药药剂管理要做到：①中药加工炮制、贮藏保管、调剂煎熬配方必须遵守操作规程和规章制度，保证药品质量；②坚持使用中药为主的前提下，应该以饮片为主、中成药为辅；③重治轻补，严格中成药购销；④创造条件，开展中药剂型改革。

（三）中医专科的管理

综合医院的中医专科和专科医院的中医科是中医医疗体系中的一个重要组成部分，也是继承与发扬中医药学不可忽视的力量。

《中医药法》规定，政府举办的综合医院、妇幼保健机构和有条件的专科医院、社区卫生服务中心、乡镇卫生院，应当设置中医药科室。《关于切实加强综合医院中医药工作的意见》和《关于加强中医专科建设的通知》指出，中医科的地位和作用，在医院内与其他各科同样重要。中医科在诊断、治疗、护理、病历书写、病房管理等环节，要保持和发扬中医特色。中医病床一般应占医院病床总数的 5% ～ 10%。

（四）中医诊所备案管理

《中医药法》规定，举办中医诊所的，将诊所的名称、地址、诊疗范围、人员配备情况等报所在地县级人民政府中医药主管部门备案后即可开展执业活动。

中医诊所应当将本诊所的诊疗范围、中医医师的姓名及其执业范围在诊所的明显位置公示，不得超出备案范围开展医疗活动。

> 🔘 **考点提示**　中医诊所的管理

（五）中医医疗机构仪器设备管理

《全国中医医院医疗设备标准（试行）》和《中医机构仪器设备管理暂行办法》规定，中医机构应成立由领导、专家和管理人员组成的管理委员会，对本单位大型精密贵重仪器设备工作进行业务指导。

中医机构的一般医疗设备仪器，原则上不低于同级西医机构仪器的标准。遵照"充分论证、统筹安排、重点装备、综合平衡"的原则，根据中医机构的任务、规模、技术力量、专业特长和财力，首先装备常规需要的基本设备，然后再考虑高精尖设备，做到有计划、有步骤地更新。具体要求：①实行统一领导，归口管理，分级负责；②建立管理档案，保证设备完好运转；③对大型精密仪器的使用，按照专管专用的原则，充分发挥仪器设备的社会效益和经济效益；④逐步完善管理制度，提高使用率。

二、中医从业人员

（一）中医从业人员的资格

中医从业人员是指具备中医医学专业学历，取得医师资格并经注册，在中医医疗机构、中医院校、中医科研单位、综合医院从事中医专科工作的医务人员，以及未取得医学专业学历，以师承方式学习传统医学或者经多年实践医术确有专长，并按照卫生行政部门的规定经过注册取得执业证书的人员。

《中医药法》规定，从事中医医疗活动的人员应当依照《医师法》的规定，通过中医医师资格考试取得中医医师资格，并进行执业注册。中医医师资格考试的内容应当体现中医药特点。

（二）中医从业人员的配备

中医医疗机构配备医务人员应当以中医药专业技术人员为主，主要提供中医药服务；经考试取得医师资格的中医医师，按照国家有关规定，经培训、考核合格后，可以在执业活动中采用与其专业相关的现代科学技术方法。在医疗活动中采用现代科学技术方法的，应当有利于保持和发挥中医药特色和优势。

社区卫生服务中心、乡镇卫生院、社区卫生服务站，以及有条件的村卫生室应当合理配备中医药专业技术人员，并运用和推广适宜的中医药技术方法。

（三）中医医术确有专长人员医师资格考核注册管理

为做好中医医术确有专长人员医师资格考核注册管理工作，2017 年 11 月 10 日，国家卫生计生委发布了《中医医术确有专长人员医师资格考核注册管理暂行办法》。

1. 中医医术确有专长人员医师资格考核申请　以师承方式学习中医或者经多年实践，医术确有专长的人员，可以申请参加中医医术确有专长人员医师资格考核。

（1）申请条件　以师承方式学习中医的，申请参加医师资格考核应当同时具备下列条件：①连续跟师学习中医满 5 年，对某些病证的诊疗，方法独特、技术安全、疗效明显，经指导老师评议合格；②由至少两名中医类别执业医师推荐，推荐医师不包括其指导老师。

经多年中医医术实践确有专长的人员，申请参加医师资格考核应当同时具备下列条件：①具有医术渊源，在中医医师指导下从事中医医术实践活动满 5 年或者《中医药法》施行前已经从事中医医术实践活动满 5 年的；②对某些病证的诊疗，方法独特、技术安全、疗效明显，并得到患者的认可；③由至少两名中医类别执业医师推荐。

以师承方式学习中医的人员，其指导老师应当具有中医类别执业医师资格，从事中医临床工作 15 年以上或者具有中医类副主任医师以上专业技术职务任职资格。指导老师同时带徒不超过 4 名。推荐医师应当为被推荐者长期临床实践所在省、自治区、直辖市相关专业中医类别执业医师。

> 🔵 **考点提示**　中医医术确有专长人员医师资格考核注册管理

（2）提交材料　申请参加中医医术确有专长人员医师资格考核的，应当提交以下材料：①国家中医药管理局统一式样的《中医医术确有专长人员医师资格考核申请表》；②本人有效身份证明；③中医术专长综述，包括医术的基本内容及特点描述、适应证或者适用范围、安全性及有效性的说明等，以及能够证明医术专长确有疗效的相关资料；④至少两名中医类别执业医师的推荐材料；⑤以师承方式学习中医的，还应当提供跟师学习合同、学习笔记、临床实践记录等连续跟师学习中医满 5 年的证明材料，以及指导老师出具的跟师学习情况书面评价意见、出师结论；经多年中医医术实践的，还应当提供医术渊源的相关证明资料，以及长期临床实践所在地县级以上中医药主管部门或者所在居委会、村委会出具的从事中医医术实践活动满 5 年证明，或者至少 10 名患者的推荐证明。

2. 中医医术确有专长人员医师资格考核发证　中医医术确有专长人员医师资格考核实行专家评议方式，通过现场陈述问答、回顾性中医医术实践资料评议、中医药技术方法操作等形式对实践技能和效果进行科学量化考核。根据考核者使用的中医药技术方法分为内服方药和外治技术两类进行考核。经综合评议后，考核专家对参加考核者作出考核结论，并对其在执业活动中能够使用的中医药技术方法和具体治疗病证的范围进行认定。考核合格者，由省级中医药主管部门颁发《中医（专长）医师资格证书》。

3. 中医医术确有专长人员医师资格考核组织　省级中医药主管部门组织本省、自治区、直辖市区域内中医医术确有专长人员医师资格考核。每年定期组织中医医术确有专长人员医师资格考核，考核时间应当提前 3 个月向社会公告。

4. 中医（专长）医师执业注册　中医（专长）医师实行医师区域注册管理。取得《中医（专长）医师资格证书》者，应当向其拟执业机构所在地县级以上地方中医药主管部门提出注册申请，经注册后取得《中医（专长）医师执业证书》。

中医（专长）医师按照考核内容进行执业注册，执业范围包括其能够使用的中医药技术方法和具体治疗病证的范围。中医（专长）医师在其考核所在省级行政区域内执业。中医（专长）医师跨省执业的，须经拟执业所在地省级中医药主管部门同意并注册。取得《中医（专长）医师执业证书》者，即可在注册的执业范围内，以个人开业的方式或者在医疗机构内从事中医医疗活动。

5. 中医（专长）医师监督管理　国家中医药管理局负责全国中医医术确有专长人员医师资格考核及执业工作的管理。省级中医药管理部门负责本行政区域内取得医师资格的中医医术确有专长人员执业管理。县级中医药主管部门负责对本行政区域内中医（专长）医师执业行为的监督检查，重点对其执业范围、诊疗行为以及广告宣传等进行监督检查。中医（专长）医师应当参加定期考核，每两年为一个周期。

中医（专长）医师通过学历教育取得省级以上教育行政部门认可的中医专业学历的，或者执业时间满 5 年、其间无不良执业记录的，可以申请参加中医类别执业医师资格考试。

三、中西医结合

《中医药法》规定，国家大力发展中医药事业，实行中西医并重的方针。国家鼓励中医西医相互学习，相互补充，协调发展，发挥各自优势，促进中西医结合。

中西医结合是从我国卫生事业和临床实践出发，由学贯中西医的医务人员，将中医药知识与方法和西医药知识与方法结合起来，取中、西医二法之长，以达到更好的防病治病效果的一种与中医、西医并立的医疗技术方法。中西医结合是中、西医学的交叉领域，是我国卫生事业独创的工作方式。《中医药发展战略规划纲要（2016—2030 年）》提出，运用现代科学技术，推进中西医资源整合、优势互补、协同创新。加强中西医结合创新研究平台建设，强化中西医临床协作，开展重大疑难疾病中西医联合攻关，形成独具特色的中西医结合诊疗方案，提高重大疑难疾病、急危重症的临床疗效。探索建立和完善国家重大疑难疾病中西医协作工作机制与模式，提升中西医结合服务能力。积极创造条件建设中西医结合医院。完善中西医结合人才培养政策措施，建立更加完善的西医学习中医制度，鼓励西医离职学习中医，加强高层次中西医结合人才培养。

任务 8.3　中药管理法律制度

▶【问题思考】

中药生产与经营要求有哪些?

▶【任务分配】

通过问题思考、讨论等实践活动，引导学生掌握中药管理法律制度。

▶【知识内容】

一、中药的概念

中药是指在中医理论指导下，运用传统的独特方法进行加工炮制并用于疾病的预防、诊断和治疗，有明确适应证和用法、用量的植物、动物和矿物质及其天然加工品等，包括中药材、中药饮片和中成药。

1. 中药材　中药材的来源分为药用植物、动物、矿物类。大部分中药材源于植物，药用部位有根、茎、叶、花、果实、种子、皮等。药用动物来自动物的骨、胆、结石、皮、肉及脏器。矿物类药材包括可供药用的天然矿物、矿物加工品，以及动物的化石等，如朱砂、石膏、红粉、轻粉、雄黄等。

2. 中药饮片　中药饮片是指以中医药理论为指导，对中药材经净选、切片或进行特殊炮制后具有一定规格的制成品。

3. 中成药　中成药是指在中医药理论指导下，经过临床运用证实其疗效确切、应用广泛的处方、验方或秘方，获得国家药品监督管理部门批准，以中医处方为依据，中药饮片为原料，按照规定的生产工艺和质量标准制成一定剂型、质量可控、安全有效、可批量生产的中药成方制剂。中成药剂型由过去的丸、散、膏、丹等粗放制作发展到片剂、冲剂、胶囊，以及包括滴丸、贴膜、气雾剂和注射剂等各种剂型。

> 🔵 **考点提示**　中药概念及分类

二、中药的生产

（一）中药材的生产

1. 中药材种植养殖、采集、贮存和初加工　《中医药法》规定，国家制定中药材种植养殖、采集、贮存和初加工的技术规范、标准，加强对中药材生产流通全过程的质量监督管理，保障中药材质量安全。国家鼓励发展中药材规范化种植养殖，严格管理农药、肥料等农业投入品的使用，禁止在中药材种植过程中使用剧毒、高毒农药，支持中药材良种繁育，提高中药材质量。

2. 道地药材保护　道地中药材是指经过中医临床长期应用优选出来的，产在特定地域，与其他地区所产同种中药材相比，品质和疗效更好，且质量稳定，具有较高知名度的中药材。《中医药法》规定，国家建立道地中药材评价体系，支持道地中药材品种选育，扶持道地中药材生产基地建设，加强道地中药材生产基地生态环境保护，鼓励采取地理标志产品保护等措施保护道地中药材。

3. 中药材质量检测　国务院药品监督管理部门应当组织并加强对中药材质量的监测，定期向社会公布监测结果。国务院有关部门应当协助做好中药材质量监测有关工作。采集、贮存中药材，以及对中药材进行初加工，应当符合国家有关技术规范、标准和管理规定。

4. 野生动植物资源保护与利用　国家保护药用野生动植物资源，对药用野生动植物资源实行动态监测和定期普查，建立药用野生动植物资源种质基因库，鼓励发展人工种植养殖，支持依法开展珍贵、濒危药用野生动植物的保护、繁育及其相关研究。

5. 自种、自采地产中药材管理　在村医疗机构执业的中医医师、具备中药材知识和识别能力的乡村医生，按照国家有关规定可以自种、自采地产中药材，并在其执业活动中使用。

（二）中药饮片的生产

《中医药法》规定，国家保护中药饮片传统炮制技术和工艺，支持应用传统工艺炮制中药饮片，鼓励运用现代科学技术开展中药饮片炮制技术研究。对市场上没有供应的中药饮片，医疗机构可以根据本医疗机构医师处方的需要，在本医疗机构内炮制、使用。医疗机构应当遵守中药饮片炮制的有关规定，对其炮制的中药饮片的质量负责，保证药品安全。医疗机构炮制中药饮片，应当向所在地设区的市级人民政府药品监督管理部门备案。根据临床用药需要，医疗机构可以凭本医疗机构医师的处方对中药饮片进行再加工。

（三）中药新药的研制和生产

国家鼓励和支持中药新药的研制和生产。国家保护传统中药加工技术和工艺，支持传统剂型中成药的生产，鼓励运用现代科学技术研究开发传统中成药。国家鼓励医疗机构根据本医疗机构临床用药需要配制和使用中药制剂，支持应用传统工艺配制中药制剂，支持以中药制剂为基础研制中药新药。

三、中药的经营

《中医药法》规定，国家鼓励发展中药材现代流通体系，提高中药材包装、仓储等技术水平，建立中药材流通追溯体系。药品生产企业购进中药材应当建立进货查验记录制度。中药材经营者应当建立进货查验和购销记录制度，并标明中药材产地。

《药品管理法》规定，药品经营企业销售中药材，应当标明产地。城乡集市贸易市场不得出售中药材以外的药品，但持有药品经营许可证的药品零售企业在规定的范围内可以在城乡集市贸易市场设点出售中药材以外的药品。

（一）质量管理

《中药商业质量管理规范（试行）》规定，中药经营企业应建立质量管理检验机构或设置专职质量管理检验人员，负责中药购、销、存等环节的质量管理、检查和验收工作。构建现代中药材流通体系。制定中药材流通体系建设规划，建设一批道地药材标准化、集约化、规模化和可追溯的初加工与仓储物流中心，与生产企业供应商管理和质量追溯体系紧密相连。发展中药材电子商务。利用大数据加强中药材生产信息搜集、价格动态监测分析和预测预警。实施中药材质量保障工程，建立中药材生产流通全过程质量管理和质量追溯体系，加强第三方检测平台建设。

（二）采购管理

1. 中药材、中药饮片采购　采购、收购中药材、中药饮片首先鉴别真伪、优劣。购进的中药材必须符合购进地中药材质量标准要求，购进的中药饮片必须符合购进地"中药炮制规范"的质量标准要求。

2. 中成药采购　中成药的采购要求包括：①须是从取得《药品生产许可证》和《营业执照》的药品生产企业或持有《药品经营许可证》和《营业执照》的药品经营企业购进；②须是卫生行政部门批准发给批准文号并注册商标和生产批号的品种；③包装和标志应符合有关规定和储运要求；④产品质量稳定。

（三）储存管理

中药储存管理要求包括：①仓库应具备适合所经营商品特性的条件、环境；②剧毒和贵细中药应分别存放并建立相应的库存养护设施；③商品入库时应按凭证核对品名、规格、数量，并鉴别、检验，确认质量优劣、品种真伪；④把好商品出库验发关，变质和过期商品严禁发货。

四、中药品种保护

为了提高中药品种的质量，保护中药生产企业的合法权益，促进中药事业的发展，1992年10月14日，国务院发布了《中药品种保护条例》，自1993年1月1日起施行。2018年9月18日国务院公布了修正后的《中药品种保护条例》。

（一）中药保护品种等级的划分

《中药品种保护条例》规定，受保护的中药品种，必须是列入国家药品标准的品种。经国家药品监督管理部门认定，列为省、自治区、直辖市药品标准的品种，也可以申请保护。受保护的中药品种分为一、二级。

1. 一级保护品种　符合下列条件之一的中药品种，可以申请一级保护：①对特定疾病有特殊疗效的；②相当于国家一级保护野生药材物种的人工制成品；③用于预防和治疗特殊疾病的。

2. 二级保护品种　符合下列条件之一的中药品种，可以申请二级保护：①符合申请一级保护的品种或者已经解除一级保护的品种；②对特定疾病有显著疗效的；③从天然药物中提取的有效物质及特殊制剂。

（二）中药保护品种的保护期

1. 中药一级保护品种的保护期　中药一级保护品种的保护期分别为 30 年、20 年、10 年。中药一级保护品种因特殊情况需要延长保护期限的，由生产企业在该品种保护期满前 6 个月进行申报。延长的保护期限由国家药品监督管理部门根据国家中药品种保护审评委员会的审评结果确定；但是，每次延长的保护期限不得超过第一次批准的保护期限。

2. 中药二级保护品种的保护期　中药二级保护品种的保护期为 7 年。期满后可延长 7 年。申请延长保护期的中药二级保护品种，应当在保护期满前 6 个月，由生产企业依照规定的程序申报。

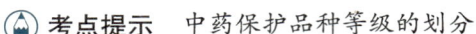

考点提示　中药保护品种等级的划分

任务 8.4　法律责任

↘【问题思考】

中医诊所超出备案范围开展医疗活动的法律责任有哪些？

↘【任务分配】

通过问题思考、讨论等实践活动，引导学生熟悉开展中医药医疗活动的法律责任。

↘【知识内容】

一、中医药主管部门未履行职责的法律责任

《中医药法》第五十三条规定，县级以上人民政府中医药主管部门及其他有关部门未履行本法规定的职责的，由本级人民政府或者上级人民政府有关部门责令改正；情节严重的，对直接负责的主管人员和其他直接责任人员，依法给予处分。

二、中医诊所超出备案范围开展医疗活动的法律责任

《中医药法》第五十四条规定，违反本法规定，中医诊所超出备案范围开展医疗活动的，由所在地县级人民政府中医药主管部门责令改正，没收违法所得，并处罚款；情节严重的，责令停止执业活动。中医诊所被责令停止执业活动的，其直接负责的主管人员自处罚决定作出之日起 5 年内不得在医疗机构内从事管理工作。医疗机构聘用上述不得从事管理工作的人员从事管理工作的，由原发证部门吊销执业许可证或由原备案部门责令停止执业活动。

三、中医医师超出注册执业范围从事医疗活动的法律责任

《中医药法》第五十五条规定，违反本法规定，经考核取得医师资格的中医医师超出注册的执业范围从事医疗活动的，由县级以上人民政府中医药主管部门责令暂停 6 个月以上 1 年以下执业活动，并处罚款；情节严重的，吊销执业证书。

四、未依照规定备案的法律责任

《中医药法》第五十六条规定，违反本法规定，举办中医诊所、炮制中药饮片、委托配制中药制剂应当备案而未备案，或者备案时提供虚假材料的，由中医药主管部门和药品监督管理部门按照各自职责分工责令改正，没收违法所得，并处 3 万元以下罚款，向社会公告相关信息；拒不改正的，责令停止执业活动或者责令停止炮制中药饮片、委托配制中药制剂活动，其直接责任人员 5 年内不得从事中医药相关活动。医疗机构应用传统工艺配制中药制剂未依照规定备案，或者未按照备案材料载明的要求配制中药制剂的，按生产假药给予处罚。

五、违法发布中医医疗广告的法律责任

《中医药法》第五十七条规定，违反本法规定，发布的中医医疗广告内容与经审查批准的内容不相符的，由原审查部门撤销该广告的审查批准文件，一年内不受理该医疗机构的广告审查申请。发布中医医疗广告有其他违法行为的，依照《广告法》的规定给予处罚。

六、中药材种植过程中使用剧毒、高毒农药的法律责任

《中医药法》第五十八条规定，违反本法规定，在中药材种植过程中使用剧毒、高毒农药的，依照有关法律、法规规定给予处罚；情节严重的，可以由公安机关对其直接负责的主管人员和其他直接责任人员处 5 日以上 15 日以下拘留。

项目小结

中医药法律制度	学习要点
概念	中医药、古代经典名方、道地中药材
职责	中医医疗机构和中医从业人员的工作职责
分类	中医药分类
制度	中药生产和经营等工作进行保护和规范、中药管理法律制度
特点	中医药的特点
法律责任	中医药主管部门未履行职责的法律责任、中医诊所超出备案范围开展医疗活动的法律责任、中医医师超出注册执业范围从事医疗活动的法律责任、未依照规定备案的法律责任、违法发布中医医疗广告的法律责任、中药材种植过程中使用剧毒、高毒农药的法律责任

重点笔记

一、单项选择题

1.《中华人民共和国中医药法》自（ ）起施行。

    A. 2016 年 12 月 25 日　　　　　　　　B. 2017 年 1 月 1 日

    C. 2017 年 7 月 1 日　　　　　　　　　D. 2018 年 1 月 1 日

2. 中医诊所被责令停止执业活动的，其直接负责的主管人员自处罚决定作出之日起（ ）不得在医疗机构内从事管理工作。

    A. 3 年内　　　　　B. 5 年内　　　　　C. 10 年内　　　　　D. 终身

3.（ ）十二届全国人大常委会第二十五次会议审议通过了《中华人民共和国中医药法》。

    A. 2016 年 12 月 25 日　　　　　　　　B. 2016 年 12 月 1 日

    C. 2017 年 1 月 1 日　　　　　　　　　D. 2017 年 1 月 25 日

4. 发布的中医医疗广告内容与经审查批准的内容不相符的，由原审查部门撤销该广告的审查批准文件，（ ）不受理该医疗机构的广告审查申请。

    A. 1 年内　　　　　B. 3 年内　　　　　C. 5 年内　　　　　D. 10 年内

5. 中医药定义不包含下列哪一条？（ ）

    A. 中医药就是包括汉族与少数民族医药在内的我国各民族医药的统称

    B. 中医药就是反映中华民族对生命、健康与疾病的认识

    C. 中医药事业就是我国医药卫生事业的重要组成部分

    D. 具有悠久历史传统与独特理论及方法的医药学体系

6. 经考核取得医师资格的中医医师超出注册的执业范围从事医疗活动的，由县级以上人民政府中医药主管部门责令暂停（ ）执业活动。

    A. 6 个月　　　　　　　　　　　　　B. 6 个月以上 1 年以下

    C. 1 年　　　　　　　　　　　　　　D. 2 年

7. 国家对已经认定属于国家秘密的传统中医药处方和生产工艺实行（ ）。

    A. 特殊保护　　　　B. 强制公开　　　　C. 不得转让　　　　D. 以上都是

8. 国家鼓励中医西医（ ），发挥各自优势，促进中西医结合。

    A. 相互学习　　　　B. 相互补充　　　　C. 协调发展　　　　D. 以上都是

二、思考题

1. 何谓中医药？其特点有哪些？

2. 何谓中医从业人员？应如何取得中医医师资格？

3. 何谓古代经典名方？其申请药品批准文号时应提供哪些研究资料？

4. 何谓道地中药材？《中医药法》对其发展有哪些规定？

5. 申请中药一、二级保护品种的条件各有哪些？

6. 中医诊所超出备案范围开展医疗活动和中医医师超出注册执业范围从事医疗活动的法律责任是什么？

三、案例分析题

某患者举报称她花了 2 万块钱，吃了某中医馆的药，许久也不见好。随后，向区市场监督管理局举报了该中医馆。参与调查的某派出所民警称，该中医馆共有 3 名医生，他们会和"名医后人"钱某一同给病人诊治。医生负责给病人开方，钱某则在一旁指导，而医生开的药都是该中医馆自制的。该中医馆做出来的药，有的宣称能治心血管疾病，有的宣称能治疗失眠，大多数都要几百块一瓶，有的药甚至被卖到 3000 元一包。该地警方调查后发现，自称"名医后人"的钱某先前当过医

生，现在却连行医的资质都没有，而所谓的"治疗癌症的百年偏方"是他为了牟取钱财而杜撰出来的。该中医馆销售的药品均未获得国家药品监督管理局的批准。

【讨论】

该中医馆的中药生产是否合法？该中医馆生产的中药是假药还是劣药？

↘ 任务评价

评价维度	评价内容及要求	评价主体				平均分	测评总分
		学生本人	组员间	组长	任课教师/临床导师		
素质考核（30分）	职业素质：清理用物，责任意识（10分）						
	创新精神：探索新知、勇于质疑、敢于承担的表现（10分）						
	团队合作：大局观、与人合作互助的表现（10分）						
知识考核（30分）	在线资源学习进度成绩（5分）						
	思维导图成绩（5分）						
	课中线上成绩（10分）						
	课后线上测试成绩（10分）						
能力考核（40分）	理论联系实际（12分）						
	归纳和总结、学以致用能力（4分）						
	临床思维能力（案例分析）（8分）						
	课后调查报告（8分）						
	互动沟通能力（8分）						

项目 9
药品与医疗器械监督管理法律制度

项目9课件

学习目标

1.知识目标：掌握药品管理法概念；药品种类及管理、药品生产许可证制度；药品标准及药品注册；药品监督管理机构及检验机构职责；药品相关法律责任；医疗器械产品注册与备案，医疗器械的种类，生产管理，经营与使用管理，医疗器械的不良事件处理与召回，相关法律责任；熟悉医疗单位制剂管理的法律规定，药品进出口管理、药品广告、药品价格管理；药品不良反应报告制度；了解医疗器械广告管理、监督管理。

2.能力目标：能运用基本理论分析、解决实践中存在的法律法规问题；能运用卫生法律法规知识改善、处理医患人际关系；能在职业活动中使用法律保护医疗对象和自身权益。

3.素质目标：具有勤奋学习的态度，严谨求实的工作作风；具有博大爱心和高度责任感；具有科学的思辨能力；具有良好的口头表达能力、人际沟通能力。

任务 9.1 概 述

案例导学

2018年上半年，牛某得知九价人乳头瘤病毒疫苗（以下简称"九价疫苗"）畅销之后，遂寻找与正品类似的包装、耗材及相关工艺，准备生产假冒产品。同年7月至10月，牛某通过他人先后购买针管、推杆、皮塞、针头等物品共计4万余套，并订制假冒九价疫苗所需的包装盒、说明书、标签等物品共计4.1万余套。其间，牛某与同案被告人张某以向针管内灌装生理盐水的方式生产假冒九价疫苗，再通过商标粘贴、托盘塑封等工艺，共生产假冒九价疫苗2.3万支。牛某、张某通过多个医美类社交群等渠道，对外销售上述假冒九价疫苗9004支，销售金额达120余万元。经苏州市药品检验检测研究中心检验，抽样送检的假冒九价疫苗内所含液体成分与生理盐水基本一致。

【任务分配】

通过问题思考、讨论等实践活动，引导学生掌握药品管理法的主要内容。

【知识内容】

一、药品及药品管理法

（一）药品的概念

药品是指用于预防、治疗、诊断人的疾病，有目的地调节人的生理机能并规定有适应证或者功能主治、用法和用量的物质，包括中药、化学药、生物制品等。具体来说，包括中药材、中药饮片、中成药、化学原料药及其制剂、抗生素、生化药品、放射性药品、血清、疫苗、血液制品和诊断药品等。

（二）药品的特性

药品具有不同于一般商品的特性。

1. 药品具有一定的毒、副作用　虽然药品具有防病、治病、康复保健的作用，但多数药品又有不同程度的毒、副作用。这就需要对人们使用药品进行指导。

2. 药品的质量不容易辨别　药品质量的优劣及真伪不容易为一般消费者所识别，通常需要借助于一定的科学仪器和技术。国家必须制定药品标准并设立一定的技术鉴定机构和监管机构，才能确保药品质量。

3. 药品作用于人体，社会影响大　药品是人们对抗疾病的有效方法之一。药品一旦进入流通领域，就会关系到人的健康、生命的安全，关系到千家万户的幸福与安宁。

基于以上特性，为了维护人体健康，确保药品安全有效，几乎所有国家都对药品采取了比其他商品更为严格的监督管理措施，制定专门的法律，对生产、销售药品的企业设立许可制度，设立专门的监督管理机关和检验机构，颁发药品标准的统一技术规范等，对药品生产、销售、运输、保管、使用等方面进行多方监控，从而维护和促进药品对人体健康的保障作用。

（三）药品管理法的概念

药品管理法是调整药品监督管理，确保药品质量，增进药品疗效，保障用药安全，维护人体健康活动中产生的各种社会关系的法律规范的总和，是国家对药品事业管理的依据和行为准则。

狭义的药品管理法仅指全国人大常务委员会通过并修订的《中华人民共和国药品管理法》（以下简称《药品管理法》）；广义的药品管理法是指国家制定和颁布的一切有关药品管理的法律规范。既包括《药品管理法》《中华人民共和国宪法》《中华人民共和国刑法》等法律中关于药品管理的条文，还包括《中华人民共和国药品管理法实施条例》《药品注册管理办法》等法规和规章。此外，我国参加或承认的国际公约中有关国际药事的法规或条款也属于广义的药品管理法范畴。

二、药品管理法的适用范围

《药品管理法》于1984年9月20日，第六届全国人大常委会第七次会议通过，1985年7月1日起施行；2001年2月28日第九届全国人民代表大会常务委员会第二十次会议第一次修订施行；2019年8月26日第十三届全国人民代表大会常务委员会第十二次会议第二次修订，于2019年12月1日施行。《药品管理法》第二条规定："在中华人民共和国境内从事药品研制、生产、经营、使用和监督管理活动，适用本法。本法所称药品，是指用于预防、治疗、诊断人的疾病，有目的地调节人的生理机能并规定有适应证或者功能主治、用法和用量的物质，包括中药、化学药和生物制品等。"

微课：
药品的生产与经营

任务 9.2　药品的生产和经营

案例导学

药品经营

2009 年 6 月，A 县药监局执法人员在例行检查时，发现该县某镇兽医站下属的兽药店经营少量的人用药品，立即作出立案处理，并查明该兽药店曾在 2008 年底因经营人用药品而受到药监部门的处理。本案应该如何处理？

↘【问题思考】

药品上市许可持有人制度是什么？

↘【任务分配】

通过问题思考、讨论等实践活动，引导学生掌握药品的生产与经营要求。

↘【知识内容】

为了强化药品生产、经营企业的信用意识，原国家食品药品监督管理局于 2004 年制定了《药品安全信用分类管理暂行规定》。该规定指出，建立药品的生产、经营企业的信用信息档案，根据信用等级标准将生产、经营企业划分为守信、警示、失信、严重失信 4 个等级，国务院药品监督管理部门按照信用等级给予相应的奖惩，如对于严重失信等级的药品生产、经营企业要增加日常监督检查的频次。

一、药品研制和注册

国家支持以临床价值为导向、对人的疾病具有明确或者特殊疗效的药物创新，鼓励具有新的治疗机理、治疗严重危及生命的疾病或者罕见病、对人体具有多靶向系统性调节干预功能等的新药研制，推动药品技术进步。

我国实行药品标准制度，药品标准属于强制性标准。国务院药品监督管理部门颁布的《中华人民共和国药典》和药品标准为国家药品标准。

在中国境内上市的药品，应当经国务院药品监督管理部门批准，取得药品注册证书；但是，未实施审批管理的中药材和中药饮片除外。实施审批管理的中药材、中药饮片品种目录由国务院药品监督管理部门会同国务院中医药主管部门制定。

申请药品注册，应当提供真实、充分、可靠的数据、资料和样品，证明药品的安全性、有效性和质量可控性。对申请注册的药品，国务院药品监督管理部门应当组织药学、医学和其他技术人员进行审评，对药品的安全性、有效性和质量可控性以及申请人的质量管理、风险防控和责任赔偿等能力进行审查；符合条件的，颁发药品注册证书。国务院药品监督管理部门在审批药品时，对化学原料药一并审评审批，对相关辅料、直接接触药品的包装材料和容器一并审评，对药品的质量标准、生产工艺、标签和说明书一并核准。

对治疗严重危及生命且尚无有效治疗手段的疾病以及公共卫生方面急需的药品，药物临床试验已有数据显示疗效并能预测其临床价值的，可以附条件批准，并在药品注册证书中载明相关事项。

批准上市药品的审评结论和依据应当依法公开，接受社会监督。对审评审批中知悉的商业秘密应当保密。

二、药品上市许可持有人制度

药品上市许可持有人制度是指拥有药品技术的药品研发机构和生产企业，通过提出药品上市许可的申请，获得药品注册证书，以其自身名义将产品投向市场，对药品全生命周期承担责任的一项制度。药品上市许可持有人是指取得药品注册证书的企业或者药品研制机构等。

药品上市许可持有人应当依照《药品管理法》规定，对药品的非临床研究、临床试验、生产经营、上市后研究、不良反应监测及报告与处理等承担责任。其他从事药品研制、生产、经营、储存、运输、使用等活动的单位和个人依法承担相应责任。

药品上市许可持有人的法定代表人、主要负责人对药品质量全面负责。

经国务院药品监督管理部门批准，药品上市许可持有人可以转让药品上市许可。受让方应当具备保障药品安全性、有效性和质量可控性的质量管理、风险防控和责任赔偿等能力，履行药品上市许可持有人义务。

 考点提示 药品上市许可持有人制度概念

三、药品生产

从事药品生产活动，应当经所在地省、自治区、直辖市人民政府药品监督管理部门批准，取得药品生产许可证。无药品生产许可证的，不得生产药品。药品生产许可证应当标明有效期和生产范围，到期重新审查发证。

从事药品生产活动，应当具备以下条件：①具有依法经过资格认定的药学技术人员、工程技术人员及相应的技术工人；②具有与药品生产相适应的厂房、设施和卫生环境；③具有能对所生产药品进行质量管理和质量检验的机构、人员以及必要的仪器、设备；④具有保证药品质量的规章制度。

从事药品生产活动，应当遵守药品生产质量管理规范，建立健全药品生产质量管理体系，保证药品生产全过程持续符合法定要求。药品应当按照国家药品标准和经药品监督管理部门核准的生产工艺进行生产。生产、检验记录应当完整准确，不得编造。中药饮片应当按照国家药品标准炮制。生产药品所需的原料、辅料，应当符合药用要求、药品生产质量管理规范的有关要求。药品生产企业应当对药品进行质量检验。不符合国家药品标准的，不得出厂。

药品包装应当按照规定印有或者贴有标签并附有说明书。麻醉药品、精神药品、医疗用毒性药品、放射性药品、外用药品和非处方药的标签、说明书，应当印有规定的标志。

药品上市许可持有人、药品生产企业、药品经营企业和医疗机构中直接接触药品的工作人员，应当每年进行健康检查。患有传染病或者其他可能污染药品的疾病的，不得从事直接接触药品的工作。

 思政高地

"长春长生疫苗事件"——敬畏生命保质量

2018年7月15日，国家药品监督管理局发布通告：国家药监局根据线索组织检查组对长春长生生物科技有限责任公司（以下简称"长春长生"）生产现场进行检查。检查组发现，长春长生在冻干人用狂犬病疫苗生产过程中存在记录造假等严重违反《药品生产质量管理规范》（GMP）行为。根据检查结果，国家药监局迅速责成吉林省食品药品监督管理局收回长春长生相关《药品GMP证书》。长春长生发声明称，此次所有涉事疫苗尚未出厂销售，所有已经上市的人用狂犬病疫苗产品质量符合国家注册标准。然而，长春长生单方面的质量保证并不能给予公众信心。2018年7月20日，吉林省食药监局的一纸行政处罚公示，彻底将公众早已郁积多日的愤怒情绪引爆：长春长生生产的"吸附无细胞白百破联合疫苗"（批号：201605014-01）经中国食品药品检定研究院检验，检验结果【效价测定】项不符合规定，按劣药论处。此次疫苗事件突破人的道德底线，药品质量的高低直接关系到用药者身体的健康，无论是生产企业还是监管部门，都必须以"敬畏生命"为信条，以更严格的生产标准、更严厉的常态监管、更严重的违法处罚规范行业发展，保住公众对疫苗的信任。作为医学生，必须增强药品质量意识，树立"质量第一"的思想。

四、药品经营

从事药品批发活动，应当经所在地省、自治区、直辖市人民政府药品监督管理部门批准，取得药品经营许可证。从事药品零售活动，应当经所在地县级以上地方人民政府药品监督管理部门批准，取得药品经营许可证。无药品经营许可证的，不得经营药品。

药品经营许可证制度是指国家对药品经营企业的药品经营条件进行审核，确定企业是否具有经营药品的资格。对符合条件的企业发放《药品经营企业许可证》。无许可证的企业，工商行政管理部门不得发给营业执照。药品经营许可证应当标明有效期和经营范围。

国家鼓励、引导药品零售连锁经营。从事药品零售连锁经营活动的企业总部，应当建立统一的质量管理制度，对所属零售企业的经营活动履行管理责任。

国家对药品实行处方药与非处方药分类管理制度。具体办法由国务院药品监督管理部门会同国务院卫生健康主管部门制定。

药品上市许可持有人、药品生产企业、药品经营企业和医疗机构应当从药品上市许可持有人或者具有药品生产、经营资格的企业购进药品；但是，购进未实施审批管理的中药材除外。药品上市许可持有人、药品经营企业通过网络销售药品，应当遵守药品经营的有关规定。药品网络交易第三方平台提供者应当向所在地省、自治区、直辖市人民政府药品监督管理部门备案。疫苗、血液制品、麻醉药品、精神药品、医疗用毒性药品、放射性药品、药品类易制毒化学品等国家实行特殊管理的药品不得在网络上销售。

进口、出口麻醉药品和国家规定范围内的精神药品，应当持有国务院药品监督管理部门颁发的进口准许证、出口准许证。禁止进口疗效不确切、不良反应大或者因其他原因危害人体健康的药品。

五、医疗机构药事管理

医疗机构药事管理是指医疗机构以病人为中心，以临床药学为基础，对临床用药全过程进行有效的组织实施和管理。医疗机构应当配备依法经过资格认定的药师或者其他药学技术人员，负责本单位的药品管理、处方审核和调配、合理用药指导等工作。医疗机构应当坚持安全有效、经济合理的用药原则，遵循药品临床应用指导原则、临床诊疗指南和药品说明书等合理用药，对医师处方、用药医嘱的适宜性进行审核。

药事管理组织机构，二级以上医院应设立药事管理与药物治疗学委员会，其他医疗机构应设药事管理与药物治疗学组，并建立相应工作制度。

医疗机构制剂管理要求包括制度要求、人员要求、采购要求、保管要求、配发要求、调配要求。

医疗机构配制制剂，应当经所在地省、自治区、直辖市人民政府药品监督管理部门批准，取得医疗机构制剂许可证。无医疗机构制剂许可证的，不得配制制剂。医疗机构配制的制剂不得在市场上销售。医疗单位配制制剂必须具备以下条件：①配备依法经过资格认定的药师或其他药学技术人员；②具有能够保证制剂质量的设施、管理制度、检验仪器和卫生条件；③所配制剂应当是本单位临床需要而市场上没有供应的品种。

为加强医疗机构制剂的管理，规范医疗机构制剂的申报与审批，2005年原国家食品药品监督管理局制定了《医疗机构制剂注册管理办法》（试行）。该办法规定，原国家食品药品监督管理局负责全国医疗机构制剂的监督管理工作，原省、自治区、直辖市（食品）药品监督管理部门负责本辖区医疗机构制剂的审批和监督管理工作。

有下列情形之一的，不得作为医疗机构制剂申报：①市场上已有供应的品种；②含有未经原国家食品药品监督管理局批准的活性成分的品种；③除变态反应原外的生物制品；④中药注射剂；中药、化学药组成的复方制剂；⑤麻醉药品、精神药品、医疗用毒性药品、放射性药品；⑥其他不符合国家有关规定的制剂。

六、药品上市后管理

药品上市许可持有人应当制订药品上市后风险管理计划，主动开展药品上市后研究，对药品的安全性、有效性和质量可控性进行进一步确证，加强对已上市药品的持续管理。

药品上市许可持有人应当按照国务院药品监督管理部门的规定，全面评估、验证变更事项对药品安全性、有效性和质量可控性的影响。

药品上市许可持有人应当开展药品上市后不良反应监测，主动收集、跟踪分析疑似药品不良反应信息，对已识别风险的药品及时采取风险控制措施。对已确认发生严重不良反应的药品，由国务院药品监督管理部门或者省、自治区、直辖市人民政府药品监督管理部门根据实际情况采取停止生产、销售、使用等紧急控制措施，并应当在5日内组织鉴定，自鉴定结论作出之日起15日内依法作出行政处理决定。

经评价，对疗效不确切、不良反应大或者因其他原因危害人体健康的药品，应当注销药品注册证书。已被注销药品注册证书的药品，不得生产或者进口、销售和使用。

药品存在质量问题或者其他安全隐患的，药品上市许可持有人应当立即停止销售，告知相关药品经营企业和医疗机构停止销售和使用，召回已销售的药品，及时公开召回信息。

任务 9.3　药品管理

案例导学

2018年至2020年9月，被告人高某为获取非法利益，在未取得药品生产许可证、药品经营许可证的情况下，在其住所内，用中药材首乌、甘草、大茴和西药溴已新、土霉素片、复方甘草片、磷酸氢钙咀嚼片、醋酸泼尼松、马来酸氯苯那敏等按照一定比例混合研磨成粉，并雇佣被告人李某将药粉分包、包装为成品。高某使用"特效咳喘灵"的假药名，编造该药粉为"祖传秘方""纯中药成分"，主治咳嗽、肺结核、哮喘、支气管炎，并以每包25～40元的价格对外销售，销售金额共计186万余元。李某还从高某处低价购买上述假药并加价销售给被告人黄某等人。经淮安市市场监督管理局认定，涉案药品为假药。

↘【问题思考】

何为假药？何为劣药？

↘【任务分配】

通过问题思考、讨论等实践活动，引导学生掌握药品种类管理，熟悉药品广告要求。

↘【知识内容】

一、药品标准

药品标准是国家对药品质量规格及检验方法所作出的技术性规范，由一系列反映药品特征的技术参数和技术指标组成，是药品生产、经营、使用、检验和管理部门必须共同遵循的法定依据。

《中华人民共和国药典》（以下简称《中国药典》）由国家药典委员会编辑和修改并由政府颁布实施，是具有法律约束力的药品质量规格标准。自1953年第1版颁布以来，《中国药典》从1985年开始，几乎每5年编纂一次，现行版《中国药典》于2025年3月25日联合发布公告，自10月1日起施行。

二、药品注册

药品注册是指药品监管部门依照法定程序，对拟上市销售的药品的安全性、有效性、质量可控性等进行系统评价，并做出是否同意进行药物临床研究、生产药品或者进口药品的审批过程。药品注册管理是控制药品市场准入的前置性管理制度，是对药品上市的事前管理。

药品注册申请包括新药申请、仿制药申请、进口药品申请及其补充申请和再注册申请。境内申请人申请药品注册按照新药申请、仿制药申请的程序和要求办理，境外申请人申请进口药品注册按照进口药品申请的程序和要求办理。

《医疗机构制剂配制质量管理规范》（试行）对制剂配制的全过程进行了规定：

（1）配制制剂必须制定生产操作规程、质量检验和卫生制度并严格执行。

（2）配制的制剂凭医师处方在本医疗机构使用。特殊情况下，经国务院药品监督管理部门或者省、自治区、直辖市人民政府药品监督管理部门批准，医疗机构配制的制剂可以在指定的医疗机构之间调剂使用。新药申请是指未曾在中国境内上市销售的药品的注册申请。对已上市药品改变剂型、改变给药途径、增加新适应证的药品注册按照新药申请的程序申报。

仿制药申请是指生产国家药品监督管理局已批准上市的已有国家标准的药品的注册申请；但是生物制品按照新药申请的程序申报。进口药品申请是指境外生产的药品在中国境内上市销售的注册申请。补充申请是指新药申请、仿制药申请或者进口药品申请经批准后，改变、增加或者取消原批准事项或者内容的注册申请。再注册申请是指药品批准证明文件有效期满后，申请人拟继续生产或者进口该药品的注册申请。

三、药品种类管理

（一）新药、仿制药

1.新药 是指未曾在中国境内上市销售的药品。已生产的药品改变了给药途径、增加了新的适应证或制成新的复方制剂，亦按新药申报。新药按审批管理的要求分为中药、化学药品、生物制品3种。

新药从研究到生产，大致需经过临床前研究、临床研究和生产上市3个阶段。新药研制必须向国家或省级药品监督管理部门报送研究方法、质量标准、药理及毒理试验报告等有关资料及样品，经批准后，方可进行临床试验或验证。经临床验证后，通过新药鉴定，由国家药品监督管理部门批准，发给新药证书和批准文号，方能生产新药。

2.仿制药 是指仿制国家已批准正式生产并收载于国家药品标准的品种。国家鼓励创新和技术进步，控制仿制药品的审批，仿制药质量不得低于被仿制药品，使用说明书等应与被仿制药品保持一致。凡申请仿制药品的企业，由所在省级药品监督管理部门初审后，报国家药品监督管理部门核准，并编排统一的批准文号，方可仿制生产。试行标准的药品及受国家行政保护的品种，不得仿制。

（二）处方药、非处方药

1. 处方药与非处方药的概念　处方药是指必须凭执业医师或执业助理医师处方才能调配购买和使用的药品。非处方药是相对于处方药而言的，即不通过医生诊断和开具处方，消费者可以自行判断、购买和使用的药品。为保障人民用药安全有效、使用方便，国家药品监督管理局于 1999 年公布了《处方药与非处方药分类管理办法》。此后，又陆续公布了国家非处方药目录。

2. 分类管理的内容　根据《处方药与非处方药分类管理办法》的规定，处方药、非处方药生产企业必须具有《药品生产企业许可证》，其生产品种必须取得药品批准文号。处方药只准在专业性医药报刊上进行广告宣传。根据药品的安全性，非处方药分为甲、乙两类。经营处方药、非处方药的批发企业和经营处方药、甲类非处方药的零售企业必须具有《药品经营企业许可证》。其他商业企业，经省级药品监督管理部门或其授权部门批准，可以零售乙类非处方药。

> **⊙ 考点提示**　新药、仿制药及处方药、非处方药的概念

（三）中药品种保护、中药饮片管理

1. 中药品种保护　中药品种包括中成药、天然药物的提取物及其制剂和中药人工制成品。为了提高中药品种的质量，保护中药生产企业的合法权益，促进中药事业的发展，1992 年国务院发布了《中药品种保护条例》。

2. 中药饮片管理　中药饮片是指中药材按中医药理论、中药炮制方法，经过加工炮制后，可直接用于中医临床的中药。中药饮片管理包括中药饮片的采购、验收、保管、调剂、炮制、煎煮等管理。中药饮片是国家基本药物目录品种，质量优劣直接关系到中医医疗效果。2007 年，国家中医药管理局和原卫生部联合发布了《医院中药饮片管理规范》。各中医医院院长作为中药饮片质量的第一责任人，中药饮片的采购验收作为核心指标，纳入中医医院评审标准。

（四）特殊药物管理

《药品管理法》规定，国家对麻醉药品、精神药品、医疗用毒性药品、放射性药品等实行特殊的管理办法。

1. 麻醉药品和精神药品的管理　麻醉药品是指连续使用后易产生身体依赖性、成瘾性的药品，包括药用原植物及其制剂，如吗啡、杜冷丁等。麻醉药品不是麻醉药，后者产生身体麻醉的作用，但不会产生身体或精神上的依赖。

精神药品是指直接作用于中枢神经系统，使之兴奋或抑制，连续使用能产生依赖性的药品，如咖啡因、去氧麻黄碱等。精神药品根据其对人体产生的依赖性和危害健康的程度，分为第一类和第二类精神药品。

不以医疗为目的，非法使用或滥用麻醉药品和精神药品，会涉及毒品的范畴。出于毒品对人体有巨大危害的考虑，我国对麻醉药品和精神药品实行严格的管制。

为加强麻醉药品和精神药品管理，保证麻醉药品和精神药品的合法、安全、合理使用，防止流入非法渠道，2005 年 8 月国务院发布了《麻醉药品和精神药品管理条例》，同年 11 月 1 日起实施，2013 年 12 月第一次修订，2016 年 2 月第二次修订，2024 年 12 月第三次修订。《麻醉药品和精神药品管理条例》规定，国家根据麻醉药品和精神药品的医疗、国家储备和企业生产所需原料的需要确定需求总量，对麻醉药品药用原植物的种植、麻醉药品和精神药品的生产实行总量控制。麻醉药品药用原植物种植企业由国务院药品监督管理部门和国务院农业主管部门共同确定，其他单位和个人不得种植麻醉药品药用原植物。生产麻醉药品和精神药品的企业，应当依照《药品管理法》的规定取得药品批准文号。从事麻醉药品、第一类精神药品生产以及第二类精神药品原料药生产的企业，应当经所在地省、自治区、直辖市人民政府药品监督管理部门初步审查，由国务院药品监督管理部门批准；从事第二类精神药品制剂生产的

企业，应当经所在地省、自治区、直辖市人民政府药品监督管理部门批准。

执业医师应当使用专用处方开具麻醉药品和精神药品，单张处方的最大用量应当符合国务院卫生主管部门的规定。

执业医师使用专用处方开具麻醉药品和第一类精神药品。对麻醉药品和第一类精神药品处方，处方的调配人、核对人应当仔细核对，签署姓名，并予以登记；对不符合法律规定的，处方的调配人、核对人应当拒绝发药。医疗机构要对处方进行专门登记。麻醉药品处方至少保存3年，精神药品处方至少保存2年。

麻醉药品药用原植物种植企业、定点生产企业、全国性批发企业和区域性批发企业以及国家设立的麻醉药品储存单位，应当设置储存麻醉药品和第一类精神药品的专库。

> **考点提示**　麻醉药品、精神药品的管理规定

2. 医疗用毒性药品的管理　医疗用毒性药品是指毒性剧烈、治疗剂量与中毒剂量相近，使用不当会致人中毒，甚至死亡的药品。

《医疗用毒性药品管理办法》规定毒性药品年度严格生产、收购、供应和配制计划，审核后，由医药管理部门下达给指定的毒性药品生产、收购、供应单位，并抄报国家卫生健康委员会、国家药品监督管理局和国家中医药管理局。生产单位不得擅自改变生产计划，自行销售。药厂必须由医药专业人员负责生产、配制和质量检验，并建立严格的管理制度，严防与其他药品混杂。

生产毒性药品及其制剂，必须严格执行生产工艺操作规程，在本单位药品检验人员的监督下准确投料，并建立完整的生产记录，生产记录保存5年备查。医疗单位凭医生签名的正式处方供应和调配毒性药品，每次处方剂量不得超过2日。科研和教学单位所需的毒性药品，必须持本单位的证明信，经单位所在地县以上卫生行政部门批准后，供应部门方能发售。

3. 放射性药品的管理　放射性药品是指用于临床诊断或者治疗的放射性核素制剂或者其标记药物。

根据《放射性药品管理办法》规定，放射性药品的生产、经营、使用单位必须持有相应的许可证方能生产、经营或使用。放射性药品的进出口应经国家主管部门审批同意；必须经中国药品生物制品检定所或者卫健委授权的药品检验所抽样检验，检验合格的，方准进口。放射性药品的包装必须安全实用，符合放射性药品质量要求，具有与放射性剂量相适应的防护装置，包装必须分内包装和外包装两个部分，外包装必须贴有商标、标签、说明书和放射性药品标志，内包装必须贴有标签。医疗单位使用放射性药品，需要相应管理部门核发的相应等级的《放射性药品使用许可证》，无许可证的医疗单位不得临床使用。

四、药品进出口管理

（一）进口药品管理

进口药品是指由国外进口的原料药、制剂、制剂半成品和药用辅料等。

1. 国家对进口药品实行注册审批制度　进口药品必须经过申请注册审批程序，取得国家药品监督管理局核发的《进口药品注册证》，并经国家药品监督管理局授权的口岸药品检验所检验合格，方可进口。

2. 进口药品安全性　要求申请注册的进口药品必须获得生产国药品主管部门的注册批准和上市许可，并按照法定程序和要求在中国进行临床试验。进口药品必须是临床需要、安全有效、质量可控的品种；国家禁止进口疗效不确定、不良反应大或者有其他原因危害人体健康的药品；国外未经批准生产的药品和正在研制的药品不准进口。

3. 进口包装、进口口岸等特殊要求　进口药品的名称、包装、标签和说明书必须使用中文，必须符合中国《药品包装、标签和说明书管理规定》，并经国家药品监督管理局批准使用。进口药品必须从允许

药品进口的口岸进口，并由进口药品的企业向口岸所在地药品监督管理部门登记备案。进口麻醉药品、精神药品，还必须取得国家药品监督管理局核发的麻醉药品、精神药品《进口准许证》。

（二）出口药品管理

出口药品必须保证质量，不合格的药品不准出口。凡是我国制造销售的药品，在保证质量的前提下，经省级药品监督管理部门审核批准，方可根据国外药商需要出具出口证明。未经批准，不得组织出口。对国内供应不足的中药材、中成药按国家药品监督管理部门批准的品种出口。限制或禁止出口的品种不得办理出口业务。出口麻醉药品、精神药品等必须持有国家药品监督管理部门核发的《出口准许证》。

五、药品生产（包括配置）、销售的禁止性规定

禁止生产（包括配置）、销售假药和劣药。

有下列情形之一的，为假药：①药品所含成分与国家药品标准规定的成分不符；②以非药品冒充药品或者以他种药品冒充此种药品；③变质的药品；④药品所标明的适应证或者功能主治超出规定范围。

有下列情形之一的，为劣药：①药品成分的含量不符合国家药品标准；②被污染的药品；③未标明或者更改有效期的药品；④未注明或者更改产品批号的药品；⑤超过有效期的药品；⑥擅自添加防腐剂、辅料的药品；⑦其他不符合药品标准的药品。

> 🔥 **考点提示**　假药与劣药的判定标准

六、药品审评

药品审评包括通过临床用药评定新药，老药的再评价以及淘汰危害严重、疗效不确定或不合理的组方，这是药品管理的一个重要内容。它有利于保障人们用药安全、有效，提高医疗质量，促进医药企业的发展和新品种开发，提高经济效益。《药品管理法》规定，国务院药品监督管理部门和省级药品监督管理部门可成立药品评审委员会，对新药进行评审，对已经生产的药品进行再评价。经再评价，对疗效不确定、不良反应大或者有其他原因危害人体健康的药品，应当予以撤销批准文号，该药品不得再生产和继续销售。

任务 9.4　药品监督

↘【问题思考】

药品不良反应报告是什么？

↘【任务分配】

通过问题思考、讨论等实践活动，引导学生掌握药品监督及检验机构职责。

↘【知识内容】

药品监督是指药品监督管理部门（含省级人民政府药品监督管理部门依法设立的药品监督管理机构）依法对药品的研制、生产、经营、使用实施监督检查。我国对药品实行严格的监督管理并有一套完整的监督管理体系。

一、药品监督管理机构及其职责

（一）药品监督管理机构

我国目前药品监督管理体制为国家药品监督管理局主管全国药品监督管理工作。省、自治区、直辖市药品监督管理部门负责本辖区的药品监督管理工作，对省以下药品监督管理机构实行垂直管理；市（地）级、县（市）级药品监督管理机构根据工作需要设置，直属于上一级药品监督管理部门，负责本辖区内的药品监督管理工作。

（二）药品监督管理机构的职责

药品监督管理部门作为药品监督管理主体，其监督职责主要体现在：

（1）药品监督管理部门有权按照法律、行政法规的规定对报经其审批的药品研制和药品的生产、经营以及医疗机构使用药品的事项进行监督检查。

（2）根据监督检查的需要，可以对药品质量进行抽查检验；对有证据证明可能危害人体健康的药品及其有关材料可以采取查封、扣押的行政强制措施。

（3）定期公告药品质量抽查检验的结果。

（4）对经其认证合格的药品生产企业、药品经营企业进行认证后的跟踪检查。

（5）不得参与药品生产、经营活动，不得以其名义推荐或者监制、监销药品；其工作人员不得参与药品生产、经营活动。

（6）地方人民政府和药品监督管理部门不得以要求实施药品检验、审批等手段限制或者排斥非本地区药品生产企业依法生产的药品进入本地区。

二、药品检验机构及其职责

药品检验机构是由政府药品监督管理部门依法设立的执行国家对药品质量实施监督检验的法定专业机构。按《药品管理法》及其实施办法和《药品检验所工作管理办法》的规定，全国各级药品检验所按行政区划设置，以地域管辖为主。中国药品生物制品检定所是全国药品检验的最高技术仲裁机构，是全国药品检验所业务技术指导中心。各级药品检验所受同级卫生行政部门领导，享受同级卫生行政部门所属直属单位的待遇，业务技术受上一级药品检验所指导。

国务院和省、自治区、直辖市人民政府的药品监督管理部门应当定期公告药品质量抽查检验结果。当事人对药品检验机构的检验结果有异议的，可以自收到药品检验结果之日起 7 日内向原药品检验机构或者上一级药品监督管理部门设置或者确定的药品检验机构申请复验，也可以直接向国务院药品监督管理部门设置或者确定的药品检验机构申请复验。受理复验的药品检验机构必须在国务院药品监督管理部门规定的时间内作出复验结论。

三、药品不良反应报告

（一）药品不良反应的概念

药品不良反应（adverse drug reaction，ADR）是指合格药品在正常用法、用量下出现的与用药目的无关的有害反应。

ADR 是受人类技术水平的限制而出现的一种不可避免的现象，它意味着经过动物实验和临床实验的上市药品也未必绝对安全。

💧 **考点提示** 药品不良反应概念

（二）药品不良反应报告制度

为了保障药品的安全有效，许多国家开始实行 ADR 报告制度。

我国在 20 世纪 80 年代开始实施该制度，成立了国家药品不良反应监测中心和全军药品不良反应监测中心，各地也逐步建立了地方监测中心。2010 年底发布了新的《药品不良反应报告和监测管理办法》（以下简称《办法》）。《办法》规定，国家实行药品不良反应报告制度。药品生产企业、药品经营企业和医疗机构必须经常检查本单位所生产、经营、使用的药品质量、疗效和反应，发现可能与用药有关的严重不良反应，必须及时向当地省、自治区、直辖市人民政府药品监督管理部门和卫生行政部门报告。国家鼓励公民、法人和其他组织报告药品不良反应。对已确认发生严重不良反应的药品，国务院或者省、自治区、直辖市人民政府的药品监督管理部门可以采取停止生产、销售、使用的紧急控制措施，并应当在 5 日内组织鉴定，自鉴定结论作出之日起 15 日内依法作出行政处理决定。

任务 9.5　法律责任

↘【问题思考】

违反《药品管理法》应承担刑事责任的行为有哪些？

↘【任务分配】

通过问题思考、讨论等实践活动，引导学生掌握药品管理的法律责任。

↘【知识内容】

违反《药品管理法》的行为可能承担行政责任、民事责任和刑事责任。承担法律责任的依据除《药品管理法》外，还有《中华人民共和国价格法》《中华人民共和国广告法》《中华人民共和国刑法》等法律。

一、行政责任

在药品监督管理中，行政责任包括行政处分和行政处罚。行政处分是指国家药品监督管理部门及各药品生产、经营企事业组织对所属工作人员或职工因违反药品管理法所进行的处分，种类有警告、记过、记大过、降职、撤职、开除。行政处罚是指卫生行政部门或工商行政管理部门对单位或个人违反药品管理法所进行的处罚，种类有警告、罚款、没收药品（医疗器械）和违法所得、责令停产、停业整顿、吊销许可证。

药品监督者的行政责任

（1）药品检验机构出具虚假检验报告的，责令改正，给予警告，对单位并处罚款；对直接负责的主管人员和其他直接责任人员依法给予降级、撤职、开除处分，没收违法所得，并处罚款；情节严重的，撤销其检验资格。药品检验机构出具的检验结果不实，造成损失的，应当承担相应的赔偿责任。

（2）药品监督管理部门有下列行为之一的，应当撤销相关许可，对直接负责的主管人员和其他直接责任人员依法给予处分：①不符合条件而批准进行药物临床试验；②对不符合条件的药品颁发药品注册证书；③对不符合条件的单位颁发药品生产许可证、药品经营许可证或者医疗机构制剂许可证。

（3）县级以上地方人民政府有下列行为之一的，对直接负责的主管人员和其他直接责任人员给予记过或者记大过处分；情节严重的，给予降级、撤职或者开除处分：①瞒报、谎报、缓报、漏报药品安全事件；②未及时消除区域性重大药品安全隐患，造成本行政区域内发生特别重大药品安全事件，或者连续发生重大药品安全事件；③履行职责不力，造成严重不良影响或者重大损失。

（4）违反规定，药品监督管理等部门有下列行为之一的，对直接负责的主管人员和其他直接责任人员给予记过或者记大过处分；情节较重的，给予降级或者撤职处分；情节严重的，给予开除处分：①瞒报、谎报、缓报、漏报药品安全事件；②对发现的药品安全违法行为未及时查处；③未及时发现药品安全系统性风险，或者未及时消除监督管理区域内药品安全隐患，造成严重影响；④其他不履行药品监督管理职责，造成严重不良影响或者重大损失。

（5）药品监督管理人员滥用职权、徇私舞弊、玩忽职守的，依法给予处分。查处假药、劣药违法行为有失职、渎职行为的，对药品监督管理部门直接负责的主管人员和其他直接责任人员依法从重给予处分。

二、民事责任

根据《药品管理法》规定，药品的生产企业、经营企业、医疗机构违反本法规定，给药品使用者造成损害的，依法承担赔偿责任。

三、刑事责任

根据《药品管理法》及《刑法》规定，除行政责任外，构成犯罪的，依法追究刑事责任。伪造、编造许可证件、骗取许可证件等情节恶劣的违法行为，可以由公安机关对相关责任人员处 5 日至 15 日的拘留。

对生产销售假药的，处 3 年以下有期徒刑或者拘役，并处罚金；情节严重的，处 3 年以上 10 年以下有期徒刑；致人死亡或其他特别严重情节的，处 10 年以上有期徒刑、无期徒刑或死刑，并处罚金或者没收财产。

对生产销售劣药的，处 3 年以下有期徒刑或者拘役，并处罚金；情节严重的，处 3 年以上 10 年以下有期徒刑；致人死亡或其他特别严重情节的，处 10 年以上有期徒刑、无期徒刑，并处罚金或者没收财产。

违反国家规定，向走私、贩毒的犯罪分子或者以牟利为目的，向吸食、注射毒品的人提供麻醉药品、精神药品的，按照《刑法》第三百四十七条执行。

> 🔥 **考点提示** 违反药品管理法的法律责任

任务 9.6　医疗器械管理法律制度

案例导学

2020 年 2 月 1 日，江苏省药监局某检查分局先后接到某区公安分局、区市场监管局电话，反映某医药用品经营户采购的一批医用口罩质量有问题。区市场监督管理局检查分局执法人员依法开展现场检查，发现标示 A 公司生产的一次性使用医用口罩 30 箱计 30 万只，标示 B 公司生产的一次性使用医用口罩 24 箱计 21.6 万只，货值金额 24.9 万元，该批医用口罩的外观粗糙、标示的生产日期不真实，疑似假冒伪劣产品，执法人员对涉案的医用口罩当场进行扣押。经标示的生产企业 A 公司、B 公司确认，涉案产品均为假冒产品；经检验涉案产品"细菌过滤率、口罩带断裂强力"两项均不符合标准要求，为不合格产品。经查，2020 年 1 月 25 日，当事人刘某通过当事人王某获取某小作坊生产的一次性使用医用口罩货源，两名当事人在明知其销售的口罩并非正规公司生产、进货渠道不正规且缺少有效合格证的情况下，将伪劣 A 公司、B 公司品牌一次性使用医用口罩 54 箱（共计 51.6 万只），以 24.9 万元的价格出售给年某。

【问题思考】

器械临床试验管理要求有哪些?

【任务分配】

通过问题思考、讨论等实践活动，引导学生掌握医疗器械管理法律制度。

【知识内容】

一、医疗器械管理概述

（一）医疗器械的概念

医疗器械是指直接或者间接作用于人体的仪器、设备、器具、体外诊断试剂及校准物、材料以及其他类似或者相关的物品，包括所需要的计算机软件；其效用主要通过物理等方式获得，并不通过药理学、免疫学或者代谢的方式获得，或者虽然有这些方式参与但是只起辅助作用；其目的是：①疾病的诊断、预防、监护、治疗或者缓解；②损伤的诊断、监护、治疗、缓解或者功能补偿；③生理结构或者生理过程的检验、替代、调节或者支持；④生命的支持或者维持；⑤妊娠控制；⑥通过对来自人体的样本进行检查，为医疗或者诊断目的提供信息。

（二）医疗器械的种类

医疗器械按管理程度可分为三类：①第一类风险程度低，实行常规管理可以保证其安全、有效的医疗器械。例如创可贴、医用棉签、绷带、听诊器等。②第二类具有中度风险，需要严格控制管理以保证其安全、有效的医疗器械。例如医用口罩、血压计、体温计等。③第三类具有较高风险，需要采取措施严格控制管理以保证其安全、有效的医疗器械。例如人工心脏瓣膜、人工关节、血管支架等。

考点提示 医疗器械种类

国家药品监督管理部门负责制定医疗器械的分类规则和分类目录，并根据医疗器械生产、经营、使用情况，及时对医疗器械的风险变化进行分析、评价，对分类目录进行调整。《医疗器械监督管理条例》于 2000 年 1 月 4 日公布，2014 年 2 月 12 日国务院第 39 次常务会议修订通过。于 2017 年 5 月 4 日《国务院关于修改〈医疗器械监督管理条例〉的决定》修订，2020 年 12 月 21 日国务院第 119 次常务会议修订通过。

二、医疗器械产品注册与备案

第一类医疗器械实行产品备案管理，第二类、第三类医疗器械实行产品注册管理。

（一）医疗器械产品注册与备案的申请

第一类医疗器械产品备案和申请第二类、第三类医疗器械产品注册，应当提交下列资料：①产品风险分析资料；②产品技术要求；③产品检验报告；④临床评价资料；⑤产品说明书及标签样稿；⑥与产品研制、生产有关的质量管理体系文件；⑦证明产品安全、有效所需的其他资料。医疗器械注册申请人、备案人应当对所提交资料的真实性负责。第二类、第三类医疗器械产品注册申请资料中的产品检验报告应当是医疗器械检验机构出具的检验报告；临床评价资料应当包括临床试验报告。

（二）医疗器械产品注册与备案的管理

1. 第一类医疗器械产品备案　由备案人向所在地设区的市级人民政府药品监督管理部门提交备案资料。其中，产品检验报告可以是备案人的自检报告；临床评价资料不包括临床试验报告，可以是通过文献、同类产品临床使用获得的数据证明该医疗器械安全、有效的资料。

向我国境内出口第一类医疗器械的境外生产企业，由其在我国境内设立的代表机构或者指定我国境内的企业法人作为代理人，向国家药品监督管理部门提交备案资料和备案人所在国（地区）主管部门准许该医疗器械上市销售的证明文件。

备案资料载明的事项发生变化的，应当向原备案部门变更备案。备案资料载明的事项发生变化的，应当向原备案部门变更备案。

2. 第二类、第三类医疗器械产品注册管理

（1）注册申请　申请第二类医疗器械产品注册，注册申请人应当向所在地省、自治区、直辖市人民政府药品监督管理部门提交注册申请资料。申请第三类医疗器械产品注册，注册申请人应当向国家药品监督管理部门提交注册申请资料。

向我国境内出口第二类、第三类医疗器械的境外生产企业，应当由其在我国境内设立的代表机构或者指定我国境内的企业法人作为代理人，向国家药品监督管理部门提交注册申请资料和注册申请人所在国（地区）主管部门准许该医疗器械上市销售的证明文件。

受理注册申请的药品监督管理部门应当自受理之日起3个工作日内将注册申请资料转交技术审评机构。技术审评机构应当在完成技术审评后向药品监督管理部门提交审评意见。受理注册申请的药品监督管理部门应当自收到审评意见之日起20个工作日内作出决定。对符合安全、有效要求的，准予注册并发给医疗器械注册证；对不符合要求的，不予注册并书面说明理由。

（2）变更注册　已注册的第二类、第三类医疗器械产品，其设计、原材料、生产工艺、适用范围、使用方法等发生实质性变化，有可能影响该医疗器械安全、有效的，注册人应当向原注册部门申请办理变更注册手续；发生非实质性变化，不影响该医疗器械安全、有效的，应当将变化情况向原注册部门备案。

（3）延续注册　医疗器械注册证有效期为5年。有效期届满需要延续注册的，应当在有效期届满6个月前向原注册部门提出延续注册的申请。

除本条第三款规定情形外，接到延续注册申请的食品药品监督管理部门应当在医疗器械注册证有效期届满前作出准予延续的决定。逾期未作决定的，视为准予延续。

有下列情形之一的，不予延续注册：①注册人未在规定期限内提出延续注册申请的；②医疗器械强制性标准已经修订，申请延续注册的医疗器械不能达到新要求的；③对用于治疗罕见疾病以及应对突发公共卫生事件急需的医疗器械，未在规定期限内完成医疗器械注册证载明事项的。

（三）器械临床试验管理

1. 免予进行临床试验的情形　第一类医疗器械产品备案，不需要进行临床试验。申请第二类、第三类医疗器械产品注册，应当进行临床试验；但是，有下列情形之一的，可以免予进行临床试验：①工作机理明确、设计定型，生产工艺成熟，已上市的同品种医疗器械临床应用多年且无严重不良事件记录，不改变常规用途的；②通过非临床评价能够证明该医疗器械安全、有效的；③通过对同品种医疗器械临床试验或者临床使用获得的数据进行分析评价，能够证明该医疗器械安全、有效的。

免予进行临床试验的医疗器械目录由国家药品监督管理部门制定、调整并公布。

2. 临床试验的管理　开展医疗器械临床试验，应当按照医疗器械临床试验质量管理规范的要求，在

有资质的临床试验机构进行，并向临床试验提出者所在地省级药品监督管理部门备案。接受临床试验备案的药品监督管理部门应当将备案情况通报临床试验机构所在地的同级药品监督管理部门和卫生健康委员会主管部门。

医疗器械临床试验机构资质认定条件和临床试验质量管理规范，由国家药品监督管理部门会同国家卫生健康委员会制定并公布；医疗器械临床试验机构由国务院药品监督管理部门会同国家卫生健康委员会认定并公布。

第三类医疗器械进行临床试验对人体具有较高风险的，应当经国家药品监督管理部门批准。临床试验对人体具有较高风险的第三类医疗器械目录由国家药品监督管理部门制定、调整并公布。

国家药品监督管理部门审批临床试验，应当对拟承担医疗器械临床试验的机构的设备、专业人员等条件，该医疗器械的风险程度、临床试验实施方案、临床受益与风险对比分析报告等进行综合分析。准予开展临床试验的，应当通报临床试验提出者以及临床试验机构所在地省级药品监督管理部门及卫生健康委员会。

三、医疗器械的生产

（一）医疗器械生产管理

1. 医疗器械生产条件　企业在取得医疗器械产品生产注册证书后，方可生产医疗器械，并且应当具备下列条件：

（1）有与生产的医疗器械相适应的生产场地、环境条件、生产设备以及专业技术人员；

（2）有对生产的医疗器械进行质量检验的机构或者专职检验人员以及检验设备；

（3）有保证医疗器械质量的管理制度；

（4）有与生产的医疗器械相适应的售后服务能力；

（5）产品研制、生产工艺文件规定的要求。

从事第一类医疗器械生产的，由生产企业向所在地设区的市级人民政府药品监督管理部门备案并提交上述证明资料。从事第二类、第三类医疗器械生产的，生产企业应当向所在地省级药品监督管理部门申请生产许可并提交其符合上述条件的证明资料以及所生产医疗器械的注册证。

2.《医疗器械生产质量管理规范》《医疗器械生产质量管理规范》对医疗器械的设计开发、生产设备条件、原材料采购、生产过程控制、企业的机构设置和人员配备等影响医疗器械安全、有效的事项作出明确规定。

3. 医疗器械的委托生产　委托生产医疗器械，由委托方对所委托生产的医疗器械质量负责。受托方应当是符合本条例规定、具备相应生产条件的医疗器械生产企业。委托方应当加强对受托方生产行为的管理，保证其按照法定要求进行生产。

具有高风险的植入性医疗器械不得委托生产，具体目录由国务院药品监督管理部门制定、调整并公布。

（二）医疗器械生产许可证

受理生产许可申请的药品监督管理部门应当自受理之日起 30 个工作日内对申请资料进行审核，按照国家药品监督管理部门制定的《医疗器械生产质量管理规范》的要求进行核查。对符合规定条件的，准予许可并发给医疗器械生产许可证；对不符合规定条件的，不予许可并书面说明理由。

医疗器械生产许可证有效期为 5 年，有效期届满后可以申请延续。

（三）医疗器械的名称与说明书

医疗器械应当使用通用名称。通用名称应当符合国家药品监督管理部门制定的医疗器械命名规则。医疗器械应当有说明书、标签。说明书、标签的内容应当与注册或者备案的相关内容一致。

第二类、第三类医疗器械还应当标明医疗器械注册证编号和医疗器械注册人的名称、地址及联系方式。由消费者个人自行使用的医疗器械还应当具有安全使用的特别说明。

四、医疗器械的经营与使用

（一）开办医疗器械经营企业的条件

从事医疗器械经营活动，应当有与经营规模和经营范围相适应的经营场所和贮存条件，以及与经营的医疗器械相适应的质量管理制度和质量管理机构或者人员。

（二）医疗器械经营管理

从事第二类医疗器械经营的，由经营企业向所在地设区的市级药品监督管理部门备案；从事第三类医疗器械经营的，经营企业应当向所在地设区的市级药品监督管理部门申请经营许可，经审查批准，获得《医疗器械经营许可证》。

医疗器械经营许可证有效期为5年，有效期届满后可以申请延续。

（三）医疗器械的购进、运输与储存

医疗器械经营企业、使用单位购进医疗器械，应当查验供货者的资质和医疗器械的合格证明文件，建立进货查验记录制度。从事第二类、第三类医疗器械批发业务以及第三类医疗器械零售业务的经营企业，还应当建立销售记录制度。

记录事项包括：①医疗器械的名称、型号、规格、数量；②医疗器械的生产批号、有效期、销售日期；③生产企业的名称；④供货者或者购货者的名称、地址及联系方式；⑤相关许可证明文件编号等。

（四）医疗器械的使用

医疗器械使用单位应当有与在用医疗器械品种、数量相适应的贮存场所和条件。

医疗器械使用单位应当加强对工作人员的技术培训，按照产品说明书、技术操作规范等要求使用医疗器械。

医疗器械使用单位对重复使用的医疗器械，应当按照消毒和管理的规定进行处理。一次性使用的医疗器械不得重复使用，对使用过的应当销毁并记录。

医疗器械使用单位对需要定期检查、检验、校准、保养、维护的医疗器械，对使用期限长的大型医疗器械，应当逐台建立使用档案，记录其使用、维护、转让、实际使用时间等事项。记录保存期限不得少于医疗器械规定使用期限终止后5年。

医疗器械使用单位应当妥善保存购入第三类医疗器械的原始资料，并确保信息具有可追溯性。使用大型医疗器械以及植入和介入类医疗器械的，应当将医疗器械的名称、关键性技术参数等信息以及与使用质量安全密切相关的必要信息记载到病历等相关记录中。

发现使用的医疗器械存在安全隐患的，医疗器械使用单位应当立即停止使用，并通知生产企业或者其他负责产品质量的机构进行检修；经检修仍不能达到使用安全标准的医疗器械不得继续使用。

医疗器械经营企业、使用单位不得经营、使用未依法注册、无合格证明文件以及过期、失效、淘汰的医疗器械。医疗器械使用单位之间转让在用医疗器械，转让方应当确保所转让的医疗器械安全、有效，不得转让过期、失效、淘汰以及检验不合格的医疗器械。

（五）医疗器械的进出口

进口的医疗器械应当有中文说明书、中文标签。说明书、标签应当符合规定以及相关强制性标准的要求，并在说明书中载明医疗器械的原产地以及代理人的名称、地址、联系方式。没有中文说明书、中文标签或者说明书、标签不符合的，不得进口。

出口医疗器械的企业应当保证其出口的医疗器械符合进口国（地区）的要求。

五、医疗器械广告管理

医疗器械广告应当真实合法，不得含有虚假、夸大、误导性的内容。医疗器械广告应当经医疗器械生产企业或者进口医疗器械代理人所在地省级药品监督管理部门审查批准并取得医疗器械广告批准文件。

省级药品监督管理部门应当公布并及时更新已经批准的医疗器械广告目录以及批准的广告内容。省级以上药品监督管理部门责令暂停生产、销售、进口和使用的医疗器械，在暂停期间不得发布涉及该医疗器械的广告。

知识链接

医疗器械广告应当宣传和引导合理使用医疗器械，不得：①含有不科学的表述或者通过渲染、夸大某种健康状况或者疾病所导致的危害，引起公众对其健康状况或所患疾病产生担忧和恐惧，或使公众误解不使用该产品会患某种疾病或加重病情的；②含有"家庭必备"或者类似内容的；③含有评比、排序、推荐、指定、选用、获奖等综合性评价内容的；④含有表述该产品处于"热销""抢购""试用"等内容的。

六、医疗器械的不良事件处理与召回

（一）医疗器械的不良事件监测

国家建立医疗器械不良事件监测制度，对医疗器械不良事件信息及时进行收集、分析、评价、控制。

医疗器械生产经营企业、使用单位应当对所生产经营或者使用的医疗器械开展不良事件监测；发现医疗器械不良事件或者可疑不良事件，应当按照国家药品监督管理部门的规定，向医疗器械不良事件监测技术机构报告。任何单位和个人发现医疗器械不良事件或者可疑不良事件，有权向药品监督管理部门或者医疗器械不良事件监测技术机构报告。

国家药品监督管理部门应当加强医疗器械不良事件监测信息网络建设，主动收集不良事件信息；发现不良事件或者接到不良事件报告的，应当及时进行核实、调查、分析、评估，并向药品监督管理部门及卫生健康委提出处理建议。

药品监督管理部门应当根据医疗器械不良事件评估结果及时发布警示信息以及责令暂停生产、销售、进口和使用等控制措施。

省级以上药品监督管理部门应当会同同级卫生健康委员会和相关部门组织对引起突发、群发的严重伤害或者死亡的医疗器械不良事件及时进行调查和处理，并对同类医疗器械加强监测。

（二）医疗器械的再评价

有下列情形之一的，省级以上人民政府药品监督管理部门应当对已注册的医疗器械组织开展再评价：①根据科学研究的发展，对医疗器械的安全性、有效性有认识上的改变的；②医疗器械不良事件监测、评估结果表明医疗器械可能存在缺陷的；③国家药品监督管理部门规定的其他需要进行再评价的。

再评价结果表明已注册的医疗器械不能保证安全、有效的，由原发证部门注销医疗器械注册证，并向社会公布。被注销医疗器械注册证的医疗器械不得生产、进口、经营、使用。

（三）医疗器械的召回

医疗器械生产企业发现其生产的医疗器械不符合强制性标准、注册或者备案的产品技术要求或者存在其他缺陷的，应当立即停止生产，通知相关生产经营企业、使用单位和消费者停止经营和使用，召回已经上市销售的医疗器械，采取补救、销毁等措施，记录相关情况，发布相关信息，并将医疗器械召回

和处理情况向药品监督管理部门及卫生健康委员会报告。

医疗器械经营企业发现其经营的医疗器械存在前款规定情形的，应当立即停止经营，通知相关生产经营企业、使用单位、消费者，并记录停止经营和通知情况。医疗器械生产企业认为属于依照前款规定需要召回的医疗器械，应当立即召回。

七、医疗器械的监督检查

（一）医疗器械监督检查

药品监督管理部门应当对医疗器械的注册、备案、生产、经营、使用活动加强监督检查，并对下列事项进行重点监督检查：①医疗器械生产企业是否按照经注册或者备案的产品技术要求组织生产；②医疗器械生产企业的质量管理体系是否保持有效运行；③医疗器械生产经营企业的生产经营条件是否持续符合法定要求。

药品监督管理部门进行监督检查，应当出示执法证件，保守被检查单位的商业秘密。有关单位和个人应当对药品监督管理部门的监督检查予以配合，不得隐瞒有关情况。

（二）医疗器械的检验

药品监督管理部门在执法工作中需要对医疗器械进行检验的，应当委托有资质的医疗器械检验机构进行，并支付相关费用。当事人对检验结论有异议的，可以自收到检验结论之日起7个工作日内选择有资质的医疗器械检验机构进行复检。承担复检工作的医疗器械检验机构应当在国家药品监督管理部门规定的时间内作出复检结论。复检结论为最终检验结论。

对可能存在有害物质或者擅自改变医疗器械设计、原材料和生产工艺并存在安全隐患的医疗器械，按照医疗器械国家标准、行业标准规定的检验项目和检验方法无法检验的，医疗器械检验机构可以补充检验项目和检验方法进行检验；使用补充检验项目、检验方法得出的检验结论，经国家药品监督管理部门批准，可以作为药品监督管理部门认定医疗器械质量的依据。

八、法律责任

（一）行政责任

违反《医疗器械监督管理条例》的规定，将根据情节轻重，分别给予责令改正，予以警告、罚款；没收违法产品及违法所得；撤销产品注册证书；吊销医疗器械生产经营许可证等行政处罚。

医疗机构使用无产品注册证书、无合格证明、过期、失效、淘汰的医疗器械的，或者从无《医疗器械生产企业许可证》《医疗器械经营企业许可证》的企业购进医疗器械的，责令改正，给予警告，没收违法使用的产品和违法所得，并处以罚款；对主管人员和其他直接责任人员依法给予纪律处分。

医疗器械技术审评机构、医疗器械不良事件技术监测机构未依照本条例规定履行职责，致使审评、监测工作出现重大失误的，由县级以上人民政府药品监督管理部门责令改正，通报批评，给予警告；造成严重后果的，对直接负责的主管人员和其他直接责任人员，依法给予降级、撤职或者开除的处分。

县级以上人民政府药品监督管理部门或者其他有关部门不履行医疗器械监督管理职责或者滥用职权、玩忽职守、徇私舞弊的，由监察机关或者任免机关对直接负责的主管人员和其他直接责任人员依法给予警告、记过或者记大过的处分；造成严重后果的，给予降级、撤职或者开除的处分。

（二）民事责任

医疗器械生产企业、经营企业、医疗机构违反《医疗器械监督管理条例》的规定，给医疗器械使用者造成人身、财产或者其他损害的，依法承担赔偿责任。

（三）刑事责任

违反《医疗器械监督管理条例》的规定构成犯罪的，依法追究刑事责任。《刑法》第一百四十五条规定，生产不符合保障人体健康的国家标准、行业标准的医疗器械、医用卫生材料，或者销售明知是不符合保障人体健康的国家标准、行业标准的医疗器械、医用卫生材料，足以严重危害人体健康的，处3年以下有期徒刑或者拘役，并处销售金额50%以上2倍以下罚金；对人体健康造成严重危害的，处3年以上10年以下有期徒刑，并处销售金额50%以上2倍以下罚金；后果特别严重的，处10年以上有期徒刑或者无期徒刑，并处销售金额50%以上2倍以下罚金或者没收财产。

━━━━━━━━━━ 项目小结 ━━━━━━━━━━

药品与医疗器械管理法律制度	学习要点
概念	药品管理法、药品标准
药典	《中华人民共和国药典》
管理	药品种类及管理、药品标准及药品注册、医疗器械的种类、生产管理、医疗器械的经营与使用管理
制度	药品生产许可证制度、药品不良反应报告制度
广告	药品广告、医疗器械广告
法律责任	药品相关法律责任、医疗单位制剂管理的法律规定

重点笔记

↘ **直通考证**

一、单项选择题

1. 以下按假药处理的是（　　）。

A. 擅自添加调味剂的

B. 未标明生产批号的

C. 所含成分与国家药品标准规定成分不符的

D. 药品成分的含量不符合国家药品标准的

2. 药品广告须经（　　）。

A. 省级药监部门批准，发给证书

B. 审批，发给药品广告批准交易

C. 企业所在地省级药监部门批准，并发给药品广告批准文号

D. 国家药监部门批准，可在全国任何地方做广告

3. 药品生产必须按照（　　）。

    A. 国家药品标准

    B. 国家药事管理单位标准

    C. 局颁标准

    D. 国家药品标准和地方药品标准

4. 针对国内可能发生重大灾情、疫情以及其他突发事件，国家对药品实行（　　）。

    A. 药品保护制度

    B. 药品分类管理制度

    C. 药品审批制度

    D. 药品储备制度

5. 以下按劣药论处的是（　　）。

    A. 超过有效期的

    B. 药品所含成分与国家药品标准规定成分不符的

    C. 以非药品冒充药品或者以他种药品冒充此种药品的

    D. 国务院药品监督管理部门规定禁止使用的

6. 国家实行特殊管理的药品不包括（　　）。

    A. 麻醉药品　　　　　B. 疫苗　　　　　C. 精神药品　　　　　D. 医疗用毒性药品

7. 下列按照假药论处的是（　　）。

    A. 超过有效期的药品

    B. 所注明的适应证超出规定范围的药品

    C. 更改有效期的药品

    D. 药品成分的含量不符合国家药品标准的药品

8. 某患者到省人民医院就医发生药品不良反应，需要报告的部门是（　　）。

    A. 医学会

    B. 省级人民政府

    C. 省级人民法院

    D. 省级药品监督管理部门和卫生行政部门

9. 某县药品监督管理部门接到某药店将保健食品作为药品出售给患者的举报后，立即对该药店进行了查处，并依照《药品管理法》的规定，将其销售给患者的保健食品认定为（　　）。

    A. 按假药论处的药

    B. 假药

    C. 食品

    D. 劣药

10. 某村卫生室私自从"不法药贩"处购入药品用于患者的治疗，险些造成患者死亡。事发后，经有关部门调查检测，认定该药品为假药。该认定依据的事实是（　　）。

    A. 药品标签未标明有效期

    B. 药品擅自添加着色剂

    C. 直接接触药品的包装材料未经批准

    D. 药品所含成分与国家药品标准规定的成分不符

二、思考题

1. 我国《药品管理法》的适用范围是什么？

2. 哪些药品不得发布广告？

3. 药品不良反应报告制度是什么？

4. 何谓假药？

5. 何谓劣药？

6. 医疗器械分类及注册与备案管理是什么？

三、案例分析题

2012 年 5 月，药监局发布了胶囊中重金属铬严重超标的药品问题。根据《中国药典》的规定，药用胶囊以及使用的明胶原料，重金属铬的含量均不得超过 2 mg/kg。铬进入人体后，对身体伤害非常大，它对肝、肾等内脏器官和 DNA 会造成损伤，且具有致癌性并可能诱发基因突变。

【讨论】

1. 按照《药品管理法》的规定，胶囊是药品还是药用辅料？
2. 药用空心胶囊生产企业是否需要《药品生产许可证》？

↘ 任务评价

评价维度	评价内容及要求	评价主体				平均分	测评总分
		学生本人	组员间	组长	任课教师／临床导师		
素质考核（30分）	职业素质：清理用物，整理场地，责任意识（10分）						
	创新精神：探索新知、勇于质疑、敢于承担的表现（10分）						
	团队合作：大局观、与人合作互助的表现（10分）						
知识考核（30分）	在线资源学习进度成绩（5分）						
	思维导图成绩（5分）						
	课中线上成绩（10分）						
	课后线上测试成绩（10分）						
能力考核（40分）	理论联系实际（12分）						
	归纳和总结、学以致用能力（4分）						
	临床思维能力（案例分析）（8分）						
	课后调查报告（8分）						
	互动沟通能力（8分）						

项目 10
传染病防治法律制度

▶▶▶

项目 10 课件

任务 10.1　概　述

案例导学

传染病防治法

　　2024年，某海鲜市场环境卫生状况恶劣，海鲜摊位与熟食摊位紧邻，未按《传染病防治法》及相关卫生规范设置有效分区及卫生防护设施，也未配备必要的消毒设备和未定期对场所进行消毒。市场内多名商户出现腹泻、呕吐等症状。经检测确认为食源性传染病传播所致。市场管理部门责令该市场停业整顿，并处以罚款 50000 元，以此警示公共场所管理者须严守法规，切实保障公众健康安全。

　　【分析】

　　该海鲜市场的主要违法行为是什么？

▶【问题思考】

　　法定传染病的分类。

📥【任务分配】

通过问题思考、讨论等实践活动，引导学生掌握传染病防治方针和原则，以及传染病防治立法。

📥【知识内容】

从人类诞生之日起就有了传染病。奴隶社会和封建社会由于医疗事业不发达，传染病疫情一旦发生，就会出现大规模人畜死亡。不仅会影响国民经济发展，还会引起社会恐慌。中华人民共和国成立后我国先后出台了各种条例、法规，并对传染病立法，对于传染病预防、疫情报告和公布、疫情控制、监督管理、医疗救治、保障措施、法律责任，有了更全面、更明确的规定。为保障人民和社会安全，促进国家发展，提供了有力保障。

我们要提高传染病防治工作的意识，切实担负起预防、控制和消除传染病的发生与流行，保障人体健康和公共卫生的责任。学习本项目首先要了解传染病的概念、法定传染病的分类和传染病防治法的适用范围。

一、传染病的概念与特征

（一）传染病的概念

传染病是指由各种病原微生物引起的，能在人与人、动物与动物或人与动物之间相互传播并造成流行的一类疾病，具有传染性、流行性和反复性等特征，发病率高、传染快，对人体健康和生命威胁巨大。

传染病的传播和流行必须具备 3 个环节：传染源、传播途径和易感人群。切断其中任何一个环节，就可以防止传染病的传播和流行。

（二）传染病的基本特征

传染病与其他疾病的主要区别，体现为下列 3 个基本特征：

1. 有病原体　每种传染病都由特定的病原体引起，包括微生物与寄生虫。如甲型肝炎的病原体是甲型肝炎病毒（HAV），艾滋病的病原体是人类免疫缺陷病毒（HIV）。

2. 有传染性　传染性疾病病原体能够通过某种途径感染他人，患者具有传染性的时期称为传染期，换句话说，传染期是指传染病患者排出病原体的整个时期，这也是决定患者隔离期限的重要依据。

3. 有流行病学特征　传染病的流行过程在自然因素和社会因素的双重作用下，表现出一定的强度，有些具有明显的季节性、地方性等特征。

（三）传染病的病程发展阶段

传染病的发生、发展及转归可划分为 4 个时期，分别为潜伏期、前驱期、发病期、恢复期。

（四）传染病的流行过程

传染病的流行过程就是传染病在人群中发生、发展和转归的过程。传染病在人群中传播需要三个基本条件，即要有传染源、传播途径和易感人群，传染病是否流行则受社会因素和自然因素的双重影响。

1. 传染源　是指病原体已在体内生长繁殖并能将其排出体外的人或动物。

2. 传播途径　是指病原体离开传染源后，到达另一个易感者的途径。传播途径分为呼吸道、消化道、接触、昆虫媒介等。

3. 易感人群　是对某一传染病缺乏特异性免疫力的人，易感者在某一特定人群中的比例决定该人群的易感性。如果易感者的比例在人群中达到一定水平时，又有传染源和合适的传播途径，则传染病的流行很容易发生。

二、传染病防治立法

传染病防治法是在调整、预防、控制和消除传染病的发生和流行，保障人体健康和公共卫生活动中产生的各种社会关系的法律规范的总和。

 知识链接

悬崖边缘上的"中国第一病"

乙肝病毒感染的识别指标是"澳抗"阳性。1972 年，澳抗正式被命名为"乙型肝炎病毒表面抗原"。1992 年，中国启动了一次为期三年的乙肝血清流行病学调查，是中华人民共和国成立后最大规模的全人群的流行病学调查。这次调查结果显示，中国的乙肝病毒携带者流行率高达 9.75%，近 1.2 亿人，远远高于世界卫生组织定义的"高感染区"。

乙肝传染途径包括血液、母婴、密切生活接触、性传播和医源性感染，其中血液、母婴和性传播是三种主要传播途径。从 1992 年至今，中国的乙肝病毒携带者人数从 1.2 亿下降到了 7000 万。这一成绩的取得来自国家顶层设计的完善、防控措施的优化、生物医药科技水平的进步、群防群控基础的不断夯实。其中，重要措施之一是乙肝疫苗的接种。

当中国第一支乙肝疫苗问世时，它被誉为与"神舟飞船"和"杂交水稻"相当的科技成果。中国在乙肝疫苗接种方面做了大量工作，2002 年，乙肝疫苗进入免疫规划。2005 年，新生儿乙肝疫苗实现完全免费接种。2014 年，我国儿童乙肝病毒携带率已经降到 0.32%，远低于世界卫生组织的要求。2014 年，世界卫生组织向我国政府颁奖，以表彰我国在防控儿童乙肝方面取得的突出成就。

1989 年 2 月，第七届全国人大常委会第六次会议通过了《传染病防治法》，同年 9 月 1 日起施行。这部传染病防治法在实施后的十多年中对于控制传染病的传播和流行作出了非常大的贡献。

2004 年 8 月 28 日，第十届全国人大常委会第十一次会议通过修订的《传染病防治法》，同年 12 月 1 日起施行。2013 年 6 月 29 日，第十二届全国人民代表大会常务委员会第三次会议修正。

考点提示 传染病防治法的生效时间

三、传染病防治方针和原则

视频：
传染病防治

《传染病防治法》规定，国家对传染病防治实行预防为主的方针，防治结合、分类管理、依靠科学、依靠群众的原则。

1. 预防为主 传染病防治要把预防工作放在首位，从预防传染病发生入手。通过采取各种防治措施，使传染病不发生、不流行。预防为主要求有病治病，无病防病，立足于防。

2. 防治结合 在贯彻预防为主方针的前提下，实行预防措施和治疗措施相结合。它既符合阻断形成传染病流行的 3 个环节，即管理传染源、切断传播途径、保护易感人群，又适应由过去单纯的生物医学模式向生物—心理—社会医学模式的转变。

3. 分类管理 根据传染病不同病种的传播方式、传播速度、流行强度以及对人体健康、公共卫生危害程度的不同，参照国际统一分类标准所制定的一种科学管理原则。传染病实行分类管理既是法律的原则性与灵活性相结合的体现，也是符合我国国情，特别是符合广大农村地区客观情况的体现。

4. 依靠科学 在传染病防治工作中，要发扬科学精神，坚持科学决策；普及科学知识，加强科学引

导；做好科学预防，实行科学治疗；依靠科学技术，组织科学攻关。

5. 依靠群众 传染病防治工作的依靠力量是群众，工作对象也是群众，所以传染病防治工作必须以群众参与和积极配合为条件。国家支持和鼓励公民参与传染病防治工作，同时，公民也应当根据法律的规定，接受疾病预防控制机构、医疗机构有关传染病的调查、检验、采集样本、隔离治疗等预防、控制措施，如实提供有关情况。

 **考点提示** 传染病的防治原则

四、法定传染病的分类管理

根据传染病的危害程度和应采取的预防、控制、管理措施，参照国际统一分类标准，结合我国的实际情况，将 40 种急、慢性传染病列为法定管理的传染病，并根据其传播方式、传播速度、流行强度以及对人体健康、对社会危害程度的不同，分为甲类、乙类和丙类 3 类，对不同类别的传染病采取相应的预防、控制措施。

1. 甲类传染病 甲类传染病是烈性传染病，共 2 种，分别是鼠疫和霍乱。

2. 乙类传染病 乙类传染病共 27 种，包括传染性非典型肺炎、艾滋病、病毒性肝炎、脊髓灰质炎、人感染高致病性禽流感、麻疹、流行性出血热、狂犬病、流行性乙型脑炎、登革热、炭疽、细菌性和阿米巴性痢疾、肺结核、伤寒和副伤寒、流行性脑脊髓膜炎、百日咳、白喉、新生儿破伤风、猩红热、布鲁氏菌病、淋病、梅毒、钩端螺旋体病、血吸虫病、疟疾、H7N9、新型冠状病毒感染（COVID-19）。

3. 丙类传染病 丙类传染病共 11 种，包括流行性感冒、流行性腮腺炎、风疹、急性出血性结膜炎、麻风病、流行性和地方性斑疹伤寒、黑热病、棘球蚴病（包虫病）、丝虫病、手足口病，以及除霍乱、细菌性和阿米巴性痢疾、伤寒和副伤寒以外的感染性腹泻病。

除上述传染病外的其他传染病，根据其暴发、流行情况和危害程度，需要列入乙类、丙类传染病的，其分类标准由国务院卫生行政部门决定并予以公布。

对乙类传染病中的传染性非典型肺炎、炭疽中的肺炭疽，采取甲类传染病的预防、控制措施。其他乙类传染病和突发原因不明的传染病，如需要采取甲类传染病的预防、控制措施的，由国务院卫生行政部门及时报经国务院批准后予以公布、实施。

2013 年 10 月 28 日，原国家卫生计生委发布了《关于调整部分法定传染病病种管理工作的通知》，将人感染 H7N9 禽流感纳入法定乙类传染病；将甲型 H1N1 流感从乙类调整为丙类，并纳入现有流行性感冒进行管理；解除对人感染高致病性禽流感采取的甲类传染病预防、控制措施。

《传染病防治法》还规定，省、自治区、直辖市人民政府对本行政区域内常见、多发的其他地方性传染病，可以根据情况决定按照乙类或者丙类传染病管理并予以公布，报国务院卫生行政部门备案。

2020 年 1 月 20 日，国家卫生健康委员会发布了《新型冠状病毒感染的肺炎纳入法定传染病管理的通知》，将新型冠状病毒感染的肺炎纳入《中华人民共和国传染病防治法》规定的乙类传染病。

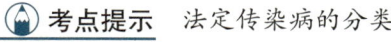 **考点提示** 法定传染病的分类

 **思政高地**

中国乙肝"疫苗之母"陶其敏教授——奉献精神、严谨务实的工作作风

1975 年 7 月 1 日，陶其敏团队研制出了我国第一代血源性"乙型肝炎疫苗"——"7571 疫苗"。同年 8 月 29 日下午，陶其敏教授第一个注射了自己研发的中国第一支乙肝疫苗。就这样，中国的

第一支乙肝疫苗在它的研制者身上注射并研究成功。陶其敏教授谈起这段往事时，淡然微笑："其实当时并没有很伟大的想法，只是想尽快得到结果，以推广疫苗应用。毕竟，迟一日研发，就多一些病人。"半个世纪的医学研究和临床生涯，陶其敏教授以其敏锐的视野紧盯着国际医学科学研究的前沿，以求真务实的科研作风开拓着病毒性肝炎研究的新领域，以民主包容的治学理念培育了诸多英才大家。肝炎的研究和治疗历程可以展示医学发展的一个侧面，让学生了解医学工作者在人类健康事业中承担的历史使命。

任务 10.2　传染病的预防和疫情报告、通报与公布

↘【问题思考】

传染病的疫情报告时限是多久？

↘【任务分配】

通过问题思考、讨论等实践活动，引导学生掌握传染病的预防和疫情报告、通报与公布。

↘【知识内容】

一、传染病的预防

加强对传染病的预防，可以减少传染病的发生；传染病发生之后，快速准确报告和发布疫情信息并采取积极的防治措施，有利于减少传染病的扩散和蔓延。因此，国家为预防传染病制定了相关法律制度并明确了各级机构的具体职责。

（一）预防传染病的相关制度

①国家实行有计划的预防接种制度。②国家对儿童实行预防接种证制度。③国家建立传染病监测制度和预警制度。④国家建立传染病疫情信息公布制度。以上各项制度均由国家卫生行政部门组织实施。

（二）各级疾病预防控制机构应履行的职责

①实施传染病预防控制规划、计划和方案；②收集、分析和报告传染病监测信息，预测传染病的发生、流行趋势；③开展对传染病疫情和突发公共卫生事件的流行病学调查、现场处理及其效果评价；④开展传染病实验室检测、诊断、病原学鉴定；⑤实施免疫规划，负责预防性生物制品的使用管理；⑥开展健康教育、咨询，普及传染病防治知识；⑦指导、培训下级疾病预防控制机构及其工作人员开展传染病监测工作；⑧开展传染病防治应用性研究和卫生评价，提供技术咨询；⑨指定专人负责对医疗机构内传染病预防工作进行指导、考核，开展流行病学调查。

（三）医疗机构的职责

①医疗机构必须严格执行国务院卫生行政部门规定的管理制度、操作规范，防治传染病的医源性感染和医院感染；②确定专门的部门或者人员，承担传染病疫情报告、本单位的传染病预防、控制以及责任区域内的传染病预防工作；③承担医疗活动中与医院感染有关的危险因素监测、安全防护、消毒、隔离和医疗废物处置工作。

（四）实验室及机构职责

疾病预防控制机构、医疗机构的实验室和从事病原微生物实验的单位，应当符合国家规定的条件和技术标准，建立严格的监督管理制度，对传染病病原体样本按照规定的措施实行严格监督管理，严防传染病病原体的实验室感染和病原微生物的扩散。

（五）采供血机构、生物制品机构职责

采供血机构、生物制品生产单位必须严格执行国家有关规定，保证血液、血液制品的质量。禁止非法采集血液或者组织他人出卖血液。

（六）单位和个人的职责

①对被传染病病原体污染的污水、污物、场所和物品，有关单位和个人必须在疾病预防控制机构的指导下或者按照其提出的卫生要求，进行严格消毒处理；拒绝消毒处理的，由当地卫生行政部门或者疾病预防控制机构进行强制消毒处理。②在国家确认的自然疫源地计划兴建水利、交通、旅游、能源等大型建设项目的，应当事先由省级以上疾病预防控制机构对施工环境进行卫生调查。建设单位应当根据疾病预防控制机构的意见，采取必要的传染病预防、控制措施。施工期间，建设单位应当设专人负责工地上的卫生防疫工作。工程竣工后，疾病预防控制机构应当对可能发生的传染病进行监测。③用于传染病防治的消毒产品、饮用水供水单位供应的饮用水和涉及饮用水卫生安全的产品，应当符合国家卫生标准和卫生规范。④传染病病人、病原携带者和疑似传染病病人，使其得到及时救治。在治愈前或者在排除传染病嫌疑前，不得从事法律、行政法规和国务院卫生行政部门规定禁止从事的易使该传染病扩散的工作。

二、传染病疫情报告、通报与公布

传染病疫情发生后，医疗卫生机构、疾病预防控制机构不仅要有效控制，还应及时上报，上级单位应向各相关部门通报，卫生行政部门应及时、准确地向公众公布疫情。

（一）传染病疫情的报告

1. 疫情报告人　疫情报告人分为两类：①责任疫情报告人。包括疾病预防控制机构、医疗机构和采供血机构及执行职务的医护人员和检疫人员、疾病预防控制人员、乡村医生、个体开业医生。上述人员在执行职务的过程中若发现《传染病防治法》规定的传染病疫情或者发现其他传染病暴发、流行以及突发原因不明的传染病时，应当遵循疫情报告属地管理原则，按照国务院或国务院卫生行政部门规定的内容、程序、方式和时限进行报告。②义务疫情报告人。任何单位和个人发现传染病患者或者疑似传染病患者时，应当及时向附近的疾病预防控制机构或者医疗机构报告。

2. 疫情报告管理　疫情报告遵循属地管理原则。任何单位和个人发现传染病患者后，按照行政管理区域，及时报告所在地县级疾病预防控制机构，再由县级疾病预防控制机构逐级上报或者进行直报。港口、机场、铁路疾病预防控制机构以及国境卫生检疫机关发现甲类传染病患者、病原携带者、疑似传染病患者时，应当按照国家有关规定立即向国境口岸所在地的疾病预防控制机构或者所在地县级以上地方人民政府卫生行政部门报告并互相通报。

3. 疫情报告要求　依法负有传染病疫情报告职责的人民政府有关部门、疾病预防控制机构、医疗机构、采供血机构及其工作人员，不得隐瞒、谎报、缓报传染病疫情。

4. 疫情报告内容　疫情报告的内容主要包括《传染病防治法》规定的传染病疫情，其他传染病暴发、流行情况，突发原因不明的传染病以及传染病菌种、毒种丢失等情况。

5. 疫情报告程序、方式　传染病报告卡由首诊医生或其他执行职务的人员负责填写。现场调查时发现的传染病病例，由属地疾病预防控制机构的现场调查人员填写报告卡；采供血机构发现艾滋病病毒两

次初筛阳性检测结果也应填写报告卡。传染病疫情信息实行网络直报，没有条件实行网络直报的医疗机构，应在规定时限内将传染病报告卡报告属地县级疾病预防控制机构。

6.报告时限　发现甲类传染病和乙类传染病中的肺炭疽、传染性非典型肺炎、脊髓灰质炎，或发现其他传染病和不明原因疾病暴发时，应于2小时内报告；对其他乙类、丙类传染病病人、疑似病人和规定报告的传染病病原携带者在诊断后，应于24小时内报告。

疾病预防控制机构、医疗机构和采供血机构及其执行职务的人员发现《传染病防治法》规定的传染病疫情或者发现其他传染病暴发、流行以及突发原因不明的传染病时，应当遵循疫情报告属地管理原则，按照国务院规定的或者国务院卫生行政部门规定的内容、程序、方式和时限报告。

军队医疗机构对传染病疫情，应当按照国务院卫生行政部门的规定报告。

任何单位和个人及港口、机场、铁路疾病预防控制机构以及国境卫生检疫机关，发现传染病病人或者疑似传染病病人时，应当及时向附近的疾病预防控制机构或者医疗机构报告。

（二）疫情的通报

国务院卫生行政部门应当及时向国务院其他有关部门和各省、自治区、直辖市人民政府卫生行政部门通报全国传染病疫情以及监测、预警的相关信息；毗邻的以及相关的地方人民政府卫生行政部门，应当及时互相通报本行政区域的传染病疫情以及监测、预警的相关信息；县级以上人民政府有关部门发现传染病疫情时，应当及时向同级人民政府卫生行政部门通报；中国人民解放军卫生主管部门发现传染病疫情时，应当向国务院卫生行政部门通报；动物防疫机构和疾病预防控制机构，应当及时互相通报动物间和人间发生的人畜共患传染病疫情以及相关信息。

（三）疫情的公布

国家建立传染病疫情信息公布制度，国务院卫生行政部门定期或在传染病暴发、流行时定期公布全国传染病疫情信息。省、自治区、直辖市人民政府卫生行政部门定期公布本行政区域内的传染病疫情信息，且疫情信息应当及时、准确。

 **考点提示**　传染病疫情报告和公布

任务 10.3　传染病疫情的控制和监督

↘【问题思考】

医疗机构采取的疫情控制措施有哪些具体要求？

↘【任务分配】

通过问题思考、讨论等实践活动，引导学生掌握传染病疫情的控制和监督。

↘【知识内容】

一、传染病疫情的控制

传染病疫情控制是指传染病发生或者暴发、流行时，为了阻止传染病的扩散和蔓延而采取的控制措施。

（一）医疗机构采取的疫情控制措施

对甲类传染病患者、病原携带者，乙类传染病中的传染性非典型肺炎、炭疽中的肺炭疽和病原携带者，应当及时采取下列措施：

（1）对病人、病原携带者，予以隔离治疗，隔离期限根据医学检查结果确定；

（2）对疑似病人，确诊前在指定场所单独隔离治疗；

（3）对医疗机构内的病人、病原携带者、疑似病人的密切接触者，在指定场所进行医学观察和采取其他必要的预防措施；

（4）拒绝隔离治疗或者隔离期未满擅自脱离隔离治疗的，可以由公安机关协助医疗机构采取强制隔离治疗措施。

发现除传染性非典型肺炎、炭疽中的肺炭疽和新型冠状病毒感染患者外的乙类、丙类传染病患者，应当根据病情采取必要的治疗和控制传播措施。

医疗机构对本单位内被传染病病原体污染的场所、物品以及医疗废物，必须依照法律、法规的规定实施消毒和无害化处置。

（二）疾病预防控制机构采取的疫情控制措施

疾病预防控制机构发现传染病疫情或者接到传染病疫情报告时，应当及时采取措施。

（1）对传染病疫情进行流行病学调查，根据调查情况提出划定疫点、疫区的建议。对被污染的场所进行卫生处理，对密切接触者，在指定场所进行医学观察和采取其他必要的预防措施，并向卫生行政部门提出疫情控制方案。

（2）传染病暴发、流行时，对疫点、疫区进行卫生处理，向卫生行政部门提出疫情控制方案，并按照卫生行政部门的要求采取控制措施。

（3）指导下级疾病预防控制机构实施传染病预防、控制措施，组织、指导有关单位对传染病疫情的处理。

（三）政府部门采取的疫情控制措施

对已经发生甲类传染病病例的场所或者该场所内特定区域的人员，所在地县级以上地方人民政府可以实施隔离措施，并同时向上一级人民政府报告；接到报告的上级人民政府应当即时作出是否批准的决定。上级人民政府作出不予批准决定的，实施隔离措施的人民政府应当立即解除隔离措施。

在隔离期间，实施隔离措施的人民政府应当对被隔离人员提供生活保障；被隔离人员有工作单位的，所在单位不得停止支付其隔离期间的工作报酬。

（四）尸体处理

患甲类传染病、炭疽死亡的，应当立即将尸体进行卫生处理，就近火化。患其他传染病死亡的，必要时，应当将尸体进行卫生处理后火化或者按照规定深埋。为查找传染病病因，医疗机构在必要时可以按照国务院卫生行政部门的规定，对传染病病人尸体或者疑似传染病病人尸体进行解剖查验，并应当告知死者家属。

（五）紧急控制措施

传染病暴发、流行时，县级以上地方人民政府应当立即组织力量，按照预防、控制预案进行防治，切断传染病的传播途径，必要时报经上一级人民政府决定，可以采取下列紧急措施并予以公告：

（1）限制或者停止集市、影剧院演出或者其他人群聚集的活动；

（2）停工、停业、停课；

（3）封闭或者封存被传染病病原体污染的公共饮用水源、食品及相关物品；

（4）控制或者扑杀染疫野生动物、家畜家禽；

（5）封闭可能造成传染病扩散的场所。

上级人民政府接到下级人民政府关于采取紧急措施的报告时，应当即时做出决定。紧急措施的撤销和解除，由原决定机关根据有关规定决定并宣布。

> 🔆 **考点提示**　传染病疫情的控制措施

二、传染病监督管理的法律规定

（一）传染病防治监督管理的执法主体及其职责

省级以上人民政府卫生行政部门负责组织对传染病防治重大事项的处理。县级以上人民政府卫生行政部门对传染病防治工作进行监督检查时，应履行下列职责：

（1）对下级人民政府卫生行政部门履行本法规定的传染病防治职责进行监督检查；

（2）对疾病预防控制机构、医疗机构的传染病防治工作进行监督检查；

（3）对采供血机构的采供血活动进行监督检查；

（4）对用于传染病防治的消毒产品及其生产单位进行监督检查，并对饮用水供水单位从事生产或者供应活动以及涉及饮用水卫生安全的产品进行监督检查；

（5）对传染病菌种、毒种和传染病检测样本的采集、保藏、携带、运输、使用进行监督检查；

（6）对公共场所和有关单位的卫生条件和传染病预防、控制措施进行监督检查。

县级以上人民政府卫生行政部门在履行监督检查职责时，有权进入被检查单位和传染病疫情发生现场调查取证，查阅或者复制有关的资料和采集样本。被检查单位应当予以配合，不得拒绝、阻挠。

县级以上地方人民政府卫生行政部门在履行监督检查职责时，发现被传染病病原体污染的公共饮用水源、食品以及相关物品，如不及时采取控制措施可能导致传染病传播、流行的，可以采取封闭公共饮用水源、封存食品以及相关物品或者暂停销售的临时控制措施，并予以检验或者进行消毒。经检验，属于被污染的物品，应当予以销毁；对未被污染或者经消毒后可以使用的物品，应当解除控制措施。

（二）卫生行政部门及其工作人员的职责

（1）卫生行政部门工作人员依法执行职务时，应当不少于两人，并出示执法证件，填写卫生执法文书。卫生执法文书经核对无误后，应当由卫生执法人员和当事人签名。当事人拒绝签名的，卫生执法人员应当注明情况。

（2）卫生行政部门应当依法建立健全内部监督制度，对其工作人员依据法定职权和程序履行职责的情况进行监督。

（3）上级卫生行政部门发现下级卫生行政部门不及时处理职责范围内的事项或者不履行职责的，应当责令纠正或者直接予以处理。

（4）卫生行政部门及其工作人员履行职责，应当自觉接受社会和公民的监督。单位和个人有权向上级人民政府及其卫生行政部门举报违反《传染病防治法》的行为。接到举报的有关人民政府或者其卫生行政部门，应当及时调查处理。

任务 10.4　法律责任

- — ·········· ·········· ·········· - -

【问题思考】

传染病防治法立法的重要意义是什么？

【任务分配】

通过问题思考、讨论等实践活动，引导学生掌握违反《传染病防治法》的法律责任。

【知识内容】

一、地方各级人民政府及有关部门违反《传染病防治法》的法律责任

地方各级人民政府未依照规定履行报告职责，或者隐瞒、谎报、缓报传染病疫情，或者在传染病暴发、流行时，未及时组织救治、采取控制措施的，由上级人民政府责令改正，通报批评；造成传染病传播、流行或者其他严重后果的，对负有责任的主管人员，依法给予行政处分；构成犯罪的，依法追究刑事责任。

县级以上人民政府有关部门未依照《传染病防治法》的规定履行传染病防治和保障职责的，由本级人民政府或者上级人民政府有关部门责令改正，通报批评；造成传染病传播、流行或者其他严重后果的，对负有责任的主管人员和其他直接责任人员，依法给予行政处分；构成犯罪的，依法追究刑事责任。

二、疾病预防控制机构违反《传染病防治法》的法律责任

疾病预防控制机构违反《传染病防治法》规定，有下列情形之一的，由县级以上人民政府卫生行政部门责令限期改正，通报批评，给予警告；对负有责任的主管人员和其他直接责任人员，依法给予降级、撤职、开除的处分，并可以依法吊销有关责任人员的执业证书；构成犯罪的，依法追究刑事责任：

（1）未依法履行传染病监测职责的；

（2）未依法履行传染病疫情报告、通报职责，或者隐瞒、谎报、缓报传染病疫情的；

（3）未主动收集传染病疫情信息，或者对传染病疫情信息和疫情报告未及时进行分析、调查、核实的；

（4）发现传染病疫情时，未依据职责及时采取本法规定的措施的；

（5）故意泄露传染病病人、病原携带者、疑似传染病病人、密切接触者涉及个人隐私的有关信息、资料的。

三、医疗机构违反《传染病防治法》的法律责任

医疗机构违反《传染病防治法》规定，有下列情形之一的，由县级以上人民政府卫生行政部门责令改正，通报批评，给予警告；造成传染病传播、流行或者其他严重后果的，对负有责任的主管人员和其他直接责任人员，依法给予降级、撤职、开除的处分，并可以依法吊销有关责任人员的执业证书；构成犯罪的，依法追究刑事责任。

四、采供血机构违反《传染病防治法》的法律责任

采供血机构未按照规定报告传染病疫情，或者隐瞒、谎报、缓报传染病疫情，或者未执行国家有关

规定，导致因输入血液引起经血液传播疾病发生的，由县级以上人民政府卫生行政部门责令改正，通报批评，给予警告；造成传染病传播、流行或者其他严重后果的，对负有责任的主管人员和其他直接责任人员，依法给予降级、撤职、开除的处分，并可以依法吊销采供血机构的执业许可证；构成犯罪的，依法追究刑事责任。

五、国境卫生检疫机关、动物防疫机构违反《传染病防治法》的法律责任

国境卫生检疫机关、动物防疫机构未依法履行传染病疫情通报职责的，由有关部门在各自职责范围内责令改正，通报批评；造成传染病传播、流行或者其他严重后果的，对负有责任的主管人员和其他直接责任人员，依法给予降级、撤职、开除的处分；构成犯罪的，依法追究刑事责任。

六、铁路、交通、民用航空经营单位违反《传染病防治法》的法律责任

铁路、交通、民用航空经营单位未依照《传染病防治法》的规定优先运送处理传染病疫情的人员以及防治传染病的药品和医疗器械的，由有关部门责令限期改正，给予警告；造成严重后果的，对负有责任的主管人员和其他直接责任人员，依法给予降级、撤职、开除的处分。

七、《中华人民共和国刑法》中相关规定

《中华人民共和国刑法》第三百三十条　违反传染病防治法的规定，有下列情形之一，引起甲类传染病以及依法确定采取甲类传染病预防、控制措施的传染病传播或者有传播严重危险的，处 3 年以下有期徒刑或者拘役；后果特别严重的，处 3 年以上 7 年以下有期徒刑：

（1）供水单位供应的饮用水不符合国家规定的卫生标准的；

（2）拒绝按照疾病预防控制机构提出的卫生要求，对传染病病原体污染的污水、污物、粪便进行消毒处理的；

（3）准许或者纵容传染病病人、病原携带者和疑似传染病病人从事国务院卫生行政部门规定禁止从事的易使该传染病扩散的工作的；

（4）拒绝执行县级以上人民政府、疾病预防控制机构依照传染病防治法提出的预防、控制措施的。

任务 10.5　性病、艾滋病防治的法律规定

↘【问题思考】

艾滋病的预防和控制如何进行？

↘【任务分配】

通过问题思考、讨论等实践活动，引导学生掌握艾滋病患者和艾滋病病毒感染者的权利和义务，熟悉艾滋病防治的其他法律规定。

↘【知识内容】

一、性病防治的法律规定

性病是以性接触为主要传播途径的疾病，包括以下几类：①《中华人民共和国传染病防治法》规定

的乙类传染病中的淋病和梅毒；②生殖道沙眼衣原体感染、尖锐湿疣、生殖器疱疹。

国家对性病防治坚持预防为主、防治结合的方针。各级卫生行政部门应在各级人民政府的领导下，开展性病防治工作。

任何单位和个人不得歧视性病患者及其家属。性病患者的就医、入学、就业、婚育等合法权益受法律保护。

二、艾滋病防治的法律规定

（一）艾滋病的概念

艾滋病是指由人类免疫缺陷病毒引起的获得性免疫缺陷综合征。主要通过血液传播、性接触传播和母婴传播。

自 1981 年美国发现第一例艾滋病患者至今，艾滋病已在世界各地蔓延。1985 年我国发现第一例艾滋病患者。目前，全球感染艾滋病的人数已经超过 7000 万。

 知识链接

艾滋病传染性

加强对艾滋病感染者和病人的管理，对于预防和控制艾滋病的流行十分重要。HIV 感染者要经过很长的潜伏期（平均 7～10 年）才发展为艾滋病病人。在这段时间内，HIV 感染者同样具有传染性。如果不对其采取有效的管理措施，必然会造成严重后果。因此，对 HIV 感染者和艾滋病病人进行严格管理具有重要的现实意义。

（二）艾滋病的预防和控制

国家建立健全艾滋病监测网络，实行艾滋病自愿咨询和自愿检测制度。国务院卫生主管部门会同国务院其他有关部门根据预防、控制艾滋病的需要，可以规定应当进行艾滋病检测的情形。省级以上人民政府卫生主管部门根据医疗卫生机构布局和艾滋病流行情况，按照国家有关规定确定承担艾滋病检测工作的实验室。县级以上地方人民政府及其有关部门应当依照规定，根据本行政区域艾滋病的流行情况，制定措施，鼓励和支持居民委员会、村民委员会以及其他有关组织和个人推广预防艾滋病的行为干预措施，帮助有易感染艾滋病病毒危险行为的人群改变行为。

血站、单采血浆站应当对采集的人体血液、血浆进行艾滋病检测；不得向医疗机构和血液制品生产单位供应未经艾滋病检测或者艾滋病检测阳性的人体血液、血浆。医疗机构应当对因应急用血而临时采集的血液进行艾滋病检测，对临床用血艾滋病检测结果进行核查；对未经艾滋病检测、核查或者艾滋病检测阳性的血液，不得采集或者使用。

（三）艾滋病的治疗和救助

1.治疗　医疗机构应当为艾滋病病毒感染者和艾滋病患者提供艾滋病防治咨询、诊断和治疗服务。医疗机构不得因就诊患者是艾滋病病毒感染者或者艾滋病患者，推诿或者拒绝对其其他疾病进行治疗。

对确诊的艾滋病病毒感染者和艾滋病患者，医疗卫生机构的工作人员应当将其感染或者发病的事实告知本人；本人为无行为能力或者限制行为能力的，应当告知其监护人。

医疗卫生机构应当按照国务院卫生主管部门制订的预防艾滋病母婴传播技术指导方案的规定，对孕产妇提供艾滋病防治咨询和检测，对感染艾滋病病毒的孕产妇及其婴儿，提供预防艾滋病母婴传播的咨询、产前指导、阻断、治疗、产后访视、婴儿随访和检测等服务。

2.救助　《艾滋病防治条例》规定，县级以上人民政府应当采取下列艾滋病防治关怀、救助措施：

①向农村艾滋病患者和城镇经济困难的艾滋病患者免费提供艾滋病病毒治疗药品。②对农村和城镇经济困难的艾滋病病毒感染者、艾滋病患者适当减免抗机会性感染药品治疗的费用。③向接受艾滋病咨询、检测的人员免费提供咨询和初筛检测。④向感染艾滋病病毒的孕产妇免费提供预防艾滋病母婴传播的治疗和咨询。

（四）艾滋病患者和艾滋病病毒感染者的权利和义务

《艾滋病防治条例》规定，任何单位和个人不得歧视艾滋病病毒感染者、艾滋病患者及其家属。艾滋病病毒感染者、艾滋病患者及其家属享有的婚姻、就业、就医、入学等合法权益受法律保护。未经本人或者其监护人同意，任何单位或者个人不得公开艾滋病病毒感染者、艾滋病患者及其家属的姓名、住址、工作单位、肖像、病史资料以及其他可能推断出其具体身份的信息。

艾滋病病毒感染者、艾滋病患者应当履行下列义务：①接受疾病预防控制机构或者出入境检验检疫机构的流行病学调查和指导；②将感染或者发病的事实及时告知与其有性关系者；③就医时，将感染或者发病的事实如实告知接诊医生；④不得以任何方式故意传播艾滋病。艾滋病病毒感染者或者艾滋病病人故意传播艾滋病的，依法承担民事赔偿责任；构成犯罪的，依法追究刑事责任。

> **考点提示** 艾滋病患者和艾滋病病毒感染者的权利和义务

项目小结

传染病防治法律制度	学习要点
概念	传染病防治法、传染病
报告	传染病预防和疫情报告
分类	传染病分类
特征	传染病的特征
法律责任	地方各级人民政府及有关部门违反传染病防治法的法律责任、疾病预防控制机构违反传染病防治法的法律责任、医疗机构违反传染病防治法的法律责任

重点笔记

↘ 直通考证

一、单项选择题

1. 以下属于甲类传染病的是（　　）。

　A. 艾滋病、非典型肺炎　　　　　　B. 鼠疫、霍乱

　C. 狂犬病、麻疹　　　　　　　　　D. 禽流感、炭疽

2. 下列应采取强制隔离治疗措施的是（　　）。

　　A. 甲型肝炎患者　　B. 肺炭疽患者　　C. 麻风病患者　　D. 肺结核患者

3. 2020 年国家卫健委发布公告，宣布将新冠肺炎（COVID-19）列为"乙类传染病"，至此，我国《传染病防治法》中"法定传染病"的病种有（　　）种。

　　A. 37　　　　B. 38　　　　C. 39　　　　D. 40

4. 被甲类传染病病原体污染的污水、污物、粪便，有关单位和个人必须按照以下规定进行处理，正确的是（　　）。

　　A. 在卫生防疫机构的指导监督下进行严密消毒后处理

　　B. 在卫生防疫机构的指导下进行消毒处理

　　C. 自行进行严密消毒后处理

　　D. 由卫生防疫机构进行消毒处理

5. 疾病预防控制机构、医疗机构和采供血机构及其执行职务的人员发现《传染病防治法》规定的传染病疫情或者发现其他传染病暴发、流行以及突发原因不明的传染病时，进行报告应当遵循的原则是（　　）。

　　A. 疫情报告属地管理　　　　　　　　B. 时限上报的原则

　　C. 逐级上报的原则　　　　　　　　　D. 根据病人病情严重程度予以上报

6. 患者，男，55 岁。以腹泻急诊入院，确诊为霍乱。因病情严重，最终患者死亡。对此患者的尸体处理正确的是（　　）。

　　A. 立即火化　　　　　　　　　　　　B. 停尸屉内冷藏保存待检

　　C. 立即进行卫生处理，就近火化　　　D. 上报卫生防疫部门批准后火化

7. 国家实行有计划的预防接种制度，对儿童实行的制度是（　　）。

　　A. 计划免疫　　B. 预防接种　　C. 预防接种证　　D. 自然接种

8. 传染病的责任报告人包括（　　）。

　　A. 城乡居民　　B. 个体开业医师　　C. 公共场所服务人员　　D. 机关干部

9. 根据《传染病防治法》规定，需按照甲类传染病采取预防控制措施的乙类传染病是（　　）。

　　A. 疟疾　　　　B. 肺炭疽　　　　C. 登革热　　　　D. 梅毒

10. 某县医院因收治多例人感染高致病性禽流感患者未按规定报告受到行政处罚。为此，该医院积极整改，加强《传染病防治法》的宣传，并落实各项传染病防治任务，不属于医院应承担的任务是（　　）。

　　A. 开展流行病学调查

　　B. 承担责任区域内传染病预防工作

　　C. 承担医疗活动中与医院感染有关的威胁因素检测

　　D. 防治传染病的医源性感染

二、思考题

1. 法定管理的传染病分为哪几类？

2. 传染病的报告时限是多久？

3. 传染病疫情的紧急控制措施包括哪些？

三、案例分析题

2021 年 8 月下旬，被告人梁某在经营某影音工作室期间，为牟取非法利益，伪造某医院某项检测的电子专用章，用于制作虚假的检测报告，并将伪造的检测报告以每份 5 元的价格出售给他人用于应付检查。2021 年 8 月至 10 月底，梁某共为 252 人伪造检测报告 621 份，非法获利 3105 元。

【讨论】

该案例中的违法行为包括哪些?

↘ 任务评价

评价维度	评价内容及要求	评价主体				平均分	测评总分
		学生本人	组员间	组长	任课教师/临床导师		
素质考核（30分）	职业素质：清理杂物，整理场地，责任意识（10分）						
	创新精神：探索新知、勇于质疑、敢于承担的表现（10分）						
	团队合作：大局观、与人合作互助的表现（10分）						
知识考核（30分）	在线资源学习进度成绩（5分）						
	思维导图成绩（5分）						
	课中线二成绩（10分）						
	课后线上测试成绩（10分）						
能力考核（40分）	理论联系实际（12分）						
	归纳和总结、学以致用能力（4分）						
	临床思维能力（案例分析）（8分）						
	课后调查报告（8分）						
	互动沟通能力（8分）						

项目 11
突发公共卫生事件应急法律制度

▶▶▶

项目 11 课件

学习目标

　　1. 知识目标：掌握突发公共卫生事件的概念、特征；突发公共卫生事件报告制度；熟悉突发公共卫生事件的分级；突发公共卫生事件的预防、保障措施与应急处理；了解突发公共卫生事件的法律责任。

　　2. 能力目标：能运用基本理论分析、解决实践中存在的法律法规问题；能运用卫生法律法规知识改善、处理医患人际关系；能在职业活动中使用法律保护医疗对象和自身权益。

　　3. 素质目标：具有勤奋学习的态度，严谨求实的工作作风；具有博大爱心和高度责任感；具有科学的思辨能力；具有良好的口头表达能力、人际沟通能力。

任务 11.1　概　述

案例导学

突发公共卫生事件应急处理法律制度

　　2003 年 4 月 11 日，某医院门诊来了母子两人。母亲，33 岁，经商，刚从传染性非典型肺炎流行的某市回常驻地；临床症状：干咳，寒战，全身乏力 3 天，发热 2 天，体温 39 ℃，白细胞总数 2.1×10^9/L，胸透见两下肺纹理增粗、模糊，左膈角片处密度增高，边界模糊；抗生素治疗效果不明显。儿子，7 岁，小学生；临床症状：咳嗽、发热 1 天、体温 38.2 ℃，白细胞总数 3.7×10^9/L。

　　如果怀疑他俩是传染性非典型肺炎病人，首诊医生该如何处理？该医院应采取什么措施加以控制？

↘【问题思考】

什么是突发公共卫生事件？其特征有哪些？

通过问题思考、讨论等实践活动，引导学生掌握突发公共卫生事件分级处理方针及原则。

↘【知识内容】

为了有效预防、及时控制和消除突发公共卫生事件的危害，保障公众身体健康与生命安全，维护正常的社会秩序，我国于 2003 年 5 月 9 日发布了《突发公共卫生事件应急条例》并于 2011 年 1 月 8 日进行了修订；随后又陆续制定了《国家突发公共卫生事件应急预案》等一系列处理突发公共卫生事件的应急法律制度，标志着我国将突发公共卫生事件应急处理纳入了法制轨道。

一、突发公共卫生事件的概念和特征

微课：
突发公共卫生事件
概念

〔一〕突发公共卫生事件的概念

突发公共卫生事件是指突然发生，造成或者可能造成社会公众健康严重损害的重大传染病疫情、群体性不明原因疾病、重大食物和职业中毒以及其他严重影响公众健康的事件。

〔二〕突发公共卫生事件的特征

突发公共卫生事件具有以下特征：

1. 突发性　突发公共卫生事件是突然发生的，具有很大的偶然性，不易预测和预防。

2. 复杂性　突发公共卫生事件表现为成因复杂、种类复杂、影响复杂。

3. 危害性　突发公共卫生事件不仅直接带来人员伤亡、财产损失，还会对社会和个人心理形成破坏性冲击。

4. 特定性　突发公共卫生事件是发生在公共卫生领域的突发事件，具有公共卫生的属性，它不针对特定的人群发生，也不局限于某一个固定的领域或区域。

5. 机遇性　突发公共卫生事件也是人类增加认识和改造自然，不断提升人类健康水平的机遇。

🔖 **考点提示**　突发公共卫生事件的概念和特征

二、突发公共卫生事件的分级

根据突发公共卫生事件的性质、危害程度、涉及范围，《国家突发公共卫生事件应急预案》将突发公共卫生事件划分为特别重大（Ⅰ级）、重大（Ⅱ级）、较大（Ⅲ级）和一般（Ⅳ级）4 级，依次用红色、橙色、黄色、蓝色进行预警。

（一）特别重大突发公共卫生事件（Ⅰ级）

有下列情形之一的为特别重大突发公共卫生事件（Ⅰ级）：

（1）肺鼠疫、肺炭疽在大、中城市发生并有扩散趋势，或肺鼠疫、肺炭疽疫情波及两个以上的省份，并有进一步扩散趋势；

（2）发生传染性非典型肺炎、人感染高致病性禽流感病例，并有扩散趋势；

（3）涉及多个省份的群体性不明原因疾病，并有扩散趋势；

（4）发生新传染病或我国尚未发现的传染病发生或传人，并有扩散趋势，或发现我国已消灭的传染病重新流行；

（5）发生烈性病菌株、毒株、致病因子等丢失事件；

（6）周边以及与我国通航的国家和地区发生特大传染病疫情，并出现输入性病例，严重危及我国公共卫生安全的事件；

（7）国务院卫生行政部门认定的其他特别重大突发公共卫生事件。

（二）重大突发公共卫生事件（Ⅱ级）

有下列情形之一的为重大突发公共卫生事件（Ⅱ级）：

（1）在一个县（市）行政区域内，一个平均潜伏期内（6天）发生5例以上肺鼠疫、肺炭疽病例，或者相关联的疫情波及2个以上的县（市）；

（2）发生传染性非典型肺炎、人感染高致病性禽流感疑似病例；

（3）腺鼠疫发生流行，在一个市（地）行政区域内，一个平均潜伏期内多点连续发病20例以上，或流行范围波及2个以上市（地）；

（4）霍乱在一个市（地）行政区域内流行，1周内发病30例以上，或波及2个以上市（地），有扩散趋势；

（5）乙类、丙类传染病波及2个以上县（市），1周内发病水平超过前5年同期平均发病水平2倍以上；

（6）我国尚未发现的传染病发生或传人，尚未造成扩散；

（7）发生群体性不明原因疾病，扩散到县（市）以外的地区；

（8）发生重大医源性感染事件；

（9）预防接种或群体预防性服药出现人员死亡；

（10）一次食物中毒人数超过100人并出现死亡病例，或出现10例以上死亡病例；

（11）一次发生急性职业中毒50人以上，或死亡5人以上；

（12）境内外隐匿运输、邮寄烈性生物病原体、生物毒素造成我境内人员感染或死亡的；

（13）鼠疫、炭疽、传染性非典型肺炎、艾滋病、霍乱、脊髓灰质炎等菌种、毒种丢失；

（14）省级以上人民政府卫生行政部门认定的其他重大突发公共卫生事件。

（三）较大突发公共卫生事件（Ⅲ级）

有下列情形之一的为较大突发公共卫生事件（Ⅲ级）：

（1）发生肺鼠疫、肺炭疽病例，一个平均潜伏期内病例数未超过5例，流行范围在一个县（市）行政区域以内；

（2）腺鼠疫发生流行，在一个县（市）行政区域内，一个平均潜伏期内连续发病10例以上，或波及2个以上县（市）；

（3）霍乱在一个县（市）行政区域内发生，1周内发病10～29例，或波及2个以上县（市），或市（地）级以上城市的市区首次发生；

（4）一周内在一个县（市）行政区域内，乙、丙类传染病发病水平超过前5年同期平均发病水平1倍以上；

（5）在一个县（市）行政区域内发现群体性不明原因疾病；

（6）一次食物中毒人数超过100人，或出现死亡病例；

（7）预防接种或群体预防性服药出现群体心因性反应或不良反应；

（8）一次发生急性职业中毒10～49人，或死亡4人以下；

（9）市（地）级以上人民政府卫生行政部门认定的其他较大突发公共卫生事件。

（四）一般突发公共卫生事件（Ⅳ级）

有下列情形之一的为一般突发公共卫生事件（Ⅳ级）：

（1）腺鼠疫在一个县（市）行政区域内发生，一个平均潜伏期内病例数未超过10例；

（2）霍乱在一个县（市）行政区域内发生，1周内发病9例以下；

（3）一次食物中毒人数30～99人，未出现死亡病例；

（4）一次发生急性职业中毒9人以下，未出现死亡病例；

（5）县级以上人民政府卫生行政部门认定的其他一般突发公共卫生事件。

三、突发公共卫生事件的处理方针和原则

（一）突发公共卫生事件的处理方针

预防为主、常备不懈。提高全社会对突发公共卫生事件的防范意识，落实各项防范措施，做好人员、技术、物资和设备的应急储备工作。对各类可能引发突发公共卫生事件的情况要及时进行分析、预警，做到早发现、早报告、早处理。

（二）突发公共卫生事件的处理原则

1. 统一领导、分级负责　根据突发公共卫生事件的范围、性质和危害程度，对突发公共卫生事件实行分级管理。各级人民政府负责突发公共卫生事件应急处理的统一领导和指挥。各有关部门按照预案规定，在各自的职责范围内做好突发公共卫生事件应急处理的有关工作。

2. 反应及时、措施果断　是指地方各级人民政府和卫生行政部门要按照相关法律、法规和规章的规定，完善突发公共卫生事件应急体系，建立健全系统、规范的突发公共卫生事件应急处理工作制度，对突发公共卫生事件和可能发生的公共卫生事件作出快速反应，及时、有效地开展监测、报告和处理工作。

3. 依靠科学、加强合作　是指突发公共卫生事件应急工作要充分尊重和依靠科学。要重视开展防范和处理突发公共卫生事件的科研和培训，为突发公共卫生事件应急处理提供科技保障。各有关部门和单位要通力合作、资源共享，有效应对突发公共卫生事件。要广泛组织、动员公众参与突发公共卫生事件的应急处理。

 知识链接

> 重大传染病疫情是指某种传染病在短时间内发生、波及范围广泛，出现大量的病人或死亡病例，其发病率远远超过常年的发病率水平的情况。
> 群体性不明原因疾病是指在短时间内，某个相对集中的区域内同时或者相继出现具有共同临床表现的病人，且病例不断增加，范围不断扩大，又暂时不能明确诊断的疾病。
> 重大食物和职业中毒是指由于食品污染或职业危害造成人数众多或者伤亡较重的中毒事件。

任务 11.2　突发公共卫生事件预防与应急准备

↘【问题思考】

突发公共卫生事件应急预案是什么？

↘【任务分配】

通过问题思考、讨论等实践活动，引导学生掌握突发公共卫生事件预防与应急准备。

↘【知识内容】

一、突发公共卫生事件应急预案

（一）突发公共卫生事件应急预案的制定

国务院卫生行政部门按照分类指导、快速反应的要求，制定全国突发公共卫生事件应急预案，报请

国务院批准；省、自治区、直辖市人民政府根据全国突发公共卫生事件应急预案，结合本地实际情况，制定本行政区域的突发公共卫生事件应急预案。

（二）突发公共卫生事件应急预案的内容

突发公共卫生事件应急预案应当包括以下主要内容：

（1）突发事件应急处理指挥部的组成和相关部门的职责；

（2）突发事件的监测与预警；

（3）突发事件信息的收集、分析、报告、通报制度；

（4）突发事件应急处理技术和监测机构及其任务；

（5）突发事件的分级和应急处理工作方案；

（6）突发事件预防、现场控制，应急设施、设备、救治药品和医疗器械以及其他物资和技术的储备与调度；

（7）突发事件应急处理专业队伍的建设和培训。

突发事件应急预案应当根据突发事件的变化和实施中发现的问题及时进行修订、补充。

 思政高地

中国对突发公共卫生事件的应对标准与变化——严谨求实

2002 年 11 月 16 日，中国广东首先发现严重急性呼吸道综合征（SARS）的病例。短短几个月时间，SARS 迅速扩散和蔓延至众多国家。

根据世界卫生组织统计，截至 2003 年 8 月 7 日，全球累计"非典"病例共 8422 例，其中中国内地累计病例 5327 人，死亡 349 人，居世界首位。

也正是这一年，开启了中国现代应急管理体系的"元年"，推动着中国在突发公共卫生事件应急管理体系上的跨越式的发展与变革。SARS 之后的十年里，中国先后修改了《传染病防治法》《国境卫生检疫法》《动物防疫法》等相关法律，这些法律在后来的传染病防治中发挥了重要作用。

"非典"以后，中国又经历了禽流感、甲型 H1N1 流感等公共卫生突发事件。中国疾病防控从疲于应付到从容应对，从被动迎战到主动出击，从各自为战到多方联动，覆盖全国的疾病防控、传染病救治体系已经形成。中国采取的一系列严格防控措施，有效地遏制了疫情蔓延。我们要勤奋学习相关法律法规知识，严谨求实，提高应对突发公共卫生事件的反应能力。

二、突发公共卫生事件预防控制机制

（一）应急知识教育

县级以上各级人民政府卫生行政部门和其他有关部门，应当对公众开展突发公共卫生事件应急知识的专门教育，增强全社会对突发公共卫生事件的防范意识和应对能力。

（二）监测与预警机制

国家建立统一的突发公共卫生事件预防控制体系。县级以上地方人民政府应当建立和完善突发公共卫生事件监测与预警系统。县级以上各级人民政府卫生行政部门，应当指定机构负责开展突发公共卫生事件的日常监测，并确保监测与预警系统的正常运行。

监测与预警工作应当根据突发公共卫生事件的类别，制订监测计划，科学分析、综合评价监测数据。对早期发现的潜在隐患以及可能发生的突发公共卫生事件，应当按规定的报告程序和时限及时报告。

三、突发公共卫生事件的应急储备

（一）应急物资储备

国务院有关部门和县级以上地方人民政府及其有关部门，应当根据突发公共卫生事件应急预案的要求，保证应急设施、设备、救治药品和医疗器械等物资储备；各级人民政府要建立处理突发公共卫生事件的物资和生产能力储备；发生突发公共卫生事件时，应根据应急处理工作需要调用应急储备物资；应急储备物资使用后要及时补充。

（二）医疗服务网络建设

县级以上各级人民政府应当加强急救医疗服务网络的建设，配备相应的医疗救治药物、技术、设备和人员，提高医疗卫生机构应对各类突发公共卫生事件的救治能力。设区的市级以上地方人民政府应当设置与传染病防治工作需要相适应的传染病专科医院，或者指定具备传染病防治条件和能力的医疗机构承担传染病防治任务。

（三）应急处理专业队伍培训

县级以上地方人民政府卫生行政部门，应当定期对医疗卫生机构和人员开展突发公共卫生事件应急处理相关知识、技能的培训，定期组织医疗卫生机构进行突发公共卫生事件应急演练，推广最新知识和先进技术。

任务 11.3　突发公共卫生事件报告与信息发布

↘【问题思考】

突发公共卫生事件报告时限是多久？

↘【任务分配】

通过问题思考、讨论等实践活动，引导学生掌握突发公共卫生事件报告与信息发布要求。

↘【知识内容】

一、突发公共卫生事件应急报告制度

（一）突发公共卫生事件的报告主体

1. 突发公共卫生事件的责任报告单位　县级以上各级人民政府卫生行政部门指定的突发公共卫生事件监测机构、各级各类医疗卫生机构、卫生行政部门、县级以上地方人民政府和检验检疫机构、食品药品监督管理机构、环境保护监测机构、教育机构等。

2. 突发公共卫生事件的责任报告人　执行职务的医疗卫生机构的医务人员、检疫人员、疾病预防控制人员、乡村医生和个体开业医生等。

> 🔒 **考点提示**　突发公共卫生事件责任报告单位和责任报告人

（二）突发公共卫生事件的报告内容

具体包括以下内容：

（1）发生或者可能发生传染病暴发、流行的；

（2）发生或者发现不明原因的群体性疾病的；

（3）发生传染病菌种、毒种丢失的；

（4）发生或者可能发生重大食物和职业中毒事件的。

（三）突发公共卫生事件报告时限和程序

突发公共卫生事件监测机构、医疗卫生机构和有关单位发现有突发事件的，应当在 2 小时内向所在地县级人民政府卫生行政主管部门报告；接到报告的卫生行政主管部门应当在 2 小时内向本级人民政府报告，并同时向上级人民政府卫生行政主管部门和国务院卫生行政主管部门报告。县级人民政府应当在接到报告后 2 小时内向设区的市级人民政府或上一级人民政府报告；设区的市级人民政府应当在接到报告后 2 小时内向省、自治区、直辖市人民政府报告。省、自治区、直辖市人民政府应当在接到报告 1 小时内，向国务院卫生行政主管部门报告，国务院卫生行政主管部门对可能造成重大社会影响的突发事件，应当立即向国务院报告。

接到报告的地方人民政府、卫生行政主管部门依照规定报告的同时，应当立即组织力量对报告事项调查核实、确证，采取必要的控制措施，并及时报告调查情况。

> 💧 **考点提示**　突发公共卫生事件报告时限和程序

二、突发公共卫生事件应急通报制度

国务院卫生行政部门应当根据发生突发事件的情况，及时向国务院有关部门和各省、自治区、直辖市人民政府卫生行政部门以及军队有关部门通报；突发公共卫生事件发生地的省、自治区、直辖市人民政府卫生行政部门，应当及时向毗邻省、自治区、直辖市人民政府卫生行政部门通报；接到通报的省、自治区、直辖市人民政府卫生行政部门，必要时应当及时通知本行政区域内的医疗卫生机构；县级以上地方人民政府有关部门，已经发生或者发现可能引起突发公共卫生事件的情形时，应当及时向同级人民政府卫生行政部门通报。对涉及跨境的疫情线索，由国务院卫生行政部门向有关国家和地区通报情况。

三、突发公共卫生事件举报制度

国家建立突发公共卫生事件举报制度，公布统一的突发公共卫生事件报告、举报电话。

任何单位和个人有权向人民政府及其有关部门报告突发公共卫生事件隐患，有权向上级人民政府及其有关部门举报地方人民政府及其有关部门不履行突发公共卫生事件应急处理职责，或者不按照规定履行职责的情况；接到报告、举报的有关人民政府及其有关部门，应当立即组织对突发公共卫生事件隐患、不履行或者不按照规定履行突发公共卫生事件应急处理职责的情况进行调查处理。

四、突发公共卫生事件信息发布制度

国家建立突发公共卫生事件的信息发布制度。国务院卫生行政部门负责向社会发布突发公共卫生事件的信息。必要时，可以授权省、自治区、直辖市人民政府卫生行政部门向社会发布本行政区域内突发公共卫生事件的信息。突发公共卫生事件信息发布应当及时、准确、全面。

任务 11.4　突发公共卫生事件应急处理

突发公共卫生事件应急预案的启动程序是什么？

通过问题思考、讨论等实践活动，引导学生掌握突发公共卫生事件应急处理。

应急预案启动前，县级以上各级人民政府有关部门应当根据突发公共卫生事件的实际情况，做好应急处理准备，采取必要的应急措施。

（一）突发公共卫生事件应急预案的启动

（1）突发公共卫生事件发生后，卫生行政部门应当组织专家对突发公共卫生事件进行综合评估，初步判断突发公共卫生事件的类型，提出是否启动突发公共卫生事件应急预案的建议。启动应急预案的建议，主要考虑以下几个方面：①突发卫生公共事件的性质和类型；②突发卫生公共事件的影响面及严重程度；③目前已采取的紧急控制措施及控制效果；④突发卫生公共事件的未来发展趋势；⑤是否需要启动应急处理机制。

（2）在全国范围内或者跨省、自治区、直辖市范围内启动全国突发公共卫生事件应急预案，由国务院卫生行政部门报国务院批准后实施。省、自治区、直辖市启动突发公共卫生事件应急预案，由省、自治区、直辖市人民政府决定，并向国务院报告。

（3）应急预案启动后，突发公共卫生事件发生地的人民政府有关部门，应当根据预案规定的职责要求，服从突发公共卫生事件应急处理指挥部的统一指挥，立即到达规定岗位，采取有关的控制措施。医疗卫生机构、监测机构和科学研究机构，应当服从突发公共卫生事件应急处理指挥部的统一指挥，相互配合、协作，集中力量开展相关的科学研究工作。

> 🔍 **考点提示**　突发公共卫生事件应急预案的启动程序

（二）突发公共卫生事件应急处理措施

（1）省级以上人民政府卫生行政部门或者其他有关部门指定的突发公共卫生事件应急处理专业技术机构，负责突发公共卫生事件的技术调查、确证、处置、控制和评价工作。国务院卫生行政部门或者其他有关部门指定的专业技术机构，有权进入突发公共卫生事件现场进行调查、采样、技术分析和检验，对地方突发公共卫生事件的应急处理工作进行技术指导，有关单位和个人应当予以配合；任何单位和个人不得以任何理由予以拒绝。对新发现的突发传染病、不明原因的群体性疾病、重大食物和职业中毒事件，国务院卫生行政部门应当尽快组织力量制订相关的技术标准、规范和控制措施。

（2）国务院卫生行政部门对新发现的突发传染病，根据危害程度、流行强度，依照《中华人民共和国传染病防治法》的规定及时宣布为法定传染病；宣布为甲类传染病的，由国务院决定。宣布为乙类、丙类传染病病种的，由国务院卫生行政部门决定并予以公布。

（3）突发公共卫生事件发生后，国务院有关部门和县级以上地方人民政府及其有关部门，应当保证突发公共卫生事件应急处理所需的医疗救护设备、救治药品、医疗器械等物资的生产、供应；铁路、交通、民用航空行政部门应当保证及时运送。

（4）根据突发公共卫生事件应急处理的需要，突发公共卫生事件应急处理指挥部有权紧急调集人员、储备的物资、交通工具以及相关设施、设备；必要时，对人员进行疏散或者隔离，并可以依法对传染病疫区实行封锁；可以对食物和水源采取控制措施。

（5）县级以上地方人民政府卫生行政部门应当对突发公共卫生事件现场等采取控制措施，宣传突发公共卫生事件防治知识，及时对易受感染的人群和其他易受损害的人群采取应急接种、预防性投药、群体防护等措施。

（6）交通工具：①交通工具上发现根据国务院卫生行政部门的规定需要采取应急控制措施的传染病病人、疑似传染病病人，其负责人应当以最快的方式通知前方停靠点，并向交通工具的营运单位报告。交通工具的前方停靠点和营运单位应当立即向交通工具营运单位行政部门和县级以上地方人民政府卫生行政部门报告。卫生行政部门接到报告后，应当立即组织有关人员采取相应的医学处置措施。②交通工具上的传染病病人密切接触者，由交通工具停靠点的县级以上各级人民政府卫生行政部门或者铁路、交通、民用航空行政部门，根据各自的职责，依照传染病防治法律、行政法规的规定，采取控制措施。③涉及国境口岸和入出境的人员、交通工具、货物、集装箱、行李、邮包等需要采取传染病应急控制措施的，依照国境卫生检疫法律、行政法规的规定办理。

（7）医疗卫生机构应当对因突发公共卫生事件致病的人员提供医疗救护和现场救援，对就诊病人必须接诊治疗，并书写详细、完整的病历记录；对需要转送的病人，应当按照规定将病人及其病历记录的复印件转送至接诊的或者指定的医疗机构；应当采取卫生防护措施，防止交叉感染和污染；应当对传染病病人密切接触者采取医学观察措施；收治传染病病人、疑似传染病病人，应依法报告所在地的疾病预防控制机构；应当对传染病做到早发现、早报告、早隔离、早治疗，切断传播途径，防止扩散。

> 🔥 **考点提示**　突发公共卫生事件应急处理措施

任务 11.5　法律责任

↘【问题思考】

突发公共卫生事件中相关的行政责任怎么界定？

↘【任务分配】

通过问题思考、讨论等实践活动，引导学生掌握突发公共卫生事件中违法行为应承担的责任。

↘【知识内容】

一、行政责任

根据当事人的违法行为及情节，《突发公共卫生事件应急条例》规定了承担行政责任的情形：

（1）未履行报告职责，对突发公共卫生事件隐瞒、缓报、谎报或者授意他人隐瞒、缓报、谎报的；

（2）未按规定完成突发公共卫生事件应急处理所需要的设施、设备、药品和医疗器械等物资的生产、供应、运输和储备的；

（3）不配合调查，或者采取其他方式阻碍、干涉调查的；

（4）在突发公共卫生事件调查、控制、医疗救治工作中玩忽职守、失职、渎职的；

（5）拒不履行应急处理职责的；

（6）医疗机构违规、违法的；

（7）在突发公共卫生事件发生期间，散布谣言、哄抬物价、欺骗消费者，扰乱社会秩序、市场秩序的；

（8）其他有关单位和个人违规、违法的。

二、刑事责任

上述违法情节严重，构成犯罪的，依法追究刑事责任。

项目小结

突发公共卫生事件应急法律制度	学习要点
概念	突发公共卫生事件、应急储备制度
特征	突发公共卫生事件特征
制度	突发公共卫生事件报告制度
分级	突发公共卫生事件的分级
预防	突发公共卫生事件的预防、保障措施与应急处理
法律责任	突发公共卫生事件的法律责任

重点笔记

直通考证

一、单项选择题

1.突发公共卫生事件应急工作应当遵循的方针是（　　）。

　A.预防为主，常备不懈　　　　　　　B.统一领导，分级负责

　C.依靠科学，加强合作　　　　　　　D.反应及时，措施果断

2.医疗机构及其执行职务的人员发现传染病暴发流行时，向所在地卫生行政部门进行报告的时限是（　　）。

　A.2小时　　　　　B.6小时　　　　　C.12小时　　　　　D.24小时

3.突发公共卫生事件分为（　　）。

　A.三级　　　　　B.四级　　　　　C.五级　　　　　D.六级

4.突发公共卫生事件发生后，医疗机构在医疗救治中为防止交叉感染和污染，应当采取的措施是（　　）。

　A.采取应急技术措施　　　　　　　　B.采取卫生防护措施

C. 及时供应药品　　　　　　　　　D. 及时治疗患者

5. 某县一中学发生学生集体食物中毒，按照《突发公共卫生事件应急条例》的规定应当采取的措施是（　　）。

A. 该中学应在事发2小时内向县卫生行政部门报告

B. 省人民政府在接到报告后2小时内向国家卫生行政部门报告

C. 县医院在收治中毒学生后，对中毒严重的学生采取就地隔离观察措施

D. 疾病预防控制中心对该事件进行确证

6. 负责向社会发布突发公共卫生事件信息的法定单位是（　　）。

A. 县级人民政府　　　　　　　　　B. 省级人民政府

C. 国务院卫生计生行政部门　　　　D. 国务院新闻办公室

7. 20世纪90年代，某地水源污染引发一起传染病暴发流行。在80万人的供水范围内，有40.3万人罹患经自来水传播的隐孢子虫病。此次突发公共卫生事件的突出体现特点是（　　）。

A. 局限性　　　　B. 普遍性　　　　C. 常规性　　　　D. 散发性

8. 根据《突发公共卫生事件应急条例》，卫生行政部门应当对医疗机构采取责令改正、通报批评、给予警告处理的情形是（　　）。

A. 未建立突发公共卫生事件信息发布制度　B. 未对突发公共卫生事件开展流行病学调查

C. 未向社会发布突发公共卫生事件信息　　D. 未履行突发公共卫生事件报告职责

二、思考题

1. 什么是突发公共卫生事件？

2. 突发公共卫生事件的主要特征有哪些？

3. 突发公共卫生事件的报告主体是如何规定的？

4. 突发公共卫生事件应急预案的启动程序是什么？

5. 突发公共卫生事件时，医疗机构的应急处理措施有哪些？

三、案例分析题

2014至2016年，西非埃博拉疫情是最严重的埃博拉疫情暴发事件之一。几内亚、利比里亚和塞拉利昂受影响最严重。疫情传播主要是因为当地的丧葬习俗（接触感染者遗体）和医疗资源不足导致院内感染。病毒引发患者严重出血热症状，致死率高。国际社会通过派遣医疗团队、提供医疗物资等方式帮助西非国家控制疫情。

【讨论】

结合本案例，谈谈突发公共卫生事件的主要特征有哪些。

↘ 任务评价

评价维度	评价内容及要求	评价主体				平均分	测评总分
		学生本人	组员间	组长	任课教师/临床导师		
素质考核（30分）	职业素质：清理用物，整理场地，责任意识（10分）						
	创新精神：探索新知、勇于质疑、敢于承担的表现（10分）						
	团队合作：大局观、与人合作互助的表现（10分）						

续表

评价维度	评价内容及要求	评价主体				平均分	测评总分
		学生本人	组员间	组长	任课教师/临床导师		
知识考核（30分）	在线资源学习进度成绩（5分）						
	思维导图成绩（5分）						
	课中线上成绩（10分）						
	课后线上测试成绩（10分）						
能力考核（40分）	理论联系实际（12分）						
	归纳和总结、学以致用能力（4分）						
	临床思维能力（案例分析）（8分）						
	课后调查报告（8分）						
	互动沟通能力（8分）						

项目 12
公共卫生法律制度

项目 12 课件

1. 知识目标：掌握学校卫生、公共场所卫生、生活饮用水、控制吸烟的有关法律规定；熟悉学校卫生工作的任务和学校卫生管理、公共卫生管理和违反公共场所卫生管理法规的法律责任、生活饮用水水质卫生要求以及卫生监督、公共场所禁止吸烟的范围和要求；了解学校卫生工作的内容、公共场所的卫生要求、生活饮用水卫生监督及其依据以及我国控制吸烟行动和立法。

2. 能力目标：能运用基本理论分析、解决实践中存在的法律法规问题；能运用卫生法律法规知识改善、处理医患人际关系；能在职业活动中使用法律保护医疗对象和自身权益。

3. 素质目标：具有勤奋学习的态度，严谨求实的工作作风；具有博大爱心和高度责任感；具有科学的思辨能力；具有良好的口头表达能力、人际沟通能力。

任务 12.1　学校卫生法律规定

学校卫生法律规定

某餐饮公司向某市共计 9 所中小学校提供午餐。2020 年 9 月 3 日共提供午餐 11887 份，每份午餐价格为 10 元。2020 年 9 月 4 日，当地市场监督管理局接到多起报案线索，称 9 月 3 日就餐结束后，多所学校多名学生出现了腹痛、腹泻症状而被紧急送医。市场监督管理局立即会同有关部门到该公司的经营场所现场调查，发现该餐饮公司在上述学校午餐的存储、加工、配送过程中，存在员工裸手取食烹煮食物、未及时洗手消毒或更换清洁手套、传菜过程中食物堆叠、常温供餐时间过长等违规操作情形。经某区疾病预防控制中心讨论分析认定，本案中涉及因食用该餐饮公司配餐导致感染的中小学生共计 18 人，类似病症是因食用了受污染午餐导致的聚集性食源性疾病。

学校卫生工作的任务是什么？

通过问题思考、讨论等实践活动，引导学生熟悉学校卫生工作的内容。

一、学校卫生的概念

学校卫生是公共卫生的重要组成部分，也是学校教育与管理的重要内容。学校作为学生学习和生活的场所，其卫生条件和环境直接关系到儿童和青少年等在校学生的健康成长。1990年4月25日，经国务院批准，国家教育委员会和卫生部联合制定了《学校卫生工作条例》，对学校卫生工作的要求、管理、监督、奖励与处罚等作出了具体规定，从此学校卫生工作走上了法制化的轨道。

2010年9月，卫生部、教育部联合发布了《托儿所幼儿园卫生保健管理办法》。为规范学校卫生监督工作，保障学生身心健康，2012年9月卫生部发布了《学校卫生监督工作规范》。

根据学生卫生保健的要求，国家还批准颁布了一系列学校卫生国家标准，包括现行版《中小学校设计规范》《中小学校教室采光和照明卫生标准》、《学校课桌椅功能尺寸及技术要求》等。

二、学校卫生工作的任务

《学校卫生工作条例》规定，学校卫生工作的任务是：①监测学生的健康水平；②对学生进行健康教育，培养学生良好的卫生习惯；③改善学校卫生环境和教学卫生条件；④加强对传染病、学生常见病的预防和治疗。

> 🔖 **考点提示**　学校卫生工作的任务

三、学校卫生工作的内容

（一）教学卫生

1. 教学和作息时间　学校应当严格遵守卫生保健原则，根据学生年龄，合理安排教学进度、学生的作息时间，以维护学生的每日学习负担不超过其脑力工作有效能力的限度，使学生的学习能力保持在最佳状态。学生每日学习时间（包括自习）为：小学不超过6个学时，中学不超过8个学时，大学不超过10个学时。学校或者教师不得以任何理由和方式，增加授课时间和作业量，加重学生学习负担，影响学生正常的睡眠和休息时间。学校还必须保证学生有课间休息的时间，课间休息时间应当至少保证有10分钟。

2. 劳动卫生　学校应当根据学生的年龄，组织学生参加适当的劳动，安排适当的劳动工种和劳动量。对参加劳动的学生，要进行安全生产教育，严格遵守操作规程。

3. 体育卫生　学校应保证学生每天至少有1个小时的体育活动时间，体育及格率应达到85%以上。学校要根据学生的生理承受能力和体质健康状况，合理安排适合学生的运动项目和运动强度，防止发生伤害事故。还应当注意女学生的生理特点，给予必要的照顾。

（二）营养与饮食卫生

学校应当认真贯彻执行食品安全法律、法规，加强饮食安全管理，办好学生膳食，加强营养指导。为学生提供优质安全的食品，保障身体健康。

（三）健康教育

学校要把健康教育纳入教学计划，对学生进行系统的健康教育。普通中小学必须开设健康教育课，普通高等学校、中等专业学校、技工学校、农业中学、职业中学应当开设健康教育选修课或者讲座，进行个人卫生、环境卫生、饮食卫生、教室宿舍卫生等教育。开展学生健康咨询活动，使学生掌握健康相关的知识。

 知识链接

> **中小学健康教育**
>
> 以促进健康为核心，通过有计划地开展学校健康教育，培养学生的健康意识与公共卫生意识，掌握必要的健康知识和技能，促进学生自觉地采纳和保持有益于健康的行为和生活方式，减少或消除影响健康的危险因素，为一生的健康奠定坚实的基础。
>
> 学校健康教育要把培养青少年的健康意识，提高学生的健康素质作为根本出发点，注重实用性和实效性。坚持健康知识传授与健康技能传授并重原则；健康知识和技能传授呈螺旋式递进原则；健康知识传授、健康意识与健康行为形成相统一原则；总体要求与地方实际相结合原则；健康教育理论知识和学生生活实际相结合原则。做到突出重点、循序渐进，不断强化和促进健康知识的掌握、健康技能的提高、健康意识的形成、健康行为和生活方式的建立。

（四）传染病预防和控制

学校应当认真贯彻执行传染病防治法律、法规，做好急、慢性传染病的预防和控制管理工作，同时做好地方病的预防和控制管理工作。

根据《学校和托幼机构传染病疫情报告工作规范（试行）》规定，学校校长或者主要领导是传染病疫情等突发公共卫生事件报告的第一责任人。

四、学校卫生管理

我国学校卫生工作由教育部门、卫生部门共同管理。各级教育行政部门应当把学校卫生工作纳入学校工作计划，作为考评学校工作的一项内容，同时将学校卫生经费纳入核定的年度教学经费预算。各级卫生行政部门要把学校卫生工作纳入全面贯彻卫生工作方针的总体规划和工作计划。卫生行政部门设有学校卫生管理专门机构，做好对学校卫生工作的监督和指导。各级教育、卫生行政部门要定期召开联席会议，共同研究、部署、检查学校卫生工作。

（一）学校卫生管理机构

《学校卫生工作条例》规定，普通高等学校、中等专业学校、技工学校和规模较大的农业中学、职业中学、普通中小学，可以设立卫生管理机构。普通高等学校设校医院或者卫生科，校医院应当设置保健科。城市普通中小学、农村小学和普通中学设卫生室，按学生人数600:1的比例配备专职卫生技术人员。中等专业学校、技工学校、农业中学、职业中学，可以根据需要，配备专职卫生技术人员，学生人数不足600人的学校，可以配备专职或者兼职保健教师，开展学校卫生工作。

> **考点提示**　学校卫生管理机构

（二）中小学校卫生保健机构的任务

经本地区卫生行政部门批准，教育行政部门可以成立区域性中小学生卫生保健机构。其主要任务是：调查研究本地区中小学生体质健康状况；开展中小学生常见疾病的预防与矫治；开展中小学卫生技术人员的技术培训和业务指导。

（三）疾病预防控制机构的任务

各级疾病控制机构，对学校卫生工作承担下列任务：①实施学校卫生监测，掌握本地区学生生长发育和健康状况，掌握学生常见病、传染病、地方病动态；②制订学生常见病、传染病、地方病的防治计划；③对本地区学校卫生工作进行技术指导，开展学校卫生服务。

> 🔖 **考点提示**　疾病预防控制机构的任务

五、学校卫生监督

学校卫生监督是指卫生行政部门及其卫生监督机构依据法律、法规、规章对辖区内学校的卫生工作进行检查指导，督促改进，并对违反相关法律、法规规定的单位和个人依法追究其法律责任的卫生行政执法活动。

《学校卫生工作条例》规定，县级以上卫生行政部门对学校卫生工作行使监督职权。2012年9月，卫生部发布的《学校卫生监督工作规范》要求，县级以上卫生行政部门实施学校卫生监督指导工作，各级卫生监督机构在同级卫生行政部门领导下承担学校卫生监督工作任务。

六、违反学校卫生工作管理法规的法律责任

（1）对于未经卫生行政部门的许可，新建、改建、扩建校舍的，由卫生行政部门对直接责任单位或者个人给予警告、责令停止施工或者限期改正。

（2）对学校教学建筑，环境噪声，室内微小气候、采光、照明等环境质量，以及黑板、课桌椅的设置不符合国家有关标准的，没有按照有关规定为学生设置厕所和洗手设施的，寄宿制学校没有为学生提供相应的洗漱、洗澡等卫生设施的，学校体育场地和器材不符合卫生和安全要求的，由卫生行政部门对直接责任单位或者个人给予警告并责令限期改进；情节严重的，可以同时建议教育行政部门给予行政处分。

（3）对学校组织学生参加生产劳动，致使学生健康受到损害的，由卫生行政部门对直接责任单位或者个人给予警告，责令限期改进。对学校提供学生使用的文具、娱乐器具、保健用品，不符合国家有关卫生标准的，由卫生行政部门对直接责任单位或者个人给予警告；情节严重的，可以会同工商行政部门没收其不符合国家有关卫生标准的物品，并处以非法所得两倍以下的罚款。

（4）拒绝或者妨碍学校卫生监督的，由卫生行政部门对直接责任单位或者个人给予警告；情节严重的，可以建议教育行政部门给予行政处分或者罚款。

任务 12.2　公共场所卫生法律规定

案例导学

公共场所卫生法律规定

2012年6月17日，某市卫生局卫生行政执法人员在日常监督检查中发现，从2012年1月1日起，某商城未取得公共场所卫生许可证擅自营业。同时，商城经营者安排未获得健康合格证明的从业人员上岗从事直接为顾客服务的工作。对该商城的违法行为，卫生行政执法人员下

达了卫生监督意见书，给予警告，并责令限期整改。2013 年 1 月 8 日，卫生行政执法人员再次对该商城进行检查，发现该商城仍未按照整改意见办理卫生许可证，也未组织从业人员进行健康检查，于是对该商城的违法行为立案调查，认定该商城未取得公共场所卫生许可证擅自营业，违反了《公共场所卫生管理条例实施细则》(以下简称《实施细则》) 规定，决定给予该单位警告，并处以 3 万元罚款；商城的经营者安排未获得有效健康合格证明的从业人员从事直接为顾客服务的工作的行为，违反了《实施细则》规定，决定给予该商城警告，并处以 15000 元罚款，合并处以 45000 元整的罚款。

↳【问题思考】

卫生许可证的作用是什么？

↳【任务分配】

通过问题思考、讨论等实践活动，引导学生掌握公共场所卫生法律规定。

↳【知识内容】

一、公共场所的概念

公共场所是指为了满足人们对生活、文化、人际交往的需要而设立，供公众共同使用的具有一定封闭性的社会公共设施。我国目前法定管理的公共场所，是指人群聚集并供公众进行生活活动和文化娱乐活动等使用的一切有围护结构的场所。按用途可分为生活服务设施、文娱体育设施、公共福利设施及公共交通设施。

公共场所是人们聚众活动的场所，人口稠密，设施公用，其卫生状况的好坏直接影响到广大人民群众的身体健康。为创造良好的公共场所卫生条件，预防疾病，保障人体健康，1987 年 4 月 1 日国务院发布了《公共场所卫生管理条例》。

2011 年 3 月 10 日，卫生部发布了根据《公共场所卫生管理条例》全面修订的《公共场所卫生管理条例实施细则》，自 2011 年 5 月 1 日起实施。修订后的细则将执法主体由"卫生防疫站"统一修改为"卫生行政部门"，卫生监督机构承担具体监督执法任务；强化了公共场所经营者的责任；新增了公共场所集中空调通风系统卫生管理要求、公共场所禁止吸烟的规定等，完善了公共场所卫生监督的管理要求。

二、卫生管理

(一)公共场所经营者的责任

《公共场所卫生管理条例实施细则》规定，公共场所经营者在经营活动中，应当遵守有关卫生法律、行政法规和部门规章以及相关的卫生标准、规范，开展公共场所卫生知识宣传，预防传染病和保障公众健康，为公众提供良好的卫生环境。

⬛ **考点提示** 公共场所经营者的责任

(二)卫生管理制度

公共场所的卫生管理是指公共场所的主管部门及经营单位的自我管理。《公共场所卫生管理条例实施细则》规定，公共场所的法定代表人或者负责人是其经营场所卫生安全的第一责任人。公共场所经营者应当设立卫生管理部门或者配备专(兼)职卫生管理人员，具体负责本公共场所的卫生工作，建立健全卫生管理制度和卫生管理档案。

1. 建立卫生管理制度　公共场所主管部门应当建立卫生管理制度，配备专职或兼职卫生管理人员，对所属经营单位包括个体经营者的卫生状况进行经常性检查，并提供必要的条件。

2. 建立卫生管理档案　公共场所卫生管理档案应当包括下列内容：①卫生管理部门、人员设置情况及卫生管理制度；②空气、微小气候（湿度、温度、风速）、水质、采光、照明、噪声的检测情况；③顾客用品用具的清洗、消毒、更换及检测情况；④卫生设施的使用、维护、检查情况；⑤集中空调通风系统的清洗、消毒情况；⑥安排从业人员健康检查情况和培训考核情况；⑦公共卫生用品进货索证管理情况；⑧公共场所危害健康事故应急预案或者方案；⑨省、自治区、直辖市卫生行政部门要求记录的其他情况。

公共场所卫生管理档案应当有专人管理，分类记录，至少保存2年。

> **考点提示**　卫生管理档案

（三）从业人员卫生管理

1. 从业人员卫生培训　公共场所经营者应当建立卫生培训制度，组织从业人员学习相关卫生法律知识和公共场所卫生知识，并进行考核。对考核不合格的，不得安排上岗。

2. 从业人员健康检查　公共场所经营者应当组织从业人员每年进行健康检查，从业人员在取得有效健康合格证明后方可上岗。患有痢疾、伤寒、甲型病毒性肝炎、戊型病毒性肝炎等消化道传染病的人员，以及患有活动性肺结核、化脓性或者渗出性皮肤病等疾病的人员，治愈前不得从事直接为顾客服务的工作。新参加工作的人员上岗前须取得《健康合格证》。《健康合格证》不得涂改、转让、倒卖、伪造。

> **考点提示**　从业人员健康检查

（四）公共场所卫生质量要求

公共场所的种类比较多，具有公共性、流动性、固定性和封闭性等特点，环境和场所极易被污染，影响健康的致病因素传播快。所以《公共场所卫生管理条例》规定，公共场所的下列项目应符合国家卫生标准和要求：①空气和微小气候（湿度、温度、风速）；②水质；③采光和照明；④噪声；⑤顾客用品、用具和卫生设施。

（五）危害健康事故的处置与报告

公共场所危害健康事故是指公共场所内发生的传染病疫情或者因空气质量、水质不符合卫生标准、用品用具或者设施受到污染导致的危害公众健康的事故。

《公共场所卫生管理条例实施细则》规定，公共场所经营者应当制定公共场所危害健康事故应急预案或者方案，定期检查公共场所各项卫生制度、措施的落实情况，及时消除危害公众健康的隐患。公共场所发生危害健康事故的，经营者应当立即处置，防止危害扩大，并及时向县级人民政府卫生行政部门报告。任何单位或者个人对危害健康事故不得隐瞒、缓报、谎报或者授意他人隐瞒、缓报、谎报。

> **考点提示**　危害健康事故的处置与报告

三、卫生监督

（一）公共场所卫生监督机构

《公共场所卫生管理条例实施细则》规定，卫生部主管全国公共场所卫生监督管理工作；县级以上地方各级人民政府卫生行政部门负责本行政区域的公共场所卫生监督管理工作；国境口岸及出入境交通工具的卫生监督管理工作由出入境检验检疫机构按照有关法律、法规的规定执行；铁路部门所属的卫生主管部门负责对管辖范围内的车站、等候室、铁路客车以及主要为本系统职工服务的公共场所的卫生监督管理工作。

（二）公共场所卫生监督机构的职责

1. 卫生监督职责　公共场所卫生监督机构对公共场所行使下列卫生监督职责：①对公共场所进行卫生监测和卫生技术指导；②监督从业人员健康检查，指导有关部门对从业人员进行卫生知识的教育和培训；③对新建、扩建、改建的公共场所的选址和设计进行卫生审查，并参加竣工验收；④对违反《公共场所卫生管理条例》的单位和个人进行行政处罚。

2. 监督检查的依据和方法　县级以上地方人民政府卫生行政部门对公共场所进行监督检查，应当依据有关卫生标准和要求，采取现场卫生监测、采样、查阅和复制文件、询问等方法，有关单位和个人不得拒绝或者隐瞒。县级以上人民政府卫生行政部门应当加强公共场所卫生监督抽检，并将抽检结果向社会公布。

> 🔖 **考点提示**　监督检查的依据与方法

3. 卫生监测体系和监督计划　县级以上地方各级人民政府卫生行政部门应当根据公共场所卫生监督管理需要，建立健全公共场所卫生监督队伍和公共场所卫生监测体系，制订公共场所卫生监督计划并组织实施。鼓励和支持公共场所行业组织开展行业自律教育，引导公共场所经营者依法经营，推动行业诚信建设，宣传、普及公共场所卫生知识。

（三）公共场所卫生许可证

国家对公共场所实行卫生许可证管理。公共场所经营者应当按照规定向县级以上地方人民政府卫生行政部门申请卫生许可证。未取得卫生许可证的，不得营业。

1.《公共场所卫生许可证》的申请　公共场所经营者申请卫生许可证的，应当提交下列资料：①卫生许可证申请表；②法定代表人或者负责人身份证明；③公共场所地址方位示意图、平面图和卫生设施平面布局图；④公共场所卫生检测或者评价报告；⑤公共场所卫生管理制度；⑥省、自治区、直辖市卫生行政部门要求提供的其他材料。使用集中空调通风系统的，还应当提供集中空调通风系统卫生检测或者评价报告。

> 🔖 **考点提示**　卫生许可证申请

2.《公共场所卫生许可证》的审批　县级以上地方人民政府卫生行政部门应当自受理公共场所卫生许可申请之日起 20 日内，对申报资料进行审查，对现场进行审核，符合规定条件的，作出准予公共场所卫生许可的决定；对不符合规定条件的，作出不予行政许可的决定并书面说明理由。

《公共场所卫生许可证》应当载明编号、单位名称、法定代表人或者负责人、经营项目、经营场所地址、发证机关、发证时间、有效期限。《公共场所卫生许可证》有效期限为 4 年，每 2 年复核一次。《公共场所卫生许可证》应当在经营场所醒目位置公示。

> 🔖 **考点提示**　卫生许可证审批程序

3.《公共场所卫生许可证》的变更申请和延续申请　①公共场所经营者变更单位名称、法定代表人或者负责人的，应当向原发证卫生行政部门办理变更手续；公共场所经营者变更经营项目、经营场所地址的，应当向县级以上地方人民政府卫生行政部门重新申请卫生许可证。②公共场所经营者需要延续卫生许可证的，应当在卫生许可证有效期届满 30 日前，向原发证卫生行政部门提出申请。

（四）预防性卫生审查

公共场所进行新建、改建、扩建的，应当符合有关卫生标准和要求，经营者应当按照有关规定办理预防性卫生审查手续。预防性卫生审查程序和具体要求由省、自治区、直辖市人民政府卫生行政部门制订。

公共场所设计说明书应包括设计依据，主要卫生问题，卫生保健设施、措施及其预期效果等内容。凡受周围环境质量影响和有职业危害以及对周围人群健康有影响的公共场所建设项目，必须执行建设项目卫生评价报告书制度。卫生评价报告书应当在建设项目可行性研究阶段，进行施工设计前完成。建设项目的主管部门应将建设项目卫生评价报告书报卫生行政部门审批，经审查同意并取得《建设项目卫生许可证》的建设项目，方可办理施工执照。设计及卫生评价报告书经卫生行政部门审查同意后不得擅自变更，需要更改的应当取得卫生行政部门的同意。建设项目的竣工验收，应当通知卫生行政部门参加，验收合格的方可向卫生行政部门申请卫生许可证。

公共场所建设项目卫生评价资格单位由省级卫生行政部门审定并发给资格证书，报卫生部备案。

（五）公共场所健康危害因素监测

县级以上人民政府卫生行政部门应当组织对公共场所的健康危害因素进行监测、分析，为制定法律、法规、卫生标准和实施监督管理提供科学依据。县级以上疾病预防控制机构应当承担卫生行政部门下达的公共场所健康危害因素监测任务。

（六）公共场所卫生监督量化分级管理

县级以上地方人民政府卫生行政部门应当对公共场所卫生监督实施量化分级管理，促进公共场所自身卫生管理，增强卫生监督信息透明度，并根据卫生监督量化评价的结果确定公共场所的卫生信誉度等级和日常监督频次。公共场所卫生信誉度等级应当在公共场所醒目位置公示。

（七）临时控制措施

县级以上地方人民政府卫生行政部门对发生危害健康事故的公共场所，可以依法采取封闭场所、封存相关物品等临时控制措施。经检验，属于被污染的场所、物品，应当进行消毒或者销毁；对未被污染的场所、物品或者经消毒后可以使用的物品，应当解除控制措施。

 思政高地

公共场所易传播的常见疾病——健康教育、人人有责

第一类为呼吸道传染病，主要在冬春季流行。包括流行性感冒；流行性脑脊髓膜炎简称"流脑"；上呼吸道感染简称"上感"；肺结核。这几种疾病的传播是病原体通过空气，借助飞沫经呼吸道侵入人体引起感染，因此上述疾病易在公共场所内传播和流行。第二类为肠道传染病，多见于夏秋季节，且易在公共场所暴发和流行。这类疾病主要包括伤寒、霍乱、细菌性痢疾，它们可通过公共场所的食品、公共用具和公共用品、水源进行传播。第三类为虫媒传染病，如公共场所的蚊子、虱子为传播媒介。第四类为寄生虫疾病，主要是阴道滴虫病，在公共场所主要通过公共浴池、公共毛巾传播。第五类为眼疾病，如沙眼、流行性结膜炎俗称"红眼病"也是通过公共场所内的公共用品传播。第六类为皮肤病，如手足癣，主要通过公共场所浴池的拖鞋、浴巾和修脚工具传播。因此，加强公共场所的卫生管理，对公共场所的空气、公共设施、公共用品采取有效的消毒措施是切断上述各类疾病传播途径的有效措施。作为医学生，更加需要做好公共场所的健康教育工作，提升社会责任感。

考点提示　临时控制措施

四、违反公共场所卫生管理法规的法律责任

（一）未取得《公共场所卫生许可证》擅自营业的法律责任

对未依法取得《公共场所卫生许可证》擅自营业的，由县级以上地方人民政府卫生行政部门责令限期改正，给予警告，并处罚款。

（二）未按照规定履行公共场所卫生职责的法律责任

未按照规定履行公共场所卫生职责的公共场所经营者，由县级以上地方人民政府卫生行政部门责令限期改正，给予警告，并可处罚款；未按规定履行公共场所卫生职责的，可以依法责令停业整顿，直至吊销卫生许可证。

（三）卫生行政部门及其工作人员的法律责任

县级以上人民政府卫生行政部门及其工作人员玩忽职守、滥用职权、收取贿赂的，由有关部门对单位负责人、直接负责的主管人员和其他责任人员依法给予行政处分。构成犯罪的，依法追究刑事责任。

考点提示　卫生行政部门及其工作人员的法律责任

任务 12.3　生活饮用水法律规定

案例导学

生活用水法律规定

2017 年 3 月 22 日，某区卫生和计划生育局卫生监督员在对区内某学校的日常监督中发现：该校一教学楼的六楼上有正在运行的水质处理系统一套，在该教学楼一楼的教室和教师办公室均安装有水质处理系统的终端直饮水加热饮水机，该校未能出示生活饮用水《卫生许可证》。经进一步调查发现，该校师生的饮用水是以该市自来水公司供给的自来水为水源，经学校分质供水处理设备深度净化处理后，通过独立封闭循环管道直接供师生饮用的管道分质供水，而该校未办理生活饮用水卫生许可证。根据《四川省生活饮用水卫生监督管理办法》规定，"未取得卫生许可证而擅自供水的，由县级以上卫生行政部门给予警告，责令限期改正，并处以罚款。"2017年 6 月 21 日，区卫计局对当事人作出了警告并罚款的行政处罚。

↘【问题思考】

饮用水卫生要求是什么？

↘【任务分配】

通过问题思考、讨论等实践活动，引导学生掌握生活饮用水法律规定。

↴【知识内容】

一、生活饮用水卫生监督及其依据

生活饮用水是供人生活的饮水和用水。作为人们生存和生活的必需品，生活饮用水的卫生安全直接关系到公众的生活质量和生命健康。

我国历来重视生活饮用水的立法和卫生监督工作，并制定了一系列有关生活饮用水卫生管理与监督的法律、法规、规章、标准等规范性文件。《环境保护法》《水污染防治法》《食品安全法》《传染病防治法》等法律法规对饮用水水源的保护和饮用水水质标准等作出了原则性规定。2006年底，原卫生部会同各有关部门完成了对1985年版《生活饮用水卫生标准》的修订工作，并正式颁布了新版《生活饮用水卫生标准》，规定自2007年7月1日起全面实施。

生活饮用水卫生标准包括两部分：一是法定的量的限值，是指为保证生活饮用水中各种有害因素不影响人群健康和生活质量的法定的量的限值；二是法定的行为规范，是指为保证生活饮用水各项指标达到法定的量的限值，是对集中式供水单位生产的各个环节的法定行为规范。

二、生活饮用水的卫生管理

（一）生活饮用水水质卫生要求

供水单位供应的饮用水必须符合国家生活饮用水卫生标准，水质卫生必须符合以下要求：

（1）生活饮用水中不得含有病原微生物；

（2）生活饮用水中化学物质不得危害人体健康；

（3）生活饮用水中放射性物质不得危害人体健康；

（4）生活饮用水的感官性状良好；

（5）生活饮用水应经消毒处理；

（6）消毒剂余量均应符合标准。

> 🔖 **考点提示** 饮用水水质卫生要求

（二）供水过程的卫生要求

供水单位在供水过程中应符合以下要求：

（1）供水单位应建立饮用水卫生管理规章制度，配备专职或兼职人员，负责饮用水卫生的管理工作。

（2）集中式供水单位必须有水质净化消毒设施及必要的水质检验仪器、设备和人员，对水质进行日常性检验，并向当地人民政府卫生行政部门和建设行政主管部门报送检测资料。

（3）直接从事供、管水的人员必须取得《体检合格证》后方可上岗工作，并每年进行一次健康检查。凡患有痢疾、伤寒、病毒性肝炎、活动性肺结核、化脓性或渗出性皮肤病及其他有碍饮用水卫生的疾病和病原携带者，不得直接从事供、管水工作。直接从事供水、管水的人员，未经卫生知识培训不得上岗工作。

（4）饮用水水源地必须设置水源保护区。保护区内严禁修建任何可能危害水源水质卫生的设施及出现一切有碍水源水质卫生的行为。

（5）二次供水设施的选址、设计、施工及所用材料，应保证不使饮用水水质受到污染，并有利于清洗和消毒。各类蓄水设施要加强卫生防护，定期清洗和消毒。

（6）当饮用水被污染，可能危及人体健康时，有关单位或责任人应立即采取措施，消除污染，并向当地人民政府卫生行政部门和建设行政主管部门报告。

>  **考点提示** 饮用水供水单位的管理

任务 12.4　控制吸烟法律规定

案例导学

控制吸烟法律规定

　　一名朱姓男子在 A 市某市场公共场合禁烟区吸烟，被行政拘留。这是该市首起因在公共场合禁烟区吸烟，被现场发现并被拘留的案件。某日下午，该市消防大队消防检查人员，在位于该市场二楼北一门的内衣袜子毛线城排查火灾隐患时，发现一名中年顾客在过道内吸烟。"过道区域属于禁烟区，而且堆放了大量棉毛制品，吸烟极易引发重特大火灾事故。"检查人员告诉记者，该吸烟者的行为严重违反了消防法律法规。检查人员马上对其行为予以制止，并将吸烟者带至派出所作进一步调查。经查实，吸烟者姓朱。由于该市场属于人员密集场所，一旦发生火灾极易引发群死群伤重特大火灾事故，朱某的行为造成了重大火灾隐患，消防大队依法对朱某处以行政拘留 6 日的处罚。

↘【问题思考】

世界控制吸烟立法的重要意义。

↘【任务分配】

通过问题思考、讨论等实践活动，引导学生掌握控制吸烟的法律规定。

↘【知识内容】

一、世界控制吸烟立法

微课：
控制吸烟法律规定

　　吸烟已成为当今世界最严重的社会问题之一。世界卫生组织的研究表明，目前世界上吸烟人口已达 13 亿人，全球大约有 7 亿儿童呼吸的空气遭受二手烟雾污染。

　　从医学角度看，已知与烟草有关的疾病已达 20 多种，而且被动吸烟的危害性并不亚于吸烟本身。

　　1998 年，WHO 将烟草依赖作为一种慢性病列入国际疾病分类，编号为 F17.2，确定烟草是目前人类健康的最大威胁，而且烟草依赖也被认为是目前最主要的可预防疾病。

　　为了把控烟活动引向深入，使人类免遭吸烟之害，WHO 宣布 1988 年 4 月 7 日为第一个"世界无烟日"，从 1989 年起，改成每年 5 月 31 日为"世界无烟日"，并每年确定一个主题。

二、我国控制吸烟行动和立法

　　1979 年，经国务院批准，原卫生部、财政部、原农业部和原轻工业部联合发出了《关于宣传吸烟有害与控制吸烟的通知》。

　　在加强控烟立法的同时，群众性控烟活动也非常活跃。1990 年，我国成立了中国吸烟与健康协会。另外，我国的控烟工作还得到了有关国际组织的肯定和鼓励。

　　1997 年，我国成功举办了第十届世界烟草和健康大会。

（一）《烟草专卖法》有关控烟的规定

　　《烟草专卖法》规定，国家加强对烟草专卖的科学研究和技术开发，提高烟草制品质量，降低焦油和其他有害成分含量，国家和社会加强吸烟危害健康的宣传教育，严禁或限制在公共交通工具和公共场所吸烟；国家制定卷烟、雪茄烟的焦油含量等级标准，卷烟、雪茄烟应在包装上标明焦油含量等级和"吸烟有害健康"；禁止在广播电台、电视台、报刊播放、刊登烟草制品广告。《烟草专卖法实施细则》规定，在中国境内销售的卷烟、雪茄烟，应当在小包、条包上标注焦油含量级和"吸烟有害健康"的中文字样。

2007 年 2 月 5 日，国家发展和改革委员会发布的《烟草专卖许可证管理办法》规定，中、小学校周围不予发放烟草专卖零售许可证。

（二）《未成年人保护法》有关控烟的规定

《未成年人保护法》规定，禁止向未成年人出售烟酒，经营者应当在显著位置设置不向未成年人出售烟酒的标志；对难以判明是否已成年的，应当要求其出示身份证件。任何人不得在中小学校、幼儿园、托儿所的教室、寝室、活动室和其他未成年人集中活动的场所吸烟、饮酒。《预防未成年人犯罪法》规定，未成年人的父母或者其他监护人和学校应当教育未成年人不得吸烟、酗酒。任何经营场所不得向未成年人出售烟酒。

（三）《广告法》有关控烟的规定

《广告法》规定，禁止利用广播、电影、电视、报纸、期刊发布烟草广告。禁止在各类等候室、影剧院、会议厅堂、体育比赛场馆等公共场所设置烟草广告。烟草广告必须标明"吸烟有害健康"。对违反上述规定的，由广告监督管理机关责令有责任的广告主、广告经营者、发布广告者停止发布，没收广告费用，可以并处广告费用 1 倍以上 5 倍以下的罚款。《烟草广告管理暂行办法》规定，烟草广告中不得有下列情形：①吸烟形象；②未成年人形象；③鼓励、怂恿吸烟的；④表示吸烟有利于人体健康、解除疲劳、缓解精神紧张的；⑤其他违反国家广告管理规定的。烟草广告中必须标明"吸烟有害健康"的忠告语。忠告语必须清晰、易于辨认，所占面积不得少于全部广告面积的 10%。

三、公共场所禁止吸烟的范围和要求

《公共场所卫生管理条例实施细则》规定，室内公共场所禁止吸烟。公共场所经营者应当设置醒目的"禁止吸烟"警示语和标志。室外公共场所设置的吸烟区不得位于行人必经的通道上。公共场所不得设置自动售烟机。公共场所经营者应当开展吸烟危害健康的宣传，并配备专（兼）职人员对吸烟者进行劝阻。

四、无烟医疗卫生机构

控烟履约，人人有责，卫生行政部门和医疗卫生机构更应起表率作用。2009 年 5 月 20 日，原卫生部、国家中医药管理局、总后勤部卫生部、武警部队后勤部四部门联合印发了《关于 2011 年起全国医疗卫生系统全面禁烟的决定》。此前，原卫生部根据《烟草控制框架公约》第八条履约准则——《防止接触烟草烟雾准则》要求，在中国控制吸烟协会和中国医院协会多年试点工作的基础上，组织制定了《无烟医疗卫生机构标准（试行）》。

############## 项目小结 ##############

公共卫生法律制度	学习要点
内容	学校卫生、公共场所的卫生、生活饮用水、控制吸烟
管理	学校卫生管理、公共场所的卫生管理
法律责任	包括公共场所的卫生要求、从业人员的卫生要求以及违反公共场所卫生管理法规的法律责任、学校卫生、生活饮用水、控制吸烟的有关法律规定

重点笔记

↘ 直通考证

一、单项选择题

1. 学校卫生工作的任务，下列不正确的是（　　）。

　　A. 监测学生的健康水平

　　B. 对学生进行健康教育，培养学生良好的卫生习惯

　　C. 改善学校卫生环境和教学卫生条件

　　D. 不对传染病、常见病进行预防和治疗

2. 对于未经卫生行政部门的许可，新建、改建、扩建校舍的，由卫生行政部门对直接责任单位或者个人给予处理，不正确的是（　　）。

　　A. 警告　　　　　　　B. 责令停止施工　　　C. 限期改正　　　　　　D. 500 元以下的罚款

3.《公共场所卫生许可证》有效期限为（　　）年，每（　　）年复核 1 次，正确的是（　　）。

　　A. 4；2　　　　　　B. 4；1　　　　　　　C. 3；2　　　　　　　D. 2；3

4. 供水单位供应的饮用水必须符合国家生活饮用水卫生标准，水质卫生必须符合以下要求，不正确的是（　　）。

　　A. 生活饮用水中不得含有病原微生物

　　B. 生活饮用水中放射性物质和化学物质不得危害人体健康

　　C. 生活饮用水的感官性状良好

　　D. 生活饮用水不经消毒处理

5. 从 1989 年起，每年 5 月 31 日为（　　）。

　　A. 世界控烟日　　　B. 世界无烟日　　　　C. 世界禁烟日　　　　D. 中国无烟日

6. 下列哪项不属于传染病社会预防措施？（　　）

　　A. 进行防治传染病的健康教育

　　B. 消除引起传染病的病原体

　　C. 开展消除传染病传播的爱国卫生运动

　　D. 加强公共卫生管理，改善饮用水卫生

二、思考题

1. 违反学校卫生工作管理法规的法律责任有哪些？

2. 公共场所卫生质量要求有哪些？

3. 公共场所卫生监督机构对公共场所行使的职责有哪些？

4. 生活饮用水的卫生监督措施包括哪些？

5. 公共场所禁止吸烟的范围和要求有哪些？

三、案例分析题

某小学为方便学生午间管理，从 2000 年 9 月 1 日起每月向每名学生收取 180 元午餐费，在中午统一为学生配发午餐，午餐由该镇 A 饭店提供。2001 年 4 月 15 日中午，该校 302 名学生吃完学校统一配发的午餐（午餐均为芹菜牛肉、白菜、芸豆、米饭）后 1 小时左右开始陆续出现恶心、呕吐、腹痛、腹泻等症状，经过及时治疗，302 名学生于 2001 年 4 月 18 日全部好转出院。县卫生行政部门在接到食物中毒报告后立即组织卫生监督员、检验员赶到现场调查取证，在一份混合午餐（芹菜牛肉、白菜、芸豆、米饭）中验出大肠杆菌，同时对提供午餐的饭店进行流行病学调查，发现在加工学生午餐的操作间里，盛器、刀、砧生熟不分，交叉感染，无消毒设施和措施。对饭店操作间采样 10 件，其中大肠杆菌显示阳性的有 8 件。事后，302 名学生于 2001 年 5 月 2 日集体提起诉讼，要求学校赔偿总计 3.85 万元人民币。而学校认为食物不是自己生产的，自己在食物中毒事件中不存在过错，所以不应当承担赔偿责任。

【讨论】

学校对学生食物中毒是否有过错？是否应当承担责任？

➷ 任务评价

评价维度	评价内容及要求	评价主体				平均分	测评总分
		学生本人	组员间	组长	任课教师/临床导师		
素质考核（30分）	职业素质：清理用物，整理场地，责任意识（10分）						
	创新精神：探索新知、勇于质疑、敢于承担的表现（10分）						
	团队合作：大局观、与人合作互助的表现（10分）						
知识考核（30分）	在线资源学习进度成绩（5分）						
	思维导图成绩（5分）						
	课中线上成绩（10分）						
	课后线上测试成绩（10分）						
能力考核（40分）	理论联系实际（12分）						
	归纳和总结、学以致用能力（4分）						
	临床思维能力（案例分析）（8分）						
	课后调查报告（8分）						
	互动沟通能力（8分）						

项目 13
食品安全法律制度

▶▶▶

项目13课件

食品安全是指食品无毒、无害，符合应当有的营养要求，对人体健康不造成任何急性、亚急性或者慢性危害。食品安全事关人民群众的身体健康和生命安全，是重大的民生问题。食品安全法律制度通过建立严格的生产经营全过程监管制度，完善食品安全风险监测、风险评估、食品安全标准等基础性制度和责任约谈、风险分级管理制度，突出对特殊食品的严格监管，实行食品安全社会共治，建立严格的法律责任制度，保证食品安全，保障公众身体健康和生命安全。

任务 13.1 概 述

案例导学

2020年11月，某县市场监管局根据举报，对位于城乡接合部的某副食品商行进行检查。经查，该副食品商行持有食品经营许可证，自2020年5月开始，陆续购进4种不同品牌的食用油及食用油包装100套；同年8月，当事人将一批临近保质期的食用油打开包装后装入上述100套油桶内，并更换包装标注为新近生产日期，混入同批购进的正常食用油中，作为新油销售。截至案发，更换包装后的食用油已全部售完，货值金额14950元。执法人员责令当事人召回更换包装的食用油，共计召回问题食用油148桶，并于2020年12月30日监督销毁。

【讨论】

该案例应如何处理？

【问题思考】

食品安全立法的重要意义是什么？

【任务分配】

通过问题思考、讨论等实践活动，引导学生掌握食品安全要求及立法标准。

【知识内容】

食品和食品安全的概念

微课：
食品安全问题

（一）食品

食品是指各种供人食用或者饮用的成品和原料以及按照传统既是食品又是药品的物品，但是不包括以治疗为目的的物品。食品不仅包括经过加工制作的能够直接食用的各种食物，还包括未经加工制作的原料，涵盖了从农田到餐桌的整个食物链上的物品。

（二）食品安全

食品安全是指食品无毒、无害，符合应当有的营养要求，对人体健康不造成任何急性、亚急性或者慢性危害。"食品安全"一词，是联合国粮农组织于 1974 年提出的。目前，国际社会对食品安全概念的理解已经基本达成共识，即食品的种植、养殖、加工、包装、贮藏、运输、销售、消费等活动符合国家强制标准和要求，不存在可能损害或威胁人体健康的有毒有害物质，会导致消费者病亡或者危及消费者及其后代的安全。

食品卫生也是一个内涵十分丰富的概念，但是与食品安全相比，食品卫生无法涵盖作为食品源头的农产品种植、养殖等环节；而且从过程安全、结果安全的角度来看，食品卫生是更侧重于过程安全的概念，不如食品安全的概念全面。

（三）食品安全立法

中华人民共和国成立初期，卫生部发布了《清凉饮料食物管理办法》《食用合成染料管理办法》等规章、标准。1964 年，国务院颁布了《食品卫生管理试行条例》，加强了政府对食品卫生法制化管理的力度，食品卫生管理由单项规章过渡到全面管理。2009 年 2 月 28 日，第十一届全国人大常委会第七次会议通过了《中华人民共和国食品安全法》（以下简称《食品安全法》）。

任务 13.2　食品安全标准

【问题思考】

食品安全标准的含义是什么？

【任务分配】

通过问题思考、讨论等实践活动，引导学生掌握食品安全标准的内容。

↘【知识内容】

一、食品安全标准的含义

食品安全标准是指国家为保证食品质量安全，保障公众身体健康和生命安全，适应科学发展和合理组织生产的需要，对食品、食品添加剂、食品相关产品在品种、规格、质量、等级或者安全、卫生要求等方面规定的统一技术要求。

二、食品安全标准的内容

食品安全标准是保证食品安全，保障公众身体健康的重要措施，是实现食品安全科学管理，强化各环节监管的重要基础，也是规范食品生产经营、促进食品行业健康发展的技术保障。《食品安全法》规定，食品安全标准应当包括：①食品、食品添加剂、食品相关产品中的致病性微生物、农药残留、兽药残留、生物毒素、重金属等污染物质以及其他危害人体健康物质的限量规定；②食品添加剂的品种、使用范围、用量；③专供婴幼儿和其他特定人群的主辅食品的营养成分要求；④对与卫生、营养等食品安全要求有关的标签、标志、说明书的要求；⑤食品生产经营过程的卫生要求；⑥与食品安全有关的质量要求；⑦与食品安全有关的食品检验方法与规程；⑧其他需要制定为食品安全标准的内容。

> 🔍 **考点提示** 食品安全标准的内容

三、食品安全标准的性质

食品安全关系人民群众身体健康和生命安全，食品安全标准属于保障人体健康，人身、财产安全的标准，因此《食品安全法》规定，食品安全标准是强制执行的标准。除食品安全标准外，不得制定其他的食品强制性标准。省级以上人民政府卫生行政部门应当在其网站上公布制定和备案的食品安全国家标准、地方标准和企业标准，供公众免费查阅、下载。

四、食品安全标准的制定原则

《食品安全法》规定，制定食品安全标准，应当以保障公众身体健康为宗旨，做到科学合理、安全可靠。制定食品安全国家标准，应当依据食品安全风险评估结果并充分考虑食用农产品安全风险评估结果，参照相关的国际标准和国际食品安全风险评估结果，并将食品安全国家标准草案向社会公布，广泛听取食品生产经营者、消费者、有关部门等方面的意见。

任务 13.3　食品安全风险监测和评估

↘【问题思考】

食品安全风险监测的重要意义是什么？

↘【任务分配】

通过问题思考、讨论等实践活动，引导学生掌握食品安全风险监测和评估。

一、食品安全风险监测

食品安全风险监测是指通过系统和持续地收集食源性疾病、食品污染以及食品中有害因素的监测数据及相关信息，并应用医学、卫生学原理和方法进行监测。

《食品安全法》规定，国家建立食品安全风险监测制度，对食源性疾病、食品污染以及食品中的有害因素进行监测。

（一）食品安全风险监测计划的制订

《食品安全法》规定，国务院卫生行政部门会同国务院食品安全监督管理等部门，制订、实施国家食品安全风险监测计划。省、自治区、直辖市人民政府卫生行政部门会同同级食品安全监督管理等部门，根据国家食品安全风险监测计划，结合本行政区域的具体情况，制订、调整本行政区域的食品安全风险监测方案，报国务院卫生行政部门备案并实施。

（二）食品安全风险监测技术机构

《食品安全法》规定，承担食品安全风险监测工作的技术机构应根据食品安全风险监测计划和监测方案开展监测工作，保证监测数据真实、准确，并按照食品安全风险监测计划和监测方案的要求报送监测数据和分析结果。食品安全风险监测工作人员有权进入相关食用农产品种植养殖、食品生产经营场所采集样品、收集相关数据，并按照市场价格支付费用。

（三）食品安全风险监测结果

《食品安全法》规定，食品安全风险监测结果表明可能存在食品安全隐患的，县级以上人民政府卫生行政部门应当及时将相关信息通报同级食品安全监督管理等部门，并报告本级人民政府和上级人民政府卫生行政部门。食品安全监督管理等部门应当组织开展进一步调查。

（四）食源性疾病信息的报告

根据《食品安全法实施条例》规定，医疗机构发现其接收的病人属于食源性疾病病人、食物中毒病人，或者疑似食源性疾病病人、疑似食物中毒病人的，应当及时向所在地县级人民政府卫生行政部门报告有关疾病信息。接到报告的卫生行政部门应当汇总、分析有关疾病信息，及时向本级人民政府报告，同时报告上级卫生行政部门。必要时，可以直接向国务院卫生行政部门报告，同时报告本级人民政府和上级卫生行政部门。

二、食品安全风险评估

食品安全风险评估是指对食品、食品添加剂、食品相关产品中的生物性、化学性和物理性危害对人体健康可能造成的不良影响所进行的科学评估，包括危害识别、危害特征描述、暴露评估、风险特征描述四个阶段。

《食品安全法》规定，国家建立食品安全风险评估制度，运用科学方法，根据食品安全风险监测信息、科学数据以及有关信息，对食品、食品添加剂、食品相关产品中生物性、化学性和物理性危害因素进行风险评估。

（一）食品安全风险评估专家委员会

《食品安全法》规定，国务院卫生行政部门负责组织食品安全风险评估工作，成立由医学、农业、食品、营养、生物、环境等方面的专家组成的食品安全风险评估专家委员会进行食品安全风险评估。食品安全风险评估结果由国务院卫生行政部门公布。对农药、肥料、兽药、饲料和饲料添加剂等的安全性评估，应当有食品安全风险评估专家委员会的专家参加。

食品安全风险评估不得向生产经营者收取费用，采集样品应当按照市场价格支付费用。

（二）应当进行食品安全风险评估的情形

《食品安全法》规定，有下列情形之一的，应进行食品安全风险评估：①通过食品安全风险监测或接到举报发现食品、食品添加剂、食品相关产品可能存在安全隐患的；②为制定或修订食品安全国家标准提供科学依据需要进行风险评估的；③为确定监督管理的重点领域、重点品种需进行风险评估的；④发现新的可能危害食品安全因素的；⑤需判断某一因素是否构成食品安全隐患的；⑥国务院卫生行政部门认为需进行风险评估的其他情形。

 思政高地

> ### 敌敌畏咸鱼——食品安全观
>
> 有毒咸鱼闻起来有股比较刺鼻的味道，再闻才会感觉一股淡淡的鱼腥味，用来做毒咸鱼的大多是死鱼。2010 年，张某、华某在明知咸鱼含有敌敌畏的情况下仍然购进销售。为节约成本，二人自己开始腌制咸鱼，并加入敌敌畏作为防腐剂。2013 年被查获后，商铺里的咸鱼有 8000 多斤（1 斤 = 500 克）。判决书显示，这些咸鱼最后都流入了附近的餐馆。公安机关对张某店铺的各类咸鱼进行抽检，20 份样本中 15 份含有敌敌畏、敌百虫等成分。张某行为严重违法。
>
> 通过学习，逐步建立起自己的食品安全观，带着对国家、对行业负责任的态度，去应对未来食品安全的新挑战，为保证老百姓"舌尖上的安全"奠定坚实的基础。学生要敢为人先，主动学习国际国内先进的食品安全检测技术和检测手段，为食品强国、质量强国、科技强国的社会主义现代化建设不断奋斗、砥砺前行。

（三）食品安全风险评估结果

食品安全风险评估结果是制定、修订食品安全标准和实施食品安全监督管理的科学依据。经食品安全风险评估，得出食品、食品添加剂、食品相关产品不安全结论的，国务院食品安全监督管理等部门应当依据各自职责立即向社会公告，告知消费者停止食用或者使用，并采取相应措施，确保该食品、食品添加剂、食品相关产品停止生产经营；需要制定、修订相关食品安全国家标准的，国务院卫生行政部门应当会同国务院食品安全监督管理部门立即制定、修订。

（四）食品安全风险警示

《食品安全法》规定，国务院食品安全监督管理部门应当会同国务院有关部门，根据食品安全风险评估结果、食品安全监督管理信息，对食品安全状况进行综合分析。对经综合分析表明可能具有较高程度安全风险的食品，国务院食品安全监督管理部门应当及时提出食品安全风险警示，并向社会公布。县级以上人民政府食品安全监督管理部门和其他有关部门、食品安全风险评估专家委员会及其技术机构，应当按照科学、客观、及时、公开的原则，组织食品生产经营者、食品检验机构、认证机构、食品行业协会、消费者协会以及新闻媒体等，就食品安全风险评估信息和食品安全监督管理信息进行交流沟通。

任务 13.4　食品生产经营

　　某中学是一所寄宿制高中，由于学校没有食堂，很多学生都在校外的小餐馆吃饭。小餐馆的卫生条件不好，学校和家长都很担心。学校为了解决学生就餐问题，开办了学生食堂。食堂采用了先进的生产设备，并规范了饭菜制作流程。由于食堂仅针对学校的老师和学生，而学校也觉得食堂的饭菜肯定没有卫生问题，就没有办理卫生许可证等证照。

【讨论】

　　学校的学生食堂需要办理餐饮服务许可证吗？

【问题思考】

食品生产规定有哪些？

【任务分配】

通过问题思考、讨论等实践活动，引导学生掌握食品生产经营有关法律规定。

【知识内容】

一、食品生产经营许可

　　食品生产包括食品生产和加工，是指把食品原料通过生产加工程序，形成一种新形式的可直接食用的产品。食品经营包括食品销售和餐饮服务。餐饮服务是指通过即时制作加工、商业销售和服务性劳动等，向消费者提供食品和消费场所及设施的服务活动。《食品安全法》规定，国家对食品生产经营实行许可制度。从事食品生产、食品销售、餐饮服务，应当依法取得许可。但是，销售食用农产品，不需要取得许可。县级以上地方人民政府食品安全监督管理部门应当依照《中华人民共和国行政许可法》的规定，审核申请人提交的《食品安全法》要求的相关资料，必要时对申请人的生产经营场所进行现场核查；对符合规定条件的，准予许可；对不符合规定条件的，不予许可并书面说明理由。

二、食品生产经营的一般规定

（一）食品生产经营者的社会责任

　　《食品安全法》规定，食品生产经营者对其生产经营的食品安全负责。食品生产经营者应当依照法律、法规和食品安全标准从事生产经营活动，保证食品安全，诚信自律，对社会和公众负责，接受社会监督，承担社会责任。

（二）食品生产经营的要求

　　《食品安全法》规定，食品生产经营应当符合食品安全标准，具有与生产经营的食品品种、数量相适应的场所、设备或者设施、专职或者兼职的食品安全专业技术人员、食品安全管理人员和保证食品安全的规章制度，以及法律、法规规定的其他要求。

（三）禁止生产经营的食品、食品添加剂、食品相关产品

《食品安全法》规定，禁止生产经营可能危害人体健康物质的食品、食品添加剂、食品相关产品。

（四）食品添加剂的使用

《食品安全法》规定，食品生产经营者应当按照食品安全国家标准关于食品添加剂的品种、使用范围、用量的规定使用食品添加剂；不得在食品生产中使用食品添加剂以外的化学物质和其他可能危害人体健康的物质。

（五）食品中不得添加药品

《食品安全法》规定，生产经营的食品中不得添加药品，但是可以添加按照传统既是食品又是中药材的物质，其目录由国务院卫生行政部门制定、公布。

三、生产经营过程控制

《食品安全法》规定，食品生产企业应当就下列事项制订并实施控制要求，保证所生产的食品符合食品安全标准：①原料采购、原料验收、投料等原料控制；②生产工序、设备、贮存、包装等生产关键环节控制；③原料检验、半成品检验、成品出厂检验等检验控制；④运输和交付控制。

四、国家建立食品安全全程追溯制度

食品生产经营者应当建立食品安全追溯体系，保证食品可追溯。国家鼓励食品生产经营者采用信息化手段采集、留存生产经营信息，建立食品安全追溯体系。

国务院食品安全监督管理部门会同国务院农业行政等有关部门建立食品安全全程追溯协作机制。

五、餐饮服务和网络食品交易

（一）餐饮服务

《食品安全法》规定，餐饮服务提供者应当制订并实施原料控制要求，不得采购不符合食品安全标准的食品原料。倡导餐饮服务提供者公开加工过程，公示食品原料及其来源等信息。在加工过程中应当检查待加工的食品及原料，发现食品、食品添加剂有腐败变质、油脂酸败、霉变生虫、污秽不洁、混有异物、掺假掺杂或者感官性状异常的，不得加工或者使用。应当定期维护食品加工、贮存、陈列等设施、设备；定期清洗、校验保温设施及冷藏、冷冻设施。按照要求对餐具、饮具进行清洗消毒，不得使用未经清洗消毒的餐具、饮具。

（二）集中用餐单位食堂

学校、托幼机构、养老机构、建筑工地等集中用餐单位的食堂应当严格遵守法律、法规和食品安全标准；从供餐单位订餐的，应当从取得食品生产经营许可的企业订购食品，并按照要求对订购的食品进行查验。供餐单位应当严格遵守法律、法规和食品安全标准，当餐加工，确保食品安全。

（三）网络食品交易平台

网络食品交易第三方平台提供者应当对入网食品经营者进行实名登记，明确其食品安全管理责任；依法应当取得许可证的，还应当审查其许可证。网络食品交易第三方平台提供者发现入网食品经营者有违反《食品安全法》规定行为的，应当及时制止并立即报告所在地县级人民政府食品安全监督管理部门；发现严重违法行为的，应立即停止提供网络交易平台服务。

六、国家建立食品召回制度

食品生产者发现其生产的食品不符合食品安全标准或者有证据证明可能危害人体健康的，应当立即停止生产，召回已经上市销售的食品，通知相关生产经营者和消费者，并记录召回和通知情况。

七、特殊食品

特殊食品是指保健食品、特殊医学用途配方食品、婴幼儿配方食品和其他专供特定人群的主辅食品。《食品安全法》规定，国家对保健食品、特殊医学用途配方食品和婴幼儿配方食品等特殊食品实行严格监督管理。

八、预包装食品包装上的标签及保健食品的标签

预包装食品包装上的标签应当标明下列内容：名称、规格、净含量、生产日期；成分或者配料表；生产者的名称、地址、联系方式；保质期；产品标准代号；贮存条件；所使用的食品添加剂在国家标准中的通用名称；生产许可证编号；法律、法规或者食品安全标准规定应当标明的其他事项。专供婴幼儿和其他特定人群的主辅食品，其标签还应当标明主要营养成分及其含量。

保健食品的标签、说明书不得涉及疾病预防、治疗功能，内容应当真实，与注册或者备案的内容相一致，载明适宜人群、不适宜人群、功效成分或者标志性成分及其含量等，并声明"本品不能代替药物"。保健食品的功能和成分应当与标签、说明书相一致。

任务 13.5 食品检验

↘【问题思考】

食品检验的重要意义是什么？

↘【任务分配】

通过问题思考、讨论等实践活动，引导学生掌握食品检验要求及方法。

↘【知识内容】

一、食品检验的概念

食品检验是指食品检验机构根据有关国家标准，对食品原料、辅助材料、成本的质量和安全性进行的检验，包括对食品理化指标、卫生指标、外观特性以及外包装、内包装、标志等进行的检验。

食品检验是保证食品安全，加强食品安全监管的重要技术支撑，是保障食品安全的一系列制度中不可或缺的环节。

二、食品检验机构的资质

《食品安全法》规定，食品检验机构按照国家有关认证认可的规定取得资质认定后，方可从事食品检验活动。但是，法律另有规定的除外。符合《食品安全法》规定的食品检验机构出具的检验报告具有同等效力。县级以上人民政府应当整合食品检验资源，实现资源共享。食品检验机构的资质认定条件和检

验规范，由国务院食品安全监督管理部门规定。

三、食品检验机构和检验人

《食品安全法》规定，食品检验由食品检验机构指定的检验人独立进行。检验人应当依照有关法律、法规的规定，并按照食品安全标准和检验规范对食品进行检验，尊重科学，恪守职业道德，保证出具的检验数据和结论客观、公正，不得出具虚假检验报告。

食品检验实行食品检验机构与检验人负责制。食品检验报告应当加盖食品检验机构公章，并有检验人的签名或者盖章。食品检验机构和检验人对出具的食品检验报告负责。

四、监督抽检

《食品安全法》规定，县级以上人民政府食品安全监督管理部门应当对食品进行定期或者不定期的抽样检验，并依据有关规定公布检验结果，不得免检。进行抽样检验，应当购买抽取的样品，委托符合《食品安全法》规定的食品检验机构进行检验，并支付相关费用，不得向食品生产经营者收取检验费和其他费用。

五、食品生产经营企业自行检验

食品生产企业可以自行对所生产的食品进行检验，也可以委托符合《食品安全法》规定的食品检验机构进行检验。食品行业协会和消费者协会等组织、消费者需要委托食品检验机构对食品进行检验的，应当委托符合《食品安全法》规定的食品检验机构进行。

六、复检

《食品安全法》规定，对依照本法规定实施的检验结论有异议的，食品生产经营者可以自收到检验结论之日起7个工作日内向实施抽样检验的食品安全监督管理部门或者其上级食品安全监督管理部门提出复检申请，由受理复检申请的食品安全监督管理部门在公布的复检机构名录中随机确定复检机构进行复检。复检机构出具的复检结论为最终检验结论。复检机构与初检机构不得为同一机构。复检机构名录由国务院认证认可监督管理、食品安全监督管理、卫生行政、农业行政等部门共同公布。

采用国家规定的快速检测方法对食用农产品进行抽查检测，被抽查人对检测结果有异议的，可以自收到检测结果起4小时内申请复检。复检不得采用快速检测方法。

 **知识链接**

食品快速检测

最具有代表性的产品快速检测标准是国际标准化组织ISO和美国分析化学家协会AOAC发布的。

2003年，ISO发布的《食品和饲料中微生物检测可替代方法验证规范》（ISO 16140：2003）是较早针对快检方法评价的标准。评价内容主要包括与参考方法对比研究和联合实验室研究。该标准明确了评价的通用原则和技术协议，为各组织、机构进行快检产品的评价认证提供了参考依据。

1992年，AOAC建立了快检产品性能测试方法程序（PTM），并由其下属的研究所（RI）负责实施，由此开始了对食品快检方法/产品的评价。通过PTM验证的快检方法及其附带的快检产品将自动获得AOAC RI标志，并在其官方网站上公告相应快检方法的信息，在AOAC期刊上公开试剂盒的评估报告。

任务 13.6　法律责任

- - ·········· ·········· ·········· - -

↘【问题思考】

违法从事食品生产经营活动的法律责任是什么？

↘【任务分配】

通过问题思考、讨论等实践活动，引导学生掌握食品生产经营活动中相关的法律责任。

↘【知识内容】

一、未取得食品生产经营许可从事食品生产经营的法律责任

违反《食品安全法》规定，未取得食品生产经营许可从事食品生产经营活动，或者未取得食品添加剂生产许可从事食品添加剂生产活动的，由县级以上人民政府食品安全监督管理部门没收违法所得和违法生产经营的食品、食品添加剂以及用于违法生产经营的工具、设备、原料等物品，并处罚款。明知从事上述规定的违法行为，仍为其提供生产经营场所或者其他条件的，由县级以上人民政府食品安全监督管理部门责令停止违法行为，没收违法所得，并处罚款；使消费者的合法权益受到损害的，应当与食品、食品添加剂生产经营者承担连带责任。

二、违法从事食品生产经营活动的法律责任

违反《食品安全法》规定，有下列情形之一，尚不构成犯罪的，由县级以上人民政府食品安全监督管理部门没收违法所得和违法生产经营的食品，并可以没收用于违法生产经营的工具、设备、原料等物品，处以罚款；情节严重的，吊销许可证，并可由公安机关对其直接负责的主管人员和其他直接责任人员处以 5 日以上 15 日以下拘留。

三、提供虚假监测、评估信息的法律责任

违反《食品安全法》规定，承担食品安全风险监测、风险评估工作的技术机构、技术人员提供虚假监测、评估信息的，依法对技术机构直接负责的主管人员和技术人员给予撤职、开除处分；有执业资格的，由授予其资格的主管部门吊销执业证书。

四、出具虚假检验报告的法律责任

违反《食品安全法》规定，食品检验机构、食品检验人员出具虚假检验报告的，由授予其资质的主管部门或者机构撤销该食品检验机构的检验资质，没收所收取的检验费用，并处罚款；依法对食品检验机构直接负责的主管人员和食品检验人员给予撤职或者开除处分；导致发生重大食品安全事故的，对直接负责的主管人员和食品检验人员给予开除处分。

五、出具虚假认证结论的法律责任

违反《食品安全法》规定，认证机构出具虚假认证结论，由认证认可监督管理部门没收所收取的认证费用，并处罚款；情节严重的，责令停业，直至撤销认证机构批准文件，并向社会公布；对直接负责

的主管人员和负有直接责任的认证人员，撤销其执业资格。认证机构出具虚假认证结论，使消费者的合法权益受到损害的，应当与食品生产经营者承担连带责任。

六、造成人身、财产或者其他损害的法律责任

违反《食品安全法》规定，造成人身、财产或者其他损害的，依法承担赔偿责任。生产经营者财产不足以同时承担民事赔偿责任和缴纳罚款、罚金时，先承担民事赔偿责任。

考点提示 违法从事食品生产经营活动的法律责任

项目小结

食品安全法律制度	学习要点
概念	食品安全、食品安全评估、食品检验、食品安全风险监测
内容	食品安全标准的内容
法律责任	食品安全法律制度

重点笔记

↘ 直通考证

一、单项选择题

1.《中华人民共和国食品安全法》是（ ）年2月28日，第十一届全国人大常委会第七次会议审议通过的。

A. 2003年　　B. 2008年　　C. 2015年　　D. 2009年

2.食品安全的问题主要来自多种隐患，除了（ ）。

A.食源性疾病　　B.烹饪过程

C.农业种植、养殖业的源头污染　　D.违法生产劣质食品

3.下列哪项不属于食品安全的基本要求（ ）。

A.食品无毒、无害　　B.食品应当有营养

C.食品应具有相应的颜色　　D.有毒有害物质含量符合食品安全标准

4.食品安全，除了（ ）。

A.食品不含任何有毒有害物质

B.含有微量有毒有害物质，且含量符合食品安全标准

C.符合应当有的营养要求

D.食品添加剂含量符合食品安全标准

5.《食品安全法》规定，禁止生产经营的食品不包括下列哪种？（ ）

A.未经兽医检验的肉类　　　　　　B.营养价值太低的食品

C.病死、毒死的牲畜肉　　　　　　D.腐败变质、掺假掺杂的食品

6.《食品卫生法》规定，从事接触直接入口食品工作的食品生产经营人员务必定期进行健康检查，其时间为（ ）。

A.每3个月1次　　B.每6个月1次　　C.每12个月1次　　　D.每18个月1次

二、思考题

1.食品安全标准有哪些？

2.禁止生产经营的食品、食品添加剂、食品相关产品有哪些？

三、案例讨论题

近期，很多小餐馆都向顾客推荐使用"密封消毒餐具"，并称这些餐具都是经过专门的"餐具清洗配送企业"严格消毒的，可以放心使用。但据媒体调查，很多"餐具清洗配送企业"根本没有卫生许可证，而某地区卫生行政部门的负责人谈到这个"新行业"时表示，卫生部门对所谓的"餐具清洗配送企业"既不予审批发证，也不介入管理。卫生部门仅对餐饮经营企业进行餐具的安全监督和管理。

【讨论】

餐具清洗配送应受《食品安全法》的约束吗？

↘ 任务评价

评价维度	评价内容及要求	评价主体				平均分	测评总分
		学生本人	组员间	组长	任课教师/临床导师		
素质考核（30分）	职业素质：清理用物，整理场地，责任意识（10分）						
	创新精神：探索新知、勇于质疑、敢于承担的表现（10分）						
	团队合作：大局观、与人合作互助的表现（10分）						
知识考核（30分）	在线资源学习进度成绩（5分）						
	思维导图成绩（5分）						
	课中线上成绩（10分）						
	课后线上测试成绩（10分）						
能力考核（40分）	理论联系实际（12分）						
	归纳和总结、学以致用能力（4分）						
	临床思维能力（案例分析）（8分）						
	课后调查报告（8分）						
	互动沟通能力（8分）						

项目 14 课件

任务 14.1　职业病防治法律制度

案例导学

　　2016 年 11 月 7 日，某市卫生计生委接到该市疾病预防控制中心"关于张某等人职业病诊断的报告"，报告显示：该市某公司张某等 4 名职工被诊断为苯中毒，另有 5 名职工为观察对象。市卫生计生委遂组织调查组对该公司进行了调查处理。调查发现，该公司主要从事工艺包装盒、塑料制品、木制工艺品制造、加工，使用的胶水黏合剂中存在苯、甲苯、二甲苯等职业病危害因素，但并未向卫生行政部门申报产生职业危害的项目。对于接触职业病危害因素的职工，该公司未按规定为其配备符合职业病防护要求的个人防护用品，仅提供了普通的纱布口罩。该市疾控中心于 2016 年 4 月对该公司车间空气中职业危害因素进行了检测，检测结果表明该公司生产车间空气中苯、甲苯等物质的浓度不符合国家职业卫生标准。同年 5 月和 8 月，该公司对全厂职工进行了两次在岗期间的职业健康检查，但是未安排接触职业病危害因素的职工进行上岗前体检。

　　根据上述情况，该市卫生计生委认定该公司违反了《中华人民共和国职业病防治法》的有关规定。

职业病的诊断鉴定机构和程序是什么？

通过问题思考、讨论等实践活动，引导学生掌握职业病防治的法律制度。

职业病防治关系到劳动者的身体健康和生命安全。职业病防治法律制度确立了职业病防治工作方针、机制与管理原则、职业卫生监管体制、国家职业卫生标准的制定部门；规定了职业病前期预防、劳动过程中的防护与管理、职业病诊断与职业病病人保障、监督检查法律责任等制度，对预防、控制和消除职业病危害，防治职业病，保护劳动者健康及其相关权益，促进经济社会发展具有重要作用。

一、概述

（一）职业病的概念和分类

职业病是指企业、事业单位和个体经济组织等用人单位的劳动者在职业活动中，因接触粉尘、放射性物质和其他有毒、有害因素而引起的疾病。

《职业病防治法》规定，职业病的分类和目录由国务院卫生行政部门会同国务院安全生产监督管理部门、劳动保障行政部门制定、调整并公布。

2025年8月，国家卫生健康委、国家疾控局、人力资源社会保障部和全国总工会联合印发了《职业病分类和目录》，将职业病定为12大类135种。

> 🔖 **考点提示** 职业病的概念和分类

（二）职业病防治立法

为了预防、控制和消除职业病危害，防治职业病，保护劳动者健康及其相关权益，促进社会经济发展，2001年10月27日，第九届全国人大常委会第二十四次会议通过了《中华人民共和国职业病防治法》（以下简称《职业病防治法》），自2002年5月1日起施行。

2011年第十一届全国人大常委会第二十四次会议、2016年第十二届全国人大常委会第二十一次会议、2017年第十二届全国人大常委会第三十次会议、2018年第十三届全国人大常委会第七次会议先后对《职业病防治法》进行了四次修订。

> 🔖 **考点提示** 职业病防治立法

（三）职业病防治工作方针、机制与管理原则

职业病防治工作坚持预防为主、防治结合的方针，建立用人单位负责、行政机关监管、行业自律、职工参与和社会监督的机制，实行分类管理、综合治理。

为贯彻预防为主、防治结合的方针，国家鼓励和支持研制、开发、推广、应用有利于职业病防治和保护劳动者健康的新技术、新工艺、新设备、新材料，加强对职业病的机理和发生规律的基础研究，提高职业病防治科学技术水平；积极采用有效的职业病防治技术、工艺、设备、材料；限制使用或者淘汰职业病危害严重的技术、工艺、设备、材料；建设职业病医疗康复机构。

（四）国家职业卫生标准的制定

《职业病防治法》规定，有关防治职业病的国家职业卫生标准，由国务院卫生行政部门组织制定并公布。国务院卫生行政部门应当组织开展重点职业病监测和专项调查，对职业健康风险进行评估，为制定职业卫生标准和职业病防治政策提供科学依据。

（五）职业健康监护档案

职业健康监护是评价劳动者健康变化与职业病危害因素的关系的一项措施。《职业病防治法》规定，用人单位应当为劳动者建立职业健康监护档案，并按照规定的期限妥善保存。职业健康监护档案应当包括劳动者的职业史、职业病危害接触史、职业健康检查结果和职业病诊疗等有关个人健康资料。劳动者离开用人单位时，有权索取本人职业健康监护档案复印件。用人单位应当如实、无偿提供，并在所提供的复印件上签章。

二、职业病诊断与职业病病人保障

（一）职业病诊断机构

《职业病防治法》规定，医疗卫生机构承担职业病诊断应当经省、自治区、直辖市人民政府卫生行政部门批准。省、自治区、直辖市人民政府卫生行政部门应当向社会公布本行政区域内承担职业病诊断的医疗卫生机构的名单。

承担职业病诊断的医疗卫生机构应当具备下列条件：①持有《医疗机构执业许可证》；②具有与开展职业病诊断相适应的医疗卫生技术人员；③具有与开展职业病诊断相适应的场所和仪器、设备；④具有健全的职业病诊断质量管理制度。

（二）职业病诊断

《职业病诊断与鉴定管理办法》规定，职业病诊断与鉴定工作应当按照《职业病防治法》《职业病诊断与鉴定管理办法》的有关规定及国家职业病诊断标准进行，遵循科学、公正、及时、便民的原则。

微课：
职业病诊断与报告

1. 职业病诊断综合分析的因素　职业病的诊断应当综合分析下列因素：①劳动者的职业史；②职业病危害接触史和工作场所职业病危害因素情况；③临床表现以及辅助检查结果等。

没有证据否定职业病危害因素与病人临床表现之间的必然联系的，应当诊断为职业病。

2. 职业病诊断的程序　职业病诊断证明书应当由参与诊断的取得职业病诊断资格的执业医师签署，并经承担职业病诊断的医疗卫生机构审核盖章。职业病诊断医师应当独立分析、判断、提出诊断意见，任何单位和个人无权干预。

职业病诊断证明书应当包括以下内容：①劳动者、用人单位基本信息。②诊断结论。确诊为职业病的，应当载明职业病的名称、程度（期别）、处理意见。③诊断时间。

（三）职业病诊断鉴定

1. 职业病诊断鉴定的申请　当事人对职业病诊断机构作出的职业病诊断结论有异议的，可以在接到职业病诊断证明书之日起 30 日内，向职业病诊断机构所在地设区的市级卫生行政部门申请鉴定。设区的市级职业病诊断鉴定委员会负责职业病诊断争议的首次鉴定。

当事人对设区的市级职业病鉴定结论有异议的，可以在接到鉴定书之日起 15 日内，向原鉴定组织所在地省级卫生行政部门申请再鉴定。

职业病鉴定实行两级鉴定制，省级职业病鉴定结论为最终鉴定。

2. 职业病诊断鉴定委员会　由相关专业的专家组成。省、自治区、直辖市人民政府卫生行政部门应当设立相关的专家库，需要对职业病争议作出诊断鉴定时，由当事人或者当事人委托有关卫生行政部门从专家库中以随机抽取的方式确定参加诊断鉴定委员会的专家。

 考点提示　职业病的诊断鉴定委员会

3. 职业病诊断鉴定程序和结论　职业病诊断鉴定委员会应当按照国务院卫生行政部门颁布的职业病诊断标准和职业病诊断、鉴定办法进行职业病诊断鉴定，向当事人出具职业病诊断鉴定书。

4. 职业病诊断鉴定委员会组成人员的职责　职业病诊断鉴定委员会组成人员应当遵守职业道德，客观、公正地进行诊断鉴定，并承担相应的责任。职业病诊断鉴定委员会组成人员不得私下接触当事人，不得收受当事人的财物或者其他好处，与当事人有利害关系的应当回避。

考点提示　职业病诊断鉴定委员会成员的职责

思政高地

职业病的预防和控制——职业使命

职业病危害分布广，接触人群多，发病率居高不下。我国有工业企业 1600 多万个，劳动力人口超过 7.58 亿，每年新增劳动力人口 625 万，暴露于各种职业危害与伤害因素者近 2 亿，接触职业病危害人数居世界首位。职业病造成的经济损失非常严重。估计我国每年因职业病、工伤事故造成的直接经济损失达 1000 亿元，间接经济损失 2000 亿元。群体性职业病时有发生，影响社会和谐稳定。

作为医学专业的学生，职业病的预防和控制是我们必须要面对的一个问题。通过对职业病防治法的学习，我们应该意识到自己身为安全工作者肩上的责任重大。面对如此多的职业病人，如何维护他们的合法权益，保证他们的生命健康权利，也是安全工作者的重要职责。同时，绝大多数职业病患者缺乏对职业病的认识，对如何预防职业病也知之甚少，因此，不仅要学习知识，更要传播知识，在将来的工作岗位上，加大宣传各种法律法规和操作规程，以及预防措施，只有这样，才能有效减少职业病、安全事故的发生，保证人民生命财产的安全，维护社会稳定。通过对职业病防治法的学习，我们应深刻体会到职业病防治法在维护自身合法权益方面的巨大作用，有助于我们理解自己的职业使命和责任担当。

三、法律责任

（一）医疗机构职业病危害建设项目违反规定的法律责任

医疗机构可能产生放射性职业病危害的建设项目未按照规定提交放射性职业病危害预评价报告，或者放射性职业病危害预评价报告未经卫生行政部门审核同意，开工建设的；医疗机构放射性职业病危害严重的建设项目的防护设施设计未经卫生行政部门审核同意擅自施工的，由卫生行政部门依据职责给予警告、责令限期改正；逾期不改正的，处罚款；情节严重的，责令停止产生职业病危害的作业，或者提请有关人民政府按照国务院规定的权限责令停建、关闭。

（二）医疗卫生机构未按照规定报告职业病、疑似职业病的法律责任

医疗卫生机构未按照规定报告职业病、疑似职业病的，由有关主管部门责令限期改正，给予警告，可以并处 1 万元以下的罚款；弄虚作假的，并处 2 万元以上 5 万元以下的罚款；对直接负责的主管人员和其他直接责任人员，可以依法给予降级或者撤职的处分。

（三）擅自从事职业卫生技术服务和职业病诊断的法律责任

未取得职业卫生技术服务资质认可擅自从事职业卫生技术服务的，或者医疗卫生机构未经批准擅自从事职业病诊断的，由卫生行政部门依据职责责令立即停止违法行为，没收违法所得，并处以罚款；情节严重的，对直接负责的主管人员和其他直接责任人员，依法给予降级、撤职或者开除的处分。

> 🔅**考点提示**　擅自从事职业卫生技术服务和职业病诊断的法律责任

（四）职业卫生技术服务机构和职业病诊断机构违反规定的法律责任

从事职业卫生技术服务的机构和承担职业病诊断的医疗卫生机构违反规定，有下列行为之一的，由卫生行政部门依据职责责令其立即停止违法行为，给予警告，没收违法所得，并处以罚款；情节严重的，由原认可或者批准机关取消其相应的资格；对直接负责的主管人员和其他直接责任人员，依法给予降级、撤职或者开除的处分；构成犯罪的，依法追究刑事责任：①超出资质认可范围从事职业卫生技术服务的；②不按照规定履行法定职责的；③出具虚假证明文件等。

> 🔅**考点提示**　职业卫生技术服务机构和诊断机构违反规定应承担的法律责任

（五）职业病诊断鉴定委员会组成人员违反规定的法律责任

职业病诊断鉴定委员会组成人员收受职业病诊断争议当事人的财物或者其他好处的，给予警告，没收收受的财物，可以并处罚款，取消其担任职业病诊断鉴定委员会组成人员的资格，并从省、自治区、直辖市人民政府卫生行政部门设立的专家库中予以除名。

> 🔅**考点提示**　职业病诊断鉴定委员会组成人员违反规定应承担的法律责任

（六）卫生行政部门违反规定的法律责任

卫生行政部门不按照规定报告职业病和职业病危害事故的，由上一级行政部门责令改正，通报批评，给予警告；虚报、瞒报的，对单位负责人、直接负责的主管人员和其他直接责任人员依法给予降级、撤职或者开除的处分。

任务 14.2　精神卫生法律制度

↘【问题思考】

精神卫生法律制度立法的重要意义是什么？

通过问题思考、讨论等实践活动，引导学生掌握精神卫生法律制度内容，保护精神障碍患者的权益。

↘【知识内容】

精神卫生是影响经济社会发展的重大公共卫生问题和社会问题。精神卫生法律制度明确了我国精神卫生工作实行预防为主的方针，坚持预防、治疗和康复相结合的原则；规定了各级政府心理健康促进和精神障碍预防的责任、精神障碍患者的权益保护；完善了精神障碍的诊断和治疗制度、精神障碍康复制度和保障措施，为发展精神卫生事业，规范精神卫生服务，维护精神障碍患者的合法权益，促进社会和谐稳定提供了法律保障。

一、概述

（一）精神卫生的概念

精神卫生是指开展精神障碍的预防、治疗和康复，促进公民心理健康的各项活动。

精神卫生有广义和狭义之分。

狭义的精神卫生是指精神障碍的预防、医疗和康复工作，即对精神障碍患者早期发现，及时治疗，有效康复，最终使其回归社会。

广义的精神卫生除了上述内容，还包括促进全体公民心理健康的内容，通过政府及有关部门、用人单位、学校、新闻媒体等的工作，促进公民了解精神卫生知识，提高社会公众的心理健康水平。

精神障碍是一种疾病，是指由各种原因引起的感知、情感和思维等精神活动的紊乱或者异常，导致患者明显的心理痛苦或者社会适应等功能损害。常见的精神障碍有精神分裂症、情感性精神障碍、脑器质性精神障碍等。导致精神障碍的致病因素是多方面的，既有先天遗传因素、个性特征及体质因素、器质因素，也有社会性环境因素等。

精神障碍根据病情的严重程度，分为一般的精神障碍和严重的精神障碍。严重精神障碍是指疾病症状严重，导致患者社会适应等功能严重损害、对自身健康状况或者客观现实不能完整认识，或者不能处理自身事务的精神障碍。主要包括精神分裂症、偏执性精神病、分裂情感障碍、双相情感障碍、癫痫所致精神障碍、精神发育迟滞 6 种精神疾病。

（二）精神卫生立法

我国精神卫生立法工作于 1985 年启动。2011 年，国务院第 172 次常务会议讨论通过了精神卫生法（草案），并提请全国人大常委会审议。

在国家精神卫生立法过程中，2001 年上海市人大常委会通过并颁布了我国第一部关于精神卫生的地方性法规——《上海市精神卫生条例》。随后，北京、杭州等地也制定了精神卫生地方性法规。

为了发展精神卫生事业，规范精神卫生服务，维护精神障碍患者的合法权益，2012 年第十一届全国人大常委会第二十九次会议通过了《中华人民共和国精神卫生法》（以下简称《精神卫生法》），自 2013 年 5 月 1 日起施行。2018 年，第十三届全国人大常委会第二次会议对《精神卫生法》进行了修正。

《精神卫生法》适用于在中华人民共和国境内开展维护和增进公民心理健康、预防和治疗精神障碍、促进精神障碍患者康复的活动。

（三）精神卫生工作的方针和原则

《精神卫生法》规定，精神卫生工作实行预防为主的方针，坚持预防、治疗和康复相结合的原则。

预防是精神卫生工作中非常重要的一环，通过积极有效的预防，可以减少精神障碍的发生，促进全民的心理健康。精神卫生预防分为三级预防：一级预防即病因预防，通过消除或者减少致病因素来防止或减少精神障碍发生；二级预防的重点是早期发现、早期诊断、早期治疗，并争取疾病缓解后有良好的预后，防止复发；三级预防的重点是做好精神障碍患者的康复训练，最大限度地促进患者社会功能的恢复，减少功能残疾，延缓疾病衰退的进程，提高患者的生活质量。

除了坚持预防为主的方针，对于已经有精神障碍的患者，及时治疗和有效的康复就显得极为重要。精神障碍康复应当坚持功能训练、全面康复、回归社会三项基本原则，运用一切可以采取的手段，尽量纠正精神障碍的病态表现，最大限度地恢复其适应社会生活的精神功能。

> 🔥 **考点提示** 精神卫生工作的方针和原则

（四）精神障碍患者权益保护

精神障碍患者同其他公民一样，享受人身权、财产权，以及教育、劳动、医疗、从国家和社会获得物质帮助等方面的合法权益。同时，由于精神障碍患者属于社会弱势群体，社会上对他们还存在或多或少的歧视，使他们在求学、就业等方面存在困难，所以依法维护他们的合法权益就显得十分必要和迫切。

《精神卫生法》规定，精神障碍患者的人格尊严、人身和财产安全不受侵犯。精神障碍患者的教育、劳动、医疗以及从国家和社会获得物质帮助等方面的合法权益受法律保护。

1. 尊重、理解、关爱精神障碍患者　全社会应当尊重、理解、关爱精神障碍患者。任何组织或者个人不得歧视、侮辱、虐待精神障碍患者，不得非法限制精神障碍患者的人身自由。新闻报道和文学艺术作品等不得含有歧视、侮辱精神障碍患者的内容。

2. 保障精神障碍患者教育、就业权利　县级以上地方人民政府及其有关部门应当采取有效措施，保证患有精神障碍的适龄儿童、少年接受义务教育，扶持有劳动能力的精神障碍患者从事力所能及的劳动，并为已经康复的人员提供就业服务。国家对安排精神障碍患者就业的用人单位依法给予税收优惠，并在生产、经营、技术、资金、物资、场地等方面给予扶持。

3. 保护精神障碍患者隐私　有关单位和个人应当对精神障碍患者的姓名、肖像、住址、工作单位、病历资料以及其他可能推断出其身份的信息予以保密；但是，依法履行职责需要公开的除外。

4. 禁止对精神障碍患者实施家庭暴力和遗弃　精神障碍患者的监护人应当履行监护职责，维护精神障碍患者的合法权益。禁止对精神障碍患者实施家庭暴力，禁止遗弃精神障碍患者。

> 🔥 **考点提示** 精神障碍患者权益保护

 知识链接

> **世界精神卫生日**
>
> "世界精神卫生日"是由世界精神病学协会（World Psychiatric Association，WPA）于1992年发起的，时间是每年10月10日。世界各国每年都为"精神卫生日"准备丰富而周密的活动。包括宣传、拍摄促进精神健康的录像片、开设24小时服务的心理支持热线、播放专题片等。2000年，我国首次组织了世界精神卫生日活动。

（五）精神卫生工作管理机制

《精神卫生法》规定，精神卫生工作实行政府组织领导、部门各负其责、家庭和单位尽力尽责、全社会共同参与的综合管理机制。

二、心理健康促进和精神障碍预防

各级人民政府和县级以上人民政府有关部门相关单位人员应当采取措施，加强心理健康促进和精神障碍预防工作，提高公众心理健康水平。

思政高地

《精神卫生法》——法安天下、人文关怀

精神卫生问题既是公共卫生问题，也是重大的社会问题，精神障碍患者常缺乏自知力，很难与正常人进行有效沟通，甚至发生暴力冲突等突发事件，影响医患关系。医学生应尊重患者，建立和谐的医患关系。我国在古代就很重视人的精神健康，如中医提倡情志护理。随着现代精神医学不断发展，患者命运得到极大改善，人们更加重视精神健康，注重培养关爱、关怀精神病人的人文精神。学习《精神卫生法》及正反面案例，培养医学生作为医务工作者应具备遵纪守法的法治意识及关爱患者、尊重患者的职业道德。

国务院卫生行政部门建立精神卫生监测网络，实行严重精神障碍发病报告制度，组织开展精神障碍发生状况、发展趋势等的监测和专题调查工作。国务院卫生行政部门应当会同有关部门、组织，建立精神卫生工作信息共享机制，实现信息互联互通、交流共享。

根据 2012 年原卫生部印发的《重性精神疾病信息管理办法》的规定，重性精神疾病信息管理范围包括国家重性精神疾病信息管理系统中的患者基本信息、治疗与随访信息及精神卫生工作报表，以及与之相关的各类纸质材料。

1. 管理原则　重性精神疾病信息管理工作，坚持分级负责、属地管理，服务患者、安全有效的原则。

2. 管理部门　国务院卫生行政部门对全国重性精神疾病信息实行统一管理。地方各级卫生行政部门负责本地区重性精神疾病信息管理工作。各级精神卫生防治技术管理机构受本级卫生行政部门委托，承担本辖区重性精神疾病信息的日常管理工作。

3. 信息收集与报送　各级精神卫生防治技术管理机构、精神卫生医疗机构和基层医疗卫生机构建立本部门重性精神疾病信息管理制度，根据工作需要配备专（兼）职信息管理人员。精神卫生医疗机构和基层医疗卫生机构承担重性精神疾病信息收集与报送任务，并对本部门信息的安全负责。

4. 信息发布　国务院卫生行政部门和省级卫生行政部门依法发布全国或本地区重性精神疾病信息，其他部门、机构和人员无权向社会发布相关信息。

5. 信息共享　省、市两级建立卫生部门与公安机关之间的重性精神疾病信息定期交换与共享机制。交换范围仅限于危险性评估 3 级及以上患者相关信息。为确保信息安全，应制订信息交换流程，由专人负责交换，并对交换过程进行记录、备案。

三、精神障碍的诊断和治疗

（一）精神卫生医疗机构的条件

精神障碍的诊断、治疗，应当遵循维护患者合法权益、尊重患者人格尊严的原则，保障患者在现有条件下获得良好的精神卫生服务。

《精神卫生法》规定，开展精神障碍诊断、治疗活动，应当具备下列条件，并依照医疗机构的管理规定办理有关手续：①有与从事的精神障碍诊断、治疗相适应的精神科执业医师、护士；②有满足开展精神障碍诊断、治疗需要的设施和设备；③有完善的精神障碍诊断、治疗管理制度和质量监控制度。从事精神障碍诊断、治疗的专科医疗机构还应当配备从事心理治疗的人员。

根据《精神卫生法》，县级以上地方人民政府卫生行政部门应当定期就下列事项对本行政区域内从事精神障碍诊断、治疗的医疗机构进行检查：①相关人员、设施、设备是否符合《精神卫生法》要求；②诊疗行为是否符合《精神卫生法》以及诊断标准、治疗规范的规定；③对精神障碍患者实施住院治疗的程序是否符合规定；④是否依法维护精神障碍患者的合法权益。县级以上地方人民政府卫生行政部门进行上述检查，应当听取精神障碍患者及其监护人的意见；发现存在违反《精神卫生法》行为的，应当立即制止或者责令改正，并依法作出处理。

（二）精神障碍的诊断

1. 精神障碍诊断的依据　　根据《精神卫生法》，精神障碍的诊断应当以精神健康状况为依据。除法律另有规定外，不得违背本人意志进行确定其是否患有精神障碍的医学检查。

2. 精神障碍患者送诊的主体和条件

（1）通常情况下的送诊　《精神卫生法》规定，除个人自行到医疗机构进行精神障碍诊断外，疑似精神障碍患者的近亲属可以将其送往医疗机构进行精神障碍诊断。对查找不到近亲属的流浪乞讨疑似精神障碍患者，由当地民政等有关部门按照职责分工，帮助送往医疗机构进行精神障碍诊断。

（2）紧急情况下的送诊　疑似精神障碍患者发生伤害自身、危害他人安全的行为，或者有伤害自身、危害他人安全的危险的，其近亲属、所在单位、当地公安机关应当立即采取措施予以制止，并将其送往医疗机构进行精神障碍诊断。

（3）医疗机构的接诊义务　医疗机构接到送诊的疑似精神障碍患者，不得拒绝为其作出诊断。

3. 精神障碍诊断的主体和程序　《精神卫生法》规定，精神障碍的诊断应当由精神科执业医师作出。医疗机构接到依照规定紧急情况下送诊的发生伤害自身、危害他人安全的行为，或者有伤害自身、危害他人安全的危险的疑似精神障碍患者，应当将其留院，立即指派精神科执业医师进行诊断，并及时出具诊断结论。

（三）精神障碍的住院治疗

《精神卫生法》规定，精神障碍的住院治疗实行自愿原则。

精神障碍的非自愿住院治疗，必须符合《精神卫生法》规定的条件，即诊断结论、病情评估表明，就诊者为严重精神障碍患者并有下列情形之一的，应当对其实施住院治疗：①已经发生伤害自身的行为，或者有伤害自身的危险的；②已经发生危害他人安全的行为，或者有危害他人安全的危险的。

精神障碍患者已经发生伤害自身的行为，或者有伤害自身的危险情形的，经其监护人同意，医疗机构应当对患者实施住院治疗；监护人不同意的，医疗机构不得对患者实施住院治疗，监护人应当对在家居住的患者做好看护管理。

四、精神障碍的康复

（一）精神障碍康复的概念

精神障碍康复是指对有身心疾病的患者，尽可能利用药物、社会、职业、经济和教育的方法使残疾的风险减少到最低限度。康复是精神障碍患者最终摆脱疾病，走向健康的重要环节。精神障碍的康复工作应当以社区康复为基础，以康复机构为骨干，以家庭为依托。

（二）相关机构和单位的义务

1. 社区康复机构的义务　　社区康复属于社区发展范畴的一项战略性计划，其目的是促进所有残疾人得到康复，享受均等的机会，成为社会的一员。《精神卫生法》规定，社区康复机构应当为需要康复的精神障碍患者提供场所和条件，对患者进行生活自理能力和社会适应能力等方面的康复训练。

2. 医疗机构的义务　　医疗机构应当为在家居住的严重精神障碍患者提供精神科基本药物维持治疗，

并为社区康复机构提供有关精神障碍康复的技术指导和支持。

社区卫生服务机构、乡镇卫生院、村卫生室应当建立严重精神障碍患者的健康档案，对在家居住的严重精神障碍患者进行定期随访，指导患者服药和开展康复训练，并对患者的监护人进行精神卫生知识和看护知识的培训。县级人民政府卫生行政部门应当为社区卫生服务机构、乡镇卫生院、村卫生室开展上述工作给予指导和培训。

3. 村民委员会、居民委员会的义务　村民委员会、居民委员会应当为生活困难的精神障碍患者家庭提供帮助，并向所在地乡镇人民政府或者街道办事处以及县级人民政府有关部门反映患者及其家庭的情况和要求，帮助其解决实际困难，为患者融入社会创造条件。

4. 残疾人组织或者残疾人康复机构的义务　残疾人组织或者残疾人康复机构应当根据精神障碍患者康复的需要，组织患者参加康复活动。

5. 用人单位的义务　用人单位应当根据精神障碍患者的实际情况，安排患者从事力所能及的工作，保障患者享有同等待遇，安排患者参加必要的职业技能培训，提高患者的就业能力，为患者创造适宜的工作环境，对患者在工作中取得的成绩予以鼓励。

（三）精神障碍患者监护人的责任

精神障碍患者的监护人应当协助患者进行生活自理能力和社会适应能力等方面的康复训练。精神障碍患者的监护人在看护患者过程中需要技术指导的，社区卫生服务机构或者乡镇卫生院、村卫生室、社区康复机构应当提供。

五、法律责任

（一）擅自从事精神障碍诊断、治疗的法律责任

不符合《精神卫生法》规定条件的医疗机构擅自从事精神障碍诊断、治疗的，由县级以上人民政府卫生行政部门责令停止相关诊疗活动，给予警告，并处罚款，有违法所得的，没收违法所得；对直接负责的主管人员和其他直接责任人员依法给予或者责令给予降低岗位等级或者撤职、开除的处分；对有关医务人员，吊销其执业证书。

> 🔒 **考点提示**　擅自从事精神障碍诊断、治疗的法律责任

（二）医疗机构及其工作人员的法律责任

1. 医疗机构及其工作人员有下列行为之一的，由县级以上人民政府卫生行政部门责令改正，给予警告；情节严重的，对直接负责的主管人员和其他直接责任人员依法给予或者责令给予降低岗位等级或者撤职、开除的处分，并可以责令有关医务人员暂停 1 个月以上 6 个月以下执业活动：①拒绝对送诊的疑似精神障碍患者作出诊断的；②对依照规定实施住院治疗的患者未及时进行检查评估或者未根据评估结果作出处理的。

2. 医疗机构及其工作人员有下列行为之一的，由县级以上人民政府卫生行政部门责令改正，对直接负责的主管人员和其他直接责任人员依法给予或者责令给予降低岗位等级或者撤职的处分；对有关医务人员，暂停 6 个月以上 1 年以下执业活动；情节严重的，给予或者责令给予开除的处分，并吊销有关医务人员的执业证书：①违反规定实施约束、隔离等保护性医疗措施的；②违反规定强迫精神障碍患者劳动的；③违反规定对精神障碍患者实施外科手术或者实验性临床医疗的；④违反规定侵害精神障碍患者的通信和会见探访者等权利的；⑤违反精神障碍诊断标准，将非精神障碍患者诊断为精神障碍患者的。

（三）心理咨询、心理治疗人员的法律责任

心理咨询人员有下列情形之一的，由县级以上人民政府卫生行政部门、工商行政管理部门依据各自职责责令改正，给予警告，并处罚款，有违法所得的，没收违法所得；造成严重后果的，责令暂停 6 个月以上 1 年以下执业活动，直至吊销执业证书或者营业执照：①心理咨询人员从事心理治疗或者精神障碍的诊断、治疗的；②从事心理治疗的人员在医疗机构以外开展心理治疗活动的；③专门从事心理治疗的人员从事精神障碍的诊断的；④专门从事心理治疗的人员为精神障碍患者开具处方或者提供外科治疗的。

心理咨询人员、专门从事心理治疗的人员在心理咨询、心理治疗活动中造成他人人身、财产或者其他损害的，依法承担民事责任。

（四）卫生行政部门和其他有关部门的法律责任

县级以上人民政府卫生行政部门和其他有关部门未依照《精神卫生法》规定履行精神卫生工作职责，或者滥用职权、玩忽职守、徇私舞弊的，由本级人民政府或者上一级人民政府有关部门责令改正，通报批评，对直接负责的主管人员和其他直接责任人员依法给予警告、记过或者记大过的处分；造成严重后果的，给予降级、撤职或者开除的处分。

任务 14.3　国境卫生检疫法律制度

【问题思考】

国境卫生检疫法律制度立法的重要意义是什么？

【任务分配】

通过问题思考、讨论等实践活动，引导学生掌握国境卫生检疫法律制度的内容、应急及处理。

【知识内容】

国境卫生检疫是在中华人民共和国国际通航的港口、机场以及陆地边境和国界江河的口岸，设立国境卫生检疫机关，依照法律规定实施的传染病检疫、监测和卫生监督。国境卫生检疫法律制度包括出入境人员检疫、海港检疫、航空器检疫、陆地边境检疫、出入境物品检疫制度，检疫传染病病人管理制度，国境口岸突发公共卫生事件出入境检验检疫应急处理制度，传染病监测、卫生监督和卫生处理制度等，为防止传染病由国外传入或者由国内传出，保护人民健康发挥了重要保障作用。

一、概述

（一）国境卫生检疫的概念

国境卫生检疫是指为防止传染病由国外传入或者由国内传出，通过设在国境口岸的卫生检疫机关，

依照国境卫生检疫的法律、法规，对出入境人员、交通工具、运输设备以及可能传播传染病的行李、货物、邮包等物品实施传染病检疫、监测和卫生监督的卫生行政执法行为。

根据入境、出境的方向，国境卫生检疫可分为入境检疫和出境检疫；根据实施检疫的国境口岸的地理特性，可分为海港检疫、航空检疫和陆地边境检疫。

（二）国境卫生检疫立法

中国的卫生检疫始于1873年。1989年经国务院批准，原卫生部发布了《中华人民共和国国境卫生检疫法实施细则》（以下简称《国境卫生检疫法实施细则》），自发布之日起施行。2010年、2016年国务院先后对《国境卫生检疫法实施细则》进行了两次修订。《中华人民共和国国境卫生检疫法》于1986年12月2日第六届全国人民代表大会常务委员会第十八次会议通过，并于2007年、2009年、2018年、2024年修订。

> **考点提示** 国境检疫概念及立法

二、国境卫生检疫

（一）出入境检疫

《国境卫生检疫法》规定，入境、出境的人员、交通工具、运输设备以及可能传播检疫传染病的行李、货物、邮包等物品及外包装，都应当接受检疫查验，经国境卫生检疫机关许可，方准入境或者出境。

1. 出入境人员检疫

（1）入境检疫 《国境卫生检疫法》规定，入境的人员，应当在最先到达的国境口岸的指定地点接受检疫。所谓指定地点，包括检疫锚地、允许航空器降落的停机坪和航空站、国际列车到达国境后第一个火车站的站台及江河口岸边境的通道口。

（2）出境检疫 国境卫生检疫机关应当阻止染疫人、染疫嫌疑人出境，但是对来自国外并且在到达时就地诊验的人，本人要求出境的，可以准许出境；如果乘交通工具出境，检疫医师应当将这种情况在出境检疫证上签注，同时通知交通工具负责人采取必要的预防措施。

海关还可以根据情况对有关进境出境人员实施下列检疫查验措施：①要求提供疫苗接种证明或者其他预防措施证明并进行核查；②进行流行病学调查、医学检查；③法律、行政法规规定的其他检疫查验措施。

进境的外国人拒绝接受《国境卫生检疫法》规定的检疫查验措施的，海关可以作出不准其进境的决定，并同时通知移民管理机构。

> **考点提示** 出入境人员检疫

2. 出入境交通工具检疫 《国境卫生检疫法》规定，入境的交通工具应当在最先到达的国境口岸的指定地点接受检疫，除引航员外，未经国境卫生检疫机关许可，任何人不准上下交通工具，不准装卸行李、货物、邮包等物品。

3. 出入境物品检疫 根据《国境卫生检疫法实施细则》规定，出入境的集装箱、货物、废旧物等，微生物、生物制品等特殊物品，以及行李、邮包等物品均需检疫。

4. 临时检疫 在国境口岸发现检疫传染病、疑似检疫传染病，或者有人非因意外伤害而死亡并死因不明的，国境口岸有关单位和交通工具的负责人，应当立即向国境卫生检疫机关报告，并申请临时检疫。

5. 边境接壤地区的来往检疫 中华人民共和国边防机关与邻国边防机关之间在边境地区的来往，居住在两国边境接壤地区的居民在边境指定地区的临时来往，双方的交通工具和人员的入境、出境检疫，依照双方协议办理，没有协议的，依照我国政府的有关规定办理。

（二）检疫传染病病人的管理

1. 检疫传染病　根据《国境卫生检疫法》，检疫传染病是指鼠疫、霍乱、黄热病以及国务院确定和公布的其他传染病。

2. 检疫传染病染疫人及染疫嫌疑人的管理　国家依法强化边境管控措施，严密防范非法入境行为导致的传染病输入风险。边境地区地方人民政府应当落实属地责任，通过组织建立巡防巡查机制、严格进出边境地区交通管控和人员管理等措施，阻断非法入境渠道。

 **考点提示**　检疫传染病病人的管理

（三）疫情通报

1. 疫情通报

（1）国境口岸的通报　在国境口岸以及停留在国境口岸的交通工具上，发现检疫传染病、疑似检疫传染病，或者有人非因意外伤害而死亡并死因不明时，国境口岸有关单位以及交通工具的负责人，应当立即向卫生检疫机关报告。

（2）卫生检疫机关的通报　卫生检疫机关发现检疫传染病、监测传染病、疑似检疫传染病时，应当向当地卫生行政部门和卫生防疫机构通报；发现检疫传染病时，还应当用最快的办法向国务院卫生行政部门报告。

当地卫生防疫机构发现检疫传染病、监测传染病时，应当向当地卫生检疫机关通报。

2. 疫区的宣布　《国境卫生检疫法实施细则》规定，在国内或者国外某地区发生检疫传染病流行时，国务院卫生行政部门可以宣布该地区为疫区。

（四）国境口岸突发公共卫生事件出入境检验检疫应急处理

1. 国境口岸突发公共卫生事件的含义　国境口岸突发公共卫生事件是指突然发生，造成或可能造成出入境人员和国境口岸公众健康严重损害的重大传染病疫情、群体性不明原因疾病、重大食物中毒以及其他严重影响公众健康的事件。包括：①发生鼠疫、霍乱、黄热病、肺炭疽、传染性非典型肺炎病例的；②乙类、丙类传染病较大规模的暴发、流行或多人死亡的；③发生罕见的或者国家已宣布消除的传染病等疫情的；④传染病菌种、毒种丢失的；⑤发生临床表现相似的但致病原因不明且有蔓延趋势或可能有蔓延趋势的群体性疾病的；⑥中毒人数10人以上或者中毒死亡的；⑦国内外发生突发事件，可能危及国境口岸的。

2. 应急处理

（1）紧急措施　突发公共卫生事件发生后，发生地检验检疫机构经上一级机构批准，应当对突发公共卫生事件现场采取下列紧急控制措施：①对现场进行临时控制，限制人员出入；②对疑为人畜共患的重要疾病疫情，禁止病人或者疑似病人与易感动物接触；③对现场有关人员进行医学观察，临时隔离留验；④对出入境交通工具、货物、集装箱、行李、邮包等采取限制措施，禁止移运；⑤封存可能导致突发事件发生或者蔓延的设备、材料、物品；⑥实施紧急卫生处理措施。

根据重大传染病疫情应急处置需要，经国务院决定，可以采取下列措施：对来自特定国家或者地区的人员实施采样检验；禁止特定货物、物品进境出境；指定进境出境口岸；暂时关闭有关口岸或者暂停有关口岸部分功能；暂时封锁有关国境；其他必要的应急处置措施。采取以上应急处置措施，应当事先公布。

（2）应急预案　检验检疫机构应当组织专家对突发公共卫生事件进行流行病学调查、现场监测、现

场勘验，确定危害程度，初步判断突发公共卫生事件的类型，提出启动国境口岸突发公共卫生事件出入境检验检疫应急预案的建议。

（3）应急物资　根据突发公共卫生事件应急处理的需要，国境口岸突发公共卫生事件出入境检验检疫应急处理指挥体系有权调集出入境检验检疫人员、储备物资、交通工具以及相关设施、设备；必要时，可以依照《国境卫生检疫法》的规定，提请国务院下令封锁有关的国境或者采取其他紧急措施。

（4）对传染病病人、疑似传染病病人及密切接触者的处理　出入境交通工具上发现传染病病人、疑似传染病病人，其负责人应当以最快的方式向当地口岸检验检疫机构报告。检验检疫机构接到报告后，应当立即组织有关人员采取相应的卫生检疫处置措施。对出入境交通工具上的传染病病人密切接触者，应当依法予以留验和医学观察；或依照卫生检疫法律、行政法规的规定，采取控制措施。

检验检疫机构应当对临时留验、隔离人员进行必要的检查检验，并按规定作详细记录；对需要移送的病人，应当按照有关规定将病人及时移交给有关部门或机构进行处理。

> **考点提示**　国境口岸突发公共卫生事件出入境检验检疫应急处理

三、传染病监测

（一）传染病监测对象

传染病监测是指对特定环境、特定人群进行流行病学、血清学、病原学、临床症状以及其他有关影响因素的调查研究，预测有关传染病的发生、发展和流行。监测传染病包括艾滋病、流行性出血热、登革热、疟疾、流行性感冒等。

《国境卫生检疫法》规定，国境卫生检疫机关对出入境人员实施传染病监测，并且采取必要的预防、控制措施。传染病监测对象是入境、出境的交通工具、人员、食品、饮用水和其他物品以及病媒昆虫、动物。

（二）传染病监测内容

传染病监测包括以下内容：①首发病例的个案调查；②暴发流行的流行病学调查；③传染源调查；④国境口岸内监测传染病的回顾性调查；⑤病原体的分离、鉴定，人群、有关动物血清学调查以及其他流行病学调查；⑥有关动物、病媒昆虫、食品、饮用水和环境因素的调查；⑦消毒、除鼠、除虫的效果观察与评价；⑧国境口岸以及国内外监测传染病疫情的收集、整理、分析和传递；⑨对监测对象开展健康检查和监测传染病病人、疑似病人、密切接触人员的管理。

> **考点提示**　传染病监测对象及内容

（三）传染病监测措施

1.禁止某些疾病患者入境　卫生检疫机关应当阻止患有严重精神病、传染性肺结核病或者有可能对公共卫生造成重大危害的其他传染病的外国人入境。

根据2010年国务院修订后的《国境卫生检疫法实施细则》和《中华人民共和国外国人入境出境管理法实施细则》规定，不再限制患有艾滋病、性病、麻风病的外国人入境。

2.出示健康证明　受入境、出境检疫的人员，必须根据检疫医师的要求，如实填报健康申明卡，出示某种有效的传染病预防接种证书、健康证明或者其他有关证件。

凡申请出境居住1年以上的中国籍人员，必须持有卫生检疫机关签发的健康证明。中国公民出境、入境管理机关凭卫生检疫机关签发的健康证明办理出境手续。凡在境外居住1年以上的中国籍人员，入境时必须向卫生检疫机关申报健康情况，并在入境以后 1 个月内到就近的卫生检疫机关或者县级以上的医院进行健康检查。公安机关依据健康证明办理有关手续。健康证明的副本应当寄送到原入境口岸的卫生检疫机关备案。

国际通行交通工具上的中国籍员工，应当持有卫生检疫机关或者县级以上医院出具的健康证明。健康证明的项目格式由国务院卫生行政部门统一规定，有效期为 12 个月。

3. 健康检查　健康检查是一项以物理检查与血清学检验相结合的检测制度，其目的在于鉴别霍乱、鼠疫和黄热病 3 种检疫传染病，以及检测包括艾滋病、性病在内的血清学指标，以便及时发现病情，采取有效的预防措施，防止传染病的传播和蔓延。根据规定，健康检查对象为下列人员：①国境口岸和进出境交通工具上从事饮食行业的人员；②经常进出国境的交通部门员工；③在境外居住 3 个月以上的回国中国公民和来华留学、工作、居住 1 年以上的外籍入境人员。

4. 签发就诊方便卡　对患有监测传染病的人、来自国外监测传染病流行区的人或者与监测传染病密切接触的人，国境卫生检疫机关可以根据流行病学和医学检查结果，区别情况，发给就诊方便卡，实施留验或者采取其他预防、控制措施，并及时通知当地卫生行政部门。

卫生检疫机关、医疗卫生单位遇到持有就诊方便卡的人员请求医学检查时，应当视同急诊优先给予医学检查和治疗；如发现其患有检疫传染病或者监测传染病，疑似检疫传染病或者监测传染病，应当立即实施必要的卫生措施，并且将情况报告当地卫生防疫机构和签发就诊方便卡的卫生检疫机关。

 **考点提示**　传染病监测措施

四、卫生监督和卫生处理

（一）卫生监督

国境卫生监督是指国境卫生检疫机关根据卫生法规和卫生标准对国境口岸和停泊在国境口岸的交通工具进行的卫生检查、卫生鉴定、卫生评价和采样检验等活动。

《国境卫生检疫法》规定，国境卫生检疫机关根据国家规定的卫生标准，对国境口岸的卫生状况和停留在国境口岸的入境、出境的交通工具的卫生状况实施卫生监督。

国境卫生监督内容包括：①监督和指导有关人员对啮齿动物、病媒昆虫的根除；②检查和检验食品、饮用水及其储存、供应、运输设施；③监督从事食品、饮用水供应的从业人员的健康状况，检查其健康证明书；④监督和检查垃圾、废物、污水、粪便、压舱水的处理。

（二）卫生处理

国境卫生处理是指国境卫生检疫机关实施的隔离、留验和就地诊验等医学措施，以及消毒和除鼠、除虫等卫生措施。《国境卫生检疫法实施细则》规定，入境、出境的集装箱、行李、货物、邮包等物品需要卫生处理的，由卫生检疫机关实施。

五、法律责任

进境出境人员不如实申报健康状况、相关信息或者拒绝接受检疫查验的，由海关责令改正，可以给予警告或者处以罚款。

 **考点提示**　卫生检疫的法律责任

其他法律法规制度	学习要点
内容	学校卫生、公共场所的卫生、生活饮用水、控制吸烟
方针	职业病防治工作方针、精神卫生工作方针
分级	精神卫生预防分级
法律责任	职业病防治法律制度、国境卫生检疫法律制度、职业卫生技术服务法律责任、职业病诊断的法律责任

重点笔记

直通考证

一、单项选择题

1.除了（　　），其余各项均属用人单位应履行的职业病防治治理措施。

A.制订职业病防治计划和施行方案

B.建立、健全职业卫生治理制度和操作规程

C.建立、健全劳动场所职业病损害因素监测及评价制度

D.只聘用临时工

2.《中华人民共和国职业病防治法》是（　　）年10月27日，经第九届全国人民代表大会常务委员会第二十四次会议审议通过的。

A.2002年　　　　　B.2004年　　　　　C.2001年　　　　　D.2009年

3.《中华人民共和国职业病防治法》于（　　）正式实施。

A.2001年10日27日　　　　　　　　B.2002年5月1日

C.2002年1月1日　　　　　　　　　D.2001年5月1日

4.对从事职业病危害作业的劳动者，用人单位应当（　　）。

A.根据本单位经济状况决定是否开展职业健康检查

B.按照国务院卫生行政部门的规定组织职业健康检查

C.根据单位领导研究决定是否开展职业健康检查

D.根据社会舆论决定是否开展职业健康检查

5.职业健康检查费用由（　　）承担。

A.劳动者　　　　　　　　　　B.用人单位

C.劳动和社会保障部门　　　　D.医疗机构

6.根据国家现行职业卫生监管工作分工，监督检查用人单位的职业健康监护情况，规范职业病的预防、保健以及职业病的检查和救治工作由（　　）负责。

　　　A.安全生产监管部门　　　　　　　　B.卫生行政部门

　　　C.人力资源和社会保障部门　　　　　D.工商管理部门

　　7.我国职业病防治工作的方针是（　　）。

　　　A.分类管理、综合治理　　　　　　　B.防治结合、综合治理

　　　C.预防为主、防治结合　　　　　　　D.宣传为主、治疗结合

　　8.连某因患严重的躁狂抑郁障碍，正在精神病专科医院住院治疗。因病情恶化，患者出现伤人毁物等行为，医院在没有其他可替代措施的情况下，对其实施了约束身体的措施，但实施后没有及时通知连某的监护人。连某的父亲作为监护人探视时，看到儿子被捆绑在病床上非常气愤。依照《精神卫生法》对患者连某实施约束行为的性质属于（　　）。

　　　A.治疗性措施　　　B.惩罚性措施　　　C.保护性医疗措施　　　D.诊断性措施

　　9.依据《精神卫生法》，给予吊销精神科医师执业证书处罚的情形是（　　）。

　　　A.未及时对有伤害自身危险的患者进行检查评估

　　　B.精神障碍患者对再次诊断结论有异议

　　　C.故意将非精神障碍患者诊断为精神障碍患者

　　　D.对实施住院治疗的患者未根据评估结果作出处理

　　10.精神卫生工作的方针和原则是（　　）。

　　　A.预防为主，坚持预防、治疗和康复相结合

　　　B.治疗为主，坚持预防和康复相结合

　　　C.康复为主，坚持预防和治疗相结合

　　　D.治疗为主，坚持预防和治疗相结合

二、思考题

1.何谓职业病？我国的职业病有多少种类？

2.承担职业病诊断的医疗卫生机构应当具备哪些条件？

3.《职业病诊断与鉴定管理办法》对职业病诊断机构的职责有何规定？

4.职业病的诊断应当综合分析哪些因素？

5.擅自从事职业卫生技术服务和职业病诊断的法律责任有哪些？

6.精神卫生预防如何分级？

7.如何保护精神障碍患者权益？

8.开展精神障碍诊断、治疗活动的条件有哪些？

9.擅自从事精神障碍诊断、治疗的法律责任有哪些？

三、案例讨论题

　　案例1　2019年5月，卫生监督执法人员对某机械制造公司进行检查，发现该公司存在职业病目录所列的职业病危害因素，但未按照规定及时、如实向卫生行政部门申报产生职业病危害的项目。

　　案例2　2020年7月，卫生监督执法人员对某加油站进行现场检查，发现该加油站已为加油工全部进行了体检，但是该体检只是一般健康体检，项目少，针对性不强，并没有组织安排职业健康检查。

　　案例3　2019年11月，卫生监督执法人员在"A区职业健康管理信息系统"内发现职业病风险预警信息，提示浙江某有限公司A区分公司出现风险预警，预警内容为"职业健康检查发现疑似职业病病例1例及以上"。经进一步调查核实，该公司未按照规定报告疑似职业病。

　　【讨论】

　　上述3个案例分别违反了《中华人民共和国职业病防治法》哪项规定？如何处罚？

↘ 任务评价

评价维度	评价内容及要求	评价主体				平均分	测评总分
		学生本人	组员间	组长	任课教师/临床导师		
素质考核（30分）	职业素质：清理用物，整理场地，责任意识（10分）						
	创新精神：探索新知、勇于质疑、敢于承担的表现（10分）						
	团队合作：大局观、与人合作互助的表现（10分）						
知识考核（30分）	在线资源学习进度成绩（5分）						
	思维导图成绩（5分）						
	课中线上成绩（10分）						
	课后线上测试成绩（10分）						
能力考核（40分）	理论联系实际（12分）						
	归纳和总结、学以致用能力（4分）						
	临床思维能力（案例分析）（8分）						
	课后调查报告（8分）						
	互动沟通能力（8分）						

项目 15
医疗技术临床应用法律制度

▶▶▶

项目 15 课件

学习目标

1. 知识目标：掌握医疗技术临床应用中的相关概念、涉及的法律问题及规定；熟悉人体器官捐献和移植中基本原则、人类辅助生殖技术的基本形式、放射诊疗许可条件、药物临床试验的分期；了解我国与人类辅助生殖技术相关的立法、器官移植和药物临床试验的历史发展及现状以及放射诊疗建设项目的管理。

2. 能力目标：能够运用基本理论分析、解决实践中存在的法律法规问题；能够运用卫生法律法规相关的知识改善、处理医患人际关系；能够在职业活动中使用法律保护医疗对象和自身权益。

3. 素质目标：具有勤奋学习的态度，严谨求实的工作作风；具有博大爱心和高度责任感；具有科学的思辨能力；具有良好的口头表达能力、人际沟通能力。

任务 15.1　人类辅助生殖技术法律制度

案例导学

人类辅助生殖

2009 年，王某和丈夫结婚，婚后一直未孕，经检查发现王某属于先天性双输卵管不通，所以夫妻俩准备做"试管婴儿"。为此，几年来，夫妻俩认真工作，省吃俭用，努力存钱，准备接受此手术。2014 年 2 月，夫妻俩在医院接受了"试管婴儿"手术。然而，第一次移入子宫的胚胎没有成功着床，生育孩子的愿望落空了。但是王某和丈夫没有气馁，准备到六七月份用上次多余的冷冻胚胎再做一次尝试。

不料，2014 年 5 月，她的丈夫突遭车祸身亡，悲痛至极的王某想用留下的"冷冻胚胎"继续怀胎生子。

讨论：

王某可以使用冷冻胚胎完成试管婴儿手术吗？

人类辅助生殖技术的形式有哪些?

通过问题思考、讨论等实践活动,引导学生掌握人类辅助生殖技术法律规定。

近几十年来,随着科学技术的高速发展,生命科学技术在各个领域得到了广泛的应用,其中以 20 世纪发展起来的人类辅助生殖技术尤为突出。随着现代社会的快速发展,伴随着生态环境破坏、生活节奏加快、生活压力加大等一系列连锁反应的出现,人类遗传基因的变异、疾病的滋生趋势也愈演愈烈。这些年来,不孕症的患病率逐年攀高,俨然成为世界性的突出问题。

人类辅助生殖技术的开发与应用不仅有效地解决了不孕不育难题,也为医学基础研究与临床应用研究起到了极大的推进作用。

2021 年 1 月 1 日,《中华人民共和国民法典》正式实施,之前的 9 部法律同时被废止。中国人在特殊时刻有了《中华人民共和国民法典》,将给我国带来重大改变,标志着中国终于迎来了民法典时代。《中华人民共和国民法典》是中华人民共和国成立以来第一部以法典命名的法律,其各编依次为总则、物权、合同、人格权、婚姻家庭、继承、侵权责任及附则,共计 1260 条。从胎儿到坟墓,《中华人民共和国民法典》保护着中国人生老病死的各个阶段,涵盖社会生活的各个方面,保护的权益范围相较于之前的单行法更加广泛。

在《中华人民共和国民法典》婚姻家庭编的解释(一)中,对特殊的亲子关系作了法律规制。在夫妻双方一致同意进行人工授精时,所生子女应视为婚生子女,父母子女间的权利义务关系适用民法典的有关规定。

一、人类辅助生殖技术的概念及基本形式

(一)人类辅助生殖技术的概念

人类辅助生殖技术是与自然生殖过程相对而言的。人类的自然生殖过程是由男女通过性交,在女性输卵管中受精、受精卵自然植入子宫内并成功着床、妊娠分娩等步骤组成的。我国原卫生部颁布的《人类辅助生殖技术管理办法》中规定,人工辅助生殖技术是"运用医学技术和方法对配子、合子、胚胎进行人工操作,以达到受孕目的的技术,分为人工授精和体外授精 – 胚胎移植技术及其各种衍生技术"。

(二)人类辅助生殖技术的基本形式

当前,人类辅助生殖技术主要分为三类:人工授精(Artificial Insemination,AI)、体外授精 – 胚胎移植(In Vitro Fertilization,IVF)与无性生殖 / 克隆(Cloning)。

1.人工授精　人工授精(AI)不是通过男女正常性交的方式达成母体受孕的目的的,而是使用人工方法将男性精液注入女性体内以取代性交途径使其妊娠的一种方法。可以说它是以人工技术干预、操纵了自然生殖过程,其成功率取决于精液的质量和对授精时间的把握是否得当。

2.体外授精 – 胚胎移植　体外授精 – 胚胎移植(IVF)是指从女性体内取出卵子,在器皿内培养后,加入经技术处理的精子,待卵子受精后,继续培养,到形成早期胚胎时,再转移到子宫内着床,发育成胎儿直至分娩的技术。

因为受精过程通常在试管中进行,所以经体外授精 – 胚胎移植(IVF-ET)技术出生的婴儿,通常称为"试管婴儿"。

1978 年 9 月,"试管婴儿之父"罗伯特·爱德华兹(Robert Edwards)与帕特里克·斯特普托(Patrick

Steptoe）医生使用体外授精－胚胎移植技术，在英国成功诞生了世界首位试管婴儿路易斯·布朗（Louise Brown），这意味着体外授精－胚胎移植技术为人类在胚胎学上翻开了崭新的一页，具有划时代的意义。此后该技术在全世界范围得到推广。现在，由体外授精－胚胎移植技术衍生的技术有合子输卵管内移植（AIFR）、阴道内培养（IVC）、细胞质内精子注射（ICSI）、配子输卵管内移植等。

3. 无性生殖 / 克隆（Cloning） 人工授精和体外授精这两种生殖技术均限于有性生殖，二者在授精方式、授精地点、授精环境和胚胎移植方面有差别，都是用人工手段代替了自然程序。而无性生殖 / 克隆是指生物体通过自身体细胞进行无性繁殖，以及利用生物技术通过无性繁殖方式产生出与原个体的遗传性状完全相同的生命物质或生命体的过程。因此，克隆也称为复制。

现代人类辅助生殖技术把过去不可想象的事变成现实，以辅助生育技术代替自然生殖过程，表明人类在崇高的生殖机能面前实现了能动的技术干预，打破了传统的生殖观念。但是，人类辅助生殖技术在广泛应用于解决不孕症夫妇的生育问题的同时，其所涉及的伦理道德问题也引起了社会公众的高度重视。这就要求从事该专业的研究人员及其有关人员包括医学、社会学、法学界的各类人员，提高对生命伦理道德的重视，做到以生命之重为基本，努力探索，逐渐形成符合我国国情的操作规范，并通过一系列法律的规制，确保人类辅助生殖技术能够真正造福于人类社会。

> 🔔 **考点提示** 人类辅助生殖技术的概念及基本形式

二、我国人类辅助生殖技术相关的立法

（一）我国人工生殖技术立法概述

我国 1983 年使用冷冻精液人工授精成功，1988 年首例试管婴儿诞生。此后，各类辅助生殖技术得以快速发展，技术水平逐步提高，服务能力不断增强，为数以万计的不孕不育夫妇带来福音，为家庭幸福与社会和谐作出了重要贡献。

辅助生殖技术属于限制性应用的特殊临床诊疗技术，其应用除医学问题外，还涉及社会、伦理、法律等的诸多问题。加强辅助生殖技术管理，对保障生殖健康和后代安全、提高出生人口素质具有重要的意义。

2001 年，原卫生部印发了《人类辅助生殖技术管理办法》和《人类精子库管理办法》，2003 年颁布了《人类辅助生殖技术规范（修订版）》《人类精子库基本标准和技术规范（修订版）》《人类辅助生殖技术和人类精子库伦理原则（修订版）》《人类辅助生殖技术与人类精子库评审、审核和审批管理程序》，对加强人类辅助生殖技术管理，促进辅助生殖技术规范、有序应用发挥了重要作用。

（二）我国人类辅助生殖技术的应用原则

（1）人类辅助生殖技术的应用应当在医疗机构进行，以医疗为目的，并符合国家计划生育政策、伦理原则和有关法律规定。禁止以任何形式买卖配子、合子、胚胎。医疗机构和医务人员不得实施任何形式的代孕技术。

（2）人工生殖技术必须在经过批准开展此项技术并进行登记的医疗机构中实施，未经卫生行政部门批准，任何单位和个人不得实施人工生殖技术。

（3）实施人类辅助生殖技术应当符合原卫生部制定的《人类辅助生殖技术规范》的规定。

（4）实施人类辅助生殖技术应当遵循知情同意原则，并签署知情同意书。涉及伦理问题的，应当提交医学伦理委员会讨论。

（5）实施供精、人工授精和体外授精－胚胎移植技术及其各种衍生技术的医疗机构，应当与原卫生部批准的人类精子库签订供精协议。严禁私自采精。医疗机构在实施人类辅助生殖技术时应当索取精子检验合格证明。

（6）实施人工生殖技术的医疗机构应当为当事人保密，不得泄露有关信息。

（7）实施人类辅助生殖技术的医疗机构不得进行性别选择。法律法规另有规定的除外。

（8）实施人类辅助生殖技术的医疗机构应当建立健全技术档案管理制度。供精人工授精医疗行为方面的医疗技术档案和法律文书应当永久保存。

> **考点提示** 我国人类辅助生殖技术相关的立法及应用原则

三、我国人类辅助生殖技术的相关法律问题

（一）人工授精的法律问题

我国法律对"婚生子女"这一概念并未作出明确的解释，但对于"非婚生子女"，《婚姻法》第二十五条条文注释中对其进行了定义：非婚生子女，即无婚姻关系的男女所生育的子女。反推之，婚生子女是指在婚姻关系存续期间夫妻双方所生子女。随着生育技术的发展，人工授精的出现，子女法律地位的问题就变得比较复杂了。

人工授精包括同源人工授精与异源人工授精，夫精人工授精生育子女的精、卵分别来自夫妻，因而无论在遗传学上还是社会学上都与自然生殖的孩子没有本质区别，法律地位也是相同的，因此所生子女为婚生子女，享有与其他婚生子女同样的权利与义务。

这里，主要探讨供精人工授精的法律问题。供精人工授精是指由丈夫以外的第三人提供的精子与妻子的卵子结合形成受精卵，在这种情况下，生育的子女是否属于婚生子女？我国最高人民法院曾发布解释"在夫妻关系存续期间，双方一致同意进行人工授精的，所生子女应视为夫妻双方的婚生子女"。这说明在夫妻关系存续期间，夫妻双方一致同意进行人工授精所生的子女，丈夫没有否认权。

如果在双方签署了同意书之后，妻子实施了供精授术并怀孕后，丈夫反悔了是否有效呢？供精人工授精必须要到具备相应资质的医疗机构进行才可以，而且必须经过夫妻双方的同意。此时，丈夫作出同意的真实意思表示意味着已成立一种民事法律行为，应当受到约束，在妻子受孕成功后不得撤销，而且人工受孕跟自然受孕一样，同样受到法律的保护，作为母亲，享有生育权。

对于供精者是孩子遗传学上的父亲，其是否享有父亲的权利这一问题，世界上多数国家是否认供精者的父亲权利的。基于精子捐献者的公益目的，捐精者捐献精子大多出于帮助不孕人群的公益目的而非繁衍后代并承担法律责任，旨在帮助有生育障碍的人实现为人父母的愿望。基于精子捐献者的公益目的与利益需求以及有利于子女健康成长的双重考量，供精人工授精的实施过程要求遵循互盲原则，这样可以避免子女与精子捐献者之间因遗传物质造成伦理与生活甚至法律上的困扰。

（二）体外授精-胚胎移植的法律问题

原卫生部颁布的《人类辅助生殖技术管理办法》和《人类辅助生殖技术规范》明确规定，禁止以任何形式买卖配子、合子、胚胎，禁止医疗机构及其医务人员实施代孕技术。此外，《人类辅助生殖技术规范》还对实施试管授精技术的资质予以严格限定，不得以生殖目的对胚胎进行基因操作，不允许捐赠胚胎。实质上，上述规定已客观上否认了胚胎是一般的物的观点。但与此同时，《人类辅助生殖技术规范》允许减胎，明确把"严格遵守国家人口和计划生育法律法规"作为技术人员的一项行为准则。2020 年 12 月 30 日，《最高人民法院关于适用〈中华人民共和国民法典〉婚姻家庭编的解释（一）》规定，婚姻关系存续期间，夫妻双方一致同意进行人工授精，所生子女应视为婚生子女，父母子女间的权利义务关系适用民法典的有关规定。这一规定无疑为解决有关人工授精家庭的问题提供了法律上的依据，填补了立法上的空白。

（三）代孕母亲及其法律问题

伴随着科技的不断进步、医疗水平的快速发展，代孕技术应运而生。代孕原是一个专业医学概念，

是指运用现代医疗技术，让女性使用自己的卵子或者捐献者的配子经过人工授精之后妊娠，或者将他人的受精卵植入自己的子宫，将成功分娩的子女交给他人养育的一种行为。以代孕子女与代孕母亲之间是否具有血缘关系为依据，可分为完全代孕、捐胚型代孕和局部代孕。完全代孕又称"妊娠型代孕"（Full Surrogacy），是指将委托夫妇中丈夫的精子与妻子的卵子或者其中一方的卵子、精子与捐献的精子、卵子通过人工授精方式结合，再将受精卵移植入代孕母亲子宫而使其怀孕生子；捐胚型代孕又称"捐精捐卵代孕"（Donated Embryos Surrogacy），是指将他方捐献的精子与捐献的卵子结合形成受精卵，后移植入代孕母亲子宫而使其怀孕生子；局部代孕又称"基因型代孕"（Genetic Surrogacy），是指将委托方丈夫的精子或者捐献的精子与代孕母亲的卵子相结合，并使代孕母亲怀孕生子。代孕的初衷是为了帮助丧失生育能力的人群，为他们实现生儿育女的愿望，但是目前，代孕女性大部分是出于生育后可以获得不菲报酬的原因。这种将生育商业化的行为，使婴儿成为随意买卖的商品，而代孕母亲也成为生育的机器，将子宫变为一种获取利益的工具，这无疑践踏了生命与生育的尊严，违背了人类的传统伦理道德，势必会对现代婚姻家庭的稳定性造成不小的冲击。

我国政府对于任何形式的代孕都是绝对禁止的。

2003 年，原卫生部颁布了《人类辅助生殖技术规范》，其中也明确规定了禁止代孕技术的实施。

考点提示 我国人类辅助生殖技术相关法律问题

任务 15.2　器官移植法律制度

案例导学

器官移植

2011 年 2 月 11 日，患者胡某在网上发布有关在临汾 A 医院被黑中介摘除肾的消息，引发了媒体高度关注。山西省卫生厅立即与患者胡某联系，根据其提供的线索，要求临汾市卫生局立即对新线索展开调查。临汾市卫生局在胡某现打工所在地广州市番禺区卫生局、番禺区卫生监督所的协助下，对其进行了询问，并对胡某手术切口进行了查验及超声诊断。协查结果证实胡某所述不虚。2 月 15 日，临汾市卫生局对临汾 A 医院作出了立即停业整顿的决定。患者胡某在临汾市卫生局协调下到临汾市公安局直属分局报案，公安部门介入侦查。事件发生后，山西省卫生厅已将临汾 A 医院从事非法器官移植活动有关情况报告至卫生部，临汾市卫生局现已收回临汾 A 医院《医疗机构执业许可证》和医院总护士长曲某的《护士执业证书》。

↘【问题思考】

器官移植的历史发展是怎样的？

↘【任务分配】

通过问题思考、讨论等实践活动，引导学生掌握器官移植法律制度规定。

↘【知识内容】

人体器官移植是伴随科学技术的不断发展出现的新的医疗技术，它改变了相对传统的医学治疗方式，为患者生命的延续提供了新的途径。随着人体器官移植技术的不断发展，可移植的人体器官的范围也不断扩大，接受人体器官移植的人数逐年增加，人体器官移植的存活率也有很大的提升。目前，人体器官移植手术已经逐渐发展成为一种高科技的常规手术。

一、器官移植的概念

人体器官是指多细胞生物体所具备的、由不同组织以特定形式构成的、表现出特定生理机能的、形态相对固定的人体结构单位。从医学角度讲，人体器官是指人体中具有某些生物学工作能力的结构单位，并且这种结构单位是由不同的细胞和组织所组成的，这种结构单位的存在形式可以是以单独的形式存在或者是与其他具有共同功能的结构单位共同组成的形式存在。

人体器官移植是指摘取人体器官捐献人具有特定功能的心脏、肺脏、肝脏、肾脏或者胰腺等器官的全部或者部分，将其植入接受人身体以代替其病损器官的过程。被摘除器官的身体称为供体，接受器官移植的身体称为受体。

二、器官移植的分类

根据不同的区分标准，器官移植可分为不同的类型。

1. 根据移植的器官是否可以再生分类　器官移植可分为可再生器官移植和不可再生器官移植。前者如骨髓、血液、皮肤等移植；后者如肝脏、肾脏、心脏、胰脏等器官移植。

2. 根据供体与受体之间的关系分类　器官移植可分为自体移植与异体移植。所谓自体移植是指当移植器官的供体与受体是同一个体时进行的移植手术。目前，医学上采用这种方法主要是为了修复或重建人体的受损部分。患者只需采用自身器官进行手术治疗，无须从其他个体身上摘除器官。例如，断肢再植，治疗烧伤患者将该患者其他部位的正常皮膜移植到烧伤部位。这也是当前伦理争议最少的器官移植方法。

所谓异体移植是指将一个个体身上的器官移植到另外一个个体身上。异体移植的供体器官通常来自活人的自愿捐献或来自尸体。

3. 根据器官来源的物种不同分类　器官移植可分为同种移植与异种移植。所谓同种移植是指同一种属内不同个体间的移植。例如，人与人、鼠与鼠之间的移植。所谓异种移植是指供受体为不同种属间的移植。例如，将黑猩猩或狒狒的肾脏、肝脏、心脏等器官移植给患者。

综观以上各种不同类别的移植，自体移植的潜在风险最小。而异体、异种移植过程中，因受体对异体器官和组织可能产生较强排斥，故移植风险比较大，所带来的伦理问题也比较严峻。

> **考点提示**　器官移植的概念及分类

三、器官移植的历史发展

器官移植曾经一度是人类可望而不可及的古老梦想。早在公元前，就有人开始幻想将器官移植用于治疗疾病。先秦时期，中国的《列子》一书记载了公元前300年神医扁鹊为两个有心脏病的人施行换心术的故事。

尽管人类产生器官移植的想法由来已久，但从18世纪开始，才陆续有器官移植的尝试性实验出现，并都限于动物实验。

20世纪80年代以后，随着外科技术的不断改进，尤其是新一代免疫抑制剂的诞生，对世界器官移植的发展作出了贡献，它的应用使移植成功率大大提高，器官移植从此进入了一个全新时代。到了90年代，肝脏移植的成功率不断提升。

此后，肺移植、胰腺移植、心脏移植等技术都在积极地发展。自1987年美国医学家首次成功地同时移植了心脏和胰腺两个器官后，移植技术已由单器官向多器官联合移植发展。多器官移植的发展，有可能促使器官移植向全身移植的方向发展。

四、中国器官移植发展现状

我国的器官移植起步晚，但发展较快。我国最早的器官移植手术发生于1960年，由著名泌尿外科专家吴阶平教授完成，这是我国首例尸体供肾的肾移植手术。在经历了20世纪六七十年代相对迟缓的器官移植临床应用发展期后，到了80年代，我国器官移植技术的发展驶入了快车道，相继开展了包括肝脏、肾脏、脾脏、骨髓、睾丸等器官的移植。至今，共涉及不少于28种器官的移植，几乎与人体各大系统中大部分主要器官的疾病都有关系，是器官移植技术在器官应用种类上最广泛的国家之一，有些项目甚至达到了国际先进水平。

（一）器官捐献现状

在医疗事业的发展进程中，人体器官移植技术是一项重大发现，它能为患者驱除病魔，缓解痛苦，将完好的器官注入人体延续生命，给人以新的希望。2023年12月14日，《人体器官捐献和移植条例》发布，自2024年5月1日起施行，《人体器官移植条例》同时废止。

《人体器官捐献和移植条例》进一步凸显了器官捐献的重要性。坚持自愿、无偿原则，依据民法典完善器官捐献的条件和程序，强化对器官捐献的褒扬和引导，加强宣传，组织开展遗体器官捐献人缅怀纪念活动，培育有利于器官捐献的社会风尚。完善器官获取和分配制度，实行全流程管理；加强器官移植技术应用管理，保障医疗质量；此外，还完善了法律责任有关规定，加大处罚力度，严厉打击器官捐献和移植领域的违法行为。从2015年起停止使用死囚器官，并全面开展公民逝世后器官捐献相关工作。

中国器官捐献事业也逐步得到国际移植界的支持与认可，并在2015年底召开的全球器官捐献移植大会上，理事会全票通过决议同意中国正式加入国际器官移植大家庭，结束了中国移植界长期受排斥和孤立的历史。

目前，国内器官捐献主要分为三类：①Ⅰ类（脑死亡器官捐献）：指脑死亡供体，经过临床判断、脑电图检查、正中神经体感诱发电位等，符合国内最新脑死亡标准，并由具有脑死亡判定资质的专家对供者进行明确的"脑死亡"判定；②Ⅱ类（心脏死亡器官捐献）：分为不可控性类型和可控性的心脏死亡后捐献；③Ⅲ类（脑心双死亡后器官捐献）：与Maastricht国际会议标准的Ⅳ类相似，属可控制类型，符合脑死亡诊断标准，对于此类供者，应按心脏死亡器官捐献程序施行捐献。目前，在积极推进脑死亡判定后的器官捐献方面，我国取得了较大进步，截至目前，全国已有几十家脑损伤质控评定医院，对脑死亡后器官捐献起着巨大的推进作用。

在器官获取与分配进行规范管理方面，《人体捐献器官获取与分配管理规定（试行）》从宏观层面对器官获取与分配进行了框架设计，有力地推动了我国人体器官捐献工作。2010年1月，原卫生部依据《人体器官移植条例》，委托中国红十字会开展人体器官捐献相关工作[《卫生部关于委托中国红十字会开展人体器官捐献有关工作的函》（卫医管函〔2010〕25号）]。之后，中国红十字会和国务院卫生行政部门出台了一系列人体器官捐献工作管理相关的政策文件。2010年3月，在全国10个省市联合启动人体器官捐献试点工作，同时启动了首期人体器官捐献协调员培训，开始在中国践行公民逝世后器官捐献工作。

自2010年至今，全国相继成立了人体器官获取组织（Organ Procurement Organization，OPO），OPO是指从事公民逝世后人体器官维护、获取、修复、保存和转运的医学专门组织或机构，由急危重症医学科、神经内外科及人体器官捐献协调员等相关技术人员组成。

随着人体器官捐献工作的不断推进，各地在加强OPO管理方面进行了很多有益探索，遵照《伊斯坦布尔宣言》和世界卫生组织（WHO）关于人体器官移植的相关指导原则，建立起一个符合我国国情的科学的、符合伦理规范的国家器官捐献与移植体系。对《人体捐献器官获取与分配管理规定（试行）》进

行修订后发布的《人体捐献器官获取与分配管理规定》，使得器官捐献事业有条不紊地进行。

（二）器官移植医院

总体来看，具有资质的医院分布相对集中，北京、广东、上海、浙江、湖北、山东等省市相对较多，西部地区偏少，有待进一步发展。

思政高地

中国骨髓移植之父——陆道培院士

陆道培院士的一生，围绕着血液病患者，创造了许多个"第一"。

1964 年，完成了中国首例同基因骨髓移植，也是亚洲首例，患者至今健在。1981 年，创建了北京大学血液病研究所，成功完成中国首例异基因骨髓移植，标志着我国造血干细胞移植事业的成熟。1984 年，在国内举办了第一届骨髓移植与白血病化疗学习班。

1991 年，第一次证明了大蒜素对抑制人类巨细胞病毒有效，在世界上首先报道胎盘免疫球蛋白对骨髓移植有效。同年，完成了我国首例 HLA 配型半相合的造血干细胞移植。1996 年，建立了我国首家脐带血库。2001 年，创建了血液病专科医院——道培医院，继续为白血病患者服务。2016 年，荣获国际血液和骨髓移植研究中心颁发的"杰出贡献与服务奖"，是目前唯一获此奖项的中国科学家。

五、器官移植的法律规定

微课：
器官移植法律规定

器官移植技术的应用为许多疾病的医治及现代生命科学的发展开辟了广阔前景，同时也带来了许多复杂的法律问题。

（一）器官供体的相关法律问题

1. 活体器官供体涉及的相关法律问题　《卫生部关于规范活体器官移植的若干规定》（卫医管发〔2009〕126 号）指出，医疗机构及其医务人员有违反下列情形之一的，由所在地省级卫生行政部门依照《中华人民共和国执业医师法》《医疗机构管理条例》《人体器官移植条例》的规定，对医疗机构及相关责任人予以处罚；涉嫌犯罪的，移交司法机关查处。活体器官捐献应当遵循自愿、无偿的原则。公民享有捐献或者不捐献其人体器官的权利，对已经表示捐献其人体器官的意愿，有权予以撤销，任何组织或者个人不得强迫、欺骗或者利诱他人捐献人体器官。捐献人体器官的公民应当年满 18 周岁且具有完全民事行为能力。活体器官捐献人与接受人之间的关系仅限于：①配偶：仅限于结婚 3 年以上或者婚后已育有子女的；②直系血亲或者三代以内旁系血亲；③因帮扶等形成亲情关系：仅限于养父母和养子女之间的关系、继父母与继子女之间的关系。摘取活体器官前必须严格按照本规定履行查验、评估、说明、确认义务，且必须经省级卫生行政部门及医疗机构伦理委员会审查同意。在完成活体器官摘取、移植手术后，负责活体器官移植的医务人员应当在 72 小时内向伦理委员会提交手术报告，包括活体器官摘取和移植简要过程、术中和术后是否发生不良事件或者并发症及处理措施等，并向相应的移植数据中心上报人体器官移植数据。任何人不得参与买卖活体器官或者从事与买卖活体器官有关的活动。

2. 遗体器官供体涉及的相关法律问题　目前，遗体器官仍然是器官移植手术中器官供体的主要来源，尸体器官的获取可分为两个类型：

（1）人体器官捐献应当遵循自愿、无偿的原则　我国《人体器官捐献和移植条例》规定：公民享有捐献或者不捐献其人体器官的权利；任何组织或者个人不得强迫、欺骗或者利诱他人捐献人体器官。

因此，我国捐献人体器官应遵守自愿、知情同意、无偿原则。

（2）推定同意　随着器官移植的普遍开展，自愿捐献的器官远远不能满足临床需要，许多国家实行了推定同意政策，以增加器官来源。即法律推定公民具有器官捐献的意愿，除非公民生前明确表示拒绝或公民逝世后其近亲属表示拒绝，否则法律规定的器官移植机构可以直接摘取逝世公民的器官。

（二）《人体器官捐献和移植条例》中提及的器官移植相关规定

人体器官移植应坚持人民至上、生命至上，遵循"自愿、无偿"的原则，任何组织或者个人不得强迫、欺骗或者利诱他人捐献人体器官，不得买卖人体器官。

医疗机构申请开展人体器官移植，应当向国务院卫生健康部门提出，并具备相应的管理人员、医务人员、设备、设施，设立伦理委员会，建立质量管理制度；经审查同意并办理人体器官移植诊疗科目登记后，方可开展相关活动。实施移植手术的执业医师应具备相应专业技术职务任职资格和临床工作经验，经培训并考核合格，由省级卫生健康部门认定。

获取遗体器官前，负责部门应向所在医疗机构的人体器官移植伦理委员会提出审查申请；经 2/3 以上委员同意后方可获取。需在捐献人死亡后进行，从事人体器官获取或移植的医务人员不得参与死亡判定，并须经人体器官捐献协调员见证。获取活体器官前，医疗机构也需经伦理委员会审查，向捐献人说明风险并签署知情同意书，查验相关证明材料，并确认不会损害捐献人其他正常生理功能。

遗体器官应通过国务院卫生健康部门建立的分配系统统一分配，遵循公平、公正和公开原则，符合医疗需要。患者配偶、直系血亲或三代以内旁系血亲曾捐献遗体器官的，在同等条件下优先排序。医疗机构应如实录入并及时更新相关医学数据，严格执行分配系统结果，禁止使用未经该系统分配或来源不明的器官。

从事人体器官移植的医疗机构实施人体器官移植手术时，不得收取所移植人体器官的费用。省级以上人民政府卫生健康部门应建立人体器官移植质量管理和控制制度，定期对医疗机构的人体器官移植技术临床应用能力进行评估。

（三）《人体器官捐献和移植条例》中提及的相关法律责任

自 2024 年 5 月 1 日起实施《人体器官捐献和移植条例》，在中华人民共和国境内从事人体器官移植均适用该条例。

国家健全行政执法与刑事司法衔接机制，依法查处人体器官捐献和移植中的违法犯罪行为。

任务 15.3　放射诊疗法律制度

↳【问题思考】

放射诊疗建设项目分类，医疗机构放射诊疗安全防护与质量保证的要求有哪些？

↳【任务分配】

通过问题思考、讨论等实践活动，引导学生掌握放射诊疗法律规定。

↳【知识内容】

一、放射诊疗的概念

放射诊疗是指使用放射性同位素、射线装置进行临床医学诊断、治疗和健康检查的活动。对于放射诊疗工作的管理，往往按照诊疗风险和技术的难易程度分为放射治疗、核医学、介入放射学、X 射线影像诊断。

二、放射诊疗建设项目

对于放射性职业病，控制其危害源头才能有效预防疾病的发生。而放射性职业病危害源头控制的关键环节正是放射诊疗建设项目职业病危害的控制和监督管理。放射诊疗建设项目包括新建、扩建、改建建设项目、技术改造和引进等，其分类管理是依照建设项目是否产生放射性职业病危害以及职业病危害程度采取不同的管理方式。《中华人民共和国职业病防治法》关于建设项目分类管理的对象，主要是建成开展工作后可能产生放射性职业病危害的建设项目。

《放射诊疗建设项目卫生审查管理规定》中指出：建设单位应当在可行性论证阶段和竣工验收前分别委托具备相应资质的放射卫生技术服务机构编制放射诊疗建设项目职业病危害放射防护预评价报告和职业病危害控制效果放射防护评价报告。立体定向放射治疗装置、质子治疗装置、重离子治疗装置、中子治疗装置、正电子发射计算机断层显像装置（PET）等建设项目的放射防护评价，应由取得甲级评价资质的放射卫生技术服务机构承担。放射诊疗建设项目职业病危害放射防护评价报告分为评价报告书和评价报告表。对放射性危害严重类的建设项目，应编制评价报告书。对放射性危害一般类的建设项目，则应编制评价报告表。同时具有不同放射性危害类别的建设项目，应当按照危害较为严重的类别编制评价报告书。

（一）放射诊疗建设项目分类

目前，放射诊疗建设项目按照可能产生的放射性危害程度与诊疗风险，依据《放射诊疗建设项目卫生审查管理规定》（卫监督发〔2012〕25号），分为危害严重类和危害一般两类。

1. 危害严重类　危害严重类的放射诊疗建设项目包括：立体定向放射治疗装置（γ刀、X刀等）、医用加速器、质子治疗装置、重离子治疗装置、钴-60治疗机、中子治疗装置与后装治疗机等放射治疗设施，正电子发射计算机断层显像装置（PET）与单光子发射计算机断层显像装置（SPECT）及使用放射性药物进行治疗的核医学设施。

2. 危害一般类　危害一般类是指放射性职业病危险性和危害后果轻微的建设项目。具体包括：医用诊断X射线机、X射线计算机断层摄影（CT）、数字减影装置（DSA）、数字化X射线摄影系统（DR）、计算机X射线摄影（CR）等建设项目。

> 🔵 **考点提示**　放射诊疗建设项目分类

（二）放射诊疗建设项目管理方式

卫生行政部门对不同放射性职业病危害程度的建设项目采取分类管理：对危害一般类的建设项目，按卫生行政许可的时限进行职业病放射防护设施竣工验收；对危害严重类的建设项目，按卫生行政许可的时限组织专家对控制效果评价报告进行评审，并进行职业病放射防护设施竣工验收。危害一般类的放射诊疗建设项目，职业病危害放射防护控制效果评价报告是否需要专家评审由省级卫生行政部门确定。

（三）放射诊疗建设项目竣工验收

放射诊疗建设项目竣工验收前，建设单位应委托有资质的放射卫生技术服务机构进行职业病危害控制效果评价，目的是从源头上控制和消除职业病危害因素，从而防止职业危害事故或职业病的发生，保护放射工作人员、受检者及患者的健康权益。

三、医疗机构放射诊疗

对医疗机构开展放射诊疗的准入与监管，是指各级政府卫生行政部门及综合监督执法机构依据相关法律、法规、规章等的规定，对从事放射诊疗工作的单位和个人依法履行法定义务的情况进行监督检查并查处违法行为的具体行政行为。依法开展放射诊疗和放射卫生防护工作是医疗机构落实国家卫生法律法规的法定义务，医疗机构和放射工作人员从事放射诊疗工作，必须知法、守法、遵法，依法开展放射诊疗活动，从而最大限度地降低辐射对人体健康的危害，确保医疗质量和安全。原卫生部2006年发布并实施了《放射诊疗许可证发放管理程序》，要求地方各级卫生行政部门结合本地区实际情况，参照该程序认真组织实施。

（一）放射诊疗许可依据

随着科学技术的不断发展，越来越多的放射诊疗设备在各大医院或诊疗机构安装使用，为了加强放射诊疗工作的管理，保证医疗质量和医疗安全，保障放射诊疗工作人员、患者和公众的健康权益，国家对开展放射诊疗工作的医疗机构实行放射诊疗许可制度，原卫生部于2006年制定了《放射诊疗管理规定》和《放射诊疗许可证发放管理程序》。

放射诊疗许可是卫生行政部门根据开展放射诊疗工作的医疗机构的申请，按照法律、法规、规章和卫生标准、规范进行审查，准予其开展放射诊疗工作的行政性管理行为。依据《中华人民共和国职业病防治法》《放射性同位素与射线装置安全和防护条例》《放射诊疗管理规定》，开展放射诊疗工作的医疗机构须向卫生行政部门申请办理放射诊疗许可，经相关部门审查合格取得《放射诊疗许可证》，才能开展该放射项目的诊疗工作，否则，属于违法行为，应停业整改。因此，《放射诊疗许可证》是医疗机构开展放射诊疗工作的必备条件。

《放射诊疗管理规定》第四条规定："医疗机构开展放射诊疗工作，应当具备与其开展的放射诊疗工作相适应的条件，经所在地县级以上地方卫生行政部门的放射诊疗技术和医用辐射机构许可。"

《放射性同位素与射线装置安全和防护条例》第三条规定："国务院生态环境主管部门对全国放射性同位素、射线装置的安全和防护工作实施统一监督管理。国务院公安、卫生等部门按照职责分工和本条例的规定，对有关放射性同位素、射线装置的安全和防护工作实施监督管理。县级以上地方人民政府生态环境主管部门和其他有关部门，按照职责分工和本条例的规定，对本行政区域内放射性同位素、射线装置的安全和防护工作实施监督管理。"第八条规定："生产、销售、使用放射性同位素和射线装置的单位，应当事先向有审批权的生态环境主管部门提出许可申请，并提交符合本条例第七条规定条件的证明材料。使用放射性同位素和射线装置进行放射诊疗的医疗卫生机构，还应当获得放射源诊疗技术和医用辐射机构许可。"

（二）放射诊疗许可条件

医疗机构要想申请开展放射诊疗工作，必须依据相关的法律、法规及规章制度，满足相应的基本要求、人员设置、设备配置和安全防护等条件，才能取得放射诊疗许可证。

1.医疗机构开展放射诊疗工作，应当具备以下基本条件：

（1）具有经核准登记的医学影像科诊疗科目；

（2）具有符合国家相关标准和规定的放射诊疗场所和配套设施；

（3）具有质量控制与安全防护专（兼）职管理人员和管理制度，并配备必要的防护用品和监测仪器；

（4）产生放射性废气、废液、固体废物的，具有确保放射性废气、废液、固体废物达标排放的处理能力或者可行的处理方案；

（5）具有放射事件应急处理预案。

2.医疗机构开展不同类别放射诊疗工作，应当分别具有下列人员：

（1）开展放射治疗工作的应当具有：①中级以上专业技术职务任职资格的放射肿瘤医师。②病理学、医学影像学专业技术人员。③大学本科以上学历或中级以上专业技术职务任职资格的医学物理人员。④放射治疗技师和维修人员。

（2）开展核医学工作的，应当具有：①中级以上专业技术职务任职资格的核医学医师。②病理学、医学影像学专业技术人员。③大学本科以上学历或中级以上专业技术职务任职资格的技术人员或核医学技师。

（3）开展介入放射学工作的，应当具有：①大学本科以上学历或中级以上专业技术职务任职资格的放射影像医师。②放射影像技师。③相关内、外科的专业技术人员。

（4）开展X射线影像诊断工作的，应当具有专业的放射影像医师。

3.医疗机构开展不同类别放射诊疗工作，应当分别具有下列设备：

（1）开展放射治疗工作的，至少有一台远距离放射治疗装置，并具有模拟定位设备和相应的治疗计划系统等设备；

（2）开展核医学工作的，具有核医学设备及其他相关设备；

（3）开展介入放射学工作的，具有带影像增强器的医用诊断X射线机、数字减影装置等设备；

（4）开展X射线影像诊断工作的，有医用诊断X射线机或CT机等设备。

4.医疗机构应当按照下列要求配备并使用安全防护装置、辐射检测仪器和个人防护用品：

（1）放射治疗场所应当按照相应标准设置多重安全联锁系统、剂量监测系统、影像监控、对讲装置和固定式剂量监测报警装置；配备放疗剂量仪、剂量扫描装置和个人剂量报警仪。

（2）开展核医学工作的，设有专门的放射性同位素分装、注射、储存场所，放射性废物屏蔽设备和存放场所；配备活度计、放射性表面污染监测仪。

（3）介入放射学与其他X射线影像诊断工作场所应当配备工作人员防护用品和受检者个人防护用品。

5.医疗机构应当对下列设备和场所设置醒目的警示标志：

（1）装有放射性同位素和放射性废物的设备、容器，设有电离辐射标志；

（2）放射性同位素和放射性废物储存场所，设有电离辐射警告标志及必要的文字说明；

（3）放射诊疗工作场所的入口处，设有电离辐射警告标志；

（4）放射诊疗工作场所应当按照有关标准的要求分为控制区、监督区，在控制区进出口及其他适当位置，设有电离辐射警告标志和工作指示灯。

（三）放射诊疗许可审批程序

《放射诊疗许可证发放管理程序》第七条规定，医疗机构按照所开展的放射诊疗工作类别向所在地卫生行政部门提出许可申请：

（1）使用X射线CT机、CR、DR、普通X射线机或牙科、乳腺X射线机等开展X射线影像诊断工作的医疗机构，向县级卫生行政部门提出申请。

（2）开展（1）所列放射诊断工作，同时开展介入放射诊疗工作的医疗机构，向设区的市级地方卫生行政部门提出申请。

（3）开展（1）（2）所列放射诊疗工作，同时使用γ刀、X刀、医用加速器、质子治疗装置、中子治疗装置、重离子治疗装置、钴-60机、后装治疗机、深部X射线机、敷贴治疗源、PET、SPECT、γ相机、γ骨密度仪、籽粒插植治疗源或放射性药物等开展放射治疗或核医学工作的医疗机构，向省级卫生行政部门提出申请。

（四）放射诊疗许可审批材料

材料审查是放射诊疗许可审批过程中的重要环节，也是现场审查的基础，因此，申请审批的材料一定要准备得全面、完整，项目内容准确、清楚，且符合相关的法律、法规、规章及标准等。

医疗机构申请放射诊疗许可，应当向地方卫生行政部门提交申请材料。申请材料主要包括：

（1）放射诊疗许可申请表（纸质和电子版）。法人医疗机构负责人是指法定代表人姓名；非法人的医疗机构负责人，则填写主要负责人姓名。

（2）《医疗机构执业许可证》（复印件）或《设置医疗机构批准书》（复印件）。放射诊疗许可申请表中的相关项目内容应与医疗机构执业许可证相对应。

（3）放射诊疗工作人员专业技术职务任职资格证书（复印件）。针对不同类别放射诊疗工作，对放射诊疗工作人员相应资质进行审查。

（4）放射诊疗设备清单（纸质和电子版）。核对清单中的设备具体信息与申请表中许可项目内容是否一致。

（5）属于配置许可管理的放射诊疗设备，尚需提交大型医用设备配置许可证明文件（复印件）。

（6）《放射工作卫生许可证》或《辐射安全许可证》（复印件）。

（7）本年度放射诊疗设备防护性能检测报告（复印件）。

（8）如果是《放射诊疗管理规定》实施后的新建、改建、扩建项目，需要提交放射诊疗建设项目竣工验收合格证明文件（复印件）。

（五）放射诊疗安全防护与质量保证

医疗机构应当配备专（兼）职的管理人员，负责放射诊疗工作的质量保证和安全防护。作为管理人员，不仅要组织制定并落实放射诊疗和放射防护管理制度，还要定期组织对放射诊疗工作场所、设备和人员进行放射防护检测、监测和检查。

放射诊断检查的原则和实施：医疗机构在实施放射诊断检查前应当对不同检查方法进行利弊分析，在保证诊断效果的前提下，优先采用对人体健康影响较小的诊断技术。实施检查时应当严格执行检查资料的登记、保存、提取和借阅制度，不得因资料管理、受检者转诊等原因使受检者接受不必要的重复照射；不得将核素显像检查和 X 射线胸部检查列入对婴幼儿及少年儿童体检的常规检查项目；对育龄妇女腹部或骨盆进行核素显像检查或 X 射线检查前，应问明是否怀孕；非特殊需要，对受孕后八至十五周的育龄妇女，不得进行下腹部放射影像检查；应当尽量以胸部 X 射线摄影代替胸部荧光透视检查；实施放射性药物给药和 X 射线照射操作时，应当禁止非受检者进入操作现场；因患者病情需要其他人员陪检时，应当对陪检者采取防护措施。

开展核医学诊疗的医疗机构，应当遵守相应的操作规范、规程，防止放射性同位素污染人体、设备、工作场所和环境；按照有关标准的规定对接受体内放射性药物诊治的患者进行控制，避免其他患者和公众受到超过允许水平的照射。

> 🔵 **考点提示**　医疗机构放射诊疗安全防护与质量保证

四、医疗机构的法律责任

医疗机构应当采取有效措施，保证放射防护、安全与放射诊疗质量符合有关规定、标准和规范的要求。同时，医疗机构还应当加强对本机构放射诊疗工作的管理。定期检查放射诊疗管理法律、法规、规章等制度的落实情况，以保证放射诊疗的医疗质量和医疗安全。

卫生行政部门及其工作人员违反规定，对不符合条件的医疗机构发放《放射诊疗许可证》的，或者不履行法定职责，造成放射事故的，对直接负责的主管人员和其他直接责任人员，依法给予行政处分；情节严重，构成犯罪的，依法追究刑事责任。

任务 15.4　临床试验法律制度

保护临床使用受试者权益是什么？

通过问题思考、讨论等实践活动，引导学生掌握临床试验法律规定。

药物临床试验阶段是药品上市前的验证环节，对于保证上市药品的安全性和有效性起着至关重要的把关作用，因此，药物临床试验是新药研发以及上市前一个必不可少的重要环节。在以人为对象的临床试验过程中，研究人员通过收集、整理和分析有关新药安全性、有效性的数据资料，为新药上市前的准入提供重要的评判依据。药物临床试验根据不同研究阶段可以分为Ⅰ、Ⅱ、Ⅲ、Ⅳ期。

一、临床试验及其相关术语的概念

《药物临床试验质量管理规范》指出，临床试验是指以人体（患者或健康受试者）为对象的试验，意在发现或验证某种试验药物的临床医学、药理学以及其他药效学作用、不良反应，或者试验药物的吸收、分布、代谢和排泄，以确定药物的疗效与安全性的系统性试验。

1. 研究者　指实施临床试验并对临床试验质量及受试者权益和安全负责的试验现场的负责人。

2. 申办者　指负责临床试验的发起、管理和提供临床试验经费的个人、组织或者机构。

3. 受试者　指参加一项临床试验，并作为试验用药品的接受者，不仅仅指患者，还包括健康的受试者。

4. 伦理委员会　指由医学、药学及其他背景人员组成的委员会，其职责是通过独立地审查、同意、跟踪审查试验方案及相关文件、获得和记录受试者知情同意所用的方法和材料等，确保受试者的权益、安全受到保护。

5. 弱势受试者　指维护自身意愿和权利的能力不足或者丧失的受试者，其自愿参加临床试验的意愿，有可能被试验的预期获益或者拒绝参加可能被报复而受到不正当影响。包括研究者的学生和下级、申办者的员工、军人、犯人、无药可救疾病的患者、处于危急状况的患者、入住福利院的人、流浪者、未成年人和无能力知情同意的人等。

6. 知情同意　指受试者被告知可影响其做出参加临床试验决定的各方面情况后，确认同意自愿参加临床试验的过程。该过程应当以书面的、签署姓名和日期的知情同意书作为文件证明。

7. 试验方案　指说明临床试验目的、设计、方法学、统计学考虑和组织实施的文件。试验方案通常还应当包括临床试验的背景和理论基础，该内容也可以在其他参考文件中给出。试验方案包括方案及其修订版。

8. 不良事件　指受试者接受试验用药品后出现的所有不良医学事件，可以表现为症状体征、疾病或者实验室检查异常，但不一定与试验用药品有因果关系。

9. 严重不良事件　指受试者接受试验用药品后出现死亡、危及生命、永久或者严重的残疾或者功能丧失、受试者需要住院治疗或者延长住院时间，以及先天性异常或者出生缺陷等不良医学事件。

10. 药物不良反应　指临床试验中发生的任何与试验用药品可能有关的对人体有害或者非期望的反

应。试验用药品与不良事件之间的因果关系至少有一个合理的可能性，即不能排除相关性。

11. 可疑且非预期严重不良反应　指临床表现的性质和严重程度超出了试验药物研究者手册、已上市药品的说明书或者产品特性摘要等已有资料信息的可疑并且非预期的严重不良反应。

12. 设盲　指临床试验中使一方或者多方不知道受试者治疗分配的程序。单盲一般指受试者不知道，双盲一般指受试者、研究者、监查员以及数据分析人员均不知道治疗分配。

二、我国药物临床试验发展历史及现状

经考证，《史记·三皇本纪》中"神农尝百草，始有医药"是我国最早关于临床试验的文字记载。神农氏亲自品尝百草，在自己身上试验观察药物疗效，被认为是中国药物试验的第一人。在数千年的中国历史发展过程中，也出现了不少以人为试验对象的临床试验，但他们都不是刻意组织的大规模的临床试验。中华人民共和国成立后，也发生了许多医务工作者为了医疗卫生事业，甘愿自己作为受试者参与试验的感人故事，如中国第一代医学病毒学家汤飞凡、诺贝尔奖获得者屠呦呦等。

随着我国医疗卫生事业的迅猛发展，对于药物临床试验相关法律法规建设的需求也越来越迫切。国家相关管理部门，通过借鉴国外先进的思想、理念和方法，结合我国的具体国情，逐步建立了具有中国特色的药物临床试验监督管理体系。

1978 年，国务院颁布了《药政管理条例》，对新药临床验证和审批作出了规定。1979 年，为了贯彻落实国务院的新规，原卫生部组织制定了《新药管理办法（试行）》，对新药的临床试验、申报、审批、生产等环节作出了系统说明。

1984 年 9 月 20 日，第六届全国人民代表大会常务委员会第七次会议通过了《中华人民共和国药品管理法》，该法对新药的管理作出了法制性规定。2001 年 2 月 28 日，第九届全国人民代表大会常务委员会第二十次会议第一次修订；2019 年 8 月 26 日，第十三届全国人民代表大会常务委员会第十二次会议第二次修订。

1999 年 9 月 1 日，原国家药品监督管理局颁布了《药物临床试验管理规范》（GCP），该规范指出，药物临床试验是药物在人体进行的安全性与疗效的评价。药物临床试验管理规范是临床试验全过程（包括方案设计、组织实施、监查、稽查、记录、分析、总结和报告）的标准规定。为保证药物临床试验结果科学可靠，保护受试者合法权益，药物临床试验应遵循 GCP 的原则，这是药物临床试验过程规范的重要保证。

2003 年 6 月 4 日，原国家食品药品监督管理局发布了《药物临床试验质量管理规范》（共 13 章，70 条），同年 9 月 1 日起施行。该规范是临床试验全过程的标准规定，包括方案设计、组织实施、监查、稽查、记录、分析总结和报告。

为进一步深化药品审评审批制度改革，鼓励创新，进一步推动我国药物临床试验规范研究和提升质量，2020 年国家药品监督管理局会同国家卫生健康委员会对《药物临床试验质量管理规范》进行了修订（共 9 章，83 条）、发布，新修订的规范自同年 7 月 1 日起施行。

三、药物临床试验的分期

药物临床试验根据不同研究阶段共分为 Ⅰ、Ⅱ、Ⅲ、Ⅳ 期。

1. Ⅰ期临床试验　在新药开发过程中，将新药首次用于人体以研究新药安全性的试验，称为 Ⅰ 期临床试验。在 Ⅰ 期临床试验中，健康志愿者也可以参与进来。该期需要病例数较少，一般情况下试验总人数在 100 人以下即可。Ⅰ 期临床试验的目的是通过初步的人体安全性评价试验，观察人体对新药的最大耐受程度和人体代谢动力学血药浓度变化，为后期的给药方案提供数据依据。

2. Ⅱ期临床试验　Ⅱ 期临床试验是指由患者作为受试者参加的试验，该试验往往采用随机的单盲或双盲法，试验参与患者较多。其研究目的是进一步验证试验药物对受试者的治疗作用和安全性，为 Ⅲ 期

药物临床试验研究设计和给药剂量方案的确定提供依据。

3. Ⅲ期临床试验　Ⅲ期临床试验是新药上市前最具有决定性的试验阶段，可以说是治疗作用的确证阶段，也是为药品注册申请获得批准提供依据的关键阶段。此阶段试验周期较长，参与的受试者患者人数最多，需要足够的样本量，才能使得出的数据更具有统计学意义。此阶段的研究目的是在更大范围的受试者患者人数下评价药物的有效性和耐受性（或安全性），评价受试者疗效和风险关系。Ⅲ期临床试验结束后即可进行新药注册申请。

4. Ⅳ期临床试验　Ⅳ期临床试验又称作上市后的应用研究阶段，是指新药上市后广泛使用条件下的药物的疗效和不良反应，可评价不同患者人群中使用的利益与风险关系。

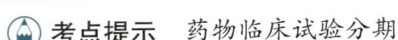 **考点提示**　药物临床试验分期

四、药物临床试验相关法律规定

为保证药物临床试验过程规范，数据和结果的科学、真实、可靠，保护受试者的权益和安全，根据《中华人民共和国药品管理法》《中华人民共和国疫苗管理法》《中华人民共和国药品管理法实施条例》，制定了《药物临床试验质量管理规范》（以下简称"规范"）。该规范适用于为申请药品注册而进行的药物临床试验。

药物临床试验的相关活动均需遵守该规范。药物临床试验应当符合《世界医学大会赫尔辛基宣言》原则及相关伦理要求，受试者的权益和安全是考虑的首要因素，优先于对科学和社会的获益。伦理审查与知情同意是保障受试者权益的重要措施。

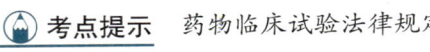 **考点提示**　药物临床试验法律规定

 **知识链接**

　　1964年6月，在芬兰举办的第18届世界医学协会联合大会通过并发布了著名的《赫尔辛基宣言》，该宣言提出了进行人体生物医学研究的伦理道德原则，而且提出对于试验方案应该由独立的伦理委员会进行审查和批准，知情同意书也必须采用书面形式，研究者对受试者有医疗照顾的责任。之后，《赫尔辛基宣言》在下列联合大会中进行了多次修订。目前，最新版本为2024年版。

━━━━━━━━━━━━ 项目小结 ━━━━━━━━━━━━

其他法律法规制度	学习要点
内容	人类辅助生殖技术、器官移植、放射诊疗和临床试验
概念	设盲、弱势受试者、知情同意、药物不良反应、人类辅助生殖技术
分期	药物临床试验的分期
原则	放射治疗的原则和实施
分类	放射诊疗建设项目分类
法律规定	器官移植的法律规定、药物临床试验相关的法律规定

重点笔记

一、单项选择题

1. 以下哪一种不属于婚生子女（　　）。

  A. 夫精人工授精生育子女　　　　　　　　B. 婚姻关系存续期间夫妻双方所生子女

  C. 婚外情所生子女　　　　　　　　　　　　D. 婚姻关系存续期间供精人工授精

2. 放射诊疗建设项目中不属于危害一般类的是（　　）。

  A. 医用诊断 X 射线机　　　　　　　　　　B. X 射线计算机断层摄影（CT）

  C. 数字化 X 射线摄影系统（DR）　　　　　D. 质子治疗装置

3. 医疗机构应当设置电离辐射醒目警示标志的场所是（　　）。

  A. 放射性工作人员办公室　　　　　　　　B. 放射性检查报告单发放处

  C. 接受放射诊疗患者的病房　　　　　　　D. 放射性废物储存场所

4. 根据《放射治疗管理规定》，非特殊需要，不得对受孕一定时间的育龄妇女进行下腹部放射影像检查，该时间段是（　　）。

  A. 受孕后 28～34 周　　　　　　　　　　B. 受孕后 34～36 周

  C. 受孕后 8～15 周　　　　　　　　　　　D. 受孕后 36～38 周

5. 下面不是器官移植可能带来的伦理问题的是（　　）。

  A. 器官供不应求，选择受体困难

  B. 费用高昂，对医疗卫生资源的稀缺性提出挑战

  C. 器官受体生理特征改变，给刑侦工作带来挑战

  D. 研发费用昂贵，受益者少，带来社会公平问题

6. 目前，我国提倡的活体供体器官获取的方式是（　　）。

  A. 自由买卖　　　　B. 推定同意　　　　C. 自愿捐献　　　　D. 家属决定

7. 依照我国《人体器官捐献和移植条例》，下列可以为其直系亲属捐献肾脏的是（　　）。

  A. 27 周岁的未婚男性　　　　　　　　　　B. 35 周岁的严重智力低下患者

  C. 17 周岁的健康中学生　　　　　　　　　D. 25 周岁的乙肝患者

8. 在器官移植中，下列器官来源中伦理争议最小的是（　　）。

  A. 自愿捐献　　　　B. 推定同意　　　　C. 器官买卖　　　　D. 胎儿器官

9. 临床试验中保障受试者权益的主要措施是（　　）。

  A. 有充分的临床试验依据　　　　　　　　B. 实验用药品的正确使用方法

  C. 伦理委员会和知情同意书　　　　　　　D. 保障受试者身体状况良好

10. 下列条件中，哪项不是临床试验研究者应该具备的？（　　）

  A. 熟悉《药物临床试验质量管理规范》并遵守国家有关法律、法规

B. 具有实验方案中所需要的专业知识和经验

C. 熟悉申办者所提供的临床试验资料和文献

D. 是伦理委员会委员

二、思考题

1. 人类辅助生殖技术的概念是什么？基本形式包括哪些？

2. 我国人类辅助生殖技术的应用原则是什么？

3. 活体器官捐献人与接受人之间的关系仅限于哪几种情况？

4. 什么是放射诊疗？医疗机构开展放射诊疗工作，应当具备哪些条件？

5. 放射诊疗许可审批材料包括哪些？

6. 试述药物临床试验的概念及分期。

三、案例分析题

1998年3月，李某与郭某登记结婚。2002年，郭某以自己的名义购买了306室房屋，并办理了房屋产权登记。2004年1月，李某和郭某共同在某生殖遗传中心签订了人工授精协议书，对李某实施了人工授精，后李某怀孕。同年4月，郭某因病住院，在得知自己患了癌症后，他向李某表示不要这个孩子，但李某不同意人工流产，坚持要生下孩子；5月20日，郭某在医院立下自书遗嘱，在遗嘱中声明他不要这个人工授精生下的孩子，并将306室房屋赠予其父母；5月23日，郭某病故。李某于当年10月产下一子。郭某父母认为李某所生孩子与郭某不存在血缘关系，是李某自己坚持要生下孩子。应该由李某对孩子负责，不能将孩子列为郭某的继承人。为此，李某将郭某父母告上法庭。原告李某无业，每月领取最低生活保障金，另有不固定的打工收入，并持有夫妻关系存续期间的共同存款18705.4元。郭某父母居住在同一个住宅小区305室房屋，均有退休工资。2001年3月，郭某为开店，曾向其母借款8500元。某房地产估价师事务所受法院委托，于2006年3月对涉案306室房屋进行了评估，经评估房产价值为19.3万元。

【讨论】

郭某反悔是否有效呢？李某人工授精的孩子能否列为郭某的继承人？

↘ 任务评价

评价维度	评价内容及要求	评价主体				平均分	测评总分
		学生本人	组员间	组长	任课教师/临床导师		
素质考核（30分）	职业素质：清理用物，整理场地，责任意识（10分）						
	创新精神：探索新知、勇于质疑、敢于承担的表现（10分）						
	团队合作：大局观、与人合作互助的表现（10分）						
知识考核（30分）	在线资源学习进度成绩（5分）						
	思维导图成绩（5分）						
	课中线上成绩（10分）						
	课后线上测试成绩（10分）						

评价维度	评价内容及要求	评价主体				平均/分	测评总分/分
		学生本人	组员间	组长	任课教师/临床导师		
能力考核（40分）	理论联系实际（12分）						
	归纳和总结、学以致用能力（4分）						
	临床思维能力（案例分析）（8分）						
	课后调查报告（8分）						
	互动沟通能力（8分）						

项目 15 医疗技术临床应用法律制度

参考文献

[1] 苏碧芳，陈兰云. 卫生法律法规 [M]. 2版. 北京：人民卫生出版社，2020.

[2] 汪建荣. 卫生法 [M]. 5版. 北京：人民卫生出版社，2018.

[3] 林斌松. 卫生法规 [M]. 西安：第四军医大学出版社，2013.

[4] 李前华，王翠玲，王世芳. 卫生法律法规 [M]. 武汉：湖北科学技术出版社，2013.

[5] 杨金运. 卫生法学 [M]. 北京：人民卫生出版社，2012.

[6] 李志强，姜丽芳. 卫生法律法规 [M]. 北京：人民军医出版社，2012.

[7] 李云芝. 卫生法律法规 [M]. 2版. 北京：人民军医出版社，2015.

[8] 达庆东，田侃. 卫生法学纲要 [M]. 5版. 上海：复旦大学出版社，2014.

[9] 田侃，何宁. 卫生法规 [M]. 上海：上海科学技术出版社，2017.

[10] 杨金运. 卫生法学 [M]. 北京：人民卫生出版社，2012.

[11] 李建光. 卫生法律法规 [M]. 北京：人民卫生出版社，2011.

[12] 姜虹. 卫生法学 [M]. 北京：北京大学医学出版社，2013.

[13] 苏碧芳，陈兰云. 卫生法律法规 [M]. 北京：人民卫生出版社，2016.

[14] 颜巧元. 卫生法律法规 [M]. 北京：北京出版社，2014.

[15] 李怀珍. 护理伦理与法律法规 [M]. 2版. 北京：人民卫生出版社，2019.

[16] 丁朝刚. 卫生法学 [M]. 北京：北京大学出版社，2015.

[17] 许练光. 卫生法律法规 [M]. 3版. 北京：人民卫生出版社，2015.

[18] 张绍异. 护理伦理与法律法规 [M]. 北京：中国医药科技出版社，2018.

[19] 张大凯，吴海峰. 医护法律基础 [M]. 北京：高等教育出版社，2013.

[20] 孙福川. 医学伦理学 [M]. 5版. 北京：人民卫生出版社，2018.

[21] 包玉颖，王德国，等. 医学伦理学 [M]. 北京：中国协和医科大学出版社，2019.

[22] 谢志勇. 卫生法规通论 [M]. 北京：北京政法大学出版社，2019.

[23] 王高峰，林斌松，陈志红. 卫生法规 [M]. 北京：中国协和医科大学出版社，2021.